Aretin > Die Enkel des 20. Juli 1944

Felicitas von Aretin

Die Enkel des 20. Juli 1944

Verlag Faber & Faber Leipzig

Inhalt

Die Schatten des Saturn >> **7**   Die Not der Erinnerung > Von Landesverrätern zu unbequemen Helden >> **19**   Die Vielfalt des Diskurses > Vom Hilfswerk zur Forschungsgemeinschaft >> **83**   Das Pathos des Redens > Von der familiären Gedenkfeier zum politischen Staatsakt >> **133**   Die Spirale des Schweigens > Vom Umgang der Generationen mit einem schwierigen Tag >> **169**

Der wieder entdeckte Großvater > Beatrix Heintze und der Industrielle Walter Cramer >> **203**   Der Verlust der Mitte > Constanze Kuntze und der Gewerkschafter Hermann Maaß >> **219**   Europäische Visionen und ein afrikanischer Traum > Corrado Pirzio-Biroli und der Botschafter Ulrich v. Hassell >> **231**   Verteufelung und Sakralisierung > Maria-Theresia Rupf-Bolz und Staatspräsident Eugen Bolz >> **249**   Eine Ohrfeige als Befreiungsschlag > David Heinemann und der Sozialdemokrat Julius Leber >> **261**   Gegen die Republik der Blockwart-Enkel > Jens Jessen und der Volkswirt Jens Peter Jessen >> **279**   Von der Wichtigkeit der Großmütter > Clemens Schaeffer und Oberstleutnant Carl-Ernst Rahtgens >> **293**   Zwischen Kiez und Forschungsgemeinschaft > Christian Lindemann und General Friedrich Lindemann >> **303**   Der 20. Juli – ein Randthema > Hermann Pünder und der CDU-Mitbegründer Hermann Pünder >> **321**   Wüste, Weite, Einsamkeit und der 20. Juli als Kraftquelle > Sascha Hendrikoff, Michael v. Hofacker und Oberstleutnant Cäsar v. Hofacker >> **329**   Dank >> **347**

Die Schatten des Saturn

Als Kind habe ich mit meinen Stofftieren im Dunklen oft Flucht aus dem Konzentrationslager gespielt. Ängstlich ließ ich mein Nilpferd und meine Kasperle-Puppe eine Lücke im imaginären Stacheldraht suchen, während ich im Hintergrund das Bellen der Wachhunde und die Schreie der KZ-Wärter hörte. Nach gelungener Flucht diente die gestreifte Bettdecke als Versteck. Was ein Konzentrationslager war, hätte ich mit vier Jahren nicht erklären können. In meiner Phantasie stellte ich es mir als menschliche Hölle wie in der Kinderbibel vor. In meiner Gegenwart sprachen meine Eltern nur wenig von derartigen Lagern. Doch ich spürte, dass Verfolgung und Flucht etwas mit ihnen zu tun haben mussten.

Als ich älter war, erzählte mein Vater eine Geschichte, die sich meinem Gedächtnis tief eingeprägt hat. Im Konzentrationslager Dachau habe ein SS-Mann so lange seine Hunde auf einen Häftling gehetzt, bis sie ihn zerfleischten. Im Konzentrationslager Dachau war sein Vater inhaftiert, mein Großvater. In jener Zeit begann ich der Masse zu misstrauen. Wenn alle »Ja« sagten, dachte ich »nein«. Wenn alle etwas gut fanden, fand ich es innerlich schlecht. Stets war ich auf der Seite der Schwachen, die Mehrheit interessierte mich nicht. Gleichzeitig fürchtete ich mich vor den Konsequenzen meines »Nein-Sagens«, hatte Angst, ausgegrenzt zu werden; Angst, noch weiter in jener Einsamkeit fortzugehen, die mich damals prägte.

Jederzeit, war ich mir sicher, konnte der geheimnisvolle Schrecken wieder ausbrechen. In Mainz – wo ich aufwuchs – mied ich deshalb Menschenaufläufe wie den Rosenmontagszug. Denn in Sekunden gingen Funkenmariechen und Grenadier in einer Menschenmenge auf, die auf die Frage: »Wollt Ihr den totalen Krieg«, begeistert: »Ja« brüllten. Stundenlang habe ich in jenen Jahren die Wörter »Folter« und »Marter« aus den wissenschaftlichen Büchern meines Vaters herausgestrichen. Mit

Begeisterung las ich *Winnetou* und *Lederstrumpf*, doch jenen Büchern erging es nicht besser. An der Zimmerwand floss das Blut in Strömen herunter wie an meinen Armen. Jede Sekunde konnte ein Blutfleck an der Wand erscheinen, um zu verschwinden. Durch magische Formeln versuchte ich die Geister in den Bäumen zu beruhigen, die für den günstigen Ablauf des Tages verantwortlich schienen. In diesen Jahren wusste ich nicht zwischen der fremden Welt in mir und der Welt draußen zu unterscheiden. Unbewusst muss ich mich damals zu sehr den Toten verpflichtet gefühlt haben, von denen es in meiner Familie zu viele gab. Staunend folgte ich in den Erzählungen meiner Mutter dem Schicksal ihres Vaters und seiner Geschwister, ihrer Cousins, die im Laufe von Monaten zu Tode kamen. Mein Großvater schützte einen Tag nach dem Scheitern des Attentats, am 21. Juli 1944, einen Partisanenkampf vor und tötete sich mit einer Granate. Sein Sohn Mark fiel während eines Himmelfahrt-Kommandos. Der Bruder meines Großvaters schnitt sich nach dem Scheitern des Putschs die Pulsadern auf. Der Schwager und seine Tochter vergifteten sich im April 1945. Seine Schwester wurde von den Russen vergewaltigt, die sie anschließend erschlugen. Der ältere Stiefbruder meines Großvaters starb in Folge eines Jagdunfalls. Die Frau meines Großonkels und den jüngsten Sohn Rüdiger erschossen betrunkene sowjetische Soldaten. Wenige Minuten später ging der Besitz meines Urgroßvaters Hermann von Tresckow in Flammen auf. Die Geschichte mehrerer Generationen war ausgelöscht, übrig blieben vergilbte Fotos. Fetzen im Familiengedächtnis.
Für mich hatten Familiengeschichten deshalb etwas Gespenstisches, waren auf eine Weise irreal. Ich spürte in der Stimme meiner Mutter jedes Mal einen Hauch von Wehmut und Trauer, wenn sie uns von flirrend glücklichen Sommertagen auf dem Tresckowschen Gut Wartenberg erzählte. In hellen Farben beschrieb sie, wie sie und ihre Geschwister und Cousins Beeren sammelten, im Wald Versteck spielten und auf der Veranda saßen, von der sie einen wunderbaren Blick auf den See hatten.
Der Anfang aber war das Ende – wie in einer griechischen Tragödie. In meiner Erinnerung flossen die vielen Tode zu jenem Großen zusammen. Ich war unfähig mir zu merken, wer, wann, wie und warum ums

Leben gekommen war. Menschen, so schien mir, definieren sich nur durch ihr Sterben. Zu meinen Lieblingsbüchern zählten lange Jahre *Anna Karenina* von Leo Tolstoi, besonders der erste Satz: »Alle glücklichen Familien gleichen einander, jede unglückliche Familie ist auf ihre Weise unglücklich«.[1] Auch der *Malte Laurids Brigge* von Rainer Maria Rilke faszinierte mich, und ich lernte den Anfang mit 19 Jahren auswendig, als ich nach Paris zog. »So, also hierher kommen die Leute, um zu leben, ich würde eher meinen, es stürbe sich hier«,[2] hieß es dort. Rilke forderte etwas ein, was in meiner Familie vorkam: Das Recht auf einen eigenen Tod. Ich aber wollte zuvor leben, ohne zu wissen, wie das ging. Stets waren es nur kurze Nebensätze, dahingeworfene Andeutungen, die in Familienerzählungen, die viele Tode beschrieben, in meiner Phantasie zu einem einzigen großen Sterben wurden.

Insgeheim fragte ich mich, ob ein Fluch auf diesen Familien lag, von dem auch ich befallen wäre, ohne es zu wissen. Der frühe Tod war so real, dass ich es für mich ausschloss, mich im Jetzt zu verwurzeln, da ich wusste, nie älter als höchstens dreißig Jahre zu werden. Auf eine merkwürdige Weise unwirklich waren nicht nur die Personen, auch die Landschaft, die Städte, an denen meine Mutter hing, waren weggeschoben. Lange Jahre verortete ich Potsdam, vor allem aber Wartenberg im Osten kurz vor Moskau. In meiner Vorstellung existierten diese Orte nur als Seelenlandschaften im Nirgendwo. Doch dann gab es in der weitläufigen Familie meiner Mutter Verwandte, die dem Familiendrama auf positive Weise entkommen waren; das machte Mut.

In der bayerisch-österreichischen Familie meines Vaters ließen sich die Orte, in denen seine Geschichten spielten, besuchen; die Häuser, in denen er in München und Göttingen gelebt hatte, ansehen. Hier überwog das scheinbar Leichte, fehlte den Erzählungen auf den ersten Blick die letzte Tragik. Gerne berichtete mein Vater vom Hund meiner Großmutter, der alleine Straßenbahn fuhr und sie, als sie im Krankenhaus lag, besuchte, von Seifenkistenrennen und seinem Großvater, der sich für die Einführung des Tschechischen im Schulunterricht einsetzte. In den bayerisch-österreichischen Familien schien man mir weniger früh zu sterben, sondern war bisweilen exzentrisch, bisweilen verrückt.

Doch liegt die Tücke im Vergleich. Denn bei aller Leichtigkeit der Anekdoten erzählten auch diese Geschichten von Konzentrationslager und Verfolgung, die meinen Großvater väterlicherseits aus München verbannte, die Familie trennte und an den wirtschaftlichen Abgrund brachte. Mein Großvater überlebte, doch fasste er in der Bundesrepublik als überzeugter Monarchist nie mehr Fuß und starb noch in den fünfziger Jahren. Auch er hatte dem »mainstream« widerstanden, war einer jener Unangepassten, die persönliche Konsequenzen zogen, weil er den Nationalsozialismus nicht ertragen konnte. Wie mein anderer Großvater, der daraufhin beschloss, Hitler umzubringen und der deswegen in meiner Familie auf einem hohen Podest stand. Für mich entrückt, wie ein Heiliger, der unbeirrbar von allen Anfechtungen für ein Ideal starb. Nie werde ich vergessen, wie meine Mutter und ihr Bruder einen Vortrag in der Bornstedter Kirche zu DDR-Zeiten hielten, auf dem Altar mein Großvater als Foto. Mich hat es damals innerlich geschüttelt.

Als ich mit meinen Eltern in den siebziger Jahren das erste Mal nach Chelm Dolny fuhr, wie Wartenberg auf Polnisch heißt, war der mir von Postkarten bekannte Blick auf den Wartenberger See noch zu sehen. Auf den Trümmern des Schlosses aber lagen tote Ziegen mit aufgeblähten Bäuchen, Bilder, die sich mir ebenso tief eingeprägt haben wie der Schmerz meiner Mutter. Sprechen konnten wir nicht. Wie überhaupt sehr viel Sprachlosigkeit in meiner Jugend blieb, deren Ursache ich damals nicht verstand.

Später studierte ich Geschichte in Frankfurt, Heidelberg, München und Florenz und klammerte im Studium aus, was mit dem Dritten Reich zu tun hatte. Ich wollte mich nicht mit dem Widerstand beschäftigen. Ich wollte mich lieber in das Mittelalter, die Kunst und Literatur vertiefen. Ich brauchte Abstand. Sehr viel Abstand, für meine Familie schmerzlich viel Distanz. Der 20. Juli war für mich kein historisches Ereignis, sondern eine Erschütterung, die meine Familie betraf. Der 20. Juli hatte Folgen, die – so schien es mir – niemand wahrnehmen wollte. Er hatte konkrete Folgen, ohne dass ich diese gewünscht hatte. Er hatte konkrete Konsequenzen für meine Mutter, meinen Vater, meine Geschwister und für mich. Mich interessierten mit 20 Jahren keine Heldengroßväter mehr. Ich hatte genug von diesen Geschichten; wünschte mir eine »normale« Familie. Großeltern, die mir Mut zusprachen, mit denen ich Reisen unternahm, mich im Restaurant traf und über Alltägliches sprach. Ich wollte Großväter, die mein Abitur mit mir feierten, meinen Abschlussball begleiteten und mich bei Liebeskummer trösteten, die ich besuchte und denen ich im Garten half. Ich wollte ganz reale Großeltern, unabhängig von der deutschen Geschichte. Außerdem war der 20. Juli in meiner Familie »besetzt«: Mein Vater forschte über ihn. Meine Mutter sprach über ihn. Beide habe ich damals nicht verstanden.

Dennoch las ich seit meinem ersten Semester in Heidelberg vieles, was über den Widerstand oder über jüdische Geschichte publiziert wurde. Selten entging mir eine Neuerscheinung. Doch mein Gedächtnis weigerte sich die Fakten einzuprägen. Während am Mittagstisch bei meinen Eltern über Generaloberst Ludwig Beck diskutiert wurde, dachte ich an das Geschäft: »Ludwig Beck, am Rathauseck«. Mühelos merkte ich mir die Daten von Königskrönungen im Spätmittelalter, behielt die Namen unbekannter Dichter im Kopf, doch ich merkte mir kein historisches Detail über den Widerstand. Grundsätzlich verwechselte ich alle militärischen Dienstgrade, alle Namen und alle Attentatsversuche. Es interessierte mich, aber ich wollte es nicht wissen. Die Gespräche meiner Eltern über die neueste Widerstandsliteratur verhallten ungehört. Was ich wahrnahm, war ihre Angst. Instinktiv fürchtete ich jeden Zeitungsartikel, jede Fernsehsendung, jedes Buch, das den Widerstand zum Thema hatte. Jährlich überfiel mich im Vorfeld des 20. Juli eine gewisse Panik. Ich hatte keine Lust auf Debatten, ob der Attentatsversuch vom 20. Juli zu spät kam. Immerhin, so dachte ich mir, waren nach dem 20. Juli 1944 mehr Menschen gestorben als in der Zeit von Kriegsbeginn bis zu seinem Ende. Ich hatte keine Lust, die Motive meiner Großväter von Leuten seziert zu sehen, deren Väter und Großväter zur Tätergeneration gehörten. Genau so wenig hatte ich Lust auf eine Heldenverehrung. Ich hatte auf die ganze deutsche Geschichte keine Lust und war froh, Jahre in Frankreich, Italien und Belgien zu verbringen; an Orten, wo niemand zu wissen schien, was am 20. Juli passiert war.
Dennoch stand – in Paris, Heidelberg, München, Florenz und Straß-

burg – ein Foto meines Großvaters in Uniform auf meinem Schreibtisch, so als wollte ich durch seine Präsenz meinen Schrecken lösen, so als stünde er da, um mich daran zu erinnern, dass es noch etwas anderes, Persönliches zu lösen gab. Meinen anderen Großvater, Erwein von Aretin,[3] habe ich ihm nie an die Seite gestellt. Vielleicht, weil mir dieser bayerische Monarchist, der für seine Überzeugung im KZ gesessen hatte, in seiner Fehlerhaftigkeit und seiner Gutmütigkeit zunächst näher war. Es kostete die Münchner, Florentiner, Straßburger und Brüssler Zeit und damit wertvolle Jahre, das Chaos meines Inneren zu ordnen. Kraft war dazu ebenso nötig wie Mut. Vorsichtig und langsam kamen Empfindungen zurück. Ich lernte zwischen Innen und Außen zu unterscheiden. Dann kam die Liebe.

1994 erwischte mich der fünfzigste Jahrestag des Attentats. Seit kurzem lebte ich in Berlin, das mir wie ein fremdes preußisches Exil vorkam, und machte ein Volontariat im *Tagesspiegel*. In der Redaktion wurde ich aufgefordert, Artikel zum 20. Juli zu schreiben. In meiner damaligen Naivität stellte ich mir vor, dass ich darüber wie über eine Kunstausstellung, einen Roman schreiben könnte. Doch das konnte ich nicht. Ich erinnere mich an einen schwülen Sonntag, an dem ich in einer Kolumne über meine Rolle als Enkelin schreiben sollte. Meine Leichtigkeit verflüchtigte sich mit der ersten Zeile. Nichts ging mehr. Die Schreibhemmung hatte mich über Tage im Griff. Schließlich schrieb ich sehr verschlüsselt über die schwierige Situation, Enkelin eines Familienhelden zu sein, der in der öffentlichen Meinung für seine scheinbaren Untaten in der Sowjetunion in die Kritik geriet. Ich erinnere mich noch, wie ich am ganzen Körper zitterte, als ich den Artikel mit dem für mich bezeichnenden Titel schließlich abgab: »Der fremde Großvater«.

Zu meiner eigenen Überraschung hatte ich keine innere Distanz. Vielmehr begann ich automatisch und unwillkürlich, ihn zu verteidigen. Ich versetzte mich in seine Lage. Und mich packte die Wut, die sich zu einem selten gekannten kalten Zorn steigerte. Mit welchem Recht, fragte ich mich, wird angesichts der zahllosen deutschen Täter und Mitläufer ausgerechnet mein Großvater verurteilt, der in einer aus den Fugen geratenen Gesellschaft versuchte, auf Würde zu achten. Warum kümmerten sich die Leute, die ihn besonders kritisierten, nicht um ihre eigene Familiengeschichte, fragte ich mich insgeheim erbost. Mit welchem Recht wird über jemanden geurteilt, der Zeuge schlimmer Taten wurde und deshalb plante, Hitler zu töten, und als dies misslang, den Tod einem unwürdigen Leben vorzog. Mir stieß die Häme dieser Debatte auf, die scheinbare Moralität. Es hätte mich nicht geschmerzt, wenn die Kritik an seinem Tun das Maß bewahrt hätte. So aber sah ich meinen Vater in ungezählten Fernsehinterviews, wie er versuchte, seinen Schwiegervater zu verteidigen. Bei jeder Diskussion litt ich mit ihm und meiner Mutter. Und fühlte mich von dem Empfinden an lang vergessene Tage zurückerinnert und auf einmal mittendrin. Die – wie so oft druckreif formulierte – Äußerung meines Großvaters kurz vor seinem Selbstmord schien mir gerade 1994 nichts von ihrer Gültigkeit verloren zu haben: »Jetzt wird die ganze Welt über uns herfallen und uns beschimpfen. Aber ich bin nach wie vor der festen Überzeugung, dass wir recht gehandelt haben. Ich halte Hitler nicht nur für den Erzfeind Deutschlands, sondern für den Erzfeind der ganzen Welt.«[4] Gleichzeitig verstand ich in innerfamiliären Diskussionen nicht, warum man meinem Großvater nicht zubilligt, auch aus Verzweiflung sterben zu wollen. Ich sah mir Fotos von ihm an: Vor dem Krieg als ein strahlender Mann mit Zukunft, kurz vor dem Attentat als ein Mann, der das Leben mit einer ungeahnten Brutalität kennen gelernt hatte. So fremd mir seine strikte Verurteilung war, so fremd war mir die Heldenverehrung. Doch nach dem 20. Juli 1994 begann ich, meine Eltern auf eine andere Art zu sehen, vor allem sie zu verstehen. Wenn mich schon dieser Zorn packte, wie musste es ihnen wohl gehen, fragte ich mich. Und mein Zorn, der an die Stelle meiner Verzweiflung gerückt war, verdeutlichte mir in einem schmerzhaften inneren Prozess vieles. Vielleicht, dachte ich mir, wäre es sehr langweilig gewesen, normale Großeltern gehabt zu haben, die zu allem »Ja« gesagt hätten. Ich spürte, dass mir durch ihr Sterben eine Kraft zuwuchs, die nicht nur aus mir stammte. Die lange Jahre drückende Schwere verwandelte sich in ungeahnte Leichtigkeit, meine Angst in Mut. Erneut fühlte ich mich an Rilke erinnert, der in dem Requiem für Wolf Graf v. Kalckreuth[5] schrieb: »Was hast Du nicht gewartet, dass die Schwere ganz unerträglich wird: da schlägt sie um und ist so schwer, weil sie so echt ist.« Eigentlich – dachte ich – kann mir nur noch wenig passieren, da in meiner Phantasie bereits alles passiert war. Ich merkte, wie ich allmählich begann, in Alltagsproblemen keine Katastrophen mehr zu sehen. Ich merkte, wie mir mein jahrelanges Überlebenstraining half, Dinge sehr gelassen zu sehen und mich letztendlich auf meine Heiterkeit und meine Geistesgegenwart zu verlassen, die einer aktuellen Schwere viel Gewicht nahmen. Ein Stück weit hat mich die Geschichte meiner Großeltern und die anschließende Verfolgung meiner Familie in meinem Wunsch nach Unabhängigkeit, Selbständigkeit und in meiner Kritikfähigkeit bestärkt. Ich bin sicher, dass dies andere Großeltern und andere Eltern in der Weise bewusst nicht gekonnt hätten. Allmählich gelang es, die Familiengeschichte als eigene anzunehmen und ein eigenes Leben aufzubauen, das auf einer großen Kraft und Zuversicht gebaut ist. Ich fühle, dass es Sinn macht, gegen den äußeren Schrecken anzukämpfen. Der Mut meiner Großväter, ihre Tatkraft, vor allem aber ihre Überwindung jeglicher Angst verlangen mir Achtung ab. Ebenso viel Respekt entwickelte ich für meine Eltern und ihre Auseinandersetzung mit einem sehr belastenden Erbe. Innerlich habe ich mich während des Schreibens dieses Buches vor allen oft verbeugt. Es ist an der Zeit, nun auch meinen mütterlichen Großvater vom Schreibtisch zu den anderen Familienbildern auf die Kommode zu stellen.

Gleichsam in Auseinandersetzung mit der eigenen Familiengeschichte wurde mir vor über 15 Jahren deutlich, dass es unmöglich war, in diesem inneren Prozess die deutsche Geschichte auszuklammern. Ich begann mich auf Suche nach anderen »Enkeln« zu machen, die ebenfalls in »Mitleidenschaft gezogen« waren. Jeder hatte eine andere Geschichte, viele lebten mit der Vergangenheit gesund und zufrieden und doch gab es ein unsichtbares Band von Gemeinsamkeiten. Ich lernte das Schweigen kennen, das in Familien auf unterschiedliche Weise existierte; ich erfuhr von der ungelebten Trauer und dem Heldenmythos, vor allem aber der Angst, die in verschiedenen Varianten alle Familien des 20. Juli prägte. Ich begriff, dass es ein geheimes Muster gibt, dem ich auf die

Spur kommen wollte. 1987 – kurz vor meiner Magisterprüfung in Geschichte – fiel mir das Buch *Kinder des Holocausts. Gespräche mit Söhnen und Töchtern von Überlebenden* in die Hände, das mich nachhaltig beeindruckte. Dort schilderte die amerikanische Journalistin Helen Epstein[6] – selbst Enkelin von Holocaust-Opfern – ihre Erfahrungen in den Gesprächen mit anderen Enkeln. Die Gefühle, die Helen Epstein beschrieb, kamen mir merkwürdig vertraut vor. Mir gefiel, wie sie darlegte, dass historische Ereignisse ihre Schatten auf kommende Generationen warfen und mich beeindruckte, wie sie sich dagegen verwahrte, jeden Enkel von Holocaust-Opfern deshalb als psychisch geschädigt zu beschreiben. Ich machte mich auf Suche nach mehr Literatur und stieß auf mehrere Bücher, die alle 1987 erschienen und von Kindern von Tätern stammten. In *Der Vater. Eine Abrechnung* hielt der ehemalige Stern-Journalist Niklas Frank[7] Gericht über seinen Vater, der 1939 als Generalgouverneur des von Hitler überfallenen Polen die Ermordung von vielen Tausenden von Juden in polnischen Konzentrationslagern zu verantworten hatte. Auch die Juristin Dörte v. Westernhagen[8] setzte sich in ihrem sehr persönlich gehaltenen Buch *Die Kinder der Täter* mit ihrem Vater, einem SS-Offizier auseinander. Der Wiener Journalist Peter Sichrovsky führte ebenfalls Interviews mit Kindern aus Täterfamilien.[9] Diese journalistischen Arbeiten brachen mit dem bis dahin gängigen Tabu, der Nationalsozialismus habe für Täter und Opfer keine seelischen Auswirkungen.
In den neunziger Jahren weitete sich der Blick: Die Journalistin Antje Dertinger[10] befragte in ihrem Buch *Heldentöchter* auch Töchter von sozialdemokratischen Widerstandskämpfern wie die Töchter von Julius Leber und Adolf Reichwein. Der renommierte amerikanische Historiker Peter Gay widmete sich seiner deutschen Jugend als assimilierter antireligiöser Jude im Dritten Reich, 1996 erschien in Deutschland das Buch des Publizisten Sebastian Haffner *Germany: Jekyll & Hyde*,[11] das 1940 in London erstmals publiziert worden war.
Inzwischen hat sich in den Medien sogar der Begriff »gefühlte Geschichte«[12] eingebürgert, um die vielen, derzeit erscheinenden Bücher über die Kinder und Enkel, die der nationalsozialistischen Vergangen-

heit ihrer Familien nachspüren, zu beschreiben. Der Publizist Thomas Medicus[13] verknüpfte die Landkarte Mitteleuropas, um sich auf Spurensuche nach seinem Großvater, dem Generalmajor Wilhelm Crisolli, zu begeben, der im September 1944 von italienischen Partisanen in der Toskana erschossen wurde. Eine literarische Auseinandersetzung mit dem älteren Bruder Karl Heinz – einem überzeugten Nationalsozialisten – führte der Schriftsteller Uwe Timm, der sich auf Spurensuche nach dem als 19-Jähriger in einem Lazarett Verstorbenen in der Ukraine machte. Einblicke, welche mörderische Energie Großväter haben, die in NS-Verbrechen verstrickt waren, finden sich in dem Buch von Claudia Brunner und Uwe v. Seltmann.[14] Sabine Bode widmet sich in ihrem Buch *Die vergessene Generation* den Kriegskindern, die zwischen 1930 und 1945 aufwuchsen.[15] Auch in dem Buch von Hilke Lorenz[16] stehen die »Kriegskinder« im Mittelpunkt. Die Publizisten Norbert und Stephan Lebert erzählten, was aus den Kindern berühmter Nationalsozialisten geworden ist.[17]

Alle diese Bücher sind von einem »emotionalen Verstehenwollen« geprägt, wohinter der politische Psychologe Harald Welzer[18] mit Recht die Gefahr der Befangenheit beschreibt, die es einem Nachkommen unter Umständen schwer, wenn nicht unmöglich macht, innerhalb der Familie kritische Fragen zu stellen.

Als ich begann, dieses Buch zu konzipieren, war ich mir bewusst, dass mein Blickwinkel als Enkelin und Historikerin auf der einen Seite offener, auf der anderen Seite aber durchaus eingeschränkter ist als der Blick eines neutralen Beobachters. Mein offener Blick ist davon geprägt, dass ich selbst aus zwei Familien stamme, die von den Nationalsozialisten verfolgt wurden. Die meisten Enkel gewährten mir einen großen Vertrauensvorschuss, ohne den ich einige Interviews nicht hätte führen können. Auf der anderen Seite war mir beim Schreiben dieses Buches bewusst, dass ich auch aus der Sicht der eigenen Betroffenheit schreiben würde. Ich hatte oft eine große Empathie mit meinen Interviewpartnern, wollte sie nicht vorführen, sondern ihre Anliegen verstehen. Als Historikerin wurde ich hingegen bisweilen mit dem Problem konfrontiert, dass die Enkel mir »scheinbare« Fakten als historische Wahrheit verkauften, die sich auf Familienmythen stützten und der historischen Überprüfung nicht standhielten. Vielfach herrscht in den Familien ein ausgeprägtes und mit Verve vertretenes Wissen, das der Historiker so nicht teilen kann.

Um die Abwehrhaltung, die Angst und Vorsicht, die mir begegnete, zu verstehen, habe ich den Porträts einen vierteiligen Sachteil vorausgestellt. Sowohl die Rezeption des Widerstands in den verschiedenen Zeitläufen, als auch die von den Zeitläufen geprägten Gedenkrituale bilden für die Enkel den Rahmen ihrer Erinnerung. Das vierte Kapitel handelt von der Erinnerungskultur innerhalb der einzelnen Widerstandsfamilien, wobei ich mir bewusst bin, nur Beobachtungen zu liefern, die auf keiner empirischen Studie beruhen und die keine psychologische Analyse ersetzen, die noch aussteht.[19] Außerdem fehlt noch eine Arbeit über die Kindergeneration des 20. Juli 1944, für die das Buch eine gewisse Vorarbeit geleistet haben dürfte.

Grundlage für mein Buch war eine mit Unterstützung der Stiftung 20. Juli 1944 (Dank der Hilfe von Dr. Renate Scheffler) durchgeführte Fragebogenaktion. Von den rund 200 Fragebögen bekam ich über vierzig Prozent Antworten zurück. Da es keine vollständige Adressliste der Enkelgeneration gab, erfolgte die Adressensuche nach dem Schneeballsystem. Insgesamt führte ich mit über vierzig Enkeln zum Teil mehrstündige Gespräche. Ich habe den Begriff der Enkelgeneration vom sozialdemokratischen bis hin zum militärischen Widerstand gefasst. Da die Stiftung 20. Juli keine Datei über kommunistische Widerstandskämpfer besitzt, habe ich diese Gruppe bewusst herausgelassen. Ihr sollte eine eigene Arbeit gelten. Die Enkel umfassen eine Gruppe von rund 500 bis 700 Personen und reichen im Alter von derzeit vier Jahren bis über 70 Jahre.

Die Porträts verdanken ihr Entstehen der großen Offenheit der Enkel, über ihre eigenen Emotionen zu sprechen und sich damit mit ihren Gefühlen und Gedanken einer breiteren Öffentlichkeit anzuvertrauen. Eine besondere Schwierigkeit dieses Buches bestand darin, dass die Porträts anders als bei anderen Gruppen nicht anonymisiert werden können, da sich die besondere Geschichte vor allem auch aus der Familiengeschichte erklärt. Ich habe deshalb in die Porträts auch ein Lebensbild der Großväter eingeflochten, da ich nicht annahm, dass jeder Leser über jeden Regimegegner Bescheid weiß. Während meiner Arbeit wurde mir bewusst, dass es viel Mut kostet, sich der Öffentlichkeit zu stellen. Bisweilen wurden Porträts nachträglich zurückgezogen, andere Enkel wollten von einem Gespräch nichts wissen. Jede Entscheidung ist für mich nachvollziehbar und zu respektieren. Ich danke allen Enkeln, die mir ihre Zeit und ihr Vertrauen geschenkt haben – ohne sie wäre dieses Buch nicht entstanden.

1 Leo Tolstoi, Anna Karenina. Gütersloh 1952, S. 5.
2 Rainer Maria Rilke, Werke, Bd. III.1, Frankfurt a.M. 1980, S. 109.
3 Erwein von Aretin, Krone und Ketten. Erinnerungen eines bayerischen Edelmannes. München 1955.
4 Fabian von Schlabrendorff, Offiziere gegen Hitler. Neue, durchgesehene und erw. Aufl., Berlin 1984, S. 129.
5 Rainer Maria Rilke, Requiem für Wolf Graf von Kalckreuth, geschrieben in Paris am 4. und 5. November 1908. In: Werke in der Ausgabe des Insel Verlags, Bd. 1.2, Gedicht-Zyklen, Frankfurt a.M. 1980.
6 Helen Epstein, Die Kinder des Holocaust. Gespräche mit Söhnen und Töchtern von Überlebenden. München 1987.
7 Niklas Frank, Der Vater. Eine Abrechnung. München 1987.
8 Dörte v. Westernhagen, Die Kinder der Täter. Das Dritte Reich und die Generation danach. München 1987.
9 Peter Sichrovsky, Schuldig geboren. Die Kinder der Täter. München 1987; Peter Sichrovsky, Wir wissen nicht was morgen wird, wir wissen wohl was gestern war. Junge Juden in Deutschland und Österreich. Köln 1985.
10 Antje Dertinger, Heldentöchter. Bonn 1997.
11 Sebastian Haffner, Germany: Jekyll & Hyde. 1939 – Deutschland von innen betrachtet. Berlin 1996.
12 Vgl. u.a. Annette Gabrecht, Gefühlte Geschichte, Financial Times Deutschland, 2. April 2004.
13 Thomas Medicus, In den Augen meines Großvaters. Stuttgart 2004.
14 Claudia Brunner, Uwe v. Seltmann, Schweigen die Täter, reden die Enkel. Edition Büchergilde 2004.
15 Sabine Bode, Die vergessene Generation. Stuttgart 2004.
16 Hilke Lorenz, Kriegskinder. Das Schicksal einer Generation. 3. Aufl. München 2003.
17 Norbert und Stephan Lebert, Denn Du trägst meinen Namen. Das schwere Erbe der prominenten Nazi-Kinder.
18 Harald Welzer, Sabine Moller, Karoline Tschuggnall, »Opa war kein Nazi«. Nationalsozialismus und Holocaust im Familiengedächtnis. Frankfurt a.M. 2002.
19 Bislang gibt es nur einige Aufsätze der Berliner Psychologin Bettina Gräfin zu Lynar, so u.a.: Bettina zu Lynar, Rezeption des Widerstands gegen den Nationalsozialismus. Die Söhne- und Töchtergeneration erinnert sich. Vermittlung von Lebensgeschichten in Widerstandsfamilien. Eine psychologische Betrachtung. Unveröffentlichtes Manuskript, Forschungsgemeinschaft 20. Juli.

Die Not der Erinnerung > Von Landesverrätern zu unbequemen Helden[1]

Am 20. Juli 1944 schlug der Bombenanschlag auf Adolf Hitler im Hauptquartier »Wolfsschanze« in Rastenburg fehl. Schon in der Nacht vom 20. auf den 21. Juli ließ Generaloberst Friedrich Fromm den Attentäter Claus Schenk Graf v. Stauffenberg sowie seine Mitverschwörer Werner von Haeften, Friedrich Olbricht und Albrecht Ritter Mertz v. Quirnheim im Hof des Bendlerblocks in Berlin standrechtlich erschießen. Den Berufsoffizier Ludwig Beck, entscheidend im militärisch-bürgerlichen Widerstand, forderte Fromm zum Selbstmord auf und ließ ihm nach zwei missglückten Versuchen von einem Feldwebel den »Gnadenschuss« geben. Zahlreiche andere Mitverschwörer wurden verhaftet; einige entzogen sich den drohenden Folterungen und der Haft durch Selbstmord. In einer nächtlichen Rundfunkansprache wandte sich Hitler an das Volk und verkündete: »Eine ganz kleine Clique ehrgeiziger, gewissenloser und zugleich verbrecherischer, dummer Offiziere hat ein Komplott geschmiedet, um mich zu beseitigen und zugleich mit mir den Stab praktisch der deutschen Wehrmachtsführung auszurotten.«[2]
Bereits am 21. Juli bildete der Diktator im Amt IV des Reichssicherheitshauptamts (RSHA) die so genannte »Sonderkommission 20. Juli«, deren Chef Reichskriminaldirektor und SS-Gruppenführer Heinrich Müller wurde.[3] Die Sonderkommission arbeitete in elf Fachabteilungen und wuchs bald auf 400 Mann an.[4] Gleichzeitig arbeiteten alle Stellen der Polizei der Sonderkommission zu. Unter Einsatz aller Mittel suchte die Sonderkommission nach weiteren Verdächtigen, wobei sich der Kreis immer weiter ausdehnte, auf Diplomaten, Gewerkschaftler, Sozialdemokraten, Männer der Kirche, bürgerliche Intellektuelle und Wirtschaftsführer.[5]
Am 30. Juli 1944 fand im »Führerhauptquartier Wolfsschanze« eine Besprechung zwischen Reichsführer-SS Heinrich Himmler und dem

Chef des Oberkommandos der Wehrmacht, Generalfeldmarschall Wilhelm Keitel, vor Hitler statt, in der das weitere Vorgehen gegen die Männer des 20. Juli und ihrer Angehörigen beschlossen wurde. Danach galt die besondere Rache Hitlers den Familien Stauffenberg und den Nachkommen des seit 1943 in sowjetischer Gefangenschaft lebenden Generals Walter v. Seydlitz-Kurzbach. Der General war bereits im Frühjahr 1944 in Abwesenheit vom Reichskriegsgericht zum Tode verurteilt worden. Außerdem ließ Hitler Anfang August einen so genannten »Ehrenhof«[6] einrichten, ein neues militärisches Gremium aus Feldmarschällen und Generalen des Heeres unter Wilhelm Keitel. Diese hatten zu prüfen, wer an dem Attentat beteiligt war und wer deshalb aus dem Heer ausgeschlossen oder entlassen werden sollte. Bis Mitte September stieß der »Ehrenhof« 55 Offiziere aus der Wehrmacht aus, weitere 29 wurden auf Vorschlag des »Ehrenhofs« entlassen. Mit der Ausstoßung aus der Wehrmacht änderte sich der gerichtliche Zuständigkeitsbereich. Zuständig war für alle politischen Strafsachen, auch für Soldaten, der Volksgerichtshof, der zuvor Fälle von Landes- und Hochverrat behandelt hatte. In mehr als 50 Prozessen wurden schließlich etwa 200 Männer und Frauen angeklagt.[7] An den Vorgaben bei der rachsüchtigen Verfolgung seiner Gegner ließ es Hitler an Deutlichkeit nicht fehlen: »Diesmal werde ich kurzen Prozess machen. Diese Verbrecher (…) sollen nicht die ehrliche Kugel bekommen, sie sollen hängen wie gemeine Verräter! Ein Ehrengericht soll sie aus der Wehrmacht ausstoßen, dann kann ihnen als Zivilisten der Prozess gemacht werden (…) und innerhalb von zwei Stunden nach der Verkündung des Urteils muss es vollstreckt werden. Die müssen sofort hängen ohne jedes Erbarmen.«[8] In Folge des 20. Juli wurden rund 600 bis 700 Personen[9] – darunter auch die Sippenhäftlinge – verhaftet.

Am 7. und 8. August fand der erste große Prozess gegen Generalfeldmarschall Erwin v. Witzleben, Oberleutnant Peter Graf Yorck von Wartenburg, Generaloberst Erich Hoepner, Generalleutnant Paul v. Hase, Generalmajor Helmuth Stieff, Hauptmann Friedrich Karl Klausing, Oberstleutnant Robert Bernardis und Oberleutnant Albrecht v. Hagen statt, der das Todesurteil für alle Angeklagten zur Folge hatte. Den Vor-

sitz führte bis zu seinem Tode am 3. Februar 1945 meist Präsident Roland Freisler, der für seine menschenverachtende Brutalität und seine Hasstiraden bekannt war. In der Regel ließ Freisler in keinem der darauf folgenden Prozesse die Angeklagten länger zu Wort kommen; dennoch gelang es einigen Verschwörern, das Gebrüll des Volksgerichtspräsidenten für Sekunden zu unterbrechen. Legationsrat Hans-Bernd v. Haeften nannte Hitler beispielsweise »einen großen Vollstrecker des Bösen«;[10] Hauptmann d. R. Ulrich Wilhelm Graf Schwerin erwähnte als Motiv für seinen Widerstand die »vielen Morde.«[11] Während über den ersten Prozess noch ausführlich in der gelenkten Presse berichtet wurde, wurde in den kommenden über 50 Prozessen – die mit mehr als 110 Todesurteilen endeten – weitgehend unter Ausschluss der Öffentlichkeit verhandelt. Hitler hatte zunächst verlangt, dass sowohl die Prozesse als auch die Hinrichtung in Plötzensee zu filmen seien. Tatsächlich endeten die letzten Aufnahmen mit dem Prozess gegen Rittmeister Friedrich Scholz-Babisch am 10. Oktober 1944. Da die Kameramänner sich weigerten, die sich lange hinziehenden Exekutionen zu filmen, sind nur die Hinrichtungen vom 7. August 1944 filmisch festgehalten. Der Film gilt allerdings seit Jahrzehnten als verschollen.[12] Der letzte Prozess vor dem Volksgerichtshof gegen die Männer des 20. Juli fand am 19. April 1945 statt. Die meisten Männer wurden mit Ausnahmen wie Carl Goerdeler und Finanzminister Johannes Popitz wenige Stunden nach dem verhängten Todesurteil in der Hinrichtungsstätte Plötzensee gehenkt oder enthauptet. Die Witwen durften nicht Schwarz tragen, mussten die Rechnungen für die Hinrichtung bezahlen. Außerdem waren Todesanzeigen mit entsprechenden Hinweisen verboten.
Entscheidende Hinweise auf weitere Kontakte der Verschwörer hatte die Sonderkommission erhalten, als es am 10. August 1944 gelang, den ehemaligen Leipziger Oberbürgermeister Carl Goerdeler[13] gefangen zu nehmen. Goerdeler hatte sich auf abenteuerliche Weise drei Wochen versteckt gehalten und wurde von einer Luftwaffenhelferin erkannt und denunziert. Einen weiteren »Erfolg« konnte das Reichssicherheitshauptamt Ende September 1944 verzeichnen, als den Ermittlungsbeamten in einem Panzerschrank in Zossen Aufzeichnungen von Oberregierungsrat

Hans v. Dohnanyi über frühere Widerstandspläne aus dem Kreise des militärisch-bürgerlichen Widerstands um Generaloberst Ludwig Beck, Generalmajor Hans Oster und Generaloberst Franz Halder in die Hände fielen. Anfang April 1945 entdeckte die Sonderkommission schließlich die legendären Tagebuchaufzeichnungen des Admirals Wilhelm Canaris,[14] der bis 1944 das Amt Ausland/Abwehr im Oberkommando der Wehrmacht (OKW) leitete. Angesichts des nahenden Zusammenbruchs entwickelten die Nationalsozialisten eine große Hektik, um die noch lebenden Regimegegner nicht den Alliierten in die Hände fallen zu lassen. Abwehrchef Canaris, sein Mitarbeiter Oster und der Theologe Dietrich Bonhoeffer wurden im Februar 1945 in das Konzentrationslager Flossenbürg gebracht und dort nach dem Urteil eines SS-Standgerichts am 9. April 1945 gemeinsam mit anderen Häftlingen gehenkt. Zwischen dem 22. und 24. April ermordete die SS 18 Häftlinge auf einem Ruinengrundstück in der Nähe der Berliner Lehrter Straße, unter ihnen den Syndikus Klaus Bonhoeffer, Ministerialrat Rüdiger Schleicher und Professor Albrecht Haushofer.

Viele Frauen der Regimegegner hatten von dem Misslingen des Attentats erst aus dem Radio gehört und mussten ihre Angst und Sorge um ihre Männer im Sommer 1944 vor den Kindern, der Familie, Freunden und dem Personal geheim halten. Im Vergleich zu Frauen im kommunistischen Widerstand waren die Frauen des 20. Juli nur in wenigen Fällen politisch aktiv.[15] Alle teilten mit ihren Männern jedoch die Verachtung für den Nationalsozialismus, der gegen jede Form von christlichen und ethischen Normen verstieß. So schrieb beispielsweise Clarita v. Trott zu Solz rückblickend über ihre Ehe mit Adam v. Trott: »Aber die nie versiegende Freude aneinander wurde aus vielen Quellen gespeist. So gab es vor allem einen gemeinsamen Fundus ähnlicher Überzeugungen, Vorstellungen und Motivationen, die unsere Familien vermittelt hatten. Auch ich war überzeugt, dass das Leben in den Dienst überindividueller Verpflichtungen zu stellen sei.«[16]

Die Mehrzahl der Regimegegner führten ungewöhnlich glückliche Ehen. »Ja, ich kann sagen, meine Mutter wird wohl der wichtigste Mensch für meinen Vater gewesen sein. Ich habe als Kind immer das ganze Glück der Ehe meiner Eltern von vorneherein gespürt, aber in dieser politischen Situation glaube ich, war die Bindung meines Vaters an meine Mutter ganz entscheidend.«[17] Das Wissen, von den Ehefrauen unterstützt zu werden, dürfte es für die meisten Verschwörer erst möglich gemacht haben, sich trotz der Konsequenzen für die Familien für den Widerstand zu entscheiden. In die konkreten Attentatspläne hatten viele Verschwörer ihre Frauen nicht eingeweiht, um sie und ihre (zahlreichen) Kinder im Falle eines Scheiterns des Attentats zu schützen. Einige Frauen wussten überhaupt nicht, dass ihr Mann in Staatsstreichpläne verwickelt war. Relativ gut informiert waren die Frauen des Kreisauer Kreises, wie Freya Gräfin v. Moltke, Annedore Leber, Rosemarie Reichwein oder Marion Gräfin Yorck. Auch meine Großmutter Erika,[18] die Frau Henning v. Tresckows, beriet ihren Mann politisch und war zudem über ihre beste Freundin Margarete v. Oven in das Geschehen eingebunden. Die spätere Gräfin Hardenberg hatte die Umsturzpläne geschrieben, da sie seit 1943 in Berlin als Sekretärin für die Heeresgruppe Mitte arbeitete. In der Regel wurde in den Familien der Regimegegner über Politik sehr wenig gesprochen; die Eltern waren vielmehr bemüht, den Kindern eine unbeschwerte Kindheit zu ermöglichen. »Mein Vater war ein guter Kamerad und hat viel mit uns gespielt«, erinnert sich Uta v. Aretin in dem Film *Die Kinder des 20. Juli*.[19] Eine andere Situation bestand bei der Familie Goerdeler, die mit ihren bereits größeren Kindern offen über Politik – wenngleich natürlich nicht über Attentatspläne sprachen.

Nach der Verhaftung ihrer Männer begannen für die betroffenen Ehefrauen Tage flirrender Nervosität und Angst, da die Sonderkommission die Angehörigen nicht über den Verbleib ihrer Nächsten unterrichtete. Besonders schwer wog, dass die Frauen mit kaum jemandem sprechen konnten, auf sich gestellt waren und bisweilen nicht wussten, ob ihre Männer an dem Staatsstreich beteiligt waren. Einige Frauen wie Clarita v. Trott oder Charlotte Gräfin v. der Schulenburg reisten nach Berlin in der Hoffnung, dort mehr über das Schicksal ihrer verschwundenen Männer zu erfahren, sie noch einmal zu sehen oder zumindest bei ihrem Prozess dabei zu sein. So beschrieb beispielsweise Marion Yorck v.

Wartenburg in dem Film *Die Frauen des 20. Juli,* wie sie es schaffte, am Tag des Prozesses gegen ihren Mann, Peter Graf Yorck v. Wartenburg, in das Gerichtsgebäude zu gelangen: »Und ich ging zu einem Wachtmeister und fragte, ob ich wohl als Zuhörer in den Saal dürfte. Und er sagte: ›Nein, da kommen nur geladene Menschen rein, ich kann keinen anderen rein lassen. Aber Sie können in unserer Wachtmeisterstube sitzen.‹ Ich habe den Prozess selbst natürlich nicht dort verfolgt, sondern habe nur die gellende Stimme von Freisler gehört. Die allerdings ausgiebig. Ein wahres Gebrüll, und wenn er böse war, schrie er. Hörte ich ihn so ohne Zusammenhang, tobte er los.«[20]

Die Zeit des langen Wartens, um etwas über ihren Mann Eugen zu erfahren, schilderte Brigitte Gerstenmaier: »Die meiste Zeit verbrachte man freilich damit, zu hoffen, auch wenn man völlig ins Leere hinein hoffte. Ich weiß noch, wie ich mich einmal an den Küchenschrank lehnte und dachte: Also gut, man muss das eben hinnehmen; aber am nächsten Tag versuchte man schon wieder irgendetwas und hoffte, gegen alle Vernunft. Als ich nach langen Wochen des Harrens meinem Mann zum ersten Mal Essen bringen durfte – er saß im Gefängnis Lehrter Straße –, nahm ich belegte Brötchen mit und steckte unter die Wurst ein Stück Seidenpapier, das ich mit winzigen Buchstaben eng beschrieben hatte. Ich packte es so in Cellophan ein, dass man sehen konnte, wie das Brötchen aussah. Ich habe furchtbar viel gebetet, dass der lange Knuth – das war der Leiter – das Brötchen nicht durchschnitt.«[21] Wie Brigitte Gerstenmaier handelten viele Angehörige, aber auch Freunde und Bekannte, die Akten verschwinden ließen, Kassiber ins Gefängnis schmuggelten oder verschlüsselte Nachrichten darüber ins Gefängnis brachten, wer bereits hingerichtet worden sei. Andere Frauen, wie die Frau des Anwalts Josef Wirmer, erreichten, dass sie von ihrem Mann wenigstens im Konzentrationslager Ravensbrück Abschied nehmen konnten.

Die Rache der Nationalsozialisten erstreckte sich indessen nicht auf die Regimegegner. Ende August 1944 hatte die Gestapo in der so genannten »Aktion Gewitter«[22] mehrere Tausende ehemalige SPD-, KPD-, oder Zentrumspolitiker und Politiker der Bayerischen Volkspartei festgenommen, die in der Regel nach zwei bis vier Wochen freigelassen wurden,

wenn sich kein Zusammenhang zum 20. Juli feststellen ließ. Insgesamt erwies sich die »Aktion Gewitter« in den Augen der Nationalsozialisten als Fehlschlag, zumal die Verhaftungswelle in der Bevölkerung Unruhe und Unverständnis hervorrief. »Die Neubildung jeder demokratischen Struktur im Nachkriegsdeutschland sollte mit der ›Aktion Gewitter‹ und den Morden an prominenten Regimegegnern noch kurz vor Kriegsende verhindert werden«,[23] resümieren Ulrike Hett und Johannes Tuchel.
Außerdem richtete sich der Hass der Nationalsozialisten gegen die Angehörigen der Regimegegner. Nach den Anweisungen Himmlers wurden im Juli/August 1944 140 der insgesamt mehr als 180 Sippenhäftlinge in Gewahrsam genommen.[24] Von der Sippenhaft waren die oft betagten Eltern der Attentäter ebenso betroffen wie Schwäger, Tanten, Onkel und Geschwister. Vor allem aber richtete sich der Hass der Nationalsozialisten gegen die Kernfamilien der Verschwörer und damit gegen die Ehefrauen, Kinder und selbst gegen Enkel. »Sie brauchen bloß die germanischen Sagas nachzulesen. Wenn sie eine Familie in die Acht taten und für vogelfrei erklärten oder wenn eine Blutrache in einer Familie war, dann war man maßlos konsequent. Wenn die Familie vogelfrei erklärt wird und in Acht und Bann getan wird, sagten sie: Dieser Mann hat Verrat geübt, das Blut ist schlecht, da ist Verräterblut drin, das wird ausgerottet. Und bei der Blutrache wurde ausgerottet bis zum letzten Glied in der ganzen Sippe. Die Familie Graf Stauffenberg wird ausgelöscht werden bis ins letzte Glied«,[25] hatte SS-Reichsführer Heinrich Himmler auf einer Gauleitertagung am 3. August 1944 in Posen erklärt. Der Chef der Deutschen Arbeitsfront, Robert Ley, richtete seinen Hass vor allem gegen den Adel: »Degeneriert bis in die Knochen, blaublütig bis zur Idiotie, bestechlich bis zur Widerwärtigkeit und feige wie alle gemeinen Kreaturen, das ist die Adelsclique, die der Jude gegen den Nationalsozialismus vorschickt … Es genügt nicht, die Täter allein zu fassen und unbarmherzig zur Rechenschaft zu ziehen, man muss auch die ganze Brut ausrotten.«[26]
Zwar machten die Nationalsozialisten diese Drohung nicht wahr; dennoch wurden im Laufe des Juli und August 1944 zahlreiche Ehefrauen von ihren Kindern getrennt und in verschiedenen Gefängnissen inhaf-

tiert oder zunehmend häufiger in Frauenkonzentrationslager gebracht. Die Inhaftierten erhielten keinen Haftbefehl. Die Gestapo nahm vielmehr die Frauen der Regimegegner fest, verhörte sie stundenlang, um sie anschließend in Einzelhaft im Gefängnis zu nehmen. Manche erfuhren erst dort, ob und wann ihr Mann hingerichtet worden war. So beschreibt beispielsweise die Tochter Goerdelers, Marianne Meyer-Krahmer, wie sie gemeinsam mit ihrer Mutter im Gefängnis vom Tod des Vaters erfuhr: »Und eines Morgens wurde von der Wärterin die Tür geöffnet und mir wurde eine Zeitung hineingeworfen und dick unterstrichen: ›Todesurteil: Goerdeler wird gehenkt‹. Meine Mutter war mit mir damals in der Zelle zusammen, und wir waren so erstarrt vor Schreck, dass ich wie wild an die Gefängnistür schlug und klingelte, was man eigentlich nicht machen durfte.«[27] Zu dem Schock über den Tod und die Angst um das eigene Leben kam vielfach die Sorge, was mit ihren verschleppten Kindern geschehen sei. So schildert Elisabeth Freytag v. Loringhoven, wie sie Mika Gräfin Schenk v. Stauffenberg im Moabiter Gefängnis im Bad traf und diese sie fragte: »Glaubst du auch, dass man die Kinder zu medizinischen Zwecken gebrauchen wird?«[28]

Dennoch bot das Gefängnis, der Kontakt mit anderen Frauen in ähnlichen Situationen, so etwas wie einen geschützten Raum, in dem es Zeit gab, sich mit dem Geschehen zu arrangieren, die oktroyierte Stille zur Einkehr und Besinnung zu nutzen. So beschrieb beispielsweise Margarete v. Oven, die Mitarbeiterin Henning v. Tresckows, ihre Eindrücke, als sie in das Gefängnis eingeliefert wurde: »Ich war glücklich, als ich im Gefängnis saß und die Tür hinter mir zu war. Da war die Spannung vorbei; nun ist es passiert, dachte ich, und wurde ruhig. Im Gefängnis sitzt man da und wartet, was kommen mag. Da kannst du nichts machen, musst nicht überlegen, ob du nun dieses oder jenes tust. Draußen bei jedem Schritt beobachtet und überall bespitzelt zu werden, das war viel anstrengender, viel schlimmer, als in einer Zelle zu sitzen. Das ist so wie ein Stafettenlauf: Man hat seinen Stab abgegeben, nun trägt ihn ein anderer, und man selbst braucht sich nicht den Kopf zu zerbrechen.«[29] Das deutliche Gefühl, dass ihre Männer im Einklang mit sich gehandelt hatten, sowie ein großes Gottvertrauen verwandelte Ver-

zweiflung, Depression und Angst in Gelassenheit. Eindrucksvoll schildert auch Marion Gräfin Yorck kurz nach ihrer Haftentlassung, wie sehr ihr die Zeit in der Zelle geholfen habe, um positiv mit dem alten Leben abzuschließen und ein neues, anderes beginnen zu können.[30]
Erst im November 1944 hatten die Nationalsozialisten ein neues Referat IV a 6c »Sippenhaft« eingerichtet. Über die »Sippenhaft« konnte Himmler oder der Chef der Gestapo Heinrich Müller entscheiden.[31] Unerwartet hatten die Nationalsozialisten zuvor die meisten Ehefrauen Ende September/Anfang Oktober aus der Haft entlassen, deren Männer häufig bereits hingerichtet worden waren. Andere Frauen blieben bis zum Kriegsende in Konzentrationslagern oder Gefängnissen. Mit der Regelung von November 1944 hatte Himmler bestimmt, dass besonders Nachkommen der Familien Hoepner, Lindemann und Wagner wegen ihrer »reaktionären Einstellung« mit Härte zu begegnen sei. So verurteilte der Volksgerichtshof in zwei abgetrennten Verfahren beispielsweise auch die beiden Söhne von General Fritz Lindemann am 14. November 1944 und am 22. Januar 1945 zu fünf beziehungsweise sieben Jahren Zuchthaus. Die besondere Rache Hitlers galt ferner der Familie des ehemaligen Panzergenerals Erich Hoepner, der als General des XX. Korps Hitlers Befehl in der Winterkrise um Moskau nicht befolgt und seine Truppen zurückgezogen hatte. Hitler hatte darauf den Panzergeneral im Januar 1942 aus der Armee verstoßen.[32] »Gegen meine Familie gingen die Nationalsozialisten mit einer ganz besonderen Grausamkeit vor«, erzählt der Enkel von Erich Hoepner, Harald Potente, der als Zahnarzt in Berlin arbeitet. Seine Frau hat für die Familie ein Album zusammengestellt, das die tragische Familiengeschichte nach dem gescheiterten Putsch erzählt. Insgesamt verhafteten die Nationalsozialisten sieben Angehörige der Familie, darunter auch die Geschwister des Generals. Hoepners Ehefrau Irma war bis Ende April 1945 im KZ Ravensbrück interniert, wo sie nach Schilderungen ihres Enkels Potente furchtbar gequält wurde. Auch die Tochter von Erich Hoepner, Ingrid Potente, und ihr Ehemann Hilmar gerieten in Haft. Sogar die kaum zweijährige Tochter, die Enkelin von Erich Hoepner, Marietta Potente, wurde der Mutter fortgenommen und tagsüber im Heim, abends von einer Pflegefamilie

versorgt. Auch andere Familien behandelten die Nationalsozialisten mit besonderer Härte wie beispielsweise die Angehörigen von Friedrich Olbricht. »Meine Großmutter und meine Mutter wurden wochenlang in den feuchten Räumen der berüchtigten Prinz-Albrecht-Straße festgehalten«, erzählt der Enkel Rudolf Georgi.[33] Als Spätfolgen dieser furchtbaren Behandlung litt seine Mutter bis zu ihrem frühen Tod unter schmerzhaftem Gelenkrheumatismus.

Besonders scharf verhörte die Gestapo auch die Frau Claus v. Stauffenbergs, Nina, die mit ihrem fünften Kind schwanger war. Nach fünfmonatiger Einzelhaft kam die Witwe Stauffenberg über das Konzentrationslager Ravensbrück im Januar 1945 in eine NS-Frauenentbindungsstation, wo sie unter dem Namen »Schank« eine Tochter namens Konstanze bekam. Auf Grund verschiedener Erkrankungen lag sie bis April 1945 in einem Potsdamer Krankenhaus, von wo sie nach Kriegsende nach Süddeutschland floh.[34] Von dort aus versuchte Nina Gräfin Stauffenberg neuere Nachricht von ihren anderen vier Kindern zu erhalten, da sie im Juni 1945 von ihrer inzwischen verstorbenen Schwägerin Melitta nur wusste, dass ihre drei Söhne und ihre Tochter nicht mehr im nationalsozialistischen Kinderheim in Bad Sachsa[35] waren.

Dorthin hatte die Gestapo im August 1944 insgesamt 46 Kinder gebracht, ohne dass ihre Familien den Aufenthaltsort kannten. »Ich komme im Auftrag von Berlin und soll die drei Kinder holen«,[36] hatte ein Gestapomann eine Tante der Kinder Hofackers aufgefordert, ihm die drei jüngeren Kinder Christa, Liselotte und Alfred mitzugeben, die älteren Geschwister waren schon gemeinsam mit der Mutter verhaftet worden. Eine NS-Schwester kümmerte sich seither um die jüngeren Geschwister. »Die Fahrt von München nach Bad Sachsa kam mir unendlich vor«, erinnert sich Alfred v. Hofacker.[37]

Kurz nach ihrer Rückkehr aus Bad Sachsa verfasste die damals 13-Jährige Christa v. Hofacker einen beeindruckenden Bericht, in dem sie ihren fast zehn Monate dauernden Aufenthalt im Südharz schilderte.[38] Interessant ist dieses Dokument vor allem auch deshalb, weil es die tiefe Verunsicherung, die Ängste und die Verzweiflung der Kinder schilderte, die nicht wussten, was aus ihren Eltern geworden war und von der

Außenwelt abgeschnitten mit ihren Konflikten alleine gelassen wurden. Neben den drei Hofacker-Kindern brachte die Gestapo unter anderem auch Kinder der Familien v. Stauffenberg, v. Schwerin-Schwanenfeld, v. Trott, die Söhne von Elisabeth Freytag v. Loringhoven und zwei Töchter Henning v. Tresckows nach Bad Sachsa. Dort gab es – abgelegen von dem Kurort – zehn in der Zeit um 1935 im Schweizer Stil errichtete Häuser. Die in einer waldigen Hügellandschaft gelegenen Gebäude gehörten der Stadt Bremen, die hier ein von der nationalsozialistischen Volkswohlfahrt betriebenes Kinderheim unterhielt. Ende Juli 1944 hatten alle Kurkinder das Heim plötzlich verlassen müssen. Mehrere Gestapo-Beamte hatten die größtenteils aus Bremen stammenden Kindergärtnerinnen von der »Sonderbelegung« informiert und sie verpflichtet, mit niemandem über die Kinder zu sprechen.

Im Heim erhielten die verschüchterten Kinder im Alter von mehreren Monaten bis zu vierzehn Jahren neue Namen. Christa v. Hofacker sollte künftig ebenso wie ihre kleine Schwester Liselotte, »Franke« heißen. Die beiden Tresckow-Töchter nannten die Nationalsozialisten »Wartenberg«, den sechs Söhnen und Töchtern von Claus und Berthold Schenk Graf v. Stauffenberg gaben die Nationalsozialisten den Namen »Meister«. »Nach einiger Zeit wurde uns eröffnet, dass wir nun andere Namen hätten – unserer war Meister –, aber ich selbst hatte nie Gelegenheit, diesen zu gebrauchen«,[39] erinnert sich der damals zehn Jahre alte Berthold Graf Schenk v. Stauffenberg. Gestapo-Beamte erklärten den Kindern, sie würden ihre Eltern nie mehr wiedersehen. Die Kindergärtnerinnen trennten die Namensschilder aus den Kleidern. »Mit kurzem Heil Hitler wurden wir im Büro begrüßt, dann kamen drei Kindergärtnerinnen und jede nahm einen von uns mit. Wir wurden getrennt«, schrieb Christa v. Hofacker über ihre Ankunft im Borntal. Im Haus 1 waren Jungen ab zehn Jahre, im Haus 2 Jungen von sechs bis neun, in zwei weiteren Häusern die Mädchen, in einem anderen die Kleinkinder untergebracht. Auch Fotos von Eltern und Verwandten und andere Erinnerungsstücke mussten die Kinder abgeben. Nichts sollte mehr an die ursprüngliche Identität der Kinder erinnern, die ihre Eltern schnellstmöglich vergessen sollten, um zu guten Nationalsozialisten erzogen zu werden. »Wir waren praktisch zu Unpersonen geworden«,[40] erinnert sich Uta v. Aretin. Doch der Plan der Nationalsozialisten ging nicht auf. »In der kommenden Nacht kam mein Bruder in unseren Schlafsaal und meinte, wir sollten uns nun alle unsere Namen sagen. Jeder nannte seinen Familiennamen – Hofacker, Hansen, Hagen – nur Berthold Stauffenberg wagte nicht, den seinen zu nennen: Er wusste, dass sein Vater die Bombe gelegt hatte, er hatte vor der Verhaftung der Familie alles erfahren und war verängstigt«,[41] erinnerte sich später der Journalist Christoph Graf v. Schwerin. Ähnliche Szenen spielten sich auch in dem Haus der größeren Mädchen ab. »Nachdem wir wussten, dass wir größtenteils miteinander verwandt waren, ging es in Bad Sachsa besser, da tiefe Freundschaften entstanden«,[42] erzählt Alfred v. Hofacker. »Längst wussten Uta und ich, dass das Heim nur für Kinder vom 20. Juli freigehalten wurde«, ergänzte seine Schwester Christa v. Hofacker.

Wenige Monate nach der Internierung wurden die ersten Kinder im Oktober wieder entlassen und zu ihren ebenfalls aus der Gefangenschaft freigelassenen Müttern gebracht. Anfang Oktober zogen die »Übriggebliebenen« – wie Christa v. Hofacker sie bezeichnete – in ein Haus. Von den ursprünglich 46 Kindern lebten damals noch zwölf in einer ehemaligen Villa, die Geschwister Stauffenberg und Hofacker sowie die drei Mädchen Lore Bernardis, Renate Henke und Marie-Luise Lindemann. Im Januar 1945 wurden noch zwei kleine Jungen nach Bad Sachsa gebracht, die auf einem Flüchtlingstransport verloren gegangen waren. Tatsächlich handelte es sich um die zwei Enkel Rainer und Carl Goerdeler, damals vier und eindreiviertel Jahre alt. »An einem anderen Tag nahm ich mir den Rainer vor und fragte ihn, ob er denn nicht wisse, wie er hieße. Doch, sagte er, dös weiß i scho. I hoiß Rainer Goerdeler, Johannes, Christian«, erinnerte sich Christa v. Hofacker und ergänzte: »Nachdem ich mir dies einige Male wiederholen ließ, verstand ich endlich den Namen; gleichzeitig tauchte ein Bild aus einer Illustrierten vor mir auf: es war eine Wirtsstube, in der Fräulein Schwarz Goerdeler, der auf dem Sofa saß, an die SS-Leute verriet. Und da war mir klar: das mussten Goerdelers Enkelkinder sein!« In der Rückblende kann sich Rainer Goerdeler nicht mehr an die Zeit in Bad Sachsa erinnern. »An die Zeit von

Juli 1944 bis Juli 1945 habe ich keinerlei aktive Erinnerung mehr, bis auf die Ankunft meiner Mutter in Bad Sachsa in der zweiten Julihälfte 1945«, erzählt Rainer Goerdeler und fügt hinzu, dass dies »ein guter Reaktionsmechanismus der Unterdrückung« sei.[43]
Ursprünglich hatten die Nationalsozialisten geplant, die Eltern umzubringen und die älteren Kinder in so genannte Napolas,[44] nationalpolitische Erziehungsanstalten, zu geben; die Kleineren sollten bei stramm nationalsozialistisch gesinnten Familien aufwachsen. Als die ersten Kinder wieder nach Hause durften, brach eine Kindergärtnerin gegenüber Christa v. Hofacker und Uta v. Tresckow ihr Schweigen und erzählte den beiden Mädchen von den eigentlichen Plänen der Nationalsozialisten. »Jetzt, nachdem Fräulein Köhne uns all' das Grauenhafte gesagt hatte, quälte mich so manche Nacht der Gedanke, ob wir wohl jemals nach Hause kommen würden. Ich konnte mit niemandem darüber reden«, schrieb Christa v. Hofacker.
Für die übrigen Kinder hielten die Erzieherinnen die Fassade aufrecht: Die Kinder spielten, gingen spazieren, rodelten und lasen die wenigen vorhandenen Bücher. »Die Verpflegung war wie in der damaligen Zeit üblich. Allerdings gab es keinerlei Kontakte zur Außenwelt, auch kein Radio, keine Zeitung, so dass ich etwa die Ardennenoffensive erst nach dem Krieg erfahren habe. Auch gab es keine Schule und natürlich keine Kirche«, erinnert sich Berthold Graf Stauffenberg an seinen Aufenthalt. Mitte November brach im Kinderheim eine Windpocken-Epidemie aus; fast jeden Tag gab es Fliegeralarm. Unter den Erzieherinnen herrschte Ratlosigkeit, was mit den verbleibenden Kindern geschehen solle, weshalb zu Weihnachten die strengen Regeln gelockert wurden. Am 24. Dezember bekamen die sechs Stauffenberg-Kinder überraschenden Besuch von ihrer Tante Melitta Gräfin Stauffenberg, der Frau des Historikers Alexander Schenk Graf v. Stauffenberg, die im Dritten Reich als erprobte Ingenieurin und Pilotin arbeitete. Am Abend veranstalteten die Kindergärtnerinnen gar eine Bescherung mit kleinen Geschenken. Christa v. Hofacker bekam einen Hund. Die trostlose Stimmung konnte dies indessen nicht vertreiben. »In der einen Ecke des Raumes stand ein Baum mit elektrischen Kerzen. Das wirkte so kalt und abstoßend, ver-

wirrend waren die vielen Drähte, die über das Tännchen geleitet waren. Der Gesang und der ganze Hauch des Heiligen Abends stimmten wehmütig. Alfred neben mir brach fassungslos in Tränen aus – ich konnte ihm nicht helfen« – so die Erinnerungen von Christa v. Hofacker.

Mit dem Frühling hofften die Kinder auf Rückkehr zu den Eltern. Christa v. Hofacker hatte im Januar sogar ein Päckchen mit Fotos ihrer Familie erhalten. Die Wehrmacht hatte das Kinderheim inzwischen beschlagnahmt. Alles Anzeichen für die Kinder, dass nun auch sie bald nach Hause dürften. Ostern erzählten die Erzieherinnen den Kindern, sie kämen in ein neues Heim, in dem sie ihre Familien wieder treffen würden. Tatsächlich handelte es sich bei dem Heim jedoch um das Konzentrationslager Buchenwald, wo die Kinder vermutlich getötet werden sollten. Osterdienstag brachte ein LKW die Kinder zum Bahnhof, als ein halbstündiger Bombenhagel ausbrach. »Es brummte wie toll, und plötzlich hub ein ohrenbetäubendes Krachen und Pfeifen an. Die Kleinen fingen an zu schreien. Zu einem Knäuel ineinander verschlungen, lagen wir 14 am Boden, die drei Erwachsenen, die uns begleiteten, schauten einander stumm an. Eine halbe Stunde dauerte der Bombenhagel. Den Zug noch erreichen zu wollen, war sinnlos. Außerdem berichteten voübereilende Leute, dass der Bahnhofsbunker total zugeschüttet sei«,[45] schildert Christa v. Hofacker ihre Eindrücke. Zurück in Bad Sachsa gigen die Ungewissheit und das Warten weiter. »Während der Kämpfe um Bad Sachsa in den letzten Kriegstagen haben die Angestellten unter Infanterie-Beschuss und Tiefffliegerangriffen die Verpflegung aus der Küche, die im Schussbereich lag, geholt, damit die Kinder genug zu essen hatten. Diese waren nämlich in einem geschützt liegenden Keller untergebracht. Nach Kriegsende haben wir die letzten Lebensmittel vor den freigelassenen, plündernden Polen verteidigt, sind mit den Kindern aufs Land zu Bauern gegangen und haben selbst Gemüse nach Hause geschleppt, damit die Kinder keine Not zu leiden brauchten«,[46] erinnerte sich Ende der fünfziger Jahre eine ehemalige Kindergärtnerin, die von den Kindern als herzliche und nette Erzieherin beschrieben wurde. Weniger Mitleid mit den Kindern scheint hingegen die Heimleiterin gehabt zu haben, die von den meisten Kindern gefürchtet wurde.

Am 12. April 1945 rückten die Amerikaner in Bad Sachsa ein.[47] Sie ernannten den sozialdemokratischen Postbeamten Willy Müller zum Bürgermeister, den die Bad Sachsaer Nationalsozialisten mit besonderer Brutalität verfolgt und nach dem 20. Juli in das Konzentrationslager Buchenwald verbracht hatten. Der spätere Stadtdirektor von Bad Sachsa, der eine der Kindergärtnerinnen heiratete, hatte über einen Genossen erfahren, dass es sich bei den inhaftierten Kindern um Angehörige des 20. Juli handelte. Zu einer der ersten Amtshandlungen des Bürgermeisters gehörte es, sich im Kinderheim persönlich einen Eindruck von der Situation zu verschaffen. Der gestandene Sozialdemokrat ließ die Kinder zu sich rufen, stellte sich auf einen Stuhl oder Tisch und hielt nach den Erinnerungen von Alfred v. Hofacker eine flammende Rede, die mit dem Satz endete: »Jetzt dürft ihr eure richtigen Namen wieder tragen. Ihr braucht euch eurer Namen und Väter nicht zu schämen, denn eure Väter waren Helden.«[48] Am Tag der Kapitulation stellte Müller die Kinder unter seinen persönlichen Schutz und gab ihnen auch amtlich ihre alten Namen zurück. Mitte Juni konnten die Kinder nach Hause zurückkehren. Eine Tante der Familie Stauffenberg, die Rotkreuzoberin Gräfin Üxküll-Gyllenband, organisierte gemeinsam mit den amerikanischen und französischen Behörden die Heimkehr. Der französische Oberkommandant im Heimatort der Stauffenbergs, in Lautlingen, stellte ein Militärauto zur Verfügung, nachdem die entsprechenden Stellen der französischen und amerikanischen Militärregierung erklärt hatten, sie seien nicht für deutsche Kinder zuständig.[49]

Nach dem ursprünglichen Plan der Nationalsozialisten hatten die Kinder aus Bad Sachsa Ostern 1945 in das Konzentrationslager Buchenwald gebracht werden sollen. Dort war eine Reihe anderer Sippenhäftlinge – nach einer Odyssee durch ganz Deutschland – für kurze Zeit im Lager, darunter viele Ehefrauen von Verschwörern mit ihren über fünfzehn Jahre alten Kindern. Unter den Sippenhäftlingen befanden sich zahlreiche Mitglieder der Familien Stauffenberg und Goerdeler. Neben vielen Vettern und Cousinen, die nur wegen des Namens Stauffenberg inhaftiert worden waren, hatten die Nationalsozialisten auch die Schwiegermutter Claus v. Stauffenbergs, Anni v. Lerchenfeld, und seinen Bruder

Alexander v. Stauffenberg, der in Griechenland verhaftet worden war, in Haft genommen. Zu Himmlers »Ehrenhäftlingen« gehörten ferner die Tochter des Botschafters Ulrich v. Hassell, Fey Pirzio-Biroli, die in Italien von ihren kleinen Söhnen getrennt und ebenfalls nach Deutschland verschleppt wurde, sowie die Frau Cäsar von Hofackers, Ilselotte, mit ihren älteren Kindern und die Frau Carl Goerdelers, Anneliese, mit ihren Töchtern Marianne und Benigna. In dem Film *Die Kinder des 20. Juli* bezeichnete der älteste Sohn von Cäsar v. Hofacker, Eberhard, diese Zeit als die schlimmste seines Lebens.[50]

Nach dem Krieg schilderte die in Italien verheiratete Fey Pirzio-Biroli ihre Irrfahrt durch verschiedene Konzentrationslager.[51] Im Oktober 1944 hatte Heinrich Himmler beschlossen, die »Sippenhäftlinge« an zentralen Haftorten zu sammeln. Die Gefangenen, die sich aus Angehörigen des 20. Juli und Verwandten von Mitgliedern des *Nationalkomitees Freies Deutschland* zusammensetzten, wurden in die Schierbach-Baude bei Bad Reinerz verlegt, andere in der benachbart gelegenen Hindenburg-Baude untergebracht. Von dort ging es für die Gefangenen der Hindenburg-Baude im November 1944 in das Konzentrationslager Stutthof, wo die Sippenhäftlinge erfuhren, dass Himmler sie nicht töten wollte, sondern sie als »prominente Geiseln« betrachtete. »Trotz mangelhafter Verpflegung, durch die wir täglich schwächer und anfälliger wurden, waren erstaunlicherweise alle noch wohlauf (...).«[52] Das änderte sich wenig später, als zunächst die Ruhr und später Typhus unter den Sonderhäftlingen ausbrach, viele Sippenhäftlinge mit dem Tode rangen und die Schwiegermutter Stauffenbergs schließlich verstarb. Vor der herannahenden Roten Armee verbrachte die SS die zum großen Teil kranken Gefangenen Mitte Januar 1945 in Gewaltmärschen bei eisiger Kälte in das Konzentrationslager Buchenwald. Dort trafen sie auf andere Sippenhäftlinge des 20. Juli, wie die Söhne Carl Goerdelers, Ulrich und Reinhard. Erneut wurde die immer größer werdende Gruppe von Sippenhäftlingen in einer isolierten Baracke untergebracht. Besonders quälte Fey Pirzio-Biroli die Sorge um ihre beiden kleinen Söhne, die die Gestapo offensichtlich nicht nach Bad Sachsa, sondern an einen unbekannten dritten Ort gebracht hatte. »Ich meinte, in meiner Verzweiflung zu versinken. Wie sollten wir denn die Kinder je wiederfinden in diesem Chaos, das nach dem Zusammenbruch noch totaler werden würde?«,[53] fragt sich die 26-Jährige in ihrem Tagebuch. Da die Front immer näher rückte, transportierten die Nationalsozialisten die Sippenhäftlinge im April 1945 mit Bussen und Lastwagen Richtung Dachau und Voralpen. Inzwischen waren auch die Sippenhäftlinge aus der Schierach-Baude verlegt, so dass die Zahl von Himmlers »Ehrenhäftlingen« auf rund 200 Personen angeschwollen war. Der frühere Reichsbankpräsident Hjalmar Schacht befand sich ebenso unter den Häftlingen wie Prinz Philipp von Hessen, der frühere französische Premierminister Léon Blum und Kurt v. Schuschnigg, der ehemalige österreichische Bundeskanzler. »Wir waren Gefangene aus 22 Nationen«, erinnert sich Isa Vermehren.[54]

Kurz vor Kriegsende entkamen die Sippenhäftlinge auf fast wundersame Weise ihrem von Himmler für den 29. April festgelegten Tod. Zwei mitgefangene Offiziere hatten im Bus ein Gespräch der beiden SS-Männer gelauscht, die für die Sippenhäftlinge verantwortlich waren. Danach wollte die SS am 29. April Bomben unter den Bussen anbringen und die Häftlinge in die Luft sprengen. Den beiden gefangenen Offizieren Bogislav v. Bonin und v. Flügge gelang es, dass die SS von der Wehrmacht entmachtet und die Sippenhäftlinge unter die Aufsicht eines Generals der Heeresgruppe Süd gestellt wurden, der den Sippenhäftlingen wohlgesonnen war. Eine größere Gruppe von 139 Menschen wurde über das Durchgangslager Reichenau bis nach Tirol gebracht. Nach der Befreiung durch die Amerikaner am 4. Mai 1945 brachten diese die Sippenhäftlinge nach Neapel und von dort nach Capri, wo sie sich von den Strapazen des einjährigen Zugs durch verschiedene Konzentrationslager erholen sollten. Doch die ehemaligen Sippenhäftlinge der Achsenmächte konnten den Aufenthalt nicht genießen, zumal sie das Hotel in Capri nicht verlassen durften und die Männer täglich von den Alliierten verhört wurden. »Uns begann die Sorge um unsere Familien sehr zu beschäftigen, von denen wir monatelang nichts gehört hatten«, erzählt die spätere Ordensschwester Isa Vermehren.[55]

Die Stunde Null > Die Angehörigen zwischen öffentlicher Verachtung und Anerkennung

Als die deutschen Streitkräfte am 8. Mai 1945 kapitulierten, war die deutsche Niederlage total. Deutschlands Kampf um die Hegemonie in der Welt hatte über sechzig Millionen Menschen das Leben gekostet; allein auf sowjetischer Seite starben über zwanzig Millionen Menschen. Von den Toten waren rund sechs Millionen jüdischen Glaubens. Bei allen Differenzen der vier Alliierten in der Deutschlandpolitik bestand nach der Kapitulation 1945 Einigkeit, Deutschland komplett abzurüsten, das Volk einer strengen Entnazifizierung zu unterwerfen und eine zentrale Regierung zunächst zu verhindern, um den Prozess einer dauerhaften Demokratisierung einzuleiten. Die komplette Niederlage wirkte auf das deutsche Volk wie ein Schock. Aus einem Volk, das sich angeschickt hatte, die ganze Welt zu erobern, und das begeistert seinem Führer Adolf Hitler zugejubelt hatte, war ein Volk von Verlierern geworden, das sich von der eigenen Regierung missbraucht und über Jahre verraten fühlte und schließlich von den Alliierten in vier verschiedenen Besatzungszonen verwaltet wurde.

Die Flucht und Vertreibung der Deutschen aus den Ostgebieten, die Bombardierung und Zerstörung vieler Städte, die Vergewaltigung unzähliger Frauen, der Verlust von Angehörigen und Freunden sowie des Vermögens und der Heimat ließ die Deutschen nach Kriegsende traumatisiert und versteinert im eigenen Leiden zurück, unfähig zu begreifen, dass der aggressive Angriffskrieg von deutschem Boden ausgegangen war. Dabei stand 1945 zunächst das unmittelbare Überleben im Vordergrund. Ein Viertel der Wohnfläche wurden im Krieg zerstört. In den Großstädten hatten die alliierten Bomber sogar mehr als die Hälfte der Wohnungen und Häuser in Ruinen gelegt. Trümmerfrauen, Kinder und alte Menschen befreiten die Städte bis zur physischen Erschöpfung von Schutt, Geröll und Asche. Söhne, Ehemänner, Väter und Geliebte waren vermisst, verstümmelt, in Kriegsgefangenschaft oder tot. Auf Grund der zerstörten Transportwege und des Zusammenbruchs der deutschen Wirtschaft fehlten allerorts Nahrungsmittel. Der Schwarzmarkt mit Zigaretten blühte. Da es kaum Gas und Elektrizität gab, untergruben Kälte und Dunkelheit den Lebensmut der Menschen, die überall hungerten und froren. Eine hohe Säuglingssterblichkeit, Hungerödeme, Unterernährung und damit eine große Anfälligkeit für Krankheiten waren die Folge.

Der in Heidelberg lehrende Philosoph Karl Jaspers befasste sich in einer Vorlesung mit der Abgestumpftheit der Deutschen im Hungerwinter 1945/46: »Wir leben in Not, ein großer Teil unserer Bevölkerung ist in so großer, so unmittelbarer Not, dass er unempfindlich geworden zu sein scheint für solche Erörterungen. Ihn interessiert, was die Not steuert, was Arbeit und Brot, Wohnung und Wärme bringt. Der Horizont ist eng geworden. Man mag nichts hören von Schuld, von Vergangenheit, man ist nicht betroffen von der Weltgeschichte. Man will einfach aufhören zu leiden, will heraus aus dem Elend, will leben und nicht nachdenken. Es ist eher eine Stimmung, als ob man auch nach so furchtbarem Leid gleichsam belohnt, jedenfalls getröstet werden müsste, aber nicht noch mit Schuld beladen werden dürfte.«[56]

Folgerichtig fühlten sich die meisten ausgebombten, vertriebenen und ihrer Liebsten beraubten Deutschen als Opfer Hitlers dunkler Schicksalsmächte. Den verlorenen Weltkrieg empfanden viele als moralische Niederlage, für den sie umsonst so hart gekämpft und so viele Entbehrungen auf sich genommen hatten. Von den zahlreichen Gewaltverbrechen, besonders an den jüdischen Mitbürgern, wollte kaum jemand gewusst haben oder gar dafür die Verantwortung übernehmen. Die meisten Deutschen wollten so schnell wie möglich die eigene Schuld verdrängen und an die Brutalitäten des von den meisten mitgetragenen Regimes nicht mehr erinnert werden. Erneut bildete sich unter den Deutschen eine Schicksalsgemeinschaft, die sich gegenseitig deckte und gegenseitig »Persilscheine« ausschrieb, um nicht zur Verantwortung gezogen zu werden. In dieser Situation kam den Deutschen der Beginn des Kalten Krieges sogar entgegen. Denn die einsetzenden politischen Spannungen der Alliierten führten dazu, dass der Prozess der Entnazifizierung weit weniger rigoros verlief, als ursprünglich geplant. Am konsequentesten und schnellsten arbeiteten die Sowjets, die in der inneren

Verwaltung und im Justizdienst der sowjetischen Zone 90 Prozent des Personals entließen und später auch nicht mehr einstellten – wobei die Umgestaltung zur sozialistischen Gesellschaft im Vordergrund stand. In den drei westlichen Zonen blieben dagegen gerade im öffentlichen Dienst zahlreiche ehemalige Nationalsozialisten als Lehrer, Juristen, Staatsanwälte, aber auch in der Industrie und der Ärzteschaft auf ihren Posten. Insgesamt verurteilten die westlichen Besatzungsmächte im Zuge der Nürnberger Prozesse rund 5000 Angeklagte als Kriegsverbrecher. Spätestens seit 1946 zeichnete sich für die Amerikaner ab, dass die eigentliche Gefahr nicht von den Deutschen, sondern von den kriegsverbündeten Sowjets ausging, die hofften, über eine Umstrukturierung der deutschen Wirtschaft und Gesellschaft Deutschland unter kommunistischen Einfluss zu bringen. Mit der Einrichtung der englisch-amerikanischen Bizone am 1. Januar 1947 einerseits und der SBZ andererseits war der Weg für zwei deutsche Staaten bereits beschritten, der mit der Währungsreform von 1948 von den Engländern, Amerikanern und den Franzosen konsequent weiter verfolgt wurde. Nur vier Jahre nach Kriegsende gründeten die Westalliierten 1949 die Bundesrepublik Deutschland, die sie zunehmend mehr als Bündnispartner in ihrem Kampf gegen den Kommunismus in der Sowjetunion und der Deutschen Demokratischen Republik dringend benötigten.

Das Ende der Gegnerschaft hatte sich auch an dem bald nach der Kapitulation einsetzenden »Gnadenfieber«, der Amnestie zahlreicher Nationalsozialisten, gezeigt, die von den Westalliierten mitgetragen wurde, um fähige Fachleute und Beamte für den Neuaufbau der Bundes- und Länderverwaltungen zu gewinnen. In dieser labilen Situation hatten weder die Alliierten[57] noch die deutsche Bevölkerung ein Interesse daran, an die weit verzweigte Opposition gegen Hitler zu erinnern.[58] Um das eigene Gesicht zu wahren, machte sich die Mehrzahl der deutschen Bevölkerung weiß, es habe unter der Diktatur Hitlers keinerlei Möglichkeiten des Widerstandes oder auch nur der Resistenz gegeben. Das Wachhalten der Erinnerung an den 20. Juli hätte diesen bequemen Verdrängungsmechanismus bedroht. Die meisten Deutschen haben deshalb in den Nachkriegsjahren einen aktiven Widerstand gegen Hitler, vor allem aber die Breite der Opposition, geleugnet. Stattdessen hatte sich Hitlers Ausspruch über die kleine »Clique ehrgeiziger Offiziere« in den Köpfen der Menschen festgesetzt, wonach die Attentäter als Hoch- und Landesverräter galten.[59]

»Einiges spricht denn auch dafür, dass in der Abwertung des Widerstands, zumindest in den frühen Nachkriegsjahren, der Affekt einer Generation von Mitläufern und deren Nachkommen zum Vorschein kam, die sich die eigenen Versäumnisse nicht ausgerechnet von der noch einmal groß ins Blickfeld rückenden, zum Untergang verurteilten Schicht von Militär und Aristokratie ins Bewusstsein rufen lassen wollten«,[60] urteilt Joachim Fest. In ähnlicher Weise argumentiert auch der Politologe Peter Steinbach, der von einer »doppelten Unfähigkeit der Deutschen zu trauern« spricht und in der Ablehnung des Widerstands im Nachkriegsdeutschland auch das Versagen einer Generation widergespiegelt sieht, die »mitmachten, wo sich andere aus politischen, ethischen oder religiösen Gründen versagt hatten.« In einer repräsentativen Umfrage des Instituts für Demoskopie in Allensbach von 1956, wie das Attentat vom 20. Juli zu beurteilen sei, antworteten folgerichtig 34 Prozent, der Staatsstreich sei zu verurteilen, 27 Prozent waren in ihrer Meinung schwankend. Bis in die fünfziger Jahre hinein weigerte sich die Mehrzahl der Deutschen beispielsweise, eine Schule nach Claus Schenk Graf v. Stauffenberg zu benennen.[61]

Für einen kurzen historischen Moment sah es hingegen so aus, als wären die sowjetischen Machthaber in der SBZ dem Widerstand gegenüber aufgeschlossener begegnet. »… denn das Ansehen des neuen Deutschlands in der Welt wird sich danach richten, was die Welt über die deutsche Widerstandsbewegung erfährt«, formulierte Günther Weisenborn am 11. Mai 1946 im Berliner Hebbeltheater vor ehemaligen politischen Häftlingen des KZ Sachsenhausen in einer Rede, die wegen ihres programmatischen Charakters in gleichen Jahr im *Aufbau* erschien.[62] Unmittelbar nach der Befreiung aus den Konzentrationslagern und dem Ende der Kampfhandlungen empfanden es politische Verfolgte in der SBZ als ihre Pflicht, über ihre Leidenszeit zu berichten. Die Dokumentation der nationalsozialistischen Verbrechen gegen die Menschlichkeit stand dabei im Vordergrund.[63] In der SBZ setzte sich der Stalinismus allmählich durch, unter dem der konservative Widerstand in Misskredit gebracht wurde. In der unmittelbaren Nachkriegszeit bestand gegenüber dem 20. Juli eine ambivalente Haltung: Noch wurden die Attentäter in den antifaschistischen Gründungsmythos der späteren DDR integriert, wie sich auch an den gemeinsamen Gedenkveranstaltungen zeigt.[64] So nahmen am 9. September 1945 rund 60000 Menschen in der Berliner Werner-Seelenbinder-Kampfbahn an einer Großkundgebung für die Widerstandskämpfer teil. 1946 versammelten sich Tausende im Berliner Lustgarten im gemeinsamen Gedenken an alle Widerstandskämpfer. Dort sprach auch Marion Gräfin Yorck v. Wartenburg als Angehörige des Kreisauer-Kreises und als Repräsentantin des 20. Juli. Auch Straßen, wie beispielsweise in Leipzig, wurden nach prominenten Attentätern aus dem konservativen Widerstand, wie nach Beck, Goerdeler, Hoepner oder v. Witzleben benannt, bis sie 1952 ausgetauscht wurden. Vor allem ehemalige Widerstandskämpfer[65] wie die Mitbegründer der CDUD Jakob Kaiser und Andreas Hermes oder der Sozialist Gustav Dahrendorf[66] bemühten sich darum, die Erinnerung an den 20. Juli in der SBZ wach zu halten. Enttäuscht über die Entwicklung in der späteren DDR, zog sich Dahrendorf 1946 als SPD-Parlamentarier nach Hamburg zurück; Andreas Hermes geriet unter anderem wegen der radikalen Bodenreform im Osten in Opposition mit der sowjetischen Militärbehörde und verließ ebenfalls die SBZ. Sein Nachfolger als Vorsitzender der CDUD wurde der christliche Gewerkschaftler Jakob Kaiser, der sich der Idee eines demokratischen Sozialismus auf christlicher Grundlage verschrieben hatte. Er wurde im Dezember 1947 von der Sowjetischen Militär-Administration (SMAD) abgesetzt und spielte später in der CDU in Westdeutschland eine wichtige Rolle.

Die Sowjetunion hatte das Attentat vom 20. Juli bereits 1945 als eine imperialistisch-restaurative Verschwörung ohne Verbindung zum Volk verurteilt. Damit war es eine Frage der Zeit, wann sich die SMAD und die SED diesem Geschichtsbild anpassen würden. Dazu passte es, dass die Geschichte des Widerstandes an den neu eröffneten Universitäten der SBZ nicht gelehrt wurde und es im Gegensatz zu Westdeutschland keine nennenswerte wissenschaftliche Auseinandersetzung über den Widerstand gab.

Vor allem die 1947 gegründete Vereinigung der Verfolgten des Nationalsozialismus (VVN) widmete sich in der unmittelbaren Nachkriegszeit der Aufgabe, die Erinnerung an Widerstand und Verfolgung wach zu halten und umfängliches Material zu sammeln, wobei die Arbeit von Verfolgten und nicht von Historikern gestaltet wurde. Bis 1948 bemühte sich der VVN, den Widerstand in seiner ganzen Breite, das heißt vom kommunistischen, bürgerlichen bis hin zum militärischen Widerstand zu erforschen. In der Zeitschrift *Unser Appell* äußerte sich beispielsweise der Journalist Rudolf Pechel über den 20. Juli, Walter Janka würdigte die Emigration als Form des Widerstands gegen den Nationalsozialismus, und Probst Grüber schrieb über den Kampf der Kirchen.[67] Noch im September 1948 organisierte der Verband der Verfolgten eine große Ausstellung unter dem Thema: »Das andere Deutschland. Eine Schau der Widerstandsbewegung gegen das NS-Regime«, die im ehemaligen Reichspräsidentenpalais gezeigt wurde. Dabei gelang es dem Verband, ohne politische Propaganda sowohl den kommunistischen als auch den militärischen Widerstand zu zeigen. Ziel der Schau war es, das Publikum über die Breite des Widerstands in Deutschland aufzuklären. Allein in Berlin sahen sich rund 55 000 Besucher die Ausstellung an.

Der zunächst pluralistische Ansatz des VVN vertrug sich auf Dauer nicht mit dem Machtanspruch und der Geschichtspolitik der SED, die zur zentralen Partei in der SBZ geworden war. Der Verfolgtenverband passte sich dem offiziellen, von Moskau diktierten Geschichtsbild der SED insofern an, als er den kommunistischen Widerstand in den Mittelpunkt stellte und gegen andere Widerstandsbewegungen, besonders den des 20. Juli, und Sozialdemokraten wie Julius Leber zu polemisieren begann. So schrieb Anton Ackermann schon 1947 in der *Einheit*: »Zunächst ist erstaunlich, wer nicht alles dabei gewesen sein will. Ein ganzer Rattenschwanz hängt sich an den 20. Juli an, wobei es sich nicht selten um direkte politische Hochstapelei handelt. Dunkle Elemente, die ihre ganzen Kenntnisse der Vorgänge aus der Zeitungslektüre schöpfen, prahlen mit einer Mitbeteiligung an der Bewegung, wobei der Zweck allerdings sehr durchsichtig ist, nämlich der Versuch einer Reinwaschung von ihrer recht braunen Vergangenheit.«[68] Nach 1948 machte sich der Verfolgtenverband die kommunistische Faschismusinterpretation zu eigen, was zu einer Einteilung des Widerstands in »gut« und »schlecht«, das heißt in »antifaschistisch« und »reaktionär« führte. 1949 trat Marion Gräfin Yorck v. Wartenburg aus dem VVN aus, der in der Bundesrepublik bis in die neunziger Jahre weiter bestand.[69] Gleichzeitig ging der Verfolgtenverband jedoch auf Konfrontationskurs mit der SED, indem er betonte, dass sowohl die Kommunisten im deutschen Untergrund als auch in den Konzentrationslagern nach 1938 Widerstand geleistet hätten, ohne von der KPD-Führung im Moskauer Exil abhängig zu sein. Unter dem Vorwand, dass der VVN nicht in der Lage sei, die Geschichte des Widerstands angemessen zu dokumentieren, veranlasste die SED schließlich 1953 die Zwangsauflösung in der DDR. Die Widerstandsforschung wurde dem Marx-Engels-Lenin-Institut übertragen, dem späteren Institut für Marxismus-Leninismus beim ZK der SED. Seit 1947 verdächtigte die SED auch die Sozialdemokraten innerhalb der Widerstandsbewegung 20. Juli der »antisowjetischen« Überlegungen. Die Polemik gipfelte darin, dass Julius Leber von dem Kommunisten Otto Winzer als Agent des amerikanischen Imperialismus beschimpft wurde. Gezielt versuchte die SED sich mit derartigen Verdächtigungen der SPD innerhalb der SBZ/DDR zu entledigen. Nach Auffassung der dominierenden SED stand es nur ihren Parteimitgliedern zu, die einheitliche Arbeiterklasse zu vertreten. Dabei ging es den kommunistischen Funktionären der späteren DDR darum, ihren deutschen Teilstaat als Antwort auf die sich abzeichnende Gründung der Bundesrepublik zu legitimieren.

Der Widerstandsgeschichtsschreibung kam die Aufgabe zu, die Gründung der DDR als Folge eines erfolgreichen Kampfes antifaschistischer Kräfte zu definieren. In den Mittelpunkt rückte deshalb der kommunistische Widerstand,[70] der gegenüber allen anderen Widerstandsformen eine Monopolstellung einnahm. Dabei bestimmte in der DDR das nach Moskau emigrierte Funktionärskorps das Bild des kommunistischen Widerstandshelden.[71]

Schon bald setzte im Sinne des herrschenden Marxismus-Leninismus eine Mythenbildung des antifaschistischen Widerstands ein, der die Opfer auf eine merkwürdige Weise entindividualisierte und damit das Erinnern an den Widerstand zu einem typisierten Gedenken werden ließ. Der anonyme kommunistische Held, der für den Anbeginn einer neuen gerechteren Weltordnung stand, machte es den DDR-Bürgern leichter, ihre eigene Täterschaft, ihr eigenes Mitläufertum im Dritten Reich zu kaschieren und nicht aufzuarbeiten. Denn ähnlich wie die Westalliierten waren auch die Russen und später die DDR-Führung unter Ministerpräsident Walter Ulbricht daran interessiert, die Mehrheit der Mitläufer und kleinen Parteimitglieder zu integrieren, statt sie auszugrenzen.

Zunehmend definierten SED-Funktionäre während der Phase des strengen Stalinismus den Widerstand als Klassenkampf. In erster Linie zählte die Einstellung zur Sowjetunion und zur KPD und damit zum »Nationalkomitee Freies Deutschland«. Den militärisch-konservativen Widerstand wertete die SED als »reaktionär« ab. Vor allem die beiden ZK-Beschlüsse der SED über »Die wichtigsten ideologischen Aufgaben der Partei« (1951) und »Die Verbesserung der Forschung und Lehre in der Geschichtswissenschaft der DDR« (1955) begünstigten die schon vorhandene Tendenz, nur den kommunistischen Widerstand in Konzentrationslagern, in Betrieben und bestimmten Regionen zu untersuchen. Alle anderen Widerstandsformen wurden in der DDR als nicht konform mit dem Marxismus-Leninismus fallen gelassen, »der kommunistische Widerstand zum Maßstab des Widerstandskampfs insgesamt«.[72]

Auch in den drei westlichen Zonen gab es unmittelbar nach dem Krieg Bemühungen, Gedanken des Widerstands für die neue politische Ordnung zu nutzen. Vor allem in den Landesverwaltungen griffen die Alliierten auf unbelastete Personen, die während der Nazi-Zeit zu den Regimegegnern zählten, zurück. So wurde Theodor Steltzer, Mitglied des Kreisauer Kreises, 1946 zum ersten Ministerpräsidenten von Schleswig-Holstein ernannt, unter anderen wirkten Josef Müller in Bayern, Werner Hilpert in Hessen, Karl Arnold in Düsseldorf und Andreas Hermes politisch in der Verwaltungsarbeit mit. Jakob Kaiser[73] war von 1949 bis

1957 Bundesminister für gesamtdeutsche Fragen; Eugen Gerstenmaier[74] wurde 1954 als Bundestagspräsident gewählt. Unter den Nationalsozialisten verfolgte Intellektuelle hofften nach dem Naziterror, Deutschlands Wandel hin zu einer Synthese von Christentum und Sozialismus durch eine tiefe Katharsis aus eigener Kraft zu bewerkstelligen.[75] In der unmittelbaren Nachkriegszeit entstanden deshalb eine Reihe von politisch-literarischen Magazinen, in denen sich das »andere Deutschland« repräsentierte und die von den Alliierten mit dem Ziel der »Reeducation« genehmigt wurden. Die einflussreichste Zeitschrift, die seit Frühjahr 1946 erschien und sich dem Dialog von Marxismus und Christentum verschrieb, waren die von Walter Dirks und Eugen Kogon herausgegebenen *Frankfurter Hefte*. Als überzeugten katholischen Pazifisten hatten die Nationalsozialisten Eugen Kogon von 1938 bis 1945 im Konzentrationslager Buchenwald inhaftiert. Nach der Befreiung durch die Amerikaner schrieb Kogon 1946 sein Buch *Der SS-Staat*,[76] das den Nationalsozialismus dechiffrierte und im In- und Ausland große Beachtung fand. Um Kogon und Dirks bildete sich der so genannte *Frankfurter Kreis*, der für ein starkes Europa statt für einen »amerikanischen Mammutfaschismus« oder einen russischen Bolschewismus eintrat. In eine ähnliche Richtung argumentierte auch der *Ruf. Blätter der jungen Generation*, der von 1946 bis 1947 von den Schriftstellern Alfred Andersch und Hans-Werner Richter herausgegeben wurde und dessen Ideen in der *Gruppe 47* gründeten. Mit der Währungsreform gingen die meisten Zeitschriften und Magazine ein. Daneben gründeten sich in der Nachkriegszeit einzelne Zirkel, die sich um einen radikalen Neuanfang Deutschlands bemühten und die sich andeutende Teilung des Landes mit großer Sorge betrachteten. Eine der wichtigsten Gesellschaften, in denen sich Wissenschaftler, Publizisten und Politiker aus beiden Einflussbereichen Deutschlands trafen, war die *Gesellschaft Imshausen*.[77] Auf Einladung des Journalisten und Bruders von Adam v. Trott, Werner, trafen sich in den Jahren 1947/48 auf dem Landsitz der Familie Trott im nordhessischen Imshausen überlebende Sozialisten, Kommunisten, Adlige, Intellektuelle, Gewerkschaftler und Politiker. Dabei luden die beiden Brüder Trott, Werner und Heinrich, sowie der Journalist Eugen Kogon Überlebende aller politischen Richtungen ein, wie Walter Dirks, Alfred Kantorowicz, Ernst Niekisch, Carl Spicker (Mitbegründer der Zentrumspartei), Walter Markov, Carlo Schmid, Carl Friedrich von Weizsäcker und Alfred Andersch. Drei Mal kam man für mehrere Tage in Imshausen zusammen, um über die künftige Ausrichtung der deutschen Politik zu diskutieren und um die geistige Erneuerung Deutschlands zu ringen. Die letzte Sitzung im Mai 1948 endete mit einem Eklat: Die Positionen des Kalten Krieges hatten auch die Mitglieder der Gesellschaft erfasst, die sich nicht mehr auf eine gemeinsame Position einigen konnten.

Das Leben der Witwen und Nachkommen in den Nachkriegsjahren

Das »Odium des Landesverräters« wurde in den Nachkriegsjahren auf die Witwen des 20. Juli und ihre Familien übertragen, die statt Hilfe und Anerkennung zu bekommen, vielfach Unverständnis und Gehässigkeiten ausgesetzt waren. Verachtung schlug beispielsweise Erica v. Hagen nach ihrem Gefängnisaufenthalt in der Haftanstalt Köslin entgegen. Als sie von dort zurück auf das Hagensche Gut in Langen kam und den Kutscher begrüßen wollte, spielte sich eine bedrückende Szene ab: »Als der Kutscher mich erkannte, erschrak er, wendete sich ab, richtete den Blick zu Boden und ohne aufzusehen, machte er sich weiter mit der Forke beim Ausmisten des Stalls zu schaffen. Das traf mich sehr. Für ihn war ich die Frau des jungen Herrn Albrecht, der versucht hatte, den Führer zu ermorden.«[78] In seinem Buch über die »Junge Generation des Widerstands« schildert Detlef Graf v. Schwerin eine typische Szene der Nachkriegszeit: »Die Atmosphäre unter den Deutschen war auch nach der Befreiung so feindselig gegenüber dem Widerstand, dass etwa die kirchliche Trauerfeier für Schwerin an seinem ersten Todestag als ein Gottesdienst für ›einen Gefallenen‹ bezeichnet werden musste.«[79]
Verständnis oder Zuspruch bekamen die oft jungen Witwen nur von politisch gleichgesinnten Verwandten und von nahen Freunden, Be-

kannten und Arbeitskollegen ihrer Männer, die sich bisweilen finanziell um die Witwen kümmerten. Viele Familien waren indessen in Anhänger und Gegner des Dritten Reiches gespalten. Häufig mussten die Frauen ihre Trauer, Verzweiflung und ihre Erlebnisse nach dem Attentat für sich behalten, was sie erneut in ihrer näheren Umgebung isolierte. Aus der ablehnenden Haltung ihrer Mitmenschen heraus wird verständlich, dass viele Witwen auch in späteren Jahren nicht über ihr Erleben und ihre tief sitzenden Ängste und ihre Verzweiflung sprechen konnten. So beschrieb beispielsweise Uta v. Aretin in einem Interview, wie wenig sich ihre Mutter nach 1945 über das Vorgefallene äußern konnte: »Meine Mutter konnte überhaupt nicht reden. Sie arbeitete in Göttingen bei der Eheberatung und der Telefonseelsorge. Aber über jene Zeit konnte sie sich nicht mitteilen. (…) Sie stellte sich wohl immer wieder die Frage nach Schuld und Vergebung. Seltsam, dass jene, die das Äußerste im Kampf gegen Hitler gewagt hatten, sich ununterbrochen mit dem Problem von eigener Schuld und Sühne und Vergebung auseinandergesetzt haben, während die anderen, die nichts unternommen haben, die Schuld entweder nicht wahrgenommen oder fleißig verdrängt haben.«[80]

Die meisten Witwen teilten ihre Erlebnisse mit niemanden und bewahrten die Briefe als Zeugnisse einer tiefen und innig empfundenen Liebe im Angesicht des nahenden Todes auf. »Die Briefe treiben mir noch heute die Tränen in die Augen«, erzählt ein Enkel von Fritz-Dietlof Graf v. der Schulenburg.[81] Es verwundert nicht, dass in dieser Seelenlage die Witwen auch mit ihren Kindern kaum über den Vater sprechen und damit den Söhnen und Töchtern in der Verarbeitung ihrer eigenen traumatisierenden Erlebnisse nur wenig Stütze sein konnten. Im Vordergrund stand zunächst, den eigenen Kindern eine gute und sinnvolle Erziehung zu geben, ein neues Zuhause aufzubauen und finanziell wieder Boden unter die Füße zu bekommen. Denn in den Nachkriegsjahren lebten viele Widerstandsfamilien in finanziell bedrängten Verhältnissen, zumal wenn sie das Schicksal von Millionen Deutschen teilten und aus ihrer alten Heimat geflohen waren. »Meine Mutter erhielt erst 1953 eine Rente«, erinnert sich Uta v. Aretin, zuvor habe sie zahlreiche Bittgänge zu Behörden gemacht. »Ich weiß nicht, wie sie das alles ausgehalten hat, nachdem sie ihren Mann und ihren Sohn im Krieg verlor, selbst im Gefängnis saß, ihre beiden Töchter verschleppt worden waren und sie aus ihrer Heimat vertrieben war.«[82]

Bis Anfang der fünfziger Jahre erhielten die Witwen – je nachdem in welcher Zone sie wohnten – allenfalls eine geringe Überbrückungsrente. Am einfühlsamsten verhielt sich die Verwaltung in der französischen Zone, so dass die Witwe Stauffenbergs relativ früh eine angemessene Pension erhielt. In einer Reportage für die *Süddeutsche Zeitung* beschrieb die Journalistin Ursula v. Kardorff, wie schlecht viele Witwen in den Nachkriegsjahren versorgt waren. Im Sommer 1950 war Kardorff durch ganz Deutschland gereist, um verschiedene Witwen über ihre näheren Lebensumstände zu interviewen, für die sich bislang von offizieller Seite niemand interessierte.[83] Danach kochte die Witwe Cäsar v. Hofackers in Tübingen für Studenten, um ihre fünf Kinder durchzubringen; die Witwe des christlichen Gewerkschaftlers Max Habermann schlug sich in Berlin mehr schlecht als recht mit einem Papiergeschäft durch; die Witwe des Rechtsanwalts Josef Wirmer machte eine Buchhandlung im Deutschen Bundestag in Bonn auf, die Witwe von Adam v. Trott arbeitete bis zu ihrem Studienbeginn bei dem ehemaligen Gefängnispfarrer Harald Poelchau.[84] »Die ersten Jahre waren doch sehr hart. Nichts zu essen, kein Geld. Die rührende Kinderschwester, die immer noch bei uns war, die kriegte kein Gehalt. Und Wilhelm, der Älteste, kam dann als Knecht auf einen Hof und hat da gearbeitet, weil es noch keine Schule gab«,[85] erinnerte sich Marianne Gräfin Schwerin v. Schwanenfeld an die unmittelbare Nachkriegszeit. Viele Frauen waren bei Verwandten untergekommen, da sie keine Miete zahlen konnten. Schlecht ging es auch den sechs Kindern von Hermann Maass, deren Mutter kurz nach der Hinrichtung des Vaters gestorben war. »Auch nach dem Krieg weigerten sich die Behörden, uns die Lebensversicherung unseres Vaters auszuzahlen«, erzählt Michael Maass.[86]

Charlotte Gräfin v. der Schulenburg fand bei einem Verwandten auf der Burg Hehlen Quartier, der ihr – obgleich sie sich nicht kannten – geschrieben hatte: »Liebe Cousine, habe gehört, dass es dir dreckig geht.

Du kannst nach Hehlen kommen, die Engländer haben mein Haus freigegeben.«[87] Finanziell hielt sich die Mutter von sechs Kindern mit einer geringen Überbrückungshilfe und dem Verkauf von Schmuckstücken auf dem Schwarzmarkt über Wasser. In den fünfziger Jahren arbeitete sie als Pädagogin in dem Reformgymnasium Birklehof. Nach ihrer Flucht im Mai 1946 bewirtschaftete Erica v. Hagen einen kleinen Pachthof eines Verwandten in Niedersachsen, der so wenig Geld einbrachte, dass sie als Vertreterin für Unterwäsche mit dem Fahrrad über Land fuhr, um sich und ihre beiden Kinder durchzubringen.[88]

Andere – wie beispielsweise Rosemarie Reichwein – wurden von den politischen Freunden ihres Mannes unterstützt. »Ich war durchaus abhängig von Hilfe. Und das muss ich heute deutlich sagen: Die Freunde meines Mannes haben mir über den Berg geholfen«,[89] erzählte die damals 94-Jährige ihrem Biographen. An anderer Stelle ergänzt sie: »Ich musste sehr intensiv arbeiten, weil ich also meine Unterstützung, das heißt die Anerkennung der Pension meines Mannes und die Entschädigung für Schaden am Leben erst nach zehn Jahren bekam. Die Kriegerwitwen gingen vor. Es ging nach dem Alphabet. Und da waren einfach Kriegerwitwen schon eher versorgt als wir vom Widerstand.«[90] Im November 1946 verließ Rosemarie Reichwein mit ihren vier Kindern Deutschland, um ihre Kenntnisse der Krankengymnastik aufzufrischen, Abstand von den Erlebnissen zu gewinnen und von der besseren Versorgungslage in Schweden für ihre vier Kinder zu profitieren. Die Kinder wurden dabei in Schweden verteilt. »Ein richtiges Familienleben fand nach dem Tod des Vaters zunächst nicht mehr statt«,[91] erinnert sich Sabine Reichwein.

Auch Freya v. Moltke emigrierte mit ihren beiden Söhnen 1948 zunächst nach Südafrika, wo die Familie ihres Mannes mütterlicherseits herstammte.[92] Als eine große Schwierigkeit erwies es sich, dass die meisten Frauen des 20. Juli vor dem Krieg keine abgeschlossene Ausbildung oder Studium absolviert hatten. Einige von ihnen holten deshalb in den fünfziger Jahren eine Ausbildung nach: So setzte Erika v. Tresckow, die Frau von Gerd v. Tresckow, ihr Medizinstudium fort und eröffnete später in Bonn eine eigene Augenarzt-Praxis. Auch Clarita v. Trott zu Solz wendete sich der Medizin zu und ließ sich später als Psychoanalytikerin in Berlin-

Dahlem nieder. Rosemarie Reichwein öffnete ebenfalls in Berlin eine Krankengymnastik-Praxis und entwickelte eine wichtige Therapie für spastische Patienten.[93] Marion Gräfin Yorck v. Wartenburg holte ihr zweites juristisches Staatsexamen nach und wurde Jugendstrafrichterin in Berlin. Bis weit über die Nachkriegsjahre hinaus konzentrierten sich die jungen Witwen auf den beruflichen Neubeginn und die Versorgung ihrer Kinder. Einige Witwen gingen nach dem Krieg eine neue Herzensbindung ein. Oft wuchsen die Kinder des 20. Juli jedoch ohne männliche Bezugspersonen auf. Gerade die ältesten Söhne mussten der Mutter den Ehemann und häufig den ebenfalls gefallenen älteren Bruder ersetzen, was in einigen Familien zu Schwierigkeiten führte.

Unbürokratische und schnelle Hilfe leistete in den Anfangsjahren der Bundesrepublik nur das *Hilfswerk 20. Juli 1944*,[94] das unmittelbar nach Kriegsende unter anderem von dem Ehepaar Graf Carl-Hans und Gräfin Renate Hardenberg, Walter Bauer, Elisabeth Strünck, Eugen Gerstenmaier und Fabian v. Schlabrendorff als Selbsthilfe-Verein ins Leben gerufen wurde. Alle Gründungsmitglieder des *Hilfswerks* hatten schwere Schicksale hinter sich und fühlten sich auf Grund der Tatsache, dass sie überlebt hatten, zu einer besonderen Hilfe verpflichtet. Graf Hardenberg arbeitete nach dem Krieg als Bevollmächtigter der Vermögensverwaltung des Hauses Brandenburg-Preußen und war 1946 nach Nörten-Hardenberg nahe Göttingen übergesiedelt. Denn schon 1946 war absehbar, dass sein großer Besitz in Neuhardenberg in der SBZ entschädigungslos enteignet werden würde,[95] obgleich sich Hardenberg[96] unmittelbar nach seiner Befreiung aus dem KZ Sachsenhausen durch die Rote Armee dem Magistrat von Berlin in der sowjetisch-besetzten Zone für den Wiederaufbau zur Verfügung gestellt hatte. Seine Frau setzte sich als erste Geschäftsführerin des *Hilfswerks* unermüdlich und mit großer Energie für die Sorgen der Witwen und deren Kinder ein. Auch der Fabrikant Walter Bauer, der als Mitglied des Freiburger Kreises und der Bekennenden Kirche nach dem 20. Juli inhaftiert worden war, und der Rechtsanwalt und spätere Richter am Bundesverfassungsgericht Fabian v. Schlabrendorff stellten ihr ganzes wirtschaftliches und juristisches Wissen und ihre Kontakte in den Dienst des *Hilfswerks*. Schlabrendorff,

Ordonnanzoffizier Henning v. Tresckows, war nur durch den Tod Freislers vor der sicheren Hinrichtung gerettet worden. Eine wichtige Rolle spielte auch die Witwe von Theodor Strünck, Elisabeth, die durch ihre umfangreichen wirtschaftlichen und gesellschaftlichen Kontakte das *Hilfswerk* bis zu ihrem Tod großzügig unterstützte.

Nach Kriegsende hatten sich verschiedene Selbstorganisationen von Opfern[97] der nationalsozialistischen Verfolgung gegründet, wie die bereits genannte zonenübergreifend arbeitende Vereinigung der Verfolgten des Naziregimes (VVN). Auch wenn die Opferorganisationen bisweilen verschiedene Ziele verfolgten, arbeiteten die Vereinigungen in der unmittelbaren Nachkriegszeit eng zusammen, bis der Kalte Krieg dies zunichte machte. Die Zunahme politischer Spannungen ließ den VVN in den drei westlichen Zonen zunehmend in Verdacht geraten, von der Sowjetunion ferngesteuert zu werden, weshalb sich als weitere Verbände der Bund der Verfolgten des Naziregimes (BVN) und der Zentralverband der deutschen Widerstandskämpfer und Verfolgten (ZDWV) gründeten, die jeweils der CDU/CSU beziehungsweise der SPD nahe standen.

In den Anfangsjahren versuchte das *Hilfswerk* vor allem Gelder und Hilfsgüter aus dem Ausland zu beschaffen und unterstützte bedürftige Witwen und Waisen und beriet sie über ihre Rechte. Im Sommer 1946 kümmerte sich das *Hilfswerk* um 350 Personen. Eine besondere Hilfe erhielt es dabei von der Evangelischen Kirche Deutschlands unter dem Vorsitz von Eugen Gerstenmaier, der ebenfalls im Widerstand aktiv gewesen war. Auch Emigranten und Kollegen aus den USA und England halfen, in den Nachkriegsjahren die unmittelbare Not zu lindern. In England gründete beispielsweise der Bischof von Chichester einen *20. Juli Memorial Fund*, der von der Journalistin Christabel Bielenberg,[98] die gemeinsam mit ihrem Mann Peter Bielenberg eng mit Adam v. Trott verbunden war, unterstützt wurde.[99] Peter Bielenberg hatte das Schicksal vieler seiner Freunde geteilt und war nach dem 20. Juli ebenfalls inhaftiert worden. In den USA rief ein *Committee to Aid the Survivors of the German Resistance* zur Hilfe auf und schickte die so genannten Care-Pakete. Je mehr Gelder eingingen, umso schwieriger wurde es für die zunächst eher wie ein Freundeskreis arbeitende Stiftung zu definieren, wer förderbedürftig sei und wer nicht. 1947 gab sich das *Hilfswerk* eine Satzung und richtete ein Kuratorium und einen Vorstand als Entscheidungsgremien ein. Dabei war absehbar, dass das *Hilfswerk* nur kurzfristige Unterstützung leisten, aber auf längere Dauer keine Renten und Pensionen für Witwen und Waisen zahlen konnte. Andere Verfolgtenverbände kämpften schon seit Ende der vierziger Jahre um eine staatliche Wiedergutmachung. »Die Wiedergutmachungsfrage wurde zur Nagelprobe für das gewachsene Selbstverständnis des *Hilfswerks* als einer auch politisch tätigen Interessenvereinigung«,[100] resümiert Christine Toyka-Seid.

Im Jahr 1951 kam es endlich von staatlicher Seite zur Lösung der längst überfälligen Wiedergutmachungs- und Rentenfrage[101] für die Witwen und Nachkommen von Widerstandskämpfern. Eine erste Etappe stellte dabei das Gesetz zur Wiedergutmachung von NS-Unrecht für Angehörige des öffentlichen Dienstes (BWGöD) dar. Da viele Männer des 20. Juli im öffentlichen Dienst gearbeitet hatten, versorgte das Gesetz eine Reihe von Witwen und Nachkommen. Außerdem bewilligte der Deutsche Bundestag im Herbst 1951 einen jährlichen Zuschuss für das *Hilfswerk*. So hatte Ministerialrat Ernst Wirmer im Bundeskanzleramt und Jakob Kaiser, Minister für innerdeutsche Fragen, vorgeschlagen, dass statt eines eigenen Versorgungsgesetzes für die Hinterbliebenen des Attentats die Bundesregierung dem *Hilfswerk* jährlich einen Zuschuss zahlen solle. Damit hatten der Bruder des hingerichteten Rechtsanwalts Josef Wirmer und der Widerstandskämpfer Jakob Kaiser erreicht, dass das *Hilfswerk* schnell und unbürokratisch auf die unterschiedlichen Bedürfnisse der Angehörigen reagieren konnte. In der Haltung der Bundesrepublik bedeutete die materielle Unterstützung indessen einen entscheidenden Wandel der offiziellen Einstellung, die sich als Erstes in der Rechtsprechung zeigte. So erklärte die Bundesregierung im Oktober 1951: »Es ist eine ›Ehrenpflicht‹ des deutschen Volkes, für die Witwen und Waisen der Männer zu sorgen, die im Kampf gegen Hitler ihr Leben für Deutschland geopfert haben (…) Die Welt empfing durch die Männer und Frauen des 20. Juli noch einmal den Beweis, dass nicht die

Gesamtheit des deutschen Volkes dem Nationalsozialismus verfallen war.«[102] Die staatliche Unterstützung für das *Hilfswerk 20. Juli 1944* betrug zunächst 150 000 DM und wurde 1953 vom Deutschen Bundestag auf 400 000 DM erhöht.[103] Für einige Angehörige besteht bis heute eine finanzielle Unterstützung durch die seit 1994 umbenannte *Stiftung 20. Juli 1944*.

1953 regelte die Bundesregierung zudem in einem umfangreichen Wiedergutmachungsgesetz den Schaden für Überlebende nationalsozialistischer Zwangs- und Verfolgungsmaßnahmen in dem so genannten Bundesergänzungsgesetz zur Entschädigung für Opfer der nationalsozialistischen Verfolgung,[104] von dem auch die Nachkommen aus Widerstandsfamilien profitierten. Das *Hilfswerk* kritisierte das Gesetz, da es die Sippenhaft nicht berücksichtigte und NSDAP-Mitglieder von vornherein von der Wiedergutmachung ausschloss, auch wenn sie später Widerstand geleistet hatten. So kommentierte das Kuratorium des *Hilfswerks*: »Es ist unerträglich, wenn auf der einen Seite die Parteizugehörigkeit wiedergutmachungsunwürdig macht, obwohl der aktive Widerstand nach der Präambel des BEG ›ein Verdienst um das Wohl des Deutschen Volkes und des Staates ist‹, auf der anderen Seite sogar Bundesminister ehemalige Parteigenossen sind.« Immerhin erreichte das *Hilfswerk*, dass in begründeten Einzelfällen anders entschieden wurde. Die jahrelange Diskussion um die Entschädigungsgesetze band in den ersten Jahren entscheidende Kräfte des *Hilfswerks*.

Häufig nützten den Angehörigen die Wiedergutmachungsgesetze wenig, da sich Beamte von nachrangigen Behörden weigerten, die Gesetze anzuwenden. Für Furore sorgte der Fall des Generalquartiermeisters Eduard Wagner,[105] den die *Süddeutsche Zeitung* aufgriff. Danach verweigerte die zuständige Oberfinanzdirektion der Witwe Elisabeth Wagner die Auszahlung der Rente und begründete dies mit den Worten: »Ihr Mann hat überhaupt kein nationalsozialistisches Unrecht erlitten, er hat sich vielmehr selbst erschossen und ein erledigendes nationalsozialistisches Unrecht nicht abgewartet.«[106] Auf Grund des Artikels in der *Süddeutschen Zeitung* entschuldigte sich das Bayerische Staatsministerium der Finanzen und bedauerte »die wenig glückliche Formulierung«

und versprach, für Abhilfe zu sorgen. Viele Witwen machten ähnliche Erfahrungen. So kämpfte Charlotte v. der Schulenburg jahrelang um ihre Witwenrente, da ihr Mann 1932 in die NSDAP eingetreten war. In ihren Memoiren schrieb sie: »Es war alles grotesk und sehr anstrengend. Dann fand man heraus, dass ein preußischer Beamter, der zum Tode verurteilt worden war, also zum Beispiel auch ein Mörder, nach einem Gesetz von ungefähr 1850 für seine Familie auch keine Pension beanspruchen könnte. Die beamtenrechtlichen Folgen dieses Gesetzes mussten erst überwunden werden. Und immer wieder dauerte es Monate, bis irgendein Bescheid kam.«[107]

Im Gegensatz zu der öffentlichen Meinung begann sich in der Politik und Rechtsprechung zu Beginn der fünfziger Jahre jedoch ein spürbarer Wandel abzuzeichnen, der in der Kabinettserklärung Konrad Adenauers 1951 zum Widerstand, vor allem aber in der Rede von Bundespräsident Theodor Heuss 1954 ihren ersten Höhepunkt fanden. Widerstand wurde als Abwehrrecht gegen einen totalitären Staat verstanden und zu Beginn der fünfziger Jahre zunehmend mehr für die eigene Staatsvorstellung instrumentalisiert: In dem Maße, in dem die DDR den antifaschistischen Widerstand für sich reklamierte und jede Verantwortung an NS-Verbrechen ablehnte, wurde der Widerstand in der Bundesrepublik als Vorgeschichte einer demokratischen und freiheitlichen Nation umgedeutet und damit in Teilen heroisiert, wobei der kommunistische und sozialistische Widerstand unbeachtet blieb.

Gleichzeitig kümmerte sich das *Hilfswerk* um die Nachkommen von Widerstandskämpfern, die zusätzlich zu der traumatischen Erfahrung häufig in der Schule, in der Lehre oder der Universität wegen ihres Vaters ausgegrenzt wurden oder sich isoliert fühlten. Der Austausch mit anderen Nachkommen aus Widerstandsfamilien sollte helfen, die Einsamkeit und das Leid der Söhne und Töchter zu lindern. In der Schule hätten alle gedacht, sie wäre eine Jüdin, da die Mitschüler nichts vom Widerstand wussten, erinnert sich Clarita Müller-Plantenberg, die Tochter Adam v. Trotts.[108] Außerdem setzte sich das *Hilfswerk* dafür ein, dass Überlebende des Attentats den Nachkommen die Motive, die inneren Kämpfe und Ziele ihrer Väter näher brachten, um den Weg in den

Widerstand für die Kinder verständlicher zu machen, die bisweilen die Motive ihrer Väter nicht verstanden. Gleichzeitig verwaltete das *Hilfswerk* Schulstipendien für Hermann-Lietz-Schulen, für das Internat in Salem und die Odenwaldschule. Dahinter verbarg sich die Überlegung, den Söhnen und Töchtern die Chancen in der Bundesrepublik einzuräumen, die ihnen ihre Herkunftsfamilien unter anderen Umständen auch gewährt hätten. »Das war damals eine sehr kräfteraubende und zeitintensive Arbeit, die die Gräfin Hardenberg leistete«,[109] erinnert sich Christine Blumenberg-Lampe, die den Aufbau des *Hilfswerk* als Tochter von Gertrud Lampe, der Nachfolgerin Gräfin Hardenbergs, seit der Gründung verfolgt hat.

Im Jahr 1946 stand die Gesundheit der Kinder im Vordergrund: Die Kinder mussten »aufgepäppelt« werden. Der Schweizer Arzt Albert v. Erlach hatte deshalb eine Hilfsaktion für die Kinder des 20. Juli gegründet und ermöglichte 130 von ihnen einen dreimonatigen Aufenthalt in ausgesuchten Schweizer Familien. Andere Kinder kamen in Schweizer Kinderheime. Andere profitierten von dem Aufenthalt. Von diesem Aufenthalt profitierten die Kinder nicht nur, sondern fühlten sich teilweise erneut alleine gelassen und abgeschoben. »So kam ich zur Familie des Müllers Lanz nach Wiedlisbach im Kanton Solothurn und erlebte dort drei Monate lang ganz wunderschöne Ferien. Die Erinnerung an diese Zeit, das gute Essen, die netten Leute, der zauberhafte Ort ist mir unvergesslich. Noch heute besuchen mein Mann und ich einmal im Jahr voller Freude und Dankbarkeit die Familie Lanz in Solothurn«,[110] erinnert sich Helmtrud v. Hagen. Zahlreiche amerikanische Vereine, Rotary-Clubs und Schulen luden Kinder von Widerstandskämpfern für ein Jahr auf ihre Kosten in die Vereinigten Staaten ein.

Außerdem bemühte sich das *Hilfswerk* zu erfahren, was den Kindern während ihres Aufenthalts in Bad Sachsa tatsächlich passiert sei. So hatten einige Mütter das Gefühl, dass sich ihre Kinder seit dieser Zeit merklich verändert hatten. Vor allem kleinere Kinder, die sich kaum artikulieren konnten, litten und leiden teilweise bis heute unter der für sie unerklärbaren Trennung von den Eltern. So erzählte die Witwe Adam v. Trotts, Clarita, in einem Interview: »Die zweieinhalbjährige Verena ist durch die Küchentür ins Haus gekommen und hat gesagt: ›Da bin ich wieder.‹ Aber als wir wieder vereint waren, konnte ich sie drei Tage lang nicht trösten, so unaufhörlich weinte sie kläglich vor sich hin.«[111] Auch Helmtrud v. Hagen erlebte die Zeit als traumatisch: »Ich war die letzte, die kam, behaupte ich. Die Mädchen kannten sich oder hatten vielleicht schon zusammen gespielt. Ich war da so ein Fremdkörper, der wahrscheinlich auch störte.«[112] Andere Kinder verarbeiteten die Erlebnisse auf den ersten Blick anders. So berichtete die Witwe Elisabeth Freytag v. Loringhoven: »Man hat ihnen Schauergeschichten erzählt, damit sie nicht weglaufen, aber ansonsten wurden sie wohl nicht schlecht behandelt. Meine beiden Älteren fanden dort sofort Anschluss und Freunde. Wir waren kaum zusammen, da stürzten sich die Buben über mich und sprudelten mit Namen heraus, von Kindern, mit denen sie zusammengewesen waren, Stauffenberg, Hansen …«[113] Christa v. Hofackers Erinnerungen lassen hingegen die Schwere erahnen, die der Aufenthalt in Bad Sachsa und die Veränderungen in den Familien bewirkten. So berichtet sie in einem Nachsatz ihres Artikels, dass nach 1944 eine »tiefe Wunde« geblieben sei. »Aber dann ist mir, als habe sich vor dieses eine Jahr ein dichter Schleier gezogen und all das Erlebte sei nur ein Traum.«[114]

1953 ließ die engagierte Geschäftsführerin Renate Gräfin Hardenberg durch einen Bekannten Nachforschungen in Bad Sachsa anstellen.[115] Dort stieß er zunächst auf eine Mauer des Schweigens. Das Personal des ehemaligen Kinderheims, das nach dem Krieg in ein Erholungsheim für TBC-verdächtige Kinder umgewandelt geworden war, war nicht mehr auffindbar. Schließlich gelang es ihm nach einigen Überredungskünsten, das Vertrauen des Ehepaares Bock zu erlangen, das die in Bad Sachsa inhaftierten Kinder im Juni 1945 in einem großen, mit Holzgas betriebenen Omnibus nach Süddeutschland gebracht hatte. Diese erzählten, am 5. Juni 1945 sei eine würdige ältere, aber sehr energische Rotkreuzoberin aufgetaucht, die den Abtransport der Kinder mit Hilfe der Amerikaner in die Hand genommen hätte. Frau Bock habe sich um die Lebensmittel für die lange Fahrt gekümmert. »Laut Ehepaar Bock seien die Kinder im NSV-Heim anständig behandelt worden«, resümierte der Bekannte der Gräfin Hardenberg.

Später organisierte Renate Gräfin Hardenberg, selbst Mutter von fünf Kindern, 1956 ein Treffen für Nachkommen zwischen 16 und 26 Jahren auf Burg Liebenzell. Dort saß eine Gesellschaft zur Förderung überkonfessioneller, überparteilicher und internationaler Zusammenarbeit. Renate Hardenberg gewann den Autor Eberhard Zeller, den ehemaligen Panzergeneral Gert Graf Schwerin und den persönlichen Referenten von Eugen Gerstenmaier, Hans Fritzsche, ehemals im Infanterie-Regiment 9 und jahrelang in sowjetischer Gefangenschaft, als Referenten. Graf Schwerin hatte nach einer Strafversetzung nach Norditalien vor der allgemeinen Kapitulation mit seiner Truppe kapituliert, um auf den aussichtslosen Kampf hinzuweisen. In den fünfziger Jahren hatte Graf Schwerin die Himmeroder Tagung vorbereitet, aufs der die »Denkschrift über die Aufstellung eines deutschen Kontingents im Rahmen einer internationalen Streitmacht zur Verteidigung Westeuropas« hervorging.[116]

Unsicher, ob ihre Aktion überhaupt auf Resonanz stoßen würde, schrieb die Geschäftsführerin 182 »jugendliche« Nachkommen an, von denen fast die Hälfte, nämlich 73, kamen. Schon beim »Glühwein löste sich die Fremdheit«,[117] die Nachkommen schlossen auf Grund ähnlicher Erfahrungen wichtige, mitunter lebenslange Freundschaften und genossen vor allem die vertrauensvolle Atmosphäre, in der sie diskutieren und Fragen stellen konnten, die ihnen auf dem Herzen lagen. Positiv wirkte sich dabei aus, dass die eingeladenen Referenten offen über Probleme sprachen und die Nachkommen mit Weggefährten ihrer Väter in Kontakt kamen, die ihnen diese näher bringen konnten. So berichtete Graf Schwerin davon, wie schwierig es sei, als Nachkomme von Widerstandskämpfern in der Bundeswehr aufgenommen zu werden; Eberhard Zeller, Autor des Buches *Vom Geist der Freiheit*,[118] riet den jungen Söhnen und Töchtern, sich mit den Fakten des Attentats vertraut zu machen, um sich gegen Angriffe wehren zu können. Mit ihrer Initiative hatte die Gräfin Hardenberg das Bedürfnis der Söhne und Töchter getroffen, die zu Hause oft nicht über ihre Sorgen und Nöte sprechen konnten. In einem Schreiben an die Teilnehmerin Friederike Richter äußerte sich Renate Gräfin Hardenberg selbst überrascht über den Erfolg: »Die Begeisterung übertrifft bei weitem meine Erwartungen«, schrieb sie und fügte hinzu: »Herr Fritzsche war tief gerührt, die Ähnlichkeit mit den Vätern in manchen Gesichtern wieder zu finden.«[119] Auf Grund der großen Resonanz organisierte Gräfin Hardenberg im kommenden Jahr das nächste Treffen in Liebenzell – eine Tradition, die bis in die sechziger Jahre hinein weitergeführt wurde. Diesmal standen auch tagespolitische Fragen auf dem Programm.[120] Hierzu hatte Gräfin Hardenberg führende Politikwissenschaftler eingeladen, wie Arnold Bergstraesser, der über die aktuelle Situation der Bundesrepublik in der Weltpolitik referierte. Hans Fritzsche steuerte einen Diavortrag über eine Asien-Reise von Eugen Gerstenmaier bei, während Eberhard Zeller bei abendlichen Kamingesprächen über »Deutschlands Politik in der veränderten Welt« referierte. Über diesen Vortrag entwickelte sich eine lebhafte Debatte, die zeigte, wie sehr sich die Nachkommen der Widerstandskämpfer für eine Demokratisierung der Bundesrepublik stark machten, nicht zuletzt, um das Erbe ihrer Väter weiterzuentwickeln. Für erhitzte Diskussionen sorgte vor allem Hans Fritzsche, der die »Bewältigung der jüngsten Vergangenheit« thematisierte. In seinem Beitrag bewertete Fritzsche die Entwicklung und den Aufstieg der rechtsradikalen Sozialistischen Reichspartei[121] (SRP) und sprach über die Rolle von Hans Globke, der die Nürnberger Gesetze kommentiert hatte. Der persönliche Referent Gerstenmaiers erreichte mit seinen Ausführungen, dass die Teilnehmer offen über die Diffamierung ihrer Väter in ihrem eigenen Umfeld sprachen. Gleichzeitig artikulierten viele Teilnehmer der Tagung ihre Ängste, dass erneut ein rechtsradikales Regime die Führung in Deutschland übernehmen könne. »Beim Abendessen wich die Erregung nur langsam«,[122] resümierte die Medizinstudentin Friederike Richter die erhitzte Debatte und fügte hinzu, dass beim abendlichen Tanz die Anspannung des Tages gewichen sei. Beim dritten Liebenzeller Treffen sprach der Präsident der deutschen Bundesbank, Karl Blessing, und versuchte die Frage zu beantworten, warum Hitler an die Macht gekommen war. Der Wiesbadener Rechtsanwalt Fabian v. Schlabrendorff erklärte das »Ethos der Männer des 20. Juli«. Die Teilnehmer diskutierten lebhaft über das Problem des Landesverrats und der Eidbindung, woran sich eine kontroverse Debatte über Atombewaffnung anschloss. Die Jugendtreffen entwickelten sich mehr und mehr zu einer Plattform für politische Zeitfragen, was dem Bedürfnis der zweiten Generation nach Klärung politischer Fragen entgegenkam. Eberhard Zeller hingegen fragte, ob in dieser Entwicklung tatsächlich die Zukunft der Jugendtreffen liegen könnte. In einem Schreiben an Gräfin Hardenberg hieß es: »Kommt die menschliche Einflussnahme, das Erzieherische, das, was Sie, glaube ich, einmal Lebenshilfe für die jungen Leute nannten, nicht zu kurz?«[123] Die Gräfin ließ Eberhard Zeller wissen: »Ach wissen Sie, ich finde, dass wir doch eine ganze Menge durch die wiederholten Jugendtreffen erreicht haben.«[124]

In der Tat führten die Jugendtreffen dazu, dass die jungen Erwachsenen, die an den Treffen teilnahmen, lebenslange Verbindungen eingingen und sich für das *Hilfswerk 20. Juli 1944* oder die 1973 gegründete *Forschungsgemeinschaft 20. Juli* einsetzten. So liest sich die Teilnehmerliste der Jugendtreffen wie eine Liste der Personen, die sich später im *Hilfswerk* oder der *Forschungsgemeinschaft* engagierten und dieses Interesse auch an ihre Kinder, das heißt an die Enkelgeneration, weitervermitteln konnten. So nahmen der gleichnamige Sohn Helmuth v. Moltke, Friedrich Wilhelm v. Hase, Axel Smend, Rüdiger v. Voss, Wilhelm Graf Schwerin, Günther Habermann ebenso an dem Treffen 1957 teil wie Walter Bonhoeffer, Peter Finckh und Fritz Graf v. d. Schulenburg.

»Das *Hilfswerk* hat in den ersten 25 Jahren viel für die Nachkommen der Attentäter getan«, erzählt Christine Blumenberg-Lampe, die als Tochter des Freiburger Wirtschaftswissenschaftlers Adolf Lampe die *Forschungsgemeinschaft* bis zum Jahr 2004 leitete. Besonders wichtig sei für ihre Generation der Raum für Gespräche und das Kennenlernen von jungen Menschen mit einem ähnlichen Schicksal gewesen. Nach dem Tod der Gräfin Hardenberg übernahm die Witwe von Adolf Lampe, Gertrud Lampe, 1960 die Geschäftsführung des *Hilfswerks*. Damit verlagerten sich die Schwerpunkte. Gertrud Lampe stellte das Zusammenwachsen Europas in den Mittelpunkt der Treffen.

In den sechziger Jahren veranstaltete das *Hilfswerk* mehrere Jugendtreffen als Reisen, die unter anderem nach Straßburg, Aachen und Brüssel führten, wo die Nachkommen die Europäische Gemeinschaft, die NATO und den Europarat besichtigten. Die Begegnungen waren von dem Geist der Versöhnung zwischen den Völkern bestimmt. So legten beispielsweise die Nachkommen der Attentäter einen Kranz für die belgische Résistance nieder und führten in der deutschen Botschaft in Brüssel Gespräche mit belgischen Angestellten, die von den Deutschen in Konzentrationslager gebracht worden waren. Anschließend fuhr die Gruppe nach Valkenberg, wo in den letzten Kriegstagen belgische Untergrundkämpfer erschossen worden waren. Wie auch die Jugendtreffen finanzierte das *Hilfswerk* die Reisen in erster Linie aus Spenden. Für viele Teilnehmer wurden die Reisen zu prägenden Erlebnissen. Neben der Völkerversöhnung förderte das *Hilfswerk* auch das politische Verständnis und Interesse der Nachkommen, nicht zuletzt, um sie auf Karrieren oder Möglichkeiten in Europa vorzubereiten. Spätere Reisen führten nach Paris, Grenoble, Oradour und Limoges. In Oradour-sur-Glane hatte die SS am 10. Juni 1944 ein Massaker unter der französischen Bevölkerung angerichtet als Repressalie gegen die französische Widerstandsbewegung. Die SS hatte die Bevölkerung des kleinen Ortes in die Kirche getrieben und diese danach angesteckt. »Wir waren eine der ersten deutschen Gruppen, die den Ort nach dem Massaker besucht haben«, erinnert sich Christine Blumenberg-Lampe.

1963 regte der Staat Israel eine dreiwöchige Reise durch den neu gegründeten Staat an, die in erster Linie dazu dienen sollte, die Vorurteile der Israelis nach dem Eichmann-Prozess zu überwinden. Als »Botschafter« für ein anderes Deutschland waren die Söhne und Töchter der Regimegegner geeignet. Das *Hilfswerk* unterstützte die Reise mit Spenden. Erstmals mussten die rund 30 Söhne und Töchter einen kleinen Beitrag selbst entrichten.[125] Die Reise führte vom Toten Meer durch die damals noch umkämpfte Negev-Wüste nach Jerusalem und Tel-Aviv. An der Reise nahmen rund dreißig Teilnehmer teil. »Es war höchst spannend und aufregend für uns«, erzählt Christine Blumenberg-Lampe. Die Israel-Reise war der Höhepunkt der Tagungsreisen.

1973 endeten die Jugendtreffen. Die zweite Generation war selbst erwachsen geworden, hatte erste Berufserfahrungen gesammelt, geheiratet und Kinder bekommen. Dennoch ließ die Vergangenheit viele Nachkommen nie ganz los. In einem Artikel für die *Deutsche Tagespost* von 1987 bemerkte der langjährige Präsident der *Forschungsgemeinschaft 20. Juli*, Rüdiger v. Voss: »Die Schatten des Todes reichen weit. Kennzeichnend für fast alle Kinder, die ich kenne, ist eine tiefe persönliche Betroffenheit, mit der zu leben nicht einfach ist.«[126] Die Schatten des Todes, vor allem aber die eigene Lebenserfahrung, ließen so manchen der zweiten Generation in eine andere Richtung gehen, als es die Mütter und die wenigen Überlebenden vorhergesehen oder bisweilen gewünscht hätten. In den späten sechziger Jahren spielte sich deshalb auch unter den Nachkommen des 20. Juli ein Generationenkonflikt ab, der deutlich von der Studentenrevolte geprägt war. Im Vergleich zu der vorsichtig gewordenen ersten Generation wollten viele Nachkommen der zweiten Generation mehr oder weniger bewusst das Erbe ihrer Väter fortsetzen, indem sie sich politisch und sozial betätigen. Dabei brach unter den Nachkommen ein mit Vehemenz geführter Streit über den wahren Charakter des Widerstandes aus, fast als wollten die Söhne und Töchter stellvertretend für die hingerichteten Väter die politischen Diskussionen der Nachkriegszeit führen. Höchstwahrscheinlich wäre es zu diesen Auseinandersetzungen auch unter den Vätern gekommen.

Die Angehörigen setzen sich gegen den Vorwurf des Landesverrates zu Wehr

»Beinah die Hälfte aller Leute, die über den 20. Juli mitreden können, sagten über die Verschwörer nur Nachteiliges, vor allem, dass es sich um Verrat handele, um Hochverräter, Landesverräter, Volksverräter oder Staatsverräter. Weiter wird ihnen Feigheit vorgeworfen, gelegentlich auch Egoismus.« Derart nüchtern resümierte das Institut für Demoskopie in Allensbach 1954 nach einer repräsentativen Umfrage die Meinung der deutschen Bevölkerung. Auch die Juristenschaft teilte im Nachkriegsdeutschland häufig diese Ansicht, was daran lag, dass es eine fatale Kontinuität in den Beamtenkarrieren gab und zahlreiche höhere Beamte, die vor 1945 Recht sprachen, dies auch nach 1945 taten. So verloren die Angehörigen des 20. Juli in der Nachkriegszeit eine Reihe von Prozessen, in denen sie oder die Ermordeten von rechtsradikalen Kreisen beleidigt worden waren. Das *Hilfswerk* hat die Prozesse mit großem Aufwand begleitet und die Angehörigen unterstützt.

Wolfgang Hedler, Angestellter eines christlichen *Hilfswerks* und Bundestagsabgeordneter der Sozialistischen Reichspartei, bezeichnete im November 1949[127] im Bundestag in einer Rede die Widerstandskämpfer kollektiv als Landesverräter. Seine Rede war mit zahlreichen antisemitischen Äußerungen durchsetzt. Insbesondere beschimpfte Hedler Theodor Steltzer, ein Mitglied des Kreisauer Kreises, als Vaterlandsverräter. Den Fall Hedler nahm die *Frankfurter Rundschau* auf. Am 12. Dezember 1949 berichtete sie unter dem Titel »Geteilte Meinung eines Abgeordneten über Vergasung von Juden«[128] über die Rede des einstigen Stahlhelm-Mitgliedes. Hedler wurde vor dem Landgericht Kiel der Prozess gemacht, in dem eine Reihe von Widerstandsfamilien als Nebenkläger auftraten. Am 31. Januar 1950 sprach das Gericht Hedler frei, der von einer jubelnden Menge empfangen wurde.

Die Sozialdemokraten warfen daraufhin den beteiligten Richtern Rechtsbeugung vor. Dreißig jüdische Kultusgemeinden protestierten gegen das Urteil. In Kiel und Neumünster gingen 14 000 Gewerkschafter mit Transparenten auf die Straße, auf denen zu lesen war: »Nie wieder Hitler. Nie wieder Hedler«. In dem Revisionsverfahren wurde Hedler zu neun Monaten Haft verurteilt. Dennoch tauchte Hedler im Parlament auf, um einen Nebenraum für Interviews zu nutzen. Daraufhin prügelten SPD-Abgeordnete, unter ihnen auch Herbert Wehner, Hedler mit dem Satz aus dem Bundestag: »Wir lassen uns nicht noch einmal im KZ die Knochen polieren.«[129] Gleichzeitig scheiterten die Sozialdemokraten mit dem Versuch, ein Gesetz gegen die Feinde der Demokratie und ein Gesetz zur Wiedergutmachung nationalsozialistischen Unrechts in der Strafrechtspflege durchzusetzen.

Ein Jahr später mussten die Angehörigen des 20. Juli erleben, dass das Münchner Landgericht die beiden Vorsitzenden des SS-Standgerichts, den SS-Standartenführer Walter Huppenkothen sowie SS-Sturmbannführer und Richter Otto Thorbeck vom Vorwurf der Folter und des Mordes freisprach. Beide hätten sich – so das Gericht – nach der damaligen Rechtslage völlig korrekt verhalten, als kurz vor Kriegsende im KZ die Widerstandskämpfer Hans v. Dohnanyi, Wilhelm Canaris und Dietrich Bonhoeffer zum Tode verurteilt und erhenkt wurden. Erst nach jahrelangen juristischen Querelen wurde Huppenkothen wegen Beihilfe zum Mord zu sechs Jahren Zuchthaus verurteilt, während Thorbeck aus Mangel an Beweisen freigelassen wurde. Am Ende dieser Prozessreihe verurteilte der Bundesgerichtshof die Widerständler gewissermaßen neu,[130] schrieb der Sohn von Justus Perels, Joachim Perels.

Wie Hedler war Generalmajor Otto-Ernst Remer Mitglied der Sozialistischen Reichspartei (SRP). Die SRP hatte sich in den Nachkriegsjahren als Auffangbecken für enttäuschte Nationalsozialisten etabliert. Auf Grund der hohen Arbeitslosigkeit und des Flüchtlingselends hatte die SRP vor allem in Niedersachsen und Schleswig-Holstein Erfolg. Als ungekrönter Star der Partei begeisterte der ehemalige Generalmajor Otto Ernst Remer auf zahlreichen Wahlkundgebungen in Niedersachsen die Menge.[131]
Die Historikerin Ute Frevert zitierte einen Schweizer Journalisten, der 1952 geschrieben hatte: »außerhalb Deutschlands« sei Remer »der bekannteste deutsche Politiker neben Adenauer«.[132]

Der Kommandeur des in Berlin stationierten Wachbataillons Großdeutschland war dafür verantwortlich, dass der Staatsstreich am 20. Juli in Berlin niedergeschlagen wurde. So hatte sich Remer am 20. Juli 1944 dem Befehl des Generals Paul v. Hase widersetzt und den Propagandaminister Joseph Goebbels persönlich in seinem Palais aufgesucht. Goebbels hatte Remer daraufhin telefonisch mit dem angeblich getöteten Hitler verbunden. Remer hob daraufhin die von den Widerstandskämpfern in der Bendlerstraße verhängte Absperrung des Regierungsviertels auf und unterstellte sich den eintreffenden Einheiten und Stoßtruppen.[133]

Bei seinen Wahlkampfreden gefiel sich Remer in der Rolle des Rächers, der den Aufstand der »Eidbrecher« vereitelt hatte. Trotz zahlreicher Klagen und Strafanträge betonte Remer weiterhin: »Wenn man schon bereit ist, Hochverrat zu begehen, dann bleibt die Frage offen, ob nicht in sehr vielen Fällen dieser Hochverrat gleich Landesverrat ist. Diese Verschwörer sind zum Teil in starkem Maße Landesverräter gewesen, die

vom Ausland bezahlt wurden. Sie können Gift darauf nehmen, diese Landesverräter werden eines Tages vor einem deutschen Gericht sich zu verantworten haben.«[134]
Die Bundesregierung verhielt sich gegenüber den kämpferischen Reden Remers zunächst passiv. Vor allem die beiden liberalen Parteien DP und FDP und der liberale Justizminister Thomas Dehler blieben abwartend, um das rechte Wählerpotential nicht abzuschrecken. Erst als sich der amerikanische Hochkommissar John McCloy beunruhigt über Remer zeigte und Adenauer unter Druck setzte, war der Bundeskanzler zum Eingreifen bereit. Dabei spielte es vermutlich eine Rolle, dass Adenauer fürchtete, bei einer Verschleppung des SRP-Verbotes könne der Besatzungsstatus von den Alliierten wegen politischer Unreife der Deutschen nicht aufgehoben werden. Das Wahldebakel am 6. Mai 1951 schien Adenauers Ängsten Recht zu geben: Die SRP errang trotz eines in letzter Minute von der Bundesregierung verhängten Verbotes ihrer aktivistischen Gliederung elf Prozent in Niedersachsen und wurde damit viertstärkste Fraktion im Landtag. Erst Mitte November 1951, nachdem die SRP bei den Bremer Bürgerschaftswahlen am 7. Oktober 7,7 Prozent der Stimmen errang, beantragte die Bundesregierung ein Verbot der SRP, dem 1956 das der KPD folgte.
Das zögerliche Verhalten der Regierung erboste den damaligen konservativen Bundesinnenminister, ein Mitglied des Kreisauer Kreises, Robert Lehr (CDU) derart, dass er mit den beiden Witwen Annedore Leber und Marion Yorck v. Wartenburg und anderen einen Strafantrag gegen Remer wegen übler Nachrede und Beschimpfung des Andenkens Verstorbener stellte. Lehr, der sich nach einer Reise durch Niedersachsen von der Gefährlichkeit der neonationalistischen Partei überzeugt hatte, [135] handelte bewusst als Privatperson. Erst am 23. Oktober 1952 erklärte das neu gegründete Bundesverfassungsgericht die Partei für verfassungswidrig.
Zuvor aber war es im März 1952 in Braunschweig zu einem denkwürdigen Prozess gegen Remer gekommen, bei dem es letztlich um die Frage ging, ob die Männer des Widerstandes Landes- und Hochverrat begangen hätten. Leiter der Generalanwaltschaft von Frankfurt a. M. war

Fritz Bauer, der von den Nationalsozialisten bereits 1933 in Schutzhaft genommen worden war und dem später die Flucht nach Dänemark gelang. Bauer gehörte zu den wenigen rassisch und politischen Verfolgten, die nach 1949 mit dem Ziel nach Deutschland zurückkehrten, die deutsche Gesellschaft mit juristischen Mitteln zu einer Selbstaufklärung nationalsozialistischer Verbrechen zu bewegen. Bauer ging es in dem Remer-Prozess um eine Rehabilitierung der Männer des 20. Juli und damit um eine »Wiederaufnahme« der Verfahren vor dem Volksgerichtshof Roland Freislers. Außerdem wollte er die Schmach der auf dem rechten Auge blinden Justiz im Hedler-Prozess wieder gutmachen.[136]
Bauer hatte in dem Prozess prominente Überlebende des Widerstandes, wie den Präsidenten des Verfassungsschutzamts, Dr. Hans Lukaschek, oder Dr. Fabian v. Schlabrendorff, den späteren Richter am Bundesverfassungsgericht, in den Zeugenstand gebeten. Zu einem »Forum historisch-politischer Aufklärung« wurde das Gericht vollends, als hochrangige Gutachter wie der Völkerrechtler Hans-Günther Seraphim, der Jurist Ernst Wolf und die Theologen Rupert Angermeier und Hans-Joachim Iwand das Recht auf Widerstand im Unrechtsstaat aus ihrer jeweiligen Fachrichtung begründeten. In einem Plädoyer sprach Fritz Bauer den denkwürdigen Satz: »Am 20. Juli war das deutsche Volk total verraten, verraten von seiner Regierung, und ein total verratenes Volk kann nicht Gegenstand eines Landesverrates sein.« Bauer widersprach damit der Auffassung, im NS-System habe es keine Möglichkeit gegeben, sich der Willkür, dem Terror zu widersetzen. Dies zeige die Arbeiterbewegung genauso wie Einzelne aus der Wehrmacht. Gleichzeitig argumentierte Bauer, dass der Widerstand schon deshalb nicht als Hochverrat bestraft werden könne, da nur ein erfolgloser Hochverrat strafbar sei, der 20. Juli aber bereits den Kern des künftigen demokratischen Staats gebildet habe. Besonders den Widerstand gegen Hitler wollte Bauer als einen Widerstand der Deutschen begriffen haben. »Ich glaube, im Namen des deutschen Volkes sollten wir dagegen protestieren und uns klar und deutlich und mit Stolz zu unseren Widerstandskämpfern bekennen, die seit dem Jahre 1933 durch die Konzentrationslager gingen und mit eisernem Willen und heißem Herzen für die

Wiederherstellung der Freiheitsrechte, für die Grundrechte und Menschenrechte in Deutschland gekämpft haben.«[137] Der Prozess fand ein großes Medienecho und wurde damit zu einem Lehrstück in Demokratie. Nach einer Woche Prozess mit hochkarätigen und gewichtigen Gutachtern kam das Oberlandesgericht zu dem Schluss, die Widerstandskämpfer hätten aus «heißer Vaterlandsliebe und selbstlosem, bis hin zur bedenkenlosen Selbstopferung gehendem Verantwortungsbewusstsein gegenüber ihrem Volk» gehandelt. »Es gereicht der Justiz jedoch zur Ehre, dass sie sich 1952 trotz ihrer Erziehung im juristischen Positivismus zur ethischen und rechtlichen Anerkennung der Widerstandstaten vom 20. Juli 1944 durchrang«,[138] urteilte Rudolf Wassermann. Damit hatte erstmals ein Gericht in der Bundesrepublik die Widerstandskämpfer rehabilitiert, auch wenn die Mehrheit der Bevölkerung über den Widerstand bis in die sechziger Jahre hinein anders dachte. Dieses Urteil beeinflusste zehn Jahre später die Rechtsprechung des Bundesverwaltungsgerichts, wonach »politischer Widerstand« ein, »der politischen Überzeugung des Täters entspringendes Verhalten (war), welches dazu bestimmt ist und, wenigstens in der Vorstellung des Täters, auch dazu geeignet war, das abgelehnte Regime als solches über den Rahmen des Einzelfalls zu beeinträchtigen«. Auf der anderen Seite bemaß der Bundesgerichtshof den »Erfolg« des Widerstands als maßgebliche Doktrin. Mit seinem Einsatz erzwang Bauer in zahlreichen Gerichtsverfahren eine deutliche und unmissverständliche Position gegenüber dem Widerstand.

Die Mehrzahl ehemaliger Soldaten warf den Widerstandskämpfern in der Nachkriegszeit »Feigheit« und »Landesverrat« vor, was nicht zuletzt daran lag, dass die Alliierten zunächst kein Interesse hatten, die Bevölkerung über die Opposition gegen Hitler aufzuklären. Gestützt wurde diese Einstellung auch durch das Auftreten von Alfred Jodl und Gerd v. Rundstedt während des Nürnberger Prozesses und durch die abwertende Beurteilung Heinz Guderians und Erich v. Mansteins in ihren Autobiographien.[139] Dabei verlief die Diskussion oft plakativ zwischen »Eidhaltern« und »Eidbrechern«, was die Traditionsfindung der neuen Armee in ihrer Planungsphase extrem erschwerte. »Wer sollte Vorbild sein? Der Offizier, der tapfer gekämpft hatte, weil er ein glühender Nationalist und vielleicht aus Kurzsichtigkeit sogar Nationalsozialist war, oder der, der tapfer kämpfte, obwohl er kein Nationalsozialist war, oder derjenige, der sich am Widerstand beteiligte?«, fragte Wilfried v. Bredow.[140] 1951 sprachen sich noch 59 Prozent der ehemaligen Berufssoldaten gegen die Widerstandskämpfer aus.

Bei seiner Berufungspolitik achtete Konrad Adenauer darauf, nur Männer für den Aufbau der neuen Armee zu berufen, die sich »nicht im Sinne des NS-Regimes exponiert hatten«. Als »Beauftragter des Bundeskanzlers für die mit der Vermehrung der alliierten Truppen zusammenhängenden Fragen« amtierte seit 1955 Theodor Blank, der einen »radikalen Bruch mit (dem) Militarismus der Vergangenheit« zu vollziehen versprach, gleichzeitig aber die These vertrat, »die Beteiligung oder Nichtbeteiligung am Attentat sei eine Gewissensentscheidung gewesen, die in jedem Falle zu respektieren« sei. Mit dieser betont vorsichtigen Haltung versuchte die Bundesregierung vor allem die konservativen Soldatenverbände zu beschwichtigen, auf die die Regierung bei der Rekrutierung von Soldaten angewiesen war. In der Dienststelle Blank arbeiteten mit Axel v. dem Bussche, Johann Adolf Graf v. Kielmansegg, Joachim Oster und Ernst Wirmer eine Reihe von Mitarbeitern, die von dem Widerstand tief beeinflusst und geprägt waren. Entscheidend für den Wiederaufbau der Streitkräfte wurde auch Wolf Graf v. Baudissin, der für eine Armee eintrat, die den »Bürger in Uniform« förderte und das Prinzip der »inneren Führung« befürwortete.

Auch bei der Suche nach neuen militärischen Führern spielte die Einstellung zum 20. Juli eine Rolle. Der Bundestag hatte am 23. Juli 1955 das Gesetz über den Personalgutachterausschuß für die Streitkräfte beschlossen, nach dem künftige Soldaten auf ihre persönliche Eignung hin überprüft wurden. In dem Ausschuss saßen auch ehemalige Widerstandskämpfer wie Fabian v. Schlabrendorff oder die Witwe Julius Lebers, Annedore. »Insgesamt kann gesagt werden, dass von den Bewerbern um eine Position als militärischer Führer in der neuen Armee grundsätzlich eine Auseinandersetzung mit der Vergangenheit verlangt wurde«,[141] resümiert Robert Buck.

Einen ersten Abschluss der lange Jahre geführten Kontroverse, ob sich die Bundeswehr auf Männer des 20. Juli berufen könne, die ihren Eid gebrochen hatten, bildete der Tagesbefehl zum 20. Juli 1959, mit dem der Generalinspekteur der Bundeswehr, Adolf Heusinger,[142] erstmals den Vorbildcharakter der Männer des Widerstands betonte. So heißt es in dem Tagesbefehl: »Wir Soldaten der Bundeswehr stehen in Ehrfurcht vor dem Opfer dieser Männer, deren Gewissen durch ihr Wissen aufgerufen war. Sie sind die vornehmsten Zeugen gegen die Kollektivschuld des deutschen Volkes. Ihr Geist und ihre Haltung ist uns Vorbild.«[143] Während die neugegründeten Zeitungen wie *Der Ruf* oder *Die Frankfurter Hefte* dem Widerstand sehr aufgeschlossen gegenüberstanden, überwog in einigen Tageszeitungen die kritische Haltung in der unmittelbaren Nachkriegszeit. Den Familienmitgliedern und Witwen wuchs die Aufgabe zu, der Verunglimpfung ihrer Angehörigen entgegenzuwirken. Gleichzeitig bestätigten die Auseinandersetzungen in der Presse so manchen Nachkommen in seinem Eindruck, der Mann, Vater, Verlobte, Bruder oder Freund wäre umsonst in den Tod gegangen. Zu einer ersten Auseinandersetzung in den Medien um die Bedeutung des 20. Juli kam es bereits im Dezember 1946. Damals warf der Mitbegründer und Herausgeber des Berliner *Tagesspiegels*, Erik Reger, Stauffenberg und dem ehemaligen Leipziger Bürgermeister Carl Goerdeler vor, zu spät gehandelt zu haben. In dem Artikel »Der improvisierte Widerstand. Der 20. Juli und das andere Deutschland« stellte Reger die Situation des Attentats so dar, als hätten Stauffenberg und Goerdeler aus persönlichem Ehrgeiz und erst in der aussichtslosen Lage Deutschlands gehandelt. »Es fehlten überall Härte des Willens, unbestechliches Urteil und Mut zur letzten Konsequenz des Denkens, und dies ist in Wirklichkeit der tiefere Grund, weshalb man nicht handeln konnte«, hieß es in Regers Artikel. Weiter kritisierte Reger die Ziele der Attentäter. Denn die nach dem Sturz Hitlers ins Auge gefasste Regierung wäre nur eine Neuauflage der Regierung Schleicher vor der Wende der Jahre 1932/33 gewesen. »Die gleiche verschwommene Ideologie, der gleiche illusionistische Standpunkt, der gleiche Grad von Inkonsequenz, die gleiche Beziehungslosigkeit zur Masse des Volkes.«[144] Gegen Regers Kritik wandten sich sowohl die Witwe des Widerstandskämpfers Julius Leber, die Publizistin Annedore Leber, als auch Marion Gräfin Dönhoff Anfang 1947 in der ZEIT. Doch Reger blieb bei seiner Meinung und warf der Witwe Leber einen Mangel an historischem Sinn vor, der dadurch zu entschuldigen sei, dass »sie keine Politikerin, sondern nur die Witwe eines Politikers ist«.[145] Der *Tagesspiegel* stand mit dieser Meinung im Nachkriegsdeutschland nicht allein da. Auch ein Artikel unter der Überschrift »Ein Kilo Dynamit zu wenig. 20. Juli 1944. Die Tragödie der deutschen Widerstandsbewegung« in der *Süddeutschen Zeitung* von 1949 vertrat die Auffassung, Stauffenberg habe die zweite Bombe im Führerhauptquartier absichtlich nicht gezündet, da er wusste: »Du sollst nicht töten.«[146]

Eine andere Sprache fand sich in Wochenzeitungen und Zeitschriften. In der ZEIT brach Marion Gräfin Dönhoff, die mit einigen Widerstandskämpfern befreundet war, eine Lanze für die Verstorbenen. So erschien bereits 1946 ein ganzseitiger Artikel in der ZEIT, in der Marion Gräfin Dönhoff nicht nur die Breite der Widerstandsbewegung von den Sozialdemokraten bis hin zu den hohen Militärs beschrieb, sondern auch auf vorangegangene Attentatsversuche einging. Noch ganz von der feindlichen Stimmung gegen die Widerstandskämpfer geprägt, schrieb Gräfin Dönhoff, nachdem sie zuvor Hitlers erfolgreichen Versuch beschrieben hatte, den Widerstand in Misskredit zu bringen: »So hat das deutsche Volk nie erfahren, dass sich in jener Bewegung noch einmal die besten Männer aller Bevölkerungsschichten, die letzten positiven Kräfte eines völlig ausgebluteten Landes zusammengefunden hatten. Die Not der Stunde, die Verzweiflung über das Ausmaß an Verbrechen, Schuld und Unheil, die der Nationalsozialismus über Deutschland gebracht und weit hinaus in die Welt getragen hatte, führte diese Männer zu einer letzten großen Kraftanstrengung zusammen. Die führenden Persönlichkeiten der Gewerkschaften und der Sozialisten, Vertreter der beiden christlichen Kirchen und jene Offiziere der Wehrmacht, die das eigene Urteil und die Stimme des eigenen Gewissens über den blinden Gehorsam stellten, zahlreiche Vertreter des Adels und des Bürgertums, verantwortungsbewusste Beamte bis hinauf zu Ministern und

Botschaftern, sie alle waren bereit, ihr Leben einzusetzen, um Deutschland von der Verbrecherbande zu befreien.«[147] In der ersten Ausgabe der *Gegenwart* berichtete der Freiburger Professor Gerhard Ritter über die Rolle der Universitäten im Dritten Reich.[148]

Auch die *Frankfurter Rundschau* mahnte 1949: »Wir ehren heute die Toten des 20. Juli und mit ihnen die Überlebenden und die Hinterbliebenen und wir stellen fünf Jahre nach dem Putsch fest, dass man wohl die Pensionen für die Hinterbliebenen der Nationalsozialisten festgesetzt hat, aber die rechtliche Grundlage der Hilfe für die Hinterbliebenen der politisch und rassisch Verfolgten ist praktisch noch nicht geschaffen.«[149] Vielfach spiegelten die Presseberichte der vierziger Jahre das mangelnde Wissen der Deutschen über den Widerstand wider.

Vor allem Freunde, Verwandte und Mitverschwörer sahen es in der Nachkriegszeit als ihre Aufgabe an, die Erinnerung und das Erbe der Ermordeten wach zu halten.[150] Damit wollten sie nicht zuletzt die Stammtischreden von den Landesverrätern zum Schweigen bringen und über das andere Deutschland und die weite Verzweigung des Widerstandes aufklären, auch wenn die Autoren Widersprüche im Widerstand bewusst herunterspielten. Auf einer Tagung in Hindelang im Juli 1947 fasste auch das *Hilfswerk* folgenden Beschluss: »Angesichts der schweren Verkennung der deutschen Widerstandsbewegung in der deutschen und ausländischen Presse und angesichts der vielen irrigen oder halbwahren Nachrichten, die über die Widerstandsbewegung im Umlauf sind, ist es notwendig, rechtzeitig alle authentischen Materialien zu sammeln und zu sichten, die über die deutsche Widerstandsbewegung, soweit sie zum 20. Juli 1944 führt, heute noch erkennbar sind.« Die beiden Historiker Alexander v. Stauffenberg und Gerhard Ritter, der mit vielen Regimegegnern befreundet war, wurden beauftragt, eine ›vollständige‹ Geschichte des Widerstands zu schreiben, die 1954 in der Biographie Ritters über Carl Goerdeler mündete. Dieser Auftrag bewies seine Tücken. ›Aufzuzeigen, wie es eigentlich gewesen‹ – diesem Anspruch standen nicht nur die unschwer zu erklärende Kargheit der Quellen im Wege, sondern auch die durch dieses Thema provozierten Emotionen«,[151] schreibt Christiane Toyka-Seid, die bislang als Einzige sich mit der Geschichte des *Hilfswerks* auf Quellenbasis auseinandergesetzt hat.

Bereits 1946 gab die Witwe des ehemaligen deutschen Botschafters in Rom, Ilse v. Hassell, die gekürzten Tagebücher ihres Mannes Ulrich v. Hassell heraus, der von den Nationalsozialisten am 8. September 1944 hingerichtet worden war. Der Titel *Vom anderen Deutschland* wurde synonym für ein Deutschland verwendet, das auf dem Boden der Rechtsstaatlichkeit stehen wollte. Ebenso wie Erinnerungen des späteren Bundesverfassungsrichters Fabian v. Schlabrendorff und die Arbeit des Journalisten Rudolf Pechel ließen auch die Aufzeichnungen Hassells keinen Zweifel daran, dass der 20. Juli in einer langen Kette gescheiterter Attentatsversuche stand.[152] Auf Grund der zunächst ablehnenden Haltung der Alliierten gegenüber dem 20. Juli konnten diese Bücher nur in der Schweiz erscheinen und erreichten das deutsche Lesepublikum damit auf Umwegen. Vielfach wurden die kaum zugänglichen Bücher aber in deutschen Zeitungen abgedruckt.[153] In der unmittelbaren Nachkriegszeit interessierten sich die Menschen vor allem für religiöse und schöngeistige Literatur, die sie nicht an die Schreckensjahre der NS-Zeit und ihre eigene Rolle erinnerte. Auch die Westalliierten waren nach 1945 noch von der Propagandathese durchdrungen, wonach es sich bei den Widerstandskämpfern um eine kleine Gruppe ehrgeiziger Offiziere gehandelt habe, die, um die eigene Kaste zu retten, einen Separatfrieden mit dem Westen anstrebten. Das Anerkenntnis einer in der deutschen Bevölkerung breit angelegten Widerstandsbewegung hätte bedeutet, dass Amerikaner und Engländer ihre eigene zwiespältige Rolle gegenüber Männern wie Adam v. Trott oder Dietrich Bonhoeffer hätten überdenken müssen. Gleichzeitig erschienen ebenfalls Bücher, die sich kritisch mit dem Widerstand auseinander setzten.[154]

Ein Umdenken in den Medien zeichnete sich zum zehnten und fünfzehnten Jahrestag des Attentats ab. So erschien das zunächst 1948 in Amerika verlegte Buch des Historikers Hans Rothfels 1949 in einem größeren deutschen Verlag. Rothfels versuchte, den Widerstand aus einer objektiveren Sicht zu bewerten. Sein Buch *Die deutsche Opposition gegen Hitler*[155] stellte das Attentat vom 20. Juli als die »entscheidende

Aktion« heraus und würdigte vor allem die ethischen und religiösen Motive der Attentäter. Von entscheidender Bedeutung für die öffentliche Wahrnehmung des Widerstands wurde der zweiteilige Sammelband *Das Gewissen entscheidet* und *Das Gewissen steht auf*. Annedore Leber hatte für die beiden Sammelbände zahlreiche Porträts von zum Teil schon vergessenen Widerstandskämpfern zusammengetragen und die Porträts mit zahlreichen Originalzitaten angereichert. Herausgegeben wurden die beiden 1954 und 1959 erschienenen Publikationen von Annedore Leber, Willy Brandt und dem Historiker Karl-Dietrich Bracher.

Auch in der Presse[156] ließ der Argwohn gegenüber den Widerstandskämpfern zum zehnten Jahrestag vorsichtig nach. Dies lag nicht zuletzt an der Anerkennung des 20. Juli durch Bundespräsident Theodor Heuss 1954. So würdigten alle überregionalen Zeitungen zum zehnten Jahrestag mit großen Artikeln und Sonderseiten die Opposition gegen Hitler am 20. Juli 1944. Die noch fünf Jahre zuvor deutlich spürbare Häme wich dabei allmählich der Anerkennung des Mutes und der Opferbereitschaft der Männer des 20. Juli. So publizierte beispielsweise die *Frankfurter Allgemeine Zeitung* 1954[157] in ihrer Tiefdruckbeilage an zwei aufeinander folgenden Wochenenden Auszüge aus dem Buch Annedore Lebers *Das Gewissen steht auf*. Das *Parlament*[158] druckte eine Sonderausgabe zum zehnten Jahrestag des Attentats. Die Beilage *Aus Politik und Zeitgeschichte* griff in verschiedenen Ausgaben unterschiedliche Aspekte des 20. Juli heraus.[159] Die *Frankfurter Rundschau* veröffentlichte eine Seite über Männer aus dem Widerstand aus unterschiedlichen sozialen Schichten.[160] Der Berliner *Tagesspiegel* dokumentierte den zehnten Jahrestag ausführlich: Auf der ersten Seite fand sich ein Artikel: »Bekenntnis zu den Opfern des 20. Juli«, auf der dritten Seite wurde aus der Rede von Bundespräsident Theodor Heuss zitiert.[161] Auch der Leitartikler der *Süddeutschen Zeitung* bewertete das Verhalten der Männer des 20. Juli positiv: »Kein Offizier, Soldat oder Beamter, der selbst zu wenig Zivilcourage hatte, um eine außergewöhnliche Entscheidung zu treffen, hat heute das Recht, aus seiner damaligen Schwäche heraus die wenigen Menschen, die den Mut zur stolzen Tat hatten, als Hochverräter oder gar Landesverräter zu bezeichnen.«[162] Eine breitere Öffentlichkeit sah ferner 1955 die beiden gleichzeitig als Konkurrenz produzierten Kinofilme *Der 20. Juli* und *Es geschah am 20. Juli* des bekannten Filmregisseurs Georg Wilhelm Pabst. Der Regisseur des Filmes *Der 20. Juli*, Falk Harnack, gehörte zum Kreis der Geschwister Scholl und wurde 1943 mit angeklagt. Harnacks Film zum 20. Juli erhielt 1956 den deutschen Filmpreis für seine Förderung des demokratischen Gedankenguts.[163]

Im Wesentlichen stellten die Journalisten am fünfzehnten, zwanzigsten und fünfundzwanzigsten Jahrestag des Attentats die positiven Auswirkungen der Opposition für Deutschland heraus und ließen die Opposition gegen Hitler oft wie eine direkte Vorgeschichte der Bundesrepublik erscheinen. Auf Grund des hohen Unwissens der Bevölkerung brachten die meisten Zeitungen erneut ausführliche Sonderseiten über das Attentat.[164] Vor allem zum zwanzigsten Jahrestag des Widerstands war »der Höhepunkt dieser Identifizierung mit dem Widerstand erreicht«.[165] In den späten sechziger Jahren reflektiert die Publizistik die Bemühungen der Forschung, sich anderen Widerstandsgruppen als dem 20. Juli zuzuwenden, was unter dem Stichwort: »Es gab nicht nur den 20. Juli« zunehmend populärer wurde.

Mit zeitlicher Nähe zu 1968 betonen die überregionalen Blätter, vor allem liberale Zeitungen wie die *Süddeutsche Zeitung* und die *Frankfurter Rundschau*, dass es in allen Volksschichten Widerstand gegen Hitler gegeben habe, und bedauern die einseitige Berichterstattung über den militärischen Widerstand. In der *Frankfurter Rundschau* berichtete Karl-Hermann Flach 1964, dass »der deutsche Widerstand wesentlich breiter war als der 20. Juli«.[166] Fünf Jahre später kommentierte Wolfgang Bartsch in der gleichen Zeitung unter dem Titel: »Unser aller Scheitern«: »… wir getrauen uns ja bis heute nicht einmal einzugestehen, dass der agilste, energischste und opferbereiteste Widerstand insgesamt der von Kommunisten und Sozialisten war – und nicht der der Offiziere, die am 20. Juli 1944 in dem Berliner Bendlerblock ermordet worden sind.«[167]

Mit größerer Akzeptanz des Widerstands in der Fachöffentlichkeit und der Politik wuchs in den Zeitungen systematisch der Raum, der dem

20. Juli eingeräumt wurde. In den meisten Zeitungen dauerte es allerdings bis zum zwanzigsten Jahrestag, bis auf der Frontseite der Zeitung über die Feierlichkeiten zum 20. Juli geschrieben wurde.[168] Sogar der *SPIEGEL*, der den 20. Juli jahrelang nicht erwähnte, ließ 1964 Fabian v. Schlabrendorff auf den hinteren Seiten eine Buchbesprechung verfassen, in dem sich der Jurist darüber beklagte, dass die Jugend nichts mehr über den 20. Juli wisse.[169]

Trotz der großen Medienberichterstattung versäumte es kein Journalist, darauf hinzuweisen, dass die Bevölkerung über den 20. Juli kaum etwas wüsste und das Datum damit noch lange nicht »Teil des nationalen Bewusstseins« sei, wie es beispielsweise in der *Süddeutschen Zeitung* vom 20. Juli 1960 zu lesen war.[170] In der breiten Öffentlichkeit fand der Widerstand – mit Ausnahme der Geschwister Scholl – nach wei vor nur sehr wenig Widerhall. Bis in die sechziger Jahre hinein hielt die Mehrheit der deutschen Bevölkerung die Widerstandskämpfer für Landesverräter. Und so galt auch am zwanzigsten Jahrestag, was der Journalist Karl Gerold in der *Frankfurter Rundschau* 1959 betont hatte: »Nichts gegen die Worte und Kränze. Aber alles gegen die Lauheit, gegen die Herzensträgheit, gegen manche Krieger mit tönenden Worten im Mund, die wir heute wiedersehen.«[171]

1 Dieses Kapitel ist ein einleitender Essay, um die Befindlichkeit der Enkelgeneration zu verstehen, und erhebt keinesfalls den Anspruch einer umfassenden Rezeptionsgeschichte des Widerstands, oder gar, die Geschichte von Hilfswerk 20. Juli 1944 oder der Forschungsgemeinschaft schreiben zu wollen.
2 Zitiert nach: Joachim Fest, Staatsstreich. Der lange Weg zum 20. Juli. Berlin 1997, S. 278.
3 Maßgeblich: Ulrike Hett, Johannes Tuchel, Die Reaktionen des NS-Staates auf den Umsturzversuch vom 20. Juli 1944. In: Peter Steinbach, Johannes Tuchel (Hg.) Widerstand gegen den Nationalsozialismus. Schriftenreihe Band 323, Bundeszentrale für politische Bildung. S. 377 ff; Ute Ueberschär-v. Livonius, Gerd R. Ueberschär, Polizeiliche Verfolgungsmaßnahmen »Sonderkommission« und die Ankläger gegen die Verschwörer beim »Volksgerichtshof«. In: Bengt v. zur Mühlen, Die Angeklagten des 20. Juli vor dem Volksgerichtshof, Berlin 2001, S. 27–34.
4 Klaus J. Bade, »Widerstand ohne Volk«. Die Verschwörung der Eliten und die Kommunisten im Krieg. In: Universitas. Zeitschrift für interdisziplinäre Geschichtswissenschaft 48, 7/1993, Nr. 565, S. 629.
5 Peter Hoffmann, Widerstand. Staatsstreich. Attentat. Der Kampf der Opposition gegen Hitler. 4. neue überarbeitete und ergänzte Auflage. München, Zürich 1985, S. 623 ff; Huberta v. Voss-Wittig, Erbe und Rezeption des 20. Juli. 1944. Wissenschaftliche Dienste des Deutschen Bundestags, Infobrief, Februar 2004.

6 Gerd R. Ueberschär, Der »Ehrenhof« nach dem Attentat auf Hitler vom 20. Juli 1944. In: Bengt v. zur Mühlen, Die Angeklagten des 20. Juli vor dem Volksgerichtshof, Berlin 2001, S. 22–26.
7 Ute Ueberschär-v. Livonius, Gerd R. Ueberschär, Polizeiliche Verfolgungsmaßnahmen. In: Bengt v. zur Mühlen, Die Angeklagten, S. 27.
8 Fest, Staatsstreich, S. 294.
9 Hett, Tuchel, Reaktionen, in: Steinbach, Tuchel, Widerstand gegen den Nationalsozialismus, S. 378.
10 V. zur Mühlen, Angeklagte, S. 215.
11 Detlef Graf v. Schwerin, »Dann sind's die besten Köpfe, die man hängt«. Die junge Generation im Widerstand. München 1991, S. 426.
12 Hans-Gunter Voigt, »Verräter vor dem Volksgericht«. Zur Geschichte eines Films. In: v. zur Mühlen, Angeklagte, S. 398–401.
13 Über Carl Goerdeler informiert die Biographie von Gerhard Ritter, Carl Goerdeler und die deutsche Widerstandsbewegung, 3. Aufl., Stuttgart, 1956; Ines Reich, Carl Friedrich Goerdeler. Ein Oberbürgermeister gegen den NS-Staat. Köln, Weimar, Wien 1997.
14 Heinz Höhne, Canaris. Patriot im Zwielicht, München 1976, S. 563 ff.
15 Vgl. hierzu vor allem: Dorothee v. Meding, Mit dem Mut des Herzens. Die Frauen des 20. Juli. Berlin 1992; Martha Schade, Frauen gegen Hitler. Schicksale im Nationalsozialismus. München 2002; Jana Leichsenring (Hg.), Frauen und Widerstand. Münster 2003.
16 Clarita v. Trott zu Solz, Adam v. Trott zu Solz. Eine Lebensbeschreibung. Schriften der Gedenkstätte Deutscher Widerstand. Berlin 1994, S. 151.
17 So äußert sich die Tochter von Carl Goerdeler, Marianne Meyer-Krahmer, in dem Film: »Die Frauen des 20. Juli«, Regie: Irmgard v. zur Mühlen. Die Interviews sind abgedruckt in: Leichsenring, Frauen, S. 111 ff.
18 Erika v. Tresckow, Erinnerungen an Henning v. Tresckow. In: Sigrid Grabner, Hendrik Röder: Henning v. Tresckow. Ich bin der ich war. 2. Aufl. Berlin 2003; v. Meding, Mut des Herzens. S. 103 ff.
19 Irmgard v. zur Mühlen, Ekkehard Kuhn, Die Kinder des 20. Juli. Erbe und Vermächtnis. ZDF 1987.
20 Leichsenring, Frauen, S. 118.
21 Meding, Mut des Herzens, S. 92.
22 Über die Aktion Gewitter gibt es bislang keine eigenständige Arbeit. Vgl. deshalb; Hett, Tuchel, Reaktionen. In: Steinbach, Tuchel, Widerstand gegen den Nationalsozialismus, S. 382.
23 Ulrike Hett, Johannes Tuchel, Reaktionen des NS-Staats, S. 389.
24 Ebd., S. 383 f.
25 Zitiert nach Eberhard Birk, Die Kinder des 20. Juli. In: Armee im Einsatz 4 (2002), S. 52 ff.
26 Detlef Graf v. Schwerin, »Dann sind's die besten Köpfe die man hängt«, S. 430.
27 Meyer-Krahmer, in: Die Frauen des 20. Juli, S. 122.
28 Meding, Mut des Herzens, S. 81.
29 Ebd, S. 115.
30 Marion Gräfin Yorck v. Wartenburg, Die Stärke der Stille. Erzählungen eines Lebens aus dem deutschen Widerstand. Köln 1985.
31 Ulrike Hett, Johannes Tuchel, Reaktionen des NS-Staats, S. 383.
32 Über General Hoepner fehlt bislang eine gute Biographie, deshalb: Heinrich Büchler, Generaloberst Erich Hoepner und die Militäropposition gegen Hitler. Gedenkstätte

Deutscher Widerstand. 5. Auflage 1985; Klaus Achmann, Hartmut Bühl, 20. Juli 1944. Lebensbilder aus dem militärischen Widerstand, Hamburg, Berlin, Bonn, 3. erw. Aufl. 1990, S. 111 ff; Peter Steinkamp, Die Haltung der Hitlergegner Generalfeldmarschall Wilhelm Ritter von Leeb und Generaloberst Erich Hoepner zur verbrecherischen Kriegsführung bei der Heeresgruppe Nord in der Sowjetunion 1941. In: NS-Verbrechen und der militärische Widerstand gegen Hitler, Gerd R. Ueberschär. Darmstadt 2000, S. 47–61.

33 Mit Rudolf Georgi führte die Autorin ein längeres Gespräch in Berlin im Mai 2004. Alle weiteren Zitate stammen aus diesem Interview.

34 Meding, Mut des Herzens, S. 282 ff.

35 Über das Kinderheim in Bad Sachsa gibt es – bis auf eine Diplomarbeit von Ulrike Hett an der Freien Universität Berlin – keine eigenständige Publikation. Vgl.: Eberhard Birk, Die Kinder des 20. Juli. In: Armee im Einsatz 4 (2002), S. 52 ff; Berthold Schenk Graf v. Stauffenberg, Eine Kindheit im Dritten Reich – Vom Systemkonformen zum Volksfeind, in: Thomas Vogel (Hg.), Aufstand des Gewissens. Militärischer Widerstand gegen Hitler und das NS-Regime 1933–1945. Hamburg, Berlin, Bonn, S. 293. Die Autorin dankt Herrn König für die wertvollen Hinweise zu Bad Sachsa.

36 Christa v. Hofacker, Die Rache am ganzen Geschlecht. In: Frankfurter Allgemeine Zeitung, 19. Juli 1961.

37 Alfred v. Hofacker. In: Die Kinder des 20. Juli, ZDF 1987.

38 Christa v. Hofacker, Die Rache am ganzen Geschlecht. In: Frankfurter Allgemeine Zeitung, 19. Juli 1961.

39 Berthold Schenk Graf v. Stauffenberg, Kindheit im Dritten. In: Vogel (Hg.), Aufstand des Gewissens, S. 293.

40 Uta v. Aretin. In: Die Kinder des 20. Juli, ZDF 1987.

41 Christoph Graf v. Schwerin, Als sei nichts gewesen. Erinnerungen. Berlin 1997, S. 57.

42 Alfred v. Hofacker. In: Die Kinder des 20. Juli, ZDF 1987.

43 Rainer Goerdeler an Felicitas v. Aretin, 8. Mai 2004.

44 Christian Schneider, Cordelia Stillke, Bernd Leineweber, Das Erbe der Napolas. Versuch einer Generationengeschichte, Hamburg 1996.

45 Hofacker, Die Rache am ganzen Geschlecht, FAZ, 19. Juli 1961.

46 Elsa Müller, unveröffentlichtes Manuskript.

47 Hoffmann, Widerstand, S. 657.

48 Alfred v. Hofacker, Die Kinder des 20. Juli. In: Bild am Sonntag, 13. Juli 2003.

49 Hoffmann, Widerstand, S. 657.

50 Eberhard v. Hofacker. In: Die Kinder des 20. Juli, ZDF 1987.

51 Auch über die Sonderhäftlinge Hitlers gibt es keine eigenständige Publikation. Fey v. Hassell, Niemals sich beugen. Erinnerungen einer Sondergefangenen der SS. München 1990; Isa Vermehren, Reise durch den letzten Akt, Zürich 1946; Sigismund Best, The venlo incident, London 1949; Ulrike Hett, Johannes Tuchel, Die Reaktionen des NS-Staats, S. 387.

52 Hassell, Erinnerungen, S. 148.

53 Ebd., S. 172

54 Isa Vermehren, in: Die Kinder des 20. Juli, ZDF 1987.

55 Ebd.

56 Karl Jaspers, Die Schuldfrage. In: Jaspers, Hoffnung und Sorge. Schriften zur deutschen Politik 1945–1965. München 1965, S. 75.

57 Vgl. u. a. Lothar Kettenacker, Die Haltung der Westalliierten gegenüber dem Hitlerattentat und Widerstand nach dem 20. Juli 1944. In: Der 20. Juli. Das andere Deutschland in der Vergangenheitspolitik nach 1945, Gerd R. Ueberschär (Hg.), S. 27 ff.; Edgar Wolfrum, Frankreich und der deutsche Widerstand gegen Hitler 1944–1964. Von der Aberkennung zur Anerkennung. In: Ueberschär, Andere Deutschland, S. 68 ff.; Gerd R. Ueberschär (Hg.). Der deutsche Widerstand gegen Hitler. Wahrnehmung und Wertung in Europa und den USA. Darmstadt 2002.

58 Über die Rezeptionsgeschichte des 20. Juli gibt es eine anwachsende Flut von Publikationen. Vgl. u.a. Peter Steinbach, »Stachel im Fleisch der deutschen Nachkriegsgesellschaft«. Die Deutschen und der Widerstand. In: Aus Politik und Zeitgeschichte. Beilage zur Wochenzeitung Das Parlament 28 (1994), S. 3 ff.; Gerd R. Ueberschär, Der 20. Juli. Das andere Deutschland in der Vergangenheitspolitik nach 1945; Peter Steinbach, Widerstand im Widerstreit. Der Widerstand gegen den Nationalsozialismus in der Erinnerung der Deutschen, 2. erw. Aufl., Paderborn 2001.

59 Aleida Assmann, Ute Frevert, Geschichtsvergessenheit. Geschichtsversessenheit. Vom Umgang mit deutschen Vergangenheiten nach 1945. Stuttgart 1999, S. 151 ff.

60 Fest, Staatsstreich, S. 326.

61 Assmann, Frevert, Geschichtsvergessenheit, S. 202.

62 Günter Weisenborn, Rede über die deutsche Widerstandsbewegung. In: Aufbau 6 (1946), S. 578.

63 Werner Bramke, Das Bild vom deutschen Widerstand gegen den Nationalsozialismus im Lichte unterschiedlicher Erfahrungen von Teilung und Umbruch. In: ZfG 7 (1994), S. 600. Peter Steinbach/Johannes Tuchel (Hg.), Widerstand in Deutschland 1933 bis 1945. München 1994.

64 Zur Widerstandsrezeption in der DDR vgl. u. a. Ines Reich, Erinnern und verweigern. Der 20. Juli 1944 in der öffentlichen und wissenschaftlichen Wahrnehmung der sowjetischen Besatzungszone und der DDR. In: Aufstand des Gewissens, S. 355 ff. Ines Reich, Kurt Finker, Reaktionäre oder Patrioten? Zur Historiographie und Widerstandsforschung in der DDR bis 1990. In: Ueberschär, Andere Deutschland, S. 159 ff.; Ines Reich, Geteilter Widerstand. Die Tradierung des deutschen Widerstands in der Bundesrepublik und der DDR. In: ZfG 7 (1994), S. 635 ff.

65 Über den Einfluss der überlebenden Widerstandskämpfer gibt es keine eigenständige Publikation, vgl. deshalb: Wilhelm Ernst Winterhagen, Enttäuschte Hoffnungen: Zum Anteil der Überlebenden des 20. Juli am politischen Wiederaufbau in Westdeutschland nach 1945. In: Ueberschär, Andere Deutschland, S. 313 ff. Jüngst fand deshalb eine Tagung der Forschungsgemeinschaft 20. Juli zu diesem Thema statt. Vgl. Andreas Rosenfelder, Das richtige Erbe, Frankfurter Allgemeine Zeitung 3. März 2004, S. 39. Die Tagung wird in der Schriftenreihe der Forschungsgemeinschaft publiziert werden.

66 Vgl. die Memoiren: Theodor Steltzer, Sechzig Jahre Zeitgenosse. München 1966; Anna Hermes, Und setzet ihr nicht das Leben ein. Andreas Hermes – Leben und Wirken. Stuttgart 1971; Fritz Reichhardt, Andreas Hermes. Neuwied 1953.

67 Jürgen Danyel, Bilder vom »anderen Deutschland«. Frühe Widerstandsrezeption nach 1945. In: ZfG 7 (1994), S. 611 ff.

68 Anton Ackermann: »Legende und Wahrheit über den 20. Juli 1944«. In: Einheit 2 (1947), S. 1172 .

69 Zu den verschiedenen Verbänden vgl.: Olaf Groehler: »Verfolgten- und Opfergruppen im Spannungsfeld der politischen Auseinandersetzungen in der Sowjetischen Besatzungszone und in der Deutschen Demokratischen Republik«. In: Jürgen Danyel (Hg.). Die geteilte Vergangenheit. Zum Umgang mit dem Nationalsozialismus und Widerstand in beiden deutschen Staaten. Berlin 1995, S. 25.

70 Bernd Faulenbach, Auf dem Weg zu einer gemeinsamen Erinnerung? Das Bild vom deutschen Widerstand gegen den Nationalsozialismus nach den Erfahrungen von Teilung und Umbruch. In: ZfG 7, 1994, S. 589 ff.
71 Jürgen Danyel, Die Opfer- und Verfolgtenperspektive als Gründungskonsens? Zum Umgang mit der Widerstandstradition und der deutschen Schuldfrage in der DDR. In: Danyel, Vergangenheit, S. 31–47.
72 Bramke, Bild, S. 602.
73 Vgl. u. a. Elfriede Nebgen, Jakob Kaiser: Der Widerstandskämpfer. Stuttgart u. a. 1967; Werner Conze, Jakob Kaiser. Politiker zwischen Ost und West 1945–1949. Stuttgart 1969; Tilman Mayer (Hg.), Jakob Kaiser: Gewerkschafter und Patriot. Eine Werkauswahl. Köln 1988.
74 Eugen Gerstenmaier, Streit und Friede hat seine Zeit. Ein Lebensbericht. Frankfurt a. M. 1981.
75 Assmann, Frevert, Geschichtsvergessenheit, S. 158 ff.
76 Eugen Kogon. Der SS-Staat. Das System der deutschen Konzentrationslager. Neuauflage München 1974, Erstauflage 1946.
77 Ausführlich mit großem Literaturverzeichnis: Wolfgang M. Schwiedrzik. Träume der ersten Stunde. Die Gesellschaft Imshausen. Berlin 1991.
78 Dagmar Albrecht, Mit meinem Schicksal kann ich nicht hadern … Sippenhaft in der Familie von Albrecht von Hagen. Berlin 2001, S. 173.
79 Detlef Graf v. Schwerin, Köpfe, S. 438.
80 Ein Gespräch mit Uta v. Aretin, Dazu gehörte viel christliche Glaubenskraft und Disziplin. In: Sigrid Grabner, Hendrik Röder, Henning v. Tresckow. Ich bin der ich war. Berlin 2001, S. 77 f.
81 Helmuth James von Moltke. Bericht aus Deutschland im Jahre 1943. Letzte Briefe aus dem Gefängnis Tegel 1945. 13. Aufl. Berlin 1981; Helmut Gollwitzer u. a. (Hg.) Du hast mich heimgesucht bei Nacht. Neuauflage Gütersloh 2004.
82 Uta v. Aretin. In: Die Kinder des 20. Juli, ZDF 1987.
83 Über die Situation der Angehörigen nach 1945 gibt es ebenfalls keine eigene Publikation. Vgl. deshalb Ursula v. Kardorff, Ihre Männer starben von Henkershand. Süddeutsche Zeitung 6./7. April 1950.
84 Vgl. u. a. die neue Biographie über den ehemaligen Gefängnispfarrer, der viele Regimegegner vor ihrer Hinrichtung seelsorgerisch betreute. Klaus Harpprecht. Harald Poelchau. Ein Leben im Widerstand. Berlin 2004.
85 Marianne Gräfin Schwerin v. Schwanenfeld. In: Leichsenring, Frauen, S. 125.
86 Michael Maass. In: Die Kinder des 20. Juli, ZDF 1987.
87 Elisabeth Ruge, Charlotte Gräfin v. der Schulenburg zur Erinnerung 20. Juli 1909 bis 18. Oktober 1991. Hamburg 1992, S. 71.
88 Dagmar Albrecht, Mit meinem Schicksal, S. 184.
89 Rosemarie Reichwein, Die Jahre mit Adolf Reichwein prägten mein Leben. Ein Buch der Erinnerungen. München 1999, S. 86.
90 Rosemarie Reichwein. In: Leichsening, Frauen, S. 124.
91 Sabine Reichwein. In: Die Kinder des 20. Juli, ZDF 1987.
92 Vgl. auch die Briefe ihrer Schwiegermutter: Dorothy v. Moltke. Ein Leben in Deutschland. Briefe aus Kreisau und Berlin. München 2003.
93 Sabine Reichwein, Meine Mutter. In: Die Jahre mit Adolf Reichwein prägten mein Leben, S. 110 f.
94 Bislang gibt es keine ausführliche Geschichte des *Hilfswerk 20. Juli.* Vgl. deshalb einleitend: Christiane Toyka-Seid, Gralshüter, Notgemeinschaft oder gesellschaftliche

›pressure group‹. Die Stiftung *Hilfswerk 20. Juli 1944* im ersten Nachkriegsjahrzehnt. In: Ueberschär, Andere Deutschland, S. 196ff.
95 Näheres u. a. bei Arnd Bauernkämpfer, Der verlorene Antifaschismus. Die Enteignung der Großgrundbesitzer und der Umgang mit dem 20. Juli bei der Bodenreform in der Sowjetischen Besatzungszone. In: ZfG 7 (1994), S. 623ff.
96 Klaus Gerbet, Carl-Hans Graf v. Hardenberg. 1891–1958. Ein preußischer Konservativer in Deutschland. Berlin 1993. Günter Agde, Carl-Hans Graf v. Hardenberg. Ein deutsches Schicksal im Widerstand. Berlin 1994.
97 Christiane Toyka-Seid, Der Widerstand gegen Hitler und die westdeutsche Gesellschaft: Anmerkungen zur Rezeptionsgeschichte des »anderen Deutschland« in den frühen Nachkriegsjahren. In: Peter Steinbach, Johannes Tuchel (Hg.), Widerstand gegen den Nationalsozialismus. Bundeszentrale für politische Bildung. Schriftenreihe Bd. 323, Bonn 1994, S. 572–581.
98 Christabel Bielenberg, Es war ein weiter Weg nach Munny House. München 1993.
99 Gina Thomas, Die unerschütterlichen Mauern der Integrität, Frankfurter Allgemeine Zeitung, 4. November 2003.
100 Toyka-Seid, Gralshüter, S. 203.
101 Hier kann nicht näher auf den langwierigen Prozess eingegangen werden. Constantin Goschler, Wiedergutmachung. Westdeutschland und die Verfolgten des Nationalsozialismus (1945–1954). München 1992; Christian Pross, Wiedergutmachung. Der Kleinkrieg gegen die Opfer. Herausgegeben vom Hamburger Institut für Sozialforschung. Frankfurt a.M. 1988.
102 Toyka-Seid, Gralshüter, S. 203f.
103 Ebd. Anm. 40, S. 210.
104 Steinbach, Widerstand im Widerspruch, S. 106.
105 Eduard Wagner, Der Generalquartiermeister: Briefe und Tagebuchaufzeichnungen. München, Wien 1963.
106 Süddeutsche Zeitung, 18./19. Juli 1953.
107 Ruge, Erinnerung, S. 92.
108 Clarita Müller-Plantenberg. In: Die Kinder des 20. Juli. ZDF 1987.
109 Die Zitate gehen auf ausführliche Gespräche mit Dr. Christine Blumenberg-Lampe im Frühjahr 2004 zurück, wofür die Autorin nachdrücklich dankt.
110 Dagmar Albrecht, Mit meinem Schicksal, S. 184.
111 Clarita v. Trott. In: Mit dem Mut des Herzens, S. 186.
112 Dagmar Albrecht, Mit meinem Schicksal, S. 154.
113 Elisabeth Freytag v. Loringhoven. In: Mit dem Mut des Herzens, S. 83.
114 Christa v. Hofacker, Die Rache am ganzen Geschlecht, FAZ, 19. Juli 1961.
115 Dr. Ulrich am 31.10.1953 an Renate Gräfin Hardenberg. Archiv für Christlich-Demokratische Politik (ACDP) der Konrad-Adenauer-Stiftung e.V. *Forschungsgemeinschaft 20. Juli,* 06-056-022/1.
116 Buck, Rezeption. In: Ueberschär, Das anders Deutschland, S. 272.
117 Friederike Richter, Bericht über das Treffen auf Burg Liebenzell, 29. September bis 1. Oktober 1956; ACDP, *Forschungsgemeinschaft 20. Juli,* 06-056-022/1.
118 Eberhard Zeller, Der Geist der Freiheit: Der zwanzigste Juli, München 1952.
119 Renate Gräfin Hardenberg an Friederike Richter, 26. Oktober 1956, ACDP, *Forschungsgemeinschaft 20. Juli,* 06-056-022/1.
120 Renate Gräfin Hardenberg, Rundschreiben vom 6. Mai 1957, ACDP, *Forschungsgemeinschaft 20. Juli,* 06-056-022/1.

121 Zur SRP vgl. u. a. Richard Stöss, Rechtsextremismus im vereinten Deutschland. 3. aktualisierte Auflage. Berlin 2000.
122 Bericht Friederike Richter über das Jugendtreffen in Burg Liebenzell vom 14. Juni bis 18. Juni, ACDP, *Forschungsgemeinschaft 20. Juli,* 06-056-022/1.
123 Eberhard Zeller an Renate Gräfin Hardenberg, 6. Juli 1958, ACDP, *Forschungsgemeinschaft 20. Juli,* 06-056-C30/2.
124 Renate Gräfin Hardenberg an Eberhard Zeller, 26. Juli 1958, ACDP, *Forschungsgemeinschaft 20. Juli,* 06-056-C30/2.
125 ACDP, *Forschungsgemeinschaft 20. Juli,* 06-056-012/2, – 013/2.
126 Deutsche Tagespost, 23. Juli 1987. ACDP, *Forschungsgemeinschaft 20. Juli,* 06-056-035/14.
127 Norbert Frei. Vergangenheitspolitik. Die Anfänge der Bundesrepublik und die NS-Vergangenheit. München 1996, S. 308 ff. oder Norbert Frei: »Erinnerungskampf. Zur Legitimation des 20. Juli im Nachkriegsdeutschland«. In: Von der Aufgabe der Freiheit. Politische Verantwortung und bürgerliche Gesellschaft im 19. und 20. Jahrhundert. Festschrift für Hans Mommsen. Berlin 1995, S. 493–504.
128 Frankfurter Rundschau, 12. Dezember 1949, S. 2.
129 Peter Reichel, Vergangenheitsbewältigung in Deutschland. Die Auseinandersetzung mit der NS-Diktatur von 1945 bis heute. München 2001, S. 149.
130 Joachim Perels, Die schrittweise Rechtfertigung der NS-Justiz. Der Huppenkothen-Prozess. In: Peter Nahamowitz, Stefan Breuer (Hg.) Politik – Verfassung – Gesellschaft. Traditionslinien und Entwicklungsperspektiven. Otwin Massing zum 60. Geburtstag. Baden-Baden 1995, S. 60; Reichel, Vergangenheitsbewältigung, S. 140.
131 Zum Fall Remer vgl. u. a. Dirk Geile. Der Remer-Mythos in der frühen Bundesrepublik. Ein Beitrag zum organisierten Rechtsextremismus in Niedersachsen. M. A. Göttingen 1993. Rudolf Wassermann, Zur juristischen Bewertung des 20. Juli 1944. Der Braunschweiger Remer-Prozess als Meilenstein der Nachkriegsgeschichte. In: Recht und Politik 2 (1984), S. 68–80; Reichel, Vergangenheitsbewältigung, S. 97 ff.
132 Assmann, Frevert, Geschichtsvergessenheit, S. 199.
133 Fest. Staatsstreich, S. 272 f.
134 Zitiert nach Frei, Erinnerungskampf, S. 500.
135 Frei, Erinnerungskampf, S. 499 ff; Reichel, Vergangenheitsbewältigung, S. 102 ff.
136 Frei, Erinnerungskampf, S. 500.
137 Zitiert nach: Steinbach, Stachel im Fleisch, S. 8.
138 Rudolf Wassermann, Widerstand als Rechtsproblem. Zur rechtlichen Rezeption des Widerstands gegen das NS-Regime. In: Ueberschär, Das andere Deutschland, S. 261.
139 Hierzu vor allem: Stefan Geilen, das Widerstandsbild in der Bundeswehr. In: Aufstand des Gewissens, S. 331; Robert Buck, Die Rezeption des 20. Juli 1944 in der Bundeswehr. Anmerkungen zu deren Traditionsverständnis. In Ueberschär, Das andere Deutschland, S. 268 ff.; Wilfried v. Bredow, Die Last der Tradition. In: Deutsche Studien. Tradition in der Bundeswehr und der Nationalen Volksarmee. Sonderheft Januar 1981, S. 41 ff.
140 Bredow, Last, S. 41.
141 Buck, Die Rezeption des 20. Juli in der Bundeswehr. In: Ueberschär, Das andere Deutschland, S. 280.
142 Adolf Heusinger (1897–1982) billigte die Attentatspläne auf Hitler; trat später als Zeuge im Nürnberger Prozess auf, war als Berater Adenauers führend beim Aufbau der Bundeswehr; Leiter der militärischen Abteilung in der so genannten Dienststelle Blank, später Chef Abt. Gesamtstreitkräfte der Bundeswehr.

143 Geilen, Widerstandsbild, S. 337.
144 Erik Reger, Der andere 20. Juli. In: Der 20. Juli 1944. Reden zu einem Tag der deutschen Geschichte. Bd. 1. Hg.: Gedenkstätte Deutscher Widerstand 1984, S. 32 ff.
145 Über diesen Streit berichtet Nana Brink unter: Der erste Streit. Bereits 1946 erhitzte der 20. Juli die Gemüter. In: Der Tagesspiegel. 19. Juli 1994.
146 Süddeutsche Zeitung, 19. Juli 1949, S. 3.
147 Marion Gräfin Dönhoff, Das »heimliche Deutschland« der Männer des 20. Juli. In: DIE ZEIT, 18. Juli 1946, S. 3.
148 Gerhard Ritter, Der deutsche Professor im »Dritten Reich«, Die Gegenwart, 24. Dezember 1945, S. 23 ff.
149 Frankfurter Rundschau, 20. Juli 1949, S. 2.
150 Ulrich v. Hassell. Vom anderen Deutschland. Aus den nachgelassenen Tagebüchern 1938–1944. Zürich/Freiburg 1946; Fabian v. Schlabrendorff. Offiziere gegen Hitler. Zürich 1946; Rudolf Pechel. Deutscher Widerstand. Erlenbach/Zürich 1947; Allen Welsh Dulles, Germany's Underground. New York 1947.
151 Nähere Angaben sind nachzulesen bei Toyka-Seid, Widerstand gegen Hitler. In: Steinbach, Tuchel, Widerstand, S. 578.
152 Gleichzeitig gab es andere Überlebende wie Botho v. Wussow und Albrecht v. Kessel, die ihre kurz nach 1945 geschriebenen Memoiren nicht veröffentlichten. Schwerin, Köpfe, S. 436 ff.
153 Toyka-Seid, Widerstand gegen Hitler. In: Steinbach, Tuchel, Widerstand, S. 580.
154 Vgl. u. a. Margret Boveri, Der Verrat im 20. Jahrhundert. Für und gegen die Nation. Reinbeck bei Hamburg 1956; Hans Bernd Gisevius, Bis zum bitteren Ende: Vom Reichstagsbrand bis zum 20. Juli 1944. Hamburg o. J.
155 Hans Rothfels, Die deutsche Opposition gegen Hitler. Eine Würdigung. Krefeld 1949; Annedore Leber, Willy Brandt, Karl-Dietrich Bracher, Das Gewissen steht auf. Lebensbilder aus dem deutschen Widerstand. Berlin, Frankfurt a. M. 1954; Dies.(Hg.), Das Gewissen entscheidet. Berlin, Frankfurt a. M. 1947.
156 Bislang gibt es keine Analyse von überregionalen Tageszeitungen, die den Widerstand in den Zeitläuften beschreibt. Deshalb nach wie vor: Regina Holler, 20. Juli 1944 – Vermächtnis oder Alibi? Wie Historiker, Politiker und Journalisten mit dem deutschen Widerstand gegen den Nationalsozialismus umgehen. Eine Untersuchung der wissenschaftlichen Literatur, der offiziellen Reden und der Zeitungsberichterstattung in Nordrhein-Westfalen von 1945–1986, München, New Providence, London, Paris 1994.
157 Das Gewissen steht auf, Frankfurter Allgemeine Zeitung, 17. und 24. April 1954.
158 Das Parlament. Sonderausgabe zum 20. Juli 1954.
159 Aus Politik und Zeitgeschichte, Aus den Akten des 20. Juli. Der Bericht des Major Remer, 17. November 1954; Aus Politik und Zeitgeschichte, Die Vollmacht des Gewissens. Deutsche Gespräche über das Recht zum Widerstand, 9. Juni 1954; Aus Politik und Zeitgeschichte, Theodor Heuss. Zur 10. Wiederkehr des 20. Juli, 22. Juli 1954.
160 Aufstand des Gewissens, Frankfurter Rundschau, 20. Juli 1954.
161 Bekenntnis zu den Opfern des 20. Juli; Grenzsituation sittlicher Entscheidung. In: Der Tagesspiegel, 20. Juli 1954, S. 1 und 3.
162 Süddeutsche Zeitung, 19. Juli 1954. S. 3.
163 Bislang ist die Geschichte des 20. Juli im Film, die hier nur ganz oberflächlich angerissen werden kann, nicht geschrieben. Eine Aufzählung der bekannten Filme enthält der Band von Bengt v. zur Mühlen, Die Angeklagten des 20. Juli vor dem Volks-

gerichtshof, S. 402–408; Assmann, Frevert, Geschichtsvergessenheit, S. 201 mit Angaben der einzelnen Filmrezensionen.
164 Hans Rothfels, Der deutsche Widerstand gegen Hitler, Frankfurter Allgemeine Zeitung, 17. Juli 1969.
165 Peter Steinbach, Der Widerstand als Thema der politischen Zeitgeschichte. Ordnungsversuche vergangener Wirklichkeit und politischer Reflexion. In: Steinbach, Widerstand im Widerstreit, S. 40.
166 Karl-Hermann Flach, Fragen über Fragen, Frankfurter Rundschau, 20. Juli 1964.
167 Wolfgang Bartsch, Unser aller Scheitern, Frankfurter Rundschau, 19. Juli 1969.
168 Lübke spricht am 19.7. in der FU, Der Tagesspiegel, 20. Juli 1964; Regierung würdigt Widerstandskämpfer, Süddeutsche Zeitung, 21. Juli 1964.
169 Fabian v. Schlabrendorff, Der 20. Juli, DER SPIEGEL, 22. Juli 1964, S. 66.
170 Das Attentat in der Wolfsschanze, Süddeutsche Zeitung, 20. Juli 1960.
171 Karl Gerold, Die Besten des Volkes haben sich erhoben, Frankfurter Rundschau, 20. Juli 1959, S. 3.

Die Vielfalt des Diskurses >
Vom Hilfswerk zur Forschungsgemeinschaft

Die Bundestagswahl von 1969 und die Regierungsbildung einer sozialdemokratisch-liberalen Koalition bedeuteten in der Geschichte der Bundesrepublik eine entscheidende Zäsur. »Wir stehen nicht am Ende unserer Demokratie, wir fangen gerade erst richtig an«, hatte der neue Bundeskanzler Willy Brandt in seiner Regierungserklärung am 28. Oktober 1969 nicht ohne Pathos verkündet. Im Gegensatz zu seinem Vorgänger Kurt Georg Kiesinger – der als einziger Bundeskanzler ehemaliges NSDAP-Mitglied war – verkörperte der Emigrant Brandt das andere Deutschland, mit dem sich die junge Generation identifizieren konnte. Brandts Kniefall bei der Kranzniederlegung vor dem Denkmal für die Ermordeten des Warschauer Ghettos wirkte wie ein Fanal für eine neue Zeit,[1] in der es entscheidend war, sich der Vergangenheit und der deutschen Schuldverstrickung zu stellen, anstatt die deutsche Geschichte zwischen 1933 und 1945 zu verdrängen. Zudem machten die großen NS-Prozesse, wie der Prozess gegen die Ulmer Einsatztruppe, der Prozess gegen Eichmann in Jerusalem und der Auschwitz-Prozess deutlich, in welchem Ausmaße sich die Deutschen in Schuld verstrickt hatten und wie halbherzig man in den fünfziger Jahren strafrechtlich gegen Juristen, Beamte, Ärzte und Politiker, die im Dritten Reich aktiv waren, vorgegangen war. »Mit dem zeitlichen Abstand von Auschwitz wurden die im Holocaust gipfelnden Verbrechen nicht blasser und farbloser, sondern sie rückten näher und wurden konkreter«,[2] resümierte Klaus Schönhoven folgerichtig, was sich auch in der langanhaltenden Verjährungsdiskussion bis in die siebziger Jahre hinein zeigte. Das Aufdecken nationalsozialistischer Verbrechen machte den Widerstand in der Bevölkerung populärer.

Eine vorsichtige Ost-West-Entspannung machte den Weg für eine Geschichtsbetrachtung frei, die nicht nur der Tagespolitik des Kalten Krieges geschuldet war. Der Politikwissenschaftler Wilhelm Hennis sprach angesichts des Regierungswechsels vom »Mythos einer zweiten Stunde Null«: Erstmals seit 1930 war ein Sozialdemokrat, der zudem noch Emigrant war und dem Widerstandskämpfer Julius Leber nahe stand, Bundeskanzler. Der SPD-Mann Gustav Heinemann löste Heinrich Lübke als Bundespräsident ab. Brandts Wahl passte zu der allgemeinen Aufbruchstimmung der Pariser Mai-Unruhen des Jahres 1968, des Prager Frühlings und der Hippie- und Protestbewegung in den USA, die sich zunehmend politisierte und gegen das amerikanische Eingreifen in Vietnam auf die Straße ging. Auch in Deutschland protestierte die jüngere Generation gegen autoritäre und strenge Strukturen in Schule, Betrieb, Familie und Universitäten. Diese Generation wollte angesichts der NS-Prozesse und des zunehmenden Rechtsradikalismus wissen, was ihre Eltern während des Krieges getan und was sie unterlassen hatten. Unverständlich erschien, warum es in den fünfziger Jahren keinen wirklichen Neuanfang gegeben hatte, sondern viele ehemalige Nationalsozialisten in führenden Positionen in der Bundesrepublik saßen.

Aus dem zunächst künstlerisch-anarchischen Prozess der Münchener Boheme um Dieter Kunzelmann entwickelte sich um 1968 in Berlin und Frankfurt ein studentischer Protest, der auch von Oberschülern mitgetragen wurde. Es kam zu großen Demonstrationen gegen den Vietnam-Krieg der USA, gegen die Notstandsgesetze und den zunehmenden Rechtsradikalismus in der Bundesrepublik. Als während einer Demonstration gegen den Besuch des Schahs von Persien in Berlin am 2. Juni 1967 der Student Benno Ohnesorg von einem Polizisten erschossen wurde, eskalierte der Protest. Angeheizt wurde die Spirale der Gewalt, als während der Ostertage 1968 der Gelegenheitsarbeiter Josef Bachmann mit Pistolenschüssen den populären Studentenführer Rudi Dutschke am Kurfürstendamm auf seinem Fahrrad niederschoss. Tausende Studierende lieferten sich Prügeleien mit der Polizei, Autos gingen in Flammen auf, Fensterscheiben zu Bruch. Der Sozialistische Deutsche Studentenverband rief zu direkten Aktionen auf, um die repressive Macht und den Kapitalismus an der Wurzel auszurotten, um den »latenten Faschismus« in der deutschen Gesellschaft zu demaskieren und zugleich zu bekämpfen.

Am 2. April 1968 – also vor dem Attentat auf Rudi Dutschke – wurden in Frankfurt am Main zwei Kaufhäuser in Brand gesteckt. Die Brände waren von den späteren Leitfiguren der Baader-Meinhof-Gruppe durch Brandsätze ausgelöst worden. Damit hatte die Gewalt eine neue Stufe erreicht, da der Terror erstmals auch gegen Personen und nicht mehr nur gegen Sachen ausgeübt wurde. Aus einem kleinen Teil des SDS ging die Rote Armee Fraktion (RAF) hervor, die nach dem Vorbild der Stadtguerilla das angeblich manipulierte Volk zur Gewalt gegen den Staat aufrief und sich dabei auf ein Widerstandsrecht berief. Seit 1970 erschütterten Bombenattentate und Entführungen die Bundesrepublik. Diese Entwicklung erreichte im deutschen Herbst 1977 mit der Ermordung von Generalbundesanwalt Siegfried Buback, des Bankiers Jürgen Ponto und des Arbeitgeberpräsidenten Hanns-Martin Schleyer ihren Höhepunkt. Im Oktober kaperten arabische Terroristen in Mogadischu eine deutsche Boing 737 der Lufthansa, um die Freilassung deutscher Terroristen aus dem Untersuchungsgefängnis Stuttgart-Stammheim zu erreichen. Ein Sonderkommando des Bundesgrenzschutzes stürmte daraufhin in Mogadischu die Maschine; anschließend beging der harte Kern der Terroristen in dem Hochsicherheitstrakt der Haftanstalt unter nicht restlos geklärten Umständen Selbstmord. Auch wenn die terroristische Gefahr danach für das Erste gebannt schien, hatte sich das Klima in der Bundesrepublik massiv geändert. Die Politik bekämpfte die Terroristen mit allen Mitteln, die ihr die wehrhafte Demokratie ließ. Isolierhaft für Terroristen, geänderte Gesetze und Strafprozessbestimmungen, Straßensperren und ein erhöhtes Polizeiaufkommen bestimmten den Alltag und ließen bei der bundesrepublikanischen Gesellschaft alte Ängste hochkommen. Bei der jungen Generation machte sich Mitte der siebziger Jahre zunehmend Verdrossenheit über die Politik der etablierten Parteien breit, die in zahlreichen Bürgerinitiativen, Kinderläden-Projekten, der Ökologiebewegung und dem Anti-Atom-Protest neue Ausdrucksformen fand.

Schon zu Beginn der sechziger Jahre war unter dem Einfluss der Außerparlamentarischen Opposition und der Studentenbewegung eine heftige Diskussion über den Widerstandsbegriff ausgebrochen. Dabei stand die Frage im Mittelpunkt, ob und inwieweit in einer Demokratie Widerstand legitimierbar sei.[3] Bis dahin hatten Historiker und Politologen wie Hans Rothfels oder Rudolf Pechel Widerstand als Synonym für Putsch oder Opposition verwendet. Als Vorbild diente der Attentäter aus dem militärischen Widerstand, der den Sturz Hitlers aus religiösen und ethischen Gründen plante und dabei das eigene Leben riskierte. Dabei haftete dem Widerstand lange Jahre das Odium eines »missglückten Staatsstreichs« an, der erst in letzter Minute von hohen adligen Militärs begangen wurde, die sich selbst schützen wollten. 1961 kam der Bundesgerichtshof (BGH) im Rahmen von Wiedergutmachungsverfahren von Angehörigen des Widerstands zu einer neuen Einschätzung. Die Bewilligung von Wiedergutmachungen knüpften die Richter an das Kriterium des Erfolges und stellten damit klar, dass dem Attentat reflektierte Überlegungen zum Regimewechsel folgen mussten. Damit war der militärische Widerstand ein Stück weit von höchster richterlicher Stelle rehabilitiert, da die Richter die verschiedenen Neuordnungspläne Deutschlands anerkannten. Der BGH benachteiligte mit diesem Urteil allerdings die Angehörigen von Widerstandskämpfern, die Einzeltäter waren oder deren Pläne nicht den Ideen für eine Neuordnung der Bundesrepublik entsprachen; dies waren in erster Linie die Kommunisten, deren Partei seit 1956 verboten war.

Im Zuge der 68er-Bewegung geriet das Widerstandsrecht in der Demokratie angesichts der Notstandsgesetze, der Verjährungsdebatten und des amerikanischen Vorgehens in Vietnam erneut in die Kritik. Nach dem Krieg war eine neue Generation erwachsen geworden, die Aufklärung über das Dritte Reich verlangte und Widerstand nicht nur im 20. Juli verankert sah. Sowohl Studenten als auch die Außerparlamentarische Opposition nahmen für sich ein übergesetzlich verbrieftes Recht auf Widerstand in Anspruch. Dabei spielte die Angst vor einem Wiederaufleben faschistischer Strukturen eine große Rolle, die für die APO in der Wahl von Kurt Georg Kiesinger zum Bundeskanzler und dem Einzug der Nationaldemokratische Partei Deutschlands (NPD) in die Landtage von Hessen und Bayern zum Ausdruck kam. Doch war es laut Grundgesetz überhaupt möglich, in einer Demokratie Widerstand zu leisten?

Die Verfassungsväter des Grundgesetzes hatten nach den Erfahrungen mit dem Dritten Reich das Modell der so genannten »wehrhaften« Demokratie geschaffen, wonach es staatliche Abwehrrechte wie beispielsweise die Fünf-Prozent-Klausel für Parteien gab. Als Reaktion auf die lang anhaltende Diskussion um die Notstandsgesetze konstruierte der Gesetzgeber 1968 den umstrittenen Artikel 20, GG.[4] Doch war dieses unter dem Druck der Straße entstandene Recht auf Widerstand nur ein Abwehrrecht. Denn Widerstand in der Demokratie musste im Rahmen des demokratischen Staates stattfinden, den es zu schützen galt, während Widerstand im Dritten Reich auf den Sturz der geltenden Diktatur abzielte. Ohnehin war die juristische Frage rein akademisch, ob Widerstand nach Art. 20, (4) den Widerstand gegen eine Diktatur meinte oder auch das Widerstandsrecht in einer Demokratie umfasste. Gleichzeitig wurde der Widerstandsbegriff oft fast inflatorisch und damit höchst unpräzise gebraucht. Im Zusammenhang mit der »Nachrüstung« und der Stationierung von amerikanischen Mittelstrecken-Raketen beriefen sich Atomwaffengegner[5] auf ein übergesetzliches Widerstandsrecht. Wehrdienstverweigerung oder Hausbesetzung galten in den späten sechziger Jahren ebenso als »Widerstand« wie Demonstrationen und Vorlesungsboykotte. »Im Zuge einer inflatorischen Verwendung wurde der Begriff des Widerstands vielfach prinzipiell verneint und Widerständigkeit als Kampf gegen die politische Ordnung des Grundgesetzes, gegen Infrastrukturpolitik, gegen Energiesicherung, Verteidigungskonzeptionen und allgemein gegen das etablierte System definiert«, analysierte der Politologe Peter Steinbach.[6] Auch die spätere Terroristin Ulrike Meinhof nutzte den Widerstandsbegriff und bezog sich ausdrücklich auf den 20. Juli, um der eskalierenden Gewalttätigkeit der Studentenproteste eine historische Legitimation zu verschaffen.[7] Ulrike Meinhof setzte dabei die demokratische Bundesregierung mit Faschismus und Imperialismus gleich und folgerte wie das RAF-Mitglied Andreas Baader: »Das Widerstandsrecht erschöpft sich nicht im innerstaatlichen Bereich. Es überschreitet die nationalstaatlichen Grenzen. Es steht nicht nur jedermann zu, sondern kann auch zugunsten von jedermann ausgeübt werden.«[8] Die Baader-Meinhof-Gruppe nahm im

Kampf gegen den »Schweinestaat« bewusst die Gewalt gegen Menschen in Kauf.

Es verwundert nicht, dass sich insbesondere die Überlebenden und die Witwen der Widerstandskämpfer durch die Inflation des Widerstandsbegriffs missverstanden und die Taten ihrer Freunde und Männer nicht mehr geachtet sahen; während sich die zweite Generation des Öftern den zeitgenössischen Forderungen anpasste. Fast alle Gedenkredner[9] warnten deshalb bei den alljährlichen Feiern zum 20. Juli davor, das Recht auf Widerstand falsch zu verstehen. Besonders deutlich betonte dies beispielsweise Bundesjustizminister Gerhard Jahn 1973 bei der Gedenkfeier in Plötzensee. »Die Grundwerte unserer freiheitlich-demokratischen Ordnung stehen und fallen damit, dass die Bürger sie zu ihrer eigenen Sache machen, und das heißt eben auch, Widerstand leisten gegen jeden Versuch, sie zu beseitigen oder auch nur einzuschränken. Hier müssen wir scharf und genau die Grenze erkennen und beachten, die sich für das Recht zum Widerstand nach dem Grundgesetz ergibt. Widerstand kann und darf nur das letzte, unersetzliche, äußerste Mittel sein, mit dem die Bürger unsere freiheitlich demokratische Ordnung verteidigen, falls alle anderen Mittel ausgeschöpft sind. Widerstand gegen die vom Grundgesetz verfasste freiheitliche Ordnung kann und darf es nicht geben.«[10]

Stellvertretend für viele Angehörige der ersten Generation verfasste der Freund und Biograph von Dietrich Bonhoeffer, Eberhard Bethge, 1981 bei einer Tagung der Evangelischen Akademie in Berlin ein zweiseitiges Thesenpapier. Darin grenzte er die klassische Widerstandsdefinition gegen den inflationär gebrauchten Begriff des Widerstands in den siebziger Jahren ab. Während sich heute jeder, der mit einer politischen oder gesellschaftlichen Maßnahme nicht einverstanden sei, gleich Widerstandskämpfer nenne, habe es den Begriff vor 1945 nicht gegeben. So schreibt Bethge: »Mitglieder des 20. Juli – vornehmlich bewusste Christen – stellten sich im Putsch ihrer Verantwortung im Bewusstsein früherer Unterlassungen und darum nun unumgänglicher Schuld und erwarteten ihre Rechtfertigung vor Gott (…) In heutigen Protestbewegungen wird häufig gedacht und gehandelt aus ungebrochener Ideologie, welche für Rechtfertigung sorgt, und dieses ermöglicht, Mitverantwortung für die Vergangenheit abzuweisen.«[11] Drei Jahre zuvor hatte der Präsident der *Forschungsgemeinschaft 20. Juli*, Rüdiger v. Voss, einen Sammelband herausgegeben, in dem er der Frage von Widerstand und Terrorismus nachging.[12]

Die Diskussion um den erweiterten Widerstandsbegriff beeinflusste die historische Forschung und war deutlich von dem Lebensumfeld des jeweiligen Historikers und von den Zeitläuften geprägt. Zu Beginn der sechziger Jahre hatten sich der Theologe Eberhard Bethge und der Historiker Konrad Repgen darum bemüht, den Widerstand in verschiedene Stufen zwischen Nonkonformität und Umsturzplanung einzuteilen.[13] Ende der sechziger Jahre weiteten die Historiker Hans Mommsen, Hermann Graml und Karl Schmitthenner den Widerstandsbegriff aus.[14] Von »signalartiger Bedeutung«[15] seien die Arbeiten von Graml und Mommsen, die sich mit den Zielvorstellungen des bürgerlichen Widerstands um Beck, Hassell, Popitz und Goerdeler beschäftigten, worin der Schlüssel zur Verurteilung der linksliberalen Publizistik liegt, in dem bürgerlichen Widerstand hauptsächlich die autoritären Staatsvorstellungen zu kritisieren.

Gleichzeitig knüpften sie den Widerstandsbegriff nicht mehr an den Erfolg. In eine ähnliche Richtung ging auch das neu gegründete Institut für Zeitgeschichte in München. Am Beispiel einer Studie über Bayern in der NS-Zeit entwickelte das Team um den Historiker Martin Broszat die neutralere Definition von Resistenz. Darunter verstand Broszat die »wirksame Abwehr, Begrenzung, Eindämmung der NS-Herrschaft oder ihres Anspruches, gleichgültig von welchen Motiven, Gründen und Kräften her.«[16] Der Zeithistoriker legte bei seiner Begriffsdefinition größten Wert darauf, dass Resistenz primär auf die Motivation und die Aktion des Einzelnen abziele und die Wirkung und der Erfolg in den Hintergrund rückten. Der Politologe Richard Löwenthal fasste die Vielschichtigkeit des menschlichen Verhaltens, auf einen totalitären Staat zu reagieren, in den Begriffen weltanschauliche Dissidenz, gesellschaftliche Verweigerung und politische Opposition zusammen.[17]

Angesichts der Vielfältigkeit von Widerstandsmöglichkeiten während der NS-Zeit leuchtet es ein, dass es bis heute keine allgemein akzeptierte Definition von Widerstand gibt. Es hat vielmehr – wie der Politologe Peter Steinbach feststellte – eine Ausweitung des Blicks und eine Sensibilisierung für Lebensverhältnisse in einer totalitären Diktatur stattgefunden, auch wenn der Widerstandsbegriff deshalb deutlich unpräziser zu fassen ist. Hinter der Unschärfe des Begriffs verbarg sich bisweilen auch der Wunsch, dem bürgerlichen und militärischen Widerstand nun einen Widerstand weiter Teile der Bevölkerung hinzuzufügen.

Gleichzeitig wie in der Bundesrepublik Deutschland setzte auch in der DDR in den sechziger Jahren eine langsame Neubewertung des Widerstandes ein, wobei sich die historische Wissenschaft in beiden deutschen Teilstaaten vorsichtig annäherte. So hing hinter dem Rednerpult ein überlebensgroßes Bild Claus Graf Stauffenbergs, als Heinrich Scheel am 20. Juli 1964 bei einer Festveranstaltung des Nationalrats der Nationalen Front und der Arbeitsgemeinschaft ehemaliger Offiziere über den deutschen Widerstand referierte. Schon in den fünfziger Jahren hatte in der DDR eine gewisse Stauffenberg-Verehrung begonnen, der als Gegenfigur zu dem bürgerlich-konservativen Carl Goerdeler vom ZK der SED aufgebaut worden war.[18] In seiner Festansprache würdigte Scheel neben dem obligaten Arbeiterwiderstand auch andere Attentäter. Die Rede markiert eine wichtige Wende in der DDR-Historiographie. Mit dem Abflauen des Stalinismus nach dem Tod des Diktators 1956 und der Artikulation einer jüngeren Historikergeneration begannen auch in der DDR die Stereotypen langsam aufzuweichen. »Das Ausblenden der Individualität der Täter und Opfer blieb lange Jahre eine deutsch-deutsche Gemeinsamkeit«,[19] folgerte Klaus Schönhoven.

Erstmals zogen DDR-Historiker Primärquellen für ihre Untersuchungen heran und führten Interviews mit Zeitzeugen. Mit der Würdigung des *Nationalkomitee Freies Deutschland* und des *Bunds Deutscher Offiziere*, die 1958 einsetzte, rückten auch andere Teile der deutschen Generalität in den Mittelpunkt, die sich Hitler widersetzt hatten. Entscheidend für die Rezeption in der DDR wurde 1964 die Studie des russischen Historikers Daniel Melnikow *20. Juli 1944*,[20] die in deutscher Sprache erschien und mit vielen Vorurteilen aufräumte. Drei Jahre später legte der DDR-Historiker Kurt Finker[21] eine Biographie über Claus Graf Stauffenberg vor, die erst 1971 zum zweiten Mal aufgelegt wurde, da das Institut für Marxismus-Leninismus den Arbeiterwiderstand ungenügend gewürdigt sah. Die Biographie stieß in der DDR auf ein großes Leseinteresse und erlebte bis 1989 sieben Auflagen mit über 60 000 Exemplaren. Im Umfeld des zwanzigsten Jahrestages drehte der Regisseur Karl Gass die erste Fernsehdokumentation *Revolution am Telefon*, die am 20. Juli 1964 im staatlichen Fernsehen ausgestrahlt wurde.[22]

Trotz erster Fortschritte blieb die Erforschung des Widerstands außerhalb der Arbeiterbewegung in der DDR eine Marginalie, die keine staatliche Unterstützung erhielt. Ende der siebziger Jahre setzte in der DDR eine Diskussion um Erbe und Tradition ein, die darauf abzielte, die »sozialistische deutsche Nation« historisch zu begründen. Gleichzeitig kam es im Rahmen des KSZE-Prozesses zu einer allgemeinen Entspannung, die sich auch auf die Geschichtspolitik in der DDR positiv auswirkte: Die offizielle Geschichtsschreibung bewertete die Historie nicht nur unter dem Motiv des »Klassenkampfes«, sondern begann ein differenziertes Geschichtsverständnis zu entwerfen. Neben dem Theologen und Bauernführer Thomas Münzer würdigte die DDR auch den Reformator Martin Luther, den Humanisten Erasmus v. Rotterdam, aber auch die Dichter Johann Wolfgang v. Goethe, Gerhard Hauptmann und Theodor Fontane und Heinrich v. Kleist sowie den Philosophen Anselm Feuerbach und die Künstler Karl Friedrich Schinkel und Adolf v. Menzel. Sinnbildlich für das neue Geschichtsverständnis in der Zeit unter Erich Honecker ritt der restaurierte Friedrich der Große seit 1980 wieder auf seinem Reiterstandbild Unter den Linden. Selbst die Büsten der Generale v. Scharnhorst, v. Blücher, v. Gneisenau, v. Yorck und der preußische Reformator v. Stein konnten an ihre ursprünglichen Plätze in Berlin zurückkehren. Ein weiteres Tabu brach 1985, als der Ost-Berliner Historiker Ernst Engelberg[23] eine umfangreiche Bismarck-Biographie herausgab, die ein Jahr später bereits im westdeutschen Siedler-Verlag erschien. In die Neubewertung der DDR-Geschichte floss auch der 20. Juli 1944 ein, der 1984 in der DDR feierlich begangen wurde. Dabei

hatte sich der lange als reaktionär verschriene Widerstand in einen »antifaschistischen« verwandelt. In der Zeitschrift *Militärgeschichte* erschien ein Artikel unter der Überschrift: »Politischer Realismus und militärisches Verantwortungsbewusstsein. Einige geschichtliche Erfahrungen aus dem 20. Juli 1944«. Gleichzeitig fand zum vierzigsten Jahrestag ein internationales Kolloquium in Sellin[24] statt, auf dem die DDR erstmals mit einer eigenen Forschung zur Widerstandsgeschichte vertreten war. Die Wiederkehr des Datums und der entspanntere politische Umgang machte es schließlich in den achtziger Jahren möglich, dass einzelne Gemeinden und Familien mit Gedenkfeiern, Gottesdiensten und Gedenktafeln der Toten gedachten. So sorgte beispielsweise Pfarrer Gottfried Kunzendorf in der Bornstedter Kirche seit 1984 dafür, dass am 20. Juli ein Angehöriger zu der Gemeinde sprach. In Lübbenau brachte die Gemeinde am 21. Juli 1989 eine Gedenktafel für Friedrich Wilhelm Graf zu Lynar an der Außenmauer des Schlosses an. Auch die Medien der DDR konnten sich erstmals ausführlicher mit dem 20. Juli und seinen unterschiedlichen Facetten auseinander setzen. So drehte der Filmautor Eberhard Görner 1981 ein fiktives Porträt von Peter Yorck v. Wartenburg, das auf einer Novelle von Stephan Hermlin beruhte. Auch das Staatsfernsehen der DDR entdeckte in den achtziger Jahren den konservativen Widerstand.[25] In loser Folge entstanden seit 1983 filmische Porträts von Henning v. Tresckow, Claus Graf v. Stauffenberg, Adolf Reichwein, Carl-Hans Graf v. Hardenberg und Ludwig Beck, die sich durch den Versuch einer objektiven Darstellung auszeichnen.[26]
Zwischen 1970 und 1984 entstand auch in der Bundesrepublik eine fast kaum mehr zu überschauende Literatur zum 20. Juli,[27] die indirekt auch eine Auseinandersetzung mit der DDR waren. Neben einer Vielzahl von Biographien über Männer aus dem militärischen Widerstand rückten der Kreisauer Kreis[28] und der Widerstand von SPD-Politikern wie Julius Leber oder Carlo Mierendorff in das historische Interesse. Auch über den Widerstand im Exil entstanden vorurteilsfreie, intensive Untersuchungen wie über Widerstand von Jugendgruppen, die nicht mehr ausschließlich auf die Weiße Rose reduziert wurden. Gleichzeitig räumten Historiker mit dem Vorurteil auf, Juden, KZ-Häftlinge und Zwangsarbei-

ter hätten sich gegen ihre unmenschliche Behandlung nicht zur Wehr gesetzt.[29] Auch wenn die sozialgeschichtliche Sichtweise zunehmend stärker wurde, richtete sich der Fokus der Historiker nach wie vor auf Einzelfiguren aus dem bürgerlichen, kirchlichen und militärischen Widerstand. Dabei war es zunehmend möglich, Tabus zu brechen, wie es der Darmstädter Historiker Christof Dipper tat, der sich mit dem Antisemitismus einiger Widerstandskämpfer aus dem bürgerlich-militärischen Kreis[30] beschäftigte – und das entsprechende Echo in der Presse fand. Andere Historiker wie Klaus Scholder entmythologisierten den Kirchenkampf und wiesen nach, dass keineswegs die gesamte evangelische Kirche am Widerstand beteiligt war[31] und Kirchenkampf nicht mit der evangelischen Kirche gleichgesetzt werden dürfe.

Je mehr die Bevölkerung über unterschiedliche Möglichkeiten des Widerstehens erfuhr, umso mehr rückten die Ereignisse des 20. Juli in den Hintergrund. 1970 wussten weniger als die Hälfte der befragten Jugendlichen, was am 20. Juli überhaupt geschehen war. Da das *Hilfswerk* hauptsächlich karitative Aufgaben wahrnahm, gründete sich zum anstehenden 25. Jubiläum des Attentats 1969 die *Aktionsgemeinschaft 20. Juli*, die von Prof. Dr. Helmuth Krausnick, einem Mitarbeiter Adolf Reichweins, dem Münchner Verleger Gotthold Müller, Ferdinand Prinz v. d. Leyen und dem Sohn von Ulrich-Wilhelm Graf Schwerin, dem Journalisten Christoph Graf Schwerin, ins Leben gerufen wurde. In dieser *Aktionsgemeinschaft* arbeiteten Mitglieder der ersten und zweiten Generation ohne Spannungen zusammen. Ziel war es, den 20. Juli, der von der Bevölkerung vergessen zu werden drohte, stärker im öffentlichen Bewusstsein zu verankern. Hierzu starteten Müller und Graf Schwerin eine höchst wirksame PR-Kampagne, die sich aus drei Aktionen zusammensetzte: Kurz vor dem 20. Juli erschienen in deutschen Zeitungen und Magazinen, von *BILD*, über die *BUNTE*, bis hin zur *Frankfurter Allgemeinen Zeitung* und dem *SPIEGEL*, große Anzeigen, die an das Attentat erinnerten. Außerdem stellte die *Aktionsgemeinschaft 20. Juli* Artikel namhafter Redakteure und Journalisten[32] zu einzelnen Aspekten des 20. Juli für kleinere Zeitungen kostenfrei zum Abdruck zur Verfügung und ließ in Zusammenarbeit mit dem Münchner Institut für

Zeitgeschichte in hoher Auflage eine Broschüre drucken, die sich mit dem schwierigen Gedenktag auseinander setzte. Autor der Broschüre war der Journalist Klaus Harpprecht, der in seiner Broschüre auch den sozialdemokratischen Widerstand und den Kreisauer Kreis würdigte und deutlich der 68er-Bewegung Rechnung trug.

Die *Aktionsgemeinschaft* erreichte, dass Zeitungen, Boulevardblätter und Zeitschriften aller politischen Richtungen die großformatige Anzeige kostenfrei druckten. Die über hundert Personen, die den Aufruf unterzeichneten, verkörperten unterschiedliche politische Ansichten. Der Frankfurter Philosoph Theodor W. Adorno, die Schriftsteller Günter Grass, Heinrich Böll, Peter Härtling und Carl Zuckmayer gehörten ebenso zu den Unterzeichnern wie Richard v. Weizsäcker, der Theologe Karl Rahner, Julius Kardinal Döpfner oder der damalige Außenminister Willy Brandt und der Bankier Hermann J. Abs. Außerdem hatten Bundesarbeitsminister Hans Katzer, der Oberbürgermeister von Stuttgart, Arnulf Klett, der Oberbürgermeister von München, Hans-Jochen Vogel, sowie Bundesinnenminister Ernst Benda den Aufruf unterschrieben. Auch ehemalige Widerstandskämpfer wie Axel v. d. Bussche, Emil Henk, Staatssekretär a.D. Hermann Pünder und Nachkommen von Widerstandskämpfern wie Michael Maaß, die Tochter von Ludwig Beck, Gertrud Neubaur und Staatssekretär Klaus v. Dohnanyi befanden sich unter den Unterzeichnern. Die *Aktionsgemeinschaft 20. Juli* warb um einen erweiterten Widerstandsbegriff. So hieß es im Vorspann: »Die deutsche Opposition jener verschiedenen politischen Gruppen, die unter Stauffenberg zusammenfanden und die weiße Rose sind Teile eines umfassenderen Widerstands gegen ein verbrecherisches Regime im eigenen Land.«[33] Gleichzeitig forderten die Unterzeichner von den Medien, dass sie die Bevölkerung vermehrt über die verschiedenen Formen des Widerstands aufklärten. So heißt es in dem Aufruf: »Trotz aller wissenschaftlichen und publizistischen Würdigung, trotz aller offiziellen Ehrungen des deutschen Widerstandes ist die Gefahr nicht zu verkennen, dass das Bewusstsein für das historische Phänomen der Widerstandsbewegung und ihre fortwirkende geistige und politische Bedeutung in unserem Volke schwindet.«[34]

Die kostenlos zum Abdruck angebotenen Artikel von namhaften Redakteuren überregionaler Zeitungen reflektierten ebenfalls die Vielfalt des Widerstands, setzten sich kritisch mit der Widerstandsrezeption nach 1945 auseinander und arbeiteten die besondere religiöse Haltung und Einstellung der Widerstandskämpfer heraus. In seinem Broschürentext problematisierte auch Klaus Harpprecht das mangelnde Wissen der Jugend über den Widerstand und berichtete von dem merkwürdigen Zwielicht, in dem der Widerstand seit seinem Scheitern in der Rezeption der Nachwelt erschien. Gleichzeitig spannte Harpprecht den Bogen vom 20. Juli bis hin zu den Studentenprotesten. In der Broschüre heißt es: »Das Ereignis des 20. Juli und das Erbe des Widerstands sind tot, wenn wir uns weigern, die radikale Entscheidung des Täters, des Denkers und des ›Verräters‹ anzunehmen. Ohne sie verliert die Legende jede Substanz. Ohne sie ist sie nicht glaubhaft. Ohne sie scheitert jeder Anspruch auf Tradition. Ohne sie geht sie in den Wirren kommender Unruhen verloren. Ohne sie hört Deutschland auf, europäisch zu sein. Ohne sie wird es im amorphen Prozess einer Wohlstandsgesellschaft untergehen, die weder ein Heute noch das Gestern kennt – und kein Morgen. Ohne die Toten existiert keine Zukunft. Und ohne die Gescheiterten kein Glück.«[35] Gleichzeitig gelang es der *Aktionsgemeinschaft* von führenden deutschen Unternehmen wie der Siemens AG, Daimler Benz, der Bosch GmbH, aber auch vom Bundesinnenministerium Spenden einzuwerben. Die Kosten für die von Harpprecht verfasste Broschüre übernahm die Bonner Bundeszentrale für politische Bildung, die das Gedenkblatt in einer Auflage von 19 700 Stück drucken und vor allem an Jugend- und Studentenverbände verteilen ließ.

Die *Aktionsgemeinschaft* plante, auch über den 25. Jahrestag hinaus Veranstaltungen zu organisieren, um das Gedenken an den 20. Juli aufrechtzuerhalten. Zunächst war die Resonanz groß. So hieß es im Rundschreiben des *Hilfswerk 20. Juli* im Dezember 1969: »Wenn wir auf die Gedenkfeiern dieses Jahres zurückblicken, so können wir mit Dankbarkeit feststellen, dass unseren Toten die Ehrungen und die Würdigung, die sie verdienen, in Deutschland und darüber hinaus in stärkerem Maße zuteil wurden als in der Vergangenheit.«[36] Auch fand im Oktober ein Treffen zwischen Christoph Graf Schwerin und Gotthold Müller mit dem damaligen Bundespräsidenten Gustav Heinemann statt, der der *Aktionsgemeinschaft* sehr positiv gegenüberstand.

Auf Dauer hatten sich die Organisatoren jedoch überschätzt. Außerdem erwies es sich als ein taktischer Fehler, so viele Personen in die Anzeigenkampagne eingebunden zu haben, zumal die Vielzahl der vertretenen politischen, kirchlichen und wirtschaftlichen Meinungen ein gezieltes gemeinsames Vorgehen unmöglich machte. Darauf hatte im August 1969 der Schriftsteller Günter Grass schon Gotthold Müller aufmerksam gemacht, als er an diesen schrieb: »... und wenn ich gleichzeitig in Ihrer Liste Namen namhafter CDU- und CSU-Politiker finde, die nichts, aber auch gar nichts getan haben gegen die Diffamierung deutscher Emigranten, insbesondere gegen die gezielte Diffamierung des damaligen Regierenden Bürgermeisters von Berlin, Willy Brandt, durch den damaligen Bundeskanzler Konrad Adenauer, dann stellt sich mir die Frage, ob die AG wohl vorhaben könnte, Böcke zum Gärtner zu machen und demnächst den Bundeskanzler Kiesinger als Mitglied aufzunehmen.«[37] Der Versuch der *Aktionsgemeinschaft*, Politiker von rechts und links gemeinsam für das Andenken des 20. Juli einzusetzen, war in der Theorie gut durchdacht, scheiterte jedoch im politischen Alltagsgeschäft. Zu weiteren Vorhaben der *Aktionsgemeinschaft* kam es nicht mehr.

Das mag auch darin begründet sein, dass das *Hilfswerk* in den späten sechziger und frühen siebziger Jahren im Zuge der Studentenbewegung ebenfalls einen Generationskonflikt auszutragen hatte und um eine neue Definition seiner Aufgaben rang. Zu Beginn der siebziger Jahre wurde die Arbeit des *Hilfswerks* noch durch die Unterstützung von Witwen und Waisen dominiert. Von den 358 000 DM, die das *Hilfswerk* aus Bundesmitteln 1970 erhielt, zahlte es 254 389 DM an Witwen und Nachkommen von Widerstandskämpfern aus.[38] 46 Personen bekamen dauerhaft Unterstützung vom *Hilfswerk*, zehn weiteren wurden Weihnachts-, Krankengeld oder eine Studienbeihilfe gewährt. In aufopfernder Weise bemühte sich die Witwe von Adolf Lampe, Gertrud Lampe, als Geschäftsführerin des *Hilfswerks* um Kranke und Einsame, denen sie zum Geburtstag schrieb, sie nach weiten Reisen für Stunden besuchen

kam und Beerdigungen organisierte. Kleine Geschenke und Weihnachtsgrüße sollten die Angehörigen aufheitern. Gleichzeitig kümmerte sich die Geschäftsführerin des *Hilfswerks* darum, bei ausufernden Zahnarztrechnungen zu helfen, Zuschüsse für ein zerbrochenes Brillengestell zu sammeln oder persönliche Zeilen zur Hochzeit und Taufe zu versenden.
In den ersten 25 Jahren verkörperte das *Hilfswerk* für viele Nachkommen eine Art Familienverband, wo man sich gegenseitig half und unterstützte. Vor allem die zweite Generation bemängelte den karitativen Zweck des *Hilfswerks* und setzte sich für eine stärker tagespolitisch ausgerichtete Arbeit ein. Dabei forderte die zweite Generation, die Widerstandsdefinition auf eine breitere Basis zu stellen und auch linken Widerstandsgruppen eine größere Beachtung zu schenken.
Zu einer ersten Auseinandersetzung mit den Söhnen und Töchtern der Widerstandskämpfer war es bei der Gedenkfeier zum 20. Juli 1967 gekommen. Damals protestierten eine Reihe von politisch eher links orientierten Nachkommen wie Roland Reichwein, Renate Martin-Reichwein, Günther Habermann, Verena v. Trott und andere gegen das Auftreten von Pfarrer Heinrich Albertz bei den Gedenkveranstaltungen. Mit Flugblättern wandten sich die Nachkommen dagegen, Albertz wegen seiner umstrittenen Rolle als Regierender Bürgermeister von Berlin beim Besuch des Schahs von Persien in Berlin im Sommer 1967 sprechen zu lassen und forderten, die 20. Juli-Feiern nicht einseitig zu politisieren. Mit der Rede Albertz' würden die Feiern ansonsten zum »Demonstrationsobjekt und zum Alibi für die besitzenden politischen Kräfte und ihre Repräsentanten gemacht«. Der energischen, aber ausgleichenden resoluten Gertrud Lampe und dem Vorstandsmitglied des *Hilfswerks* Reinhard Goerdeler gelang es, die Protestierenden davon abzuhalten, ihre Flugblätter vor dem Bendlerblock zu verteilen. Dafür wurde ihnen versprochen, das Flugblatt dem alljährlichen Rundschreiben des *Hilfswerks* beizulegen. Dies geschah auch tatsächlich, gleichzeitig kritisierte aber der Vorsitzende des Vorstands des *Hilfswerks,* der Sozialdemokrat Emil Henk, die Aktion der zweiten Generation sehr scharf.[39]
Auf Dauer konnte das *Hilfswerk* jedoch nicht auf die Unterstützung politisch engagierter Nachkommen verzichten, wollte das *Hilfswerk*

überleben und seine Aufgaben und Verpflichtungen an die nachfolgende Generation weitergeben. Hinzu kam, dass sich Ende der sechziger Jahre im *Hilfswerk* ohnehin ein Generationenwechsel anbahnte. So schieden 1969 die beiden aktiven Widerstandskämpfer Fabian v. Schlabrendorff und Eugen Gerstenmaier aus der aktiven Arbeit für das *Hilfswerk* aus. Gleichzeitig war es vor allem Gertrud Lampes Verdienst, den Konflikt mit der Söhne- und Töchtergeneration nicht eskalieren zu lassen, da das *Hilfswerk* sich dem versöhnenden Gedanken bei unterschiedlichen politischen Meinungen verpflichtet sah. So schrieb die damalige Geschäftsführerin an das Vorstandsmitglied Reinhard Goerdeler 1971: »Ich bin sicher, dass Sie und die Herren des Vorstandes mit mir der Meinung sind, dass in unserem *Hilfswerk* Rivalitäten keine Daseinsberechtigung haben dürfen. Wir gäben uns selbst auf. Unsere Frauen und Männer haben in dem Miteinander, Nebeneinander und Füreinander, nie in dem Gegeneinander, den rechten Weg vorgelebt und gemeinsam erlitten.«[40]

Der Vorstand des *Hilfswerks* entwickelte deshalb die Idee, die Mitte der sechziger Jahre veranstalteten Jugendtreffen wieder aufleben zu lassen. Hierzu veranstaltete das *Hilfswerk* seit Ende 1969 Treffen zwischen Vorstandsmitgliedern des *Hilfswerks* und ausgewählten Nachkommen, bei denen die Frage nach der Zukunft des Gedenkens im Mittelpunkt stand. Die Gruppe wohnte im Hermann-von-Wied-Haus in Berlin, das *Hilfswerk* zahlte das Treffen, diskutiert wurde in dem gastfreundlichen Haus des Theologen Eberhard Bethge. 1970 fand ein weiteres Treffen in Rengsdorf statt. Doch gelang es den jüngeren und älteren Teilnehmern nicht, sich auf eine Linie für ein künftiges Gedenken zu einigen. Von der Stimmung dieser Tage zeugt vielmehr ein Brief des Politologen Hans Buchheim an Gertrud Lampe vom März 1970: »Gestehen muss ich Ihnen allerdings auch, dass ich den Schock bestimmt nie vergessen werde. Diese Feindseligkeit von jungen Menschen, die mindestens personell in einer Tradition stehen, hat mich enttäuscht und getroffen, wie selten etwas. Zwar habe ich keinerlei Widerstandsleistung aufzuweisen, meine Abscheu gegen das NS-Regime war aber gewiss nicht geringer als die der Männer und Frauen, die sich geopfert haben. Den Staat, den wir heute

haben, habe ich herbeigesehnt; ich fühle mich ihm uneingeschränkt verbunden und bin überzeugt, dass er für unser Volk ein großes Glück ist. Wie bei den Nachkommen der Widerstandskämpfer eine so bösartige Verneinung unserer jetzigen politischen Ordnung die Oberhand gewinnen konnte, ist mir unfasslich.«[41]
Der Mainzer Politikwissenschaftler hatte damit die Konfliktlinien zusammengefasst: Die erste Generation war Ende der sechziger Jahre zufrieden, dass die Widerstandsleistung ihrer Freunde und Männer in der Demokratie auf fruchtbaren Boden fiel, und kritisierte die Ausweitung des Widerstandsbegriffs. Einer Gruppe von Söhnen und Töchtern der zweiten Generation ging die Demokratisierung hingegen nicht weit genug. Als Erben ihrer Väter sahen sie sich verpflichtet, für eine bessere Gesellschaft zu kämpfen, statt – wie es oft in ihren Familien passierte – ihre Väter zu idealisieren und zu heroisieren. Dabei spielte eine Rolle, dass eine Gruppe der Söhne- und Töchtergeneration die Forderungen von 1968 aufgriff und sich für eine schonungslose Aufarbeitung der NS-Geschichte einsetzte und die Ehrung des Widerstands in seiner ganzen Breite forderte.
Um die zweite Generation nach den gescheiterten Berliner Treffen in die Arbeit des *Hilfswerks* einzubinden, beschloss der Vorstand des *Hilfswerks* ein weiteres Mal die Jugend nach Bad Liebenzell einzuladen und in einem größeren Kreis über die Veranstaltungen zum 20. Juli unter dem Motto »Gefeiert, historisiert, politisiert« zu diskutieren. Drei Söhne von Widerstandskämpfern, Helmuth Graf v. Moltke, Ulrich Graf v. Schack und Roland Reichwein, sollten das Treffen vorbereiten und hierzu entsprechende Arbeitspapiere vorbereiten. Ende April 1971 kamen rund 40 Teilnehmer auf Burg Liebenzell zusammen, die Abschlussprotokolle waren von Rudolf Georgi, Rainer Harnack, Michael Maaß, Alfred v. Hofacker und Roland Reichwein unterzeichnet.[42] Wer heute die Protokolle liest, fühlt sich in die Zeit Anfang der siebziger Jahre zurückversetzt, mit endlosen Grundsatzdebatten und nächtelangen Gesprächen. Es gelang den Töchtern, Söhnen und Enkeln der Widerstandskämpfer nicht, sich auf eine politische Linie zu einigen. Einigermaßen frustriert ging der Kreis auseinander, ohne dem Vorstand des

Hilfswerks ein schlüssiges Gegenkonzept vorlegen zu können. Vielmehr bemerkte der älteste Sohn von Hermann Maass, der Journalist Michael Maass, in der Kuratoriumssitzung des *Hilfswerks*, die Gruppe hätte sich einfach zuviel vorgenommen. Nur auf wenige Grundpositionen hatte die zweite und dritte Generation sich verständigen können: So sollten die Gedenkfeiern künftig mit anderen Verbänden zusammen geplant werden. Außerdem wollten die Nachkommen selbst Themen für die historische Forschung anregen, »um es nicht dem zufälligen Interesse von Wissenschaftlern oder dem Erwerbsstreben von Medienunternehmen und Journalisten zu überlassen, ob und welche Quellen, möglicherweise tendenziös, erschlossen werden.[43]

Der Kompromiss konnte niemanden der Teilnehmer befriedigen, und so verwundert es nicht, dass wenige Jahre später die *Forschungsgemeinschaft 20. Juli* gegründet wurde, die viele Ideen aus den drei Thesenpapieren übernahm. Helmuth Graf v. Moltke hatte sich in seinem Papier kritisch mit den Feiern zum 20. Juli auseinander gesetzt und besonders die Instrumentalisierung der Feiern durch die Politik beklagt. In seinem Thesenpapier forderte Moltke, dass das *Hilfswerk* sich nicht mehr an den alljährlichen Feiern zum 20. Juli beteiligen sollte, zumal die Feiern einseitig nur den militärischen Widerstand ehrten. Es reiche, nur mehr alle fünf Jahre Gedenkfeiern anzuberaumen. Überhaupt wäre es besser, wenn die Verwandten und Freunde der Widerstandskämpfer sich unabhängig von den offiziellen Feiern träfen. »Für Außenstehende haben diese Feiern weitgehend ihren Sinn verloren (...) Die Feiern verpuffen heute und drohen als leere Pflichtübungen empfunden zu werden.«[44]

Während Moltkes Forderungen kaum Berücksichtigung fanden, nahm die spätere *Forschungsgemeinschaft* eine Reihe der Impulse von Ulrich Graf v. Schack auf, der ein Thesenpapier zum Aspekt »historisiert« verfasst hatte.[45] So schlug Schack beispielsweise Seminare und Arbeitskreise für Nachkommen vor, um deren Kenntnisse zu vertiefen, und riet, publizistische und schriftstellerische Werke über den Widerstand zu fördern und sich verstärkt mit der Darstellung des Widerstands in den Schulbüchern auseinanderzusetzen. In seinen Überlegungen hatte Schack die Gründung der *Forschungsgemeinschaft* vorweggenommen, indem er empfohlen hatte, die Gründung eines eigenständigen Vereins zu erwägen.

Gleichzeitig spiegeln Schacks Überlegungen die Ambivalenz der Nachkommen wider, die auf der einen Seite eine politisch nach allen Seiten offene historische Forschung befürworteten, auf der anderen Seite die Themen der Forschung beeinflussen wollten. Der Historiker Detlef Graf Schwerin unterstrich in seinem Beitrag die Notwendigkeit, den Widerstandsbegriff auf »Sabotage« und »Widerstand der Fremdarbeiter« zu erweitern und regte eine internationale Widerstandskonferenz an, die das Institut für Zeitgeschichte in München ausrichten sollte. Aus dieser Konferenz – so Schwerin – ließe sich ein interdisziplinäres Widerstandsinstitut gründen, das sich der Erforschung des Widerstands im Dritten Reich ebenso annehmen könnte wie den »zeitgenössischen Freiheitsbewegungen in der Dritten Welt und anderswo«.[46]

Einen deutlichen Bezug zur aktuellen politischen Situation setzte auch das dritte Thesenpapier, das von Roland Reichwein stammte. Reichwein problematisierte zunächst ausführlich, ob und warum die Nachkommen von Widerstandskämpfern ein politisches Engagement entwickeln könnten und welche gemeinsamen Ziele verfolgt werden sollten. Nach längeren Überlegungen schlug Reichwein politische Seminare im eigenen Kreis, politische Aufklärungsarbeit und politische Projektarbeit vor, die sich mit der »Faschismusgefahr und Widerstandsformen heute«, »Kapitalismus oder Sozialismus heute« beziehungsweise mit »Frauenemanzipation« auseinander setzen sollten. Darüber hinaus forderte Reichwein den Einsatz für bestimmte Aktionen wie die Anti-NPD-Kampagne von 1969 oder das Engagement für bestimmte Parteien.

Der Mehrheit der Teilnehmer des Jugendtreffens gingen die Forderungen Reichweins nach politischer Einflussnahme entschieden zu weit. Dies zeigte sich nicht nur im Abschlussprotokoll, sondern auch in der Tatsache, dass ein weiteres in Berlin anberaumtes Treffen wegen mangelnder Teilnehmerzahl ausfallen musste. In einem Brief brachte Roland Reichwein – kurz nach dem Treffen geschrieben – seine Enttäuschung zum Ausdruck: »Die Nachkommen vom Widerstand sind keine klare und handlungsfähige politische Gruppe.«[47]

Hierzu wollte sich die Mehrheit der Nachkommen auch nicht instrumentalisieren lassen. So schrieb beispielsweise das Ehepaar Peter und Maria Hermes, geb. Wirmer, an Rudolf Georgi: »Wer den 20. Juli im Sinn eines revolutionär-linken Modevokabulars in ein unerfülltes antikapitalistisches Vermächtnis umfunktionieren will, vertritt nur seine eigenen Ansichten, aber nicht die des 20. Juli.«[48] Auch Gisela Sänger hielt weitere Treffen dieser Art unter den Nachkommen für zwecklos, wenn sie schrieb: »Die Kinder und Enkel sind nach meiner Meinung eben nichts als eben Kinder und Enkel, wiederum mit den verschiedensten Auffassungen, politischen Ansichten, religiösen und weltanschaulichen Grundhaltungen. Darum halte ich Versuche für sinnlos, auf diesen Gegebenheiten eine gemeinsame, in die Zukunft wirkende politische Einstellung und Betätigung aufzubauen.«[49]

Dennoch trafen sich 32 Teilnehmer erneut Ende Oktober 1971 in Glashütten zu einem Seminar, wo es vor allem um die Frage ging, ob die Nachkommen eine politische Verpflichtung hätten, sich parteipolitisch zu engagieren. Der Sohn von Hans-Alexander v. Voss, Rüdiger v. Voss, warb für die CDU; der Mann von Liselotte v. Hofacker, Nikolaus Graf Hendrikoff, für die SPD; der Sohn Theodor Steltzers, Werner Steltzer, fragte nach dem »Warum«. An die Kurzreferate schloss sich eine achtstündige hitzige Debatte an, die sich um die Frage drehte, ob man nun in eine Partei eintreten solle oder nicht. Als konkretes Ergebnis der Glashüttener Tagung stellten Rüdiger v. Voss und Michael Maaß ihre Idee vor, eine Fragebogenaktion über den Verbleib von Material über den Widerstand unter den Hinterbliebenen der Widerstandskämpfer durchzuführen. Spätestens in Glashütten wurde deutlich, dass der Versuch der zweiten Generation, nach dem Vorbild der Väter gemeinsam politisch zu handeln, gescheitert war, was nicht zuletzt daran lag, dass es kein gemeinsames Ziel gab. Abschließend beurteilte dies Werner Steltzer in einem Brief an Michael Maaß: »Es gab keine Zusammengehörigkeit und Arbeitsfähigkeit des Kreises.« 1972 und 1973 organisierte und zahlte das *Hilfswerk* zwei Seminare, die dem Ziel dienten, die Nachkommen des 20. Juli von renommierten Historikern und Politologen über neueste Trends in der Forschung zu informieren. Im Juni 1972 fand das erste bildungspolitische Seminar in Schmitten statt zum Thema »Der kommunistische Widerstand im dritten Reich, seine Motive, Ziele und Aktionen im Vergleich zum konservativen Widerstand«. Referenten waren Prof. Dr. Wolfgang Abendroth von der Universität Marburg und der Darmstädter Historiker Prof. Dr. Karl-Otmar v. Aretin. Ein Jahr später beschäftigten sich die Nachkommen, darunter auch der Enkel von Erich Hoepner, Harald Potente, mit der »Entstehung des Faschismus und seinen Herrschaftsformen«.

Die Gründung der *Forschungsgemeinschaft 20. Juli* und ihr Einfluss auf die Widerstandsrezeption

»Uns hat einfach geärgert, dass das damalige *Hilfswerk 20. Juli* nicht zu aktuellen politischen Diskussionen und Problemen Stellung nahm«, sagt Rudolf Georgi, der Enkel Olbrichts. Für ihn persönlich sei der Remer-Prozess der Auslöser gewesen, sich politisch für das Gedenken an den Widerstand einzusetzen. »In dem Gründungskreis der *Forschungsgemeinschaft 20. Juli* war ich die Ausnahme, alle anderen waren Söhne von Widerstandskämpfern, nur ich war Enkel«, meint Georgi, der 1943 in Berlin geboren wurde, wo er heute eine Versandbuchhandlung betreibt. Wer die Akten des *Hilfswerks* aus dieser Zeit liest, stößt oft auf versteckte Hinweise, wie wenig sich die zweite Generation politisch beachtet, dafür aber zu sehr gegängelt fühlte. Vor allem liberal gesonnene Nachkommen sprachen sich für eine Öffnung des Widerstandsbegriffes aus, was bei konservativen Überlebenden auf deutliche Abwehr und harsche Kritik stieß. Die Idee eines eigenen Vereins war schon mehrfach auf den Jugendseminaren überlegt worden. Am 20. Juli 1973 gründete sich – für manchen überraschend – die *Forschungsgemeinschaft 20. Juli*, die von einem kleinen Kreis um die Juristen Rüdiger v. Voss, Alfred v. Hofacker, Peter Michael Kaiser, dem Journalisten Michael Maaß und dem Verleger Rudolf Georgi ins Leben gerufen worden war. So hatte es der Vorstand des *Hilfswerks* abgelehnt, die von der jungen Generation initiierte Fragebogenaktion mit 28 000 DM zu unterstützen. Vielmehr waren Michael Maaß und Alfred v. Hofacker zunächst gebeten worden, Kontakt mit dem Institut für Zeitgeschichte in München aufzunehmen, um die Relevanz der möglichen Archivfunde besser einschätzen zu können. Ziel des neuen Vereins war es, die »Erforschung der Geschichte der Widerstandsbewegung gegen das Nazi-Regime in Deutschland und in den ehemals von dem Nazi-Regime besetzten europäischen Ländern, die Vergabe von Forschungsaufträgen, die Herausgabe von Schriften und die Veranstaltung von Seminaren und Kolloquien«[50] in der Forschung zu stärken. »Natürlich wollten wir damals nicht selbst forschen, sondern nur Forschungsarbeiten anregen«, erinnert sich Rudolf Georgi. Ein Jahr nach Gründung der *Forschungsgemeinschaft* lud der Vorstand des Vereins zu einer Pressekonferenz in das Hotel Berlin ein, auf der die Ziele erneut vorgestellt wurden – nachdem bereits die Gründung auf ein großes Medienecho gestoßen war. Eine ausführliche Dokumentation des 20. Juli, die die *Forschungsgemeinschaft* finanzieren wollte, sollte auch den nicht-militärischen Widerstand stärker beleuchten. Dabei hofften die Gründungsmitglieder auf großzügige Unterstützung des Bundespräsidenten und der Fritz-Thyssen-Stiftung und erwarteten von der 1973 gestarteten Fragebogenaktion noch nicht veröffentlichtes Material über den Widerstand im Dritten Reich. Das Material sollte nach Vorstellung der *Forschungsgemeinschaft* gemeinsam mit dem Institut für Zeitgeschichte oder dem Bundesarchiv in Koblenz ausgewertet werden. Beide Institutionen lehnten die Ideen der *Forschungsgemeinschaft* jedoch ab, zumal kaum unbekannte Dokumente zu Tage traten. Auch die Finanzierung der *Forschungsgemeinschaft* verlief komplizierter, als der Kreis der Kinder- und Enkelgeneration es sich vorgestellt hatte. Um Projekte über den Widerstand bezahlen zu können, hatte die *Forschungsgemeinschaft* 5000 silberne Gedenkmünzen prägen lassen, die für 46 DM zu erwerben waren. Trotz großer Anzeigenkampagnen entwickelten sich die Münzen jedoch zu Ladenhütern, da nur die Prägeanstalt den Vertrieb übernahm. Innerhalb eines Jahres waren kaum mehr als 200 Münzen verkauft worden.[51] Die *Forschungsgemeinschaft* musste versuchen, durch großzügige Spenden, die tatsächlich auch von großen Firmen, etwa von der Firma Bosch, eingingen, den finanziellen Schaden in Grenzen zu halten.

Ein Durchbruch gelang der *Forschungsgemeinschaft*, als sie sich eines in der Bundesrepublik vernachlässigten Themas annahm: der Darstellung des Widerstands in deutschen Schulbüchern. »Für mich ist das Schulbuch-Vorhaben das wichtigste, was wir in der *Forschungsgemeinschaft* geschafft haben«, erzählt Rudolf Georgi, der dem Vorstand der *Forschungsgemeinschaft* bis Anfang der neunziger Jahre angehörte. Mit Unterstützung von Bundespräsident Walter Scheel beauftragte die *Forschungsgemeinschaft* 1976 Otto-Ernst Schüddekopf damit, ein Gutachten über die Darstellung des Widerstands in Lehrplänen und Schulbüchern zu erarbeiten.[52] Hierfür untersuchte Schüddekopf 33 ministerielle Lehrpläne, Richtlinien und Handreichungen sowie 49 Lehrbücher.[53] Als Ziel der Untersuchung nannte der ehemalige Präsident der *Forschungsgemeinschaft* Rüdiger v. Voss: »Wir müssen der jungen Generation den Zugang zur Geschichte auch deshalb wieder eröffnen, weil sonst der Weg in eine größere freiheitlich-soziale Ordnung eines kulturell, politisch und wirtschaftlich geeinigten Europas nicht gegangen werden kann – in ein Europa, das sich zu den unveräußerlichen Menschenrechten, zur Freiheit, Gerechtigkeit und Solidarität und zur demokratischen Grundordnung bekennt.«[54]

Die Ergebnisse von Schüddekopf waren ernüchternd: Die meisten Schulbücher beschränkten sich auf den militärisch-konservativen Widerstand und die Geschwister Scholl und vernachlässigten den sozialdemokratischen, kommunistischen oder bürgerlichen Widerstand. Auch bemängelte der Gutachter, dass zwischen dem Widerstand gegen den Nationalsozialismus und der Geschichte der Bundesrepublik »entweder keine oder aber nur lose, oftmals missverständliche Bezüge« hergestellt würden. Auf der Grundlage des Schüddekopf-Gutachtens führte die *Forschungsgemeinschaft 20. Juli* gemeinsam mit der Bundeszentrale für politische Bildung 1978 eine Fachkonferenz durch, die neue Modelle für den Schulunterricht erarbeitete. Gleichzeitig förderte die *Forschungsgemeinschaft* Arbeiten, die Modelle[55] für den Unterricht vorstellte, und beeinflusste damit letztlich die Richtlinien der Kultusministerkonferenz von 1980, dem Widerstand in seiner ganzen Breite einen größeren Raum zu gewähren.[56]

Außerdem bezog die *Forschungsgemeinschaft* Stellung, wenn der Widerstandsbegriff von der Politik einseitig vereinnahmt wurde. Beispielhaft sei hier auf den Schülerwettbewerb »Deutsche Geschichte« von 1980 verwiesen. Die Schülerwettbewerbe, die jeweils unter einem Thema stehen, wurden 1973 von Bundespräsident Gustav Heinemann ins Leben gerufen und von der Hamburger Körber-Stiftung betreut. Im Jahr 1980 lautete das Thema des Schülerwettbewerbs: »Alltag im Nationalsozialismus«, ein Thema, das zu einer Flut von über 250 000 Einsendungen führte. Gleichzeitig löste der damalige Bildungsredakteur der *Frankfurter Allgemeinen Zeitung* Konrad Adam eine Debatte aus, inwieweit die den Schülern anempfohlene Literaturliste den deutschen Widerstand nicht auf Grund der Linkslastigkeit in Misskredit bringen würde. So heißt es in dem Artikel »Lernen am Feindbild Widerstand?«: »Denn Tendenzliteratur und Agitprop-Material sind, zumal im Schulunterricht, auch dann fehl am Platze, wenn sie leicht zugänglich sind und sich durch die lokal- und regionalgeschichtliche Perspektive auszeichnen sollen. Bibliographische Vollständigkeit ist in der Tat weder erforderlich noch erwünscht; gerade das macht jedoch die sorgfältige Auswahl der für den Schulunterricht empfohlenen Artikel umso wichtiger.«[57] Noch am gleichen Tage schrieb der Präsident der *Forschungsgemeinschaft* Rüdiger v. Voss einen Brief, in dem es heißt: »Die hier geäußerte Kritik ist umso besorgniserregender, als es seit Jahren Bemühungen von vielen Seiten gibt, derartige Fehlanlagen einer Behandlung mit dem deutschen Widerstand auszuschließen.«[58] Ansonsten förderte und unterstützte die *Forschungsgemeinschaft* finanziell Publikationen wie beispielsweise zum vierzigsten Jahrestag eine Bibliographie[59] über den Widerstand, die die kaum mehr zu überschauende Fülle an Aufsätzen und Büchern bündelte. Gleichzeitig gab der Historiker Karl Dietrich Bracher die beiden von Annedore Leber in der Nachkriegszeit entstandenen Porträtbände über Widerstandskämpfer neu heraus, die in den Jahren nach 1945 eine breitere Öffentlichkeit mit dem Widerstand vertraut gemacht hatten.[60] 1986 unterstützte die *Forschungsgemeinschaft* einen Sammelband über den Widerstand in der Evangelischen Kirche im Dritten Reich.[61] »Die ersten zehn Jahre waren meiner Ansicht nach die produktivsten Jahre der *Forschungsgemeinschaft*, danach setzte ein dramatischer Ermüdungseffekt ein«, erinnert sich Rudolf Georgi, der fast zwanzig Jahre lang die organisatorische Seite der *Forschungsgemeinschaft* über seinen Verlag abwickelte. Damals besaß der Verein rund fünfzig Mitglieder, von denen aber nur der Vorstand wirklich aktiv gewesen sei. Seit 1988 finden alljährlich in Königswinter wissenschaftliche Tagungen der *Forschungsgemeinschaft* statt, die das Ziel haben: »Die Geschichte von 1933 bis 1945 mit aufzuarbeiten, neue Felder der geschichtlichen Reflexion und Betrachtung zu erschließen, ist die eine Perspektive einer solchen Arbeit. Die andere, eine solche Arbeit leitende Perspektive ist die Bereitschaft zur menschlichen Begegnung und zur Vertiefung persönlicher Beziehungen im Interesse des Bewahrens der Verbindung, die die Menschen eingegangen sind, die sich in schwieriger Zeit dazu bereit fanden, ihr Leben für eine Wiedergewinnung von Freiheit und Recht, Gerechtigkeit und Toleranz und eine Ordnung einzusetzen, die sich bewusst und beharrlich Herrschaftssystemen in den Weg stellt, die die Grundbedingungen menschlicher Existenz auf das Tiefste und unmittelbar bedrohen und verletzen.«[62] Mit diesen Worten fasste der heutige Ehrenvorsitzende der *Forschungsgemeinschaft* Rüdiger v. Voss die beiden Hauptaufgaben zusammen. In den ersten Jahren der Königswinterer Tagungen standen neue Forschungsfelder im Mittelpunkt, die vor allem den Angehörigen, aber auch historisch und politisch Interessierten Ergebnisse der neueren Forschung vorstellten und aktuelle Streitfragen aufgriffen. Besonders die erste Tagung in Königswinter, die zum Thema: »1988: Der deutsche Widerstand – Aspekte der neueren Forschung« stattfand, zeigte das große Interesse der Politik. So gelang es nicht nur, den damaligen Bundespräsidenten Richard v. Weizsäcker zu einem Gespräch zu gewinnen. Wolfgang Schäuble als damaliger Bundesminister eröffnete die Tagung, auch hatte die *Forschungsgemeinschaft* eine gelungene Mischung zwischen Zeitzeugen und Historikern gefunden, die die Tagung begleiteten. Die *Forschungsgemeinschaft* als eine Organisation der Nachkommen rückversicherte sich bei ihrer Arbeit durch eine Reihe von bekannten Fachhistorikern, die in einen Beirat gewählt wurden.

Nach der Wende nahm die *Forschungsgemeinschaft* die Herausforderung an und bemühte sich intensiv um Kontakte zu Polen. Den Anstoß gab der Vorschlag eines Enkels, Andreas Hermes, sich auf dem ehemaligen Gut des Grafen Moltke in Kreisau, heute Krzyzowa, zu treffen.[63] Schon vor der Wende hatten Oppositionelle aus Polen und der DDR in Kreisau begonnen, sich gemeinsam mit den Ideen des Kreisauer Kreises zu beschäftigen. Für die DDR war es eine Möglichkeit, an das »bessere Deutschland«, das sozialistische Deutschland, zu erinnern; in Polen wurde die lange Zeit verdrängte und tabuisierte deutsche Geschichte Niederschlesiens langsam thematisiert. Mit der aufwändigen Renovierung des Guts und der Umgestaltung zu einer internationalen Jugendbegegnungsstätte ist Kreisau der Ort, um über verschiedene Reformen der Gesellschaft zu diskutieren, deutsch-polnische Jugendtreffen zu organisieren und mit einer Gedenkstätte und dem Ausbau des Berghauses an die Treffen des Kreisauer Kreises zu erinnern. »Dank des unermüdlichen Einsatzes von Freya Gräfin Moltke können wir seit der endgültigen Renovierung von Kreisau einmal im Jahr dort spannende Tagungen abhalten, die auch dazu dienen, Deutsche und Polen mit ihrer gemeinsamen Geschichte zu versöhnen«, sagt Christine Blumenberg-Lampe. Seit dem Jahr 2000 versucht Freya v. Moltke jährlich an den Tagungen teilzunehmen. Die erste Tagung in Kreisau widmete sich dem Thema: »Widerstand gegen Nationalsozialismus und Okkupation in Deutschland und Polen«, zu der eine Reihe von polnischen Rednern Referate hielten und in einem eigenen Vortrag auch die »Opposition in der Volksrepublik Polen und die Rolle der Solidarnosc« thematisierten. Auch in den folgenden Jahren standen übergreifende Themen, die sowohl für Polen als auch für Deutsche traumatisierende Erfahrungen bedeutet hatten, im Vordergrund.[64] Die Tagung 1998 beschäftigte sich mit dem Thema: »Flucht – Vertreibung – Heimatverlust. Erfahrungen aus Deutschland und Polen«. Dabei wurden sowohl über die »Deutsche Minderheit in Niederschlesien«, die »Vertriebenen und die deutsch-polnischen Beziehungen«, als auch über die »Nationalsozialistische Volkstumspolitik und die Vertreibung nach dem Überfall auf Polen 1939« und das »Schicksal der Umsiedler aus Ostpolen« referiert. Ein Jahr später

beschäftigte sich die *Forschungsgemeinschaft* mit dem Thema »Widerstand und die Juden – Jüdischer Widerstand. Erfahrungen aus Deutschland und Polen«. Von polnischer Seite wurde über den »Holocaust als Gesamterfahrung in Polen«, den »Alltag im okkupierten Polen« und »Formen des jüdischen Widerstands im okkupierten Polen« berichtet, während von deutschen Historikern und Theologen über den »Antisemitismus in Deutschland seit dem 19. Jahrhundert« und den »deutschen Widerstand und die Juden« referiert wurde und damit in Deutschland in der Forschung sehr umstrittene Themen zur Sprache kamen. Seit dem Jahre 2000 setzt sich die *Forschungsgemeinschaft* vermehrt mit dem historischen Kreisauer Kreis, seinen Mitgliedern und deren Ideen auseinander, da die Teilnahme von Freya Gräfin Moltke[65] interessanten und einmaligen Gesprächsstoff liefert. Als übergreifende Themen wählte die *Forschungsgemeinschaft* in den vergangenen Jahren: »Die europapolitischen Vorstellungen des Kreisauer Kreises«, »Katholiken und Sozialdemokraten im Kreisauer Kreis« und den »Widerstand der Geschwister Yorck v. Wartenburg«.
Außerdem ist es zu einer Tradition geworden, dass die *Forschungsgemeinschaft* alljährlich wissenschaftliche Tagungen in Königswinter im Adam-Stegerwald-Haus veranstaltet. Dabei werden unterschiedliche Widerstandsgruppen wie »Der Kreisauer Kreis« (1990), »Der christlich-soziale Widerstand« (1991), »Dietrich Bonhoeffer« (1994) und »Katholische Kirche und Widerstand« (1996) vorgestellt. »Außerdem sind wir bemüht, auf Forschungslücken hinzuweisen und damit jungen Historikern Anregungen zu geben«, erläutert Christine Blumenberg-Lampe das Anliegen. So nahm sich die *Forschungsgemeinschaft* beispielsweise 1995 des Themas »Widerstand im Deutschland der Diktaturen« an, griff die in der Forschung diskutierte Frage nach dem »Widerstand und die Juden« (1997) auf und setzte sich mit den Themen »Frauen und Widerstand« (2001) und »Wirtschaftspolitische Vorstellungen im Widerstand gegen den Nationalsozialismus« (2000) auseinander.[66] Für ihre Tagungen gewinnt die *Forschungsgemeinschaft* oft anerkannte Fachhistoriker, die gerade zu den »Zeitzeugengesprächen« in einem interessanten Kontrast stehen. So erzählte beispielsweise Dorothee Fliess, wie sie im Rah-

men des Unternehmens Sieben in die Schweiz flüchten konnte; Rosemarie Reichwein und Marianne Meyer-Krahmer berichteten aus ihrem langen und bewegten Leben. In den vergangenen acht Jahren hat sich die Mitgliederzahl der *Forschungsgemeinschaft* von knapp 60 (1996) auf 200 verdreifacht. Die Mehrzahl der Mitglieder stammen inzwischen nicht mehr aus dem Kreis der Nachkommen. Dabei ist die *Forschungsgemeinschaft* besonders darum bemüht, auch die dritte Generation für die Tagungen zu interessieren, für die seit 1996 eigene Tagungen organisiert wurden.[67] »Inzwischen kommen die Enkel wieder nach Kreisau und Königswinter, deshalb haben wir die eigenen Jugendtreffen aufgegeben«, erläutert Christine Blumenberg-Lampe. Im Jahr 2004 wählte die *Forschungsgemeinschaft* darüber hinaus erstmals mit Prof. Dr. Joachim Scholtyseck (Universität Bonn) einen Fachhistoriker der jüngeren Generation in den Vorstand. Dennoch dominieren bei den Treffen im Moment noch die Angehörigen die Diskussion, was oft zu eindrucksvollen Auseinandersetzungen zwischen Historikern und Zeitzeugen führt. Gelegentlich kommt es bei den Kolloquien zu emotionsgeladenen Konflikten, was an der unterschiedlichen Erinnerungskultur der Nachkommen und der Fachhistoriker liegt, die bisweilen unterschiedliche Interessen verfolgen.[68]

Der integrale Widerstandsbegriff und die Nachkommen seit 1989 > Die vorsichtige Emanzipation der Nachkommen

»Wenn man hier zum ersten Mal die Frau eines Beteiligten bittet, etwas zu den Geschehnissen vor 37 Jahren zu sagen, so wird man vielleicht etwas zum Thema ›Die Frau in der Widerstandsbewegung‹ erwarten. – Dazu werde ich fast nichts sagen«, ließ Emmi Bonhoeffer, die Frau von Klaus Bonhoeffer, ihre Rede im Bendlerblock am 20. Juli 1981 beginnen. Die ersten Sätze zeugen von einer Bescheidenheit, die fast allen Witwen des 20. Juli eigen ist. Viele empfinden ihre eigene Lebensgeschichte im Vergleich zu dem Werk ihrer Männer als zweitrangig und begannen bisweilen erst im hohen Alter über ihre Gefühle und Sorgen zu sprechen und als Zeitzeugin und Gesprächspartnerin zur Verfügung zu stehen. 1984 machte sich Irmgard v. zur Mühlen auf Spurensuche nach Witwen, die bereit waren, vor der Kamera über ihr Leben zu sprechen. Doch zunächst war kein westdeutscher Sender interessiert. Es spricht für den Zeitgeist, dass der damalige SFB den Film mit der Antwort ablehnte: »Was wollen Sie mit zehn alten Frauen.«[69] Die Erstausstrahlung erfolgte deshalb 1985 im Staatsfernsehen der DDR, am 20. Juli 1986 wurde der preisgekrönte Film schließlich auch im ZDF gezeigt – mit hohen Einschaltquoten. Damit war der Weg frei für ein Folgeprojekt der Frankfurter Biographin Dorothee v. Meding, deren eindrucksvolle Interviews mit Witwen und einer Freundin einer bereits verstorbenen Witwe 1992 im Siedler-Verlag erschien.[70]

Vor allem als Zeitzeugin für ihre Nachkommen schrieben in den späten achtziger und frühen neunziger Jahren eine Reihe von Witwen wie Rosemarie Reichwein, Johanna Helene Rahtgens und Charlotte Gräfin v. d. Schulenburg ihre Memoiren. Schließlich entdeckten die Medien die »Kinder des 20. Juli«, deren Bezeichnung das Problem schon umfasst. Als den Medien die Themen als auch die Zeitzeugen zu fehlen begannen, rückten die Söhne und Töchter vom Rand in den Mittelpunkt des Interesses. Dabei interessierte die Journalisten und Publizisten zunächst nicht das Leben der Nachkommen, sondern die vermeintliche Zeitzeugenschaft des Sohns oder der Tochter. Da viele ihre Väter nur aus der Perspektive des Kindes kannten und nur private Anekdoten oder Eindrücke schildern konnten, erwies sich die Zeitzeugenschaft als ausgesprochen problematisch. Häufig unterstützen die Söhne und Töchter Filmproduktionen oder Biographien über ihre Väter, da die Familien im Besitz wichtiger privater Dokumente und Fotos der Widerstandskämpfer waren und sind. Seit den achtziger Jahren rückte der Umgang mit einem schweren historischen Erbe in das Interesse der Medien. So befragte der Regisseur Wolfgang Korruhn 1981 in seinem Dokumentarfilm *Mein Vater starb als Held*, die Söhne der Widerstandskämpfer Roland Reichwein, Alfred v. Hofacker und Konrad Graf v. Moltke über ihr Vaterbild und ihre Schwierigkeiten, mit einem »Heldenvater« zu leben. Im Mittelpunkt der Sendung stand das aktuelle Leben des

Sohnes, nicht des Vaters. In dem Film berichtete beispielsweise Alfred v. Hofacker von einem Briefwechsel seiner Eltern, den er kurz vor Drehbeginn in einem alten Koffer gefunden hatte. Aus diesen Briefen ging hervor, dass sein Vater, Cäsar v. Hofacker, schon vor 1933 sehr nationalsozialistisch eingestellt war. »Es war für mich ein Schock«, erzählte Alfred v. Hofacker, es habe eine Zeit gedauert, bis er damit fertig geworden sei. Gleichzeitig führte die Sendung erneut zu einer Auseinandersetzung unter den Nachkommen. So warfen einzelne Mitglieder der *Forschungsgemeinschaft* Konrad v. Moltke vor, er wäre historisch zu schlecht informiert gewesen. Daraufhin trat die gesamte Familie Moltke aus der *Forschungsgemeinschaft* aus.

1987 sendete das Zweite Deutsche Fernsehen den Film: *Die Kinder des 20. Juli. Erbe und Vermächtnis,* der von Irmgard v. zur Mühlen und Ekkehard Kuhn konzipiert war. Der Film ließ eine Reihe von politisch unterschiedlich zu verortenden Nachkommen zu Wort kommen und stellte die Auswirkungen des 20. Juli auf ihr eigenes Leben in den Mittelpunkt. Dabei gelang es den beiden Regisseuren auf eindrucksvolle Weise zu zeigen, in welchem Umfange das Leben der Söhne und Töchter von Regimegegnern von dem Tod des Vaters und der anschließenden Verfolgung der Familie geprägt war. Einige Nachkommen waren sich sicher, dass ihre Väter die Politik der Bundesrepublik nicht immer gutgeheißen hätten und nach einem gelungenen Attentat die Friedensverhandlungen mit den Alliierten rasch aufgenommen worden wären und sich eine Teilung Deutschlands hätte verhindern lassen. »Mein Vater hätte die Restauration in den fünfziger Jahren nicht befürwortet«, erzählt der Journalist Michael Maaß.[71] Und Clarita Müller-Plantenberg vermutet, dass ihr Vater Adam v. Trott sich gegen die Notstandsgesetze gewehrt hätte.[72] Aus der Regimegegnerschaft des Vaters leiten viele Nachkommen das Vermächtnis ab, sich ebenfalls gesellschaftlich zu engagieren. Sowohl Klaus v. Dohnanyi, Clarita Müller-Plantenberg als auch Detlef Graf Schwerin äußerten in dem Film, dass ihr Studium und Beruf, ihr Bemühen um das Gemeinwesen eindeutig von dem Handeln des Vaters geprägt wäre. »Mein Vater war nicht ohne Spuren für meine eigene Einstellung und mein politisches Tun«, berichtete Rüdiger v.

Voss.[73] Gleichzeitig machte vor allem Michael Maaß in dem Film deutlich, dass er es ablehne, dass sein Vater bisweilen als Alibi für die heutige Politik herhalte.

Eine Reihe von Söhnen und Töchtern widmeten darüber hinaus ihren Vätern historische oder volkswirtschaftliche Abhandlungen.[74] Häufig überwog als Motiv für die Beschäftigung mit dem Vater der Wunsch, seine Ideen der Nachwelt zu erhalten und die Öffentlichkeit auf die Widerstandstätigkeit des Vaters aufmerksam zu machen. So schrieb jüngst Maria Theodora v. Bottlenberg-Landsberg ein Lebensbild über ihren Vater Karl-Ludwig v. und zu Guttenberg, dessen Rolle von der historischen Forschung bislang vernachlässigt worden war. In anderen Fällen sammelten die Töchter Material über ihre Väter und ließen es herausgeben, um ein menschlicheres Bild ihrer Väter Hermann Maaß und Henning v. Tresckow entstehen zu lassen. Auch die Tochter des Leipziger Oberbürgermeisters Carl Goerdeler, Marianne Meyer-Krahmer, mischte ihre persönlichen Erinnerungen an den verehrten Vater mit Autobiographien seiner Freunde und wissenschaftlicher Literatur und Denkschriften.

In der Regel rückt die zweite Generation das eigene Erleben in den Hintergrund. Im Film schienen viele Nachkommen freier in ihren Äußerungen als im Buch. Meist kann der aufmerksame Leser nur zwischen den Zeilen die Wunden erkennen, die der Suizid oder die Hinrichtung des Vaters für die Familie bedeutete. Einen grundsätzlich anderen Weg wählte die Fernsehjournalistin Wibke Bruns, die sich auf kritische Weise mit ihrem Vater H. G. Klamroth auseinander setzte. In *Meines Vaters Land* steht indessen nicht die Beteiligung des Vaters am 20. Juli oder eine historische Aufarbeitung im Vordergrund. Die bekannte Fernseh-Journalistin schrieb vielmehr ein Familienepos der Halberstädter Familie Klamroth über mehrere Generationen, das in packender Weise vom Aufstieg und Niedergang einer Familie erzählt und seit einigen Monaten auf der *Spiegel*-Bestseller-Liste weit oben steht.

»Seit 1995 habe ich mich bemüht, innerhalb der *Forschungsgemeinschaft* auch Themen anzubieten, die die Söhne und Töchter und nicht ihre Väter in den Mittelpunkt stellen«, erzählt Christine Blumenberg-Lampe, die von 1995 bis 2004 als Vorsitzende die *Forschungsgemeinschaft* leitete.

So gibt es seit 1997 Begleittagungen zu den Gedenkfeiern. Erstmals traf sich in Bad-Godesberg 1997 die »ehemalige Jugend«, die in der Zeit zwischen 1957 und 1973 an den Jugendtreffen teilgenommen hatte. Viele hatten sich seit dieser Zeit aus den Augen verloren. »Dennoch entstand sofort eine freundschaftliche Beziehung«, berichtet Christine Blumenberg-Lampe und fährt fort, dass bei der Zusammenkunft »dichte und sehr persönliche Gespräche zum Thema Widerstand – Trauma – Trauer« stattgefunden hätten. Die Wiederbegegnung der Söhne- und Töchtergeneration fand unter dem Thema: »Rezeption des Widerstands gegen den Nationalsozialismus« statt. Neben historischen Themen widmete sich die Enkelin von Friedrich Wilhelm Graf zu Lynar, die Berliner Psychologin Bettina Gräfin zu Lynar, der Vermittlung von Lebensgeschichten in Widerstandsfamilien. Die Psychologen Christian Schneider und Cordelia Stillke thematisierten »Die Unfähigkeit zu trauern als Generationenproblem«.

»Die meisten Teilnehmer waren von beiden Vorträgen tief berührt«, sagt Christine Blumenberg-Lampe und ergänzt, dass vielen »bewusster denn je geworden ist, wie sehr wir durch den Widerstand der Eltern, das schwere Erleben der Mütter und ihre oft nicht bewältigte Trauer geprägt sind.« In der Verarbeitung von Traumata zog Christine Blumenberg-Lampe in ihrem Jahresbericht 1997 die Parallele zu Holocaust-Opfern.[75]

Ein Jahr später setzte die *Forschungsgemeinschaft* das Thema »Widerstand – Trauma – Trauer. Die Frauen – Witwen – Mütter des 20. Juli 1944« sogar auf einer Tagung in Berlin fort. Außerdem kam die Söhne- und Töchtergeneration mehrfach auf Burg Liebenzell zusammen. Um auch bei den straff organisierten Gedenkfeiern mehr Zeit für Gemeinsamkeit zu finden, hat es sich seit den späten neunziger Jahren eingebürgert, sich am 18. Juli in einem Berliner Restaurant zu treffen. »Jedes erneute Zusammenkommen lässt erkennen, dass das gemeinsame Schicksal und Erbe mehr verbindet, als uns bewusst war«, kommentierte Christine Blumenberg-Lampe in ihrem Jahresbericht 1999.[76]

Zu einer Reise in eine traumatische Vergangenheit wurde im August 1998 das erste Treffen derjenigen Nachkommen, die 1944 für mehrere

Monate in Bad Sachsa im Kinderheim festgehalten wurden. Der Aufenthalt in Bad Sachsa begann mit einer Besichtigung des ehemaligen Kinderheims im Borntal. Anschließend lud die damalige Bürgermeisterin von Bad Sachsa, Helene Hofmann, zu einem Empfang ins Rathaus ein. Viele »Bad Sachsa-Kinder und ihre Partner kamen nach Bad Sachsa, in der Hoffnung, Zeitzeugen zu finden, die ihnen über die Monate im Kinderheim etwas erzählen könnten. Um darüber mehr zu erfahren, sind wir hier und nun sehr glücklich, dass sich in diesem Raum Menschen eingefunden haben, die uns zahlreiche, wenn auch kleine Hinweise geben können. Jedes Mosaiksteinchen hilft uns, dass das große Bild, dass das gesamte Gebäude unserer Zeit in Bad Sachsa vervollständigt werden kann«, sagte Wilhelm Graf Schwerin v. Schwanenfeld bei einer Gesprächsrunde mit interessierten Bürgern von Bad Sachsa.[77] Nach einem ungewöhnlich gut besuchten evangelischen Gottesdienst diskutierten knapp hundert Kirchenbesucher im Gemeindehaus. Doch das Gespräch zwischen beiden Gruppen, das in der regionalen Presse angekündigt wurde, verlief mühsam.[78] »Erst das inständige Drängen eines unserer Teilnehmer, man möge ihm doch helfen, ein Jahr seines Lebens zu finden, er sei Ende Juli 1944 seinen Eltern weggenommen worden und genau ein Jahr später seiner Mutter zurückgegeben worden, öffnete die Menschen.«[79] Ein »wirklicher« Zeitzeuge war nicht gekommen, wichtige Informationen wurden nach der offiziellen Gesprächsrunde oder Tage später am Telefon erteilt. »Mit unserem Besuch scheint aber das hartnäckige, jahrelange Schweigen in Bad Sachsa über das Kinderlager gebrochen«, berichtet Christine Blumenberg-Lampe.

Die Nachkommen von Widerstandskämpfern befinden sich dabei in einem, für manchen nur schwer erträglichen Spannungsfeld: Auf der einen Seite müssen die Angehörigen sich mit ihrer eigenen Geschichte auseinander setzen, auf der anderen Seite auf Angriffe und Falschdarstellungen reagieren, die vielleicht auch nur in ihrem eigenen, subjektiven Bewusstsein nicht der Realität entsprechen. Das Verhältnis zwischen Historikern und Journalisten sowie Angehörigen ist deshalb bisweilen spannungsreich, da der Angehörige »seine« Darstellung verfolgt; während der Historiker im Dienste des »kulturellen Gedächtnisses« nach scheinbar objektiveren Momenten sucht. Bisweilen verweigern Familienangehörige auch die Herausgabe von Quellenmaterial, aus Angst, dass ihr Vorfahre in einem falschen schlechten Bild dargestellt wird.

Die Gedenkstätte Deutscher Widerstand im Widerstreit

In dem Streit um die Ausstellung der Gedenkstätte Deutscher Widerstand[80] kulminierte zum 50. Jahrestag des Attentats eine langwährende Debatte unter den Nachkommen der Widerstandskämpfer, die sich schon in Debatten über die Gedenkredner zum 20. Juli angedeutet hatte. Gleichzeitig kann die Auseinandersetzung um die Ausstellung auch als Zeichen angesehen werden, wie schwierig es im vereinten Deutschland war und ist, sich auf eine Tradition zu berufen.
Als Reaktion auf die Ausweitung des Widerstandsbegriffs in den siebziger und achtziger Jahren hatte der damalige Regierende Bürgermeister von Berlin, Richard v. Weizsäcker, 1983 den Passauer Historiker und Politologen Peter Steinbach mit der Neukonzeption einer Dauerausstellung beauftragt. Ein aus Fachleuten und Angehörigen zusammengesetzter Beirat beriet Steinbach. Nachdem die Bundesrepublik Deutschland als Eigentümer dem Land Berlin in der Zeit von 1980 bis 1983 schrittweise weitere Räume im Bendlerblock zur Verfügung gestellt hatte, waren die räumlichen Möglichkeiten geschaffen worden, um die zuvor auf den kirchlichen, bürgerlichen und militärischen Widerstand beschränkte Ausstellung auszuweiten. Als wissenschaftlicher Leiter der Gedenkstätte sah sich Steinbach bei der Neukonzeption nicht mehr dem antitotalitären Widerstandsbegriff verpflichtet, sondern griff den integralen Widerstandsbegriff auf. Dies bedeutete, dass Steinbach die Definition, was unter Widerstand zu verstehen sei, sehr weit fasste und darunter Personen unabhängig von ihrer politischen Zielsetzung subsumierte. Die in 26 Abschnitte unterteilte Ausstellung zeigte rund 5000 Dokumente und Bilder und widmete sich allen Formen widerständigen Verhaltens von dem Verstecken von jüdischen Mitbürgern, der

Emigranten bis hin zum Arbeiterwiderstand und dem militärischen Widerstand.

Dabei legte der Ort, der Bendlerblock als Symbol für den militärischen Widerstand, die Kontroverse nahe. So schrieb der Historiker Gerd R. Ueberschär in der *Frankfurter Rundschau* 1994: »Es ist nicht überraschend, dass diese Kontroverse sowohl anlässlich der Erinnerung an das Attentat von Graf von Stauffenberg als auch aus Anlass des Ortes der Gedenkfeiern in Berlin erfolgt. Denn der 20. Juli 1944 ist als Symbol für nur einen Teil des deutschen Widerstandes gegen das NS-Regime repräsentativ, dagegen hat die im Bendler-Block – einem Ort des Geschehens am 20. Juli 1944 – untergebrachte zentrale Gedenkstätte Deutscher Widerstand mit ihrer permanenten Ausstellung die deutsche Opposition in möglichst umfassender Weise zu repräsentieren.«[81]

Für besondere Kritik sorgte, dass Steinbach die lange Zeit als kommunistisch angesehene Gruppierung *Rote Kapelle*[82] oder die beiden in sowjetischen Kriegsgefangenenlagern von inhaftierten deutschen Soldaten und Offizieren gegründeten Organisationen *Bund Deutscher Offiziere* und *Nationalkomitee Freies Deutschland* in die Ausstellung aufnahm und in diesem Zusammenhang auch Fotos von Walter Ulbricht und Wilhelm Pieck zeigte. Beide Organisationen – NKFD und BDO – waren gegründet worden, um deutsche Soldaten an der Front zum Aufgeben zu bewegen, wobei beide Gruppierungen in sehr rascher Folge von der Sowjetunion zur Propaganda missbraucht wurden. Besonders in der DDR-Forschung galten beide Gruppierungen als vorbildlich im antifaschistischen Kampf.

Auch die Bundeswehr hatte in den achtziger Jahren – ermöglicht durch das Ausscheiden von ehemaligen Wehrmachtssoldaten – eine Neubewertung der Wehrmacht und des militärischen Widerstands vollzogen. In einer großangelegten Wanderausstellung über den militärischen Widerstand zum vierzigsten Jahrestag des Attentats würdigte die Bundeswehr in einer sehr differenzierten Form unterschiedliche Formen der Opposition gegen Hitler und stellte sich dem *Nationalkomitee Freies Deutschland* und dem *Bund Deutscher Offiziere*, die zuvor in Bundeswehrkreisen verpönt waren.[83]

Auf Grund der weiten Widerstandsdefinition gab es schon im Vorfeld der Ausstellung 1989 unter Angehörigen einzelner Widerstandsgruppen und konservativen Fachleuten massive Proteste.[84] Während der Eröffnung der ständigen Ausstellung »Widerstand gegen den Nationalsozialismus« in der Gedenkstätte Deutscher Widerstand in Berlin kam es am Vorabend des 25-jährigen Jubiläums 1989 zu einem Eklat: Hartmut Hößlin, ein Bruder des hingerichteten Roland Hößlin, sprach von einer »Beleidigung des Widerstands« und kritisierte in einer vorbereiteten Gegenerklärung zur Rede des Regierenden Bürgermeisters von Berlin, Walter Momper, dass das *Nationalkomitee Freies Deutschland* nichts in einer Ausstellung über den Widerstand zu suchen habe. Auch wenn der damalige Vorsitzende des Kuratoriums des *Hilfswerks 20. Juli*, Ludwig v. Hammerstein, die Menge zu beruhigen suchte, kam es zu einer lebhaften und emotional geführten Debatte zwischen Gegnern und Befürwortern des *Nationalkomitees Freies Deutschland*.[85]

In den Feuilletons überregionaler Zeitungen entbrannte daraufhin erneut ein erbitterter Streit, ob es sich bei dem *Nationalkomitee Freies Deutschland* um eine Widerstandsgruppe handelte, oder ob die Vereinigung von Anfang an ein reines Propagandamittel der Sowjetunion gewesen sei. Dieser Auffassung neigten eine Reihe von Nachkommen aus dem militärischen und bürgerlichen Widerstand zu. Beispielhaft sei hier der frühere Botschafter in Washington Dr. Peter Hermes genannt, ein Schwiegersohn von Josef Wirmer und Sohn von Andreas Hermes. Er wandte sich in einem längeren Artikel gegen die Aufnahme des *Nationalkomitees Freies Deutschland* in die Gedenkausstellung, was er mit dem fehlenden demokratischen Bewusstsein der Männer um Jesco v. Puttkamer und Walther v. Seydlitz begründete. »Wer für das ›Danach‹ eine kommunistisch-totalitäre Antwort hatte, stellte sich außerhalb des demokratischen Widerstands. Diese Unterscheidung mit der Begründung abzulehnen, dass jeder Widerstand gegen Hitler im Namen der Menschlichkeit geschah, halte ich für eine unhistorische und unpolitische Betrachtung.«[86]

Die lebhaft geführte Debatte fand zum 50. Jahrestag des Attentats ihre Fortsetzung. Zum Wortführer wurde der jüngste Sohn Claus Schenk

Graf v. Stauffenberg, Franz-Ludwig, der forderte, den *Bund deutscher Offiziere* (BDO) und das *Nationalkomitee Freies Deutschland* aus der Ausstellung zu entfernen. Unterstützung erhielt Stauffenberg von hoher Stelle: Als Bundesverteidigungsminister Volker Rühe 1993 seinen Amtssitz in die Stauffenbergstraße verlegte, hatte sich der neue Hausherr von der Ausstellung, die »Ulbricht und Pieck mit Stauffenberg« gleichsetze, distanziert. Weiteren Zuspruch fanden Stauffenberg und andere Kritiker 1994 nicht nur bei den Soldatenverbänden, dem Arbeitskreis der Heimkehrer- und Kriegsgefangenen, sondern auch bei konservativen Historikern,[87] Journalisten und Politikern wie Michael Glos (CSU), die von »einer Umschreibung der Geschichte«[88] sprachen. In einem Artikel in der *Frankfurter Allgemeinen Zeitung* widersprach Stauffenberg dem Versuch, seinen Vater in die »hässliche Kumpanei von Tyrannen und Totschlägern wie Pieck, Ulbricht und Stalin herabwürdigen zu lassen«.[89] Und fügte hinzu: »Was ist dies für ein Land? Was müssen unsere Nachbarn denken, wenn wir am 17. Juni mit Berlins Regierendem Bürgermeister Kränze für die Opfer des SED-Regimes niederlegen, während ein paar Straßen weiter die Kerkermeister, die Mörder und Menschenverächter in einer städtischen Gedenkstätte mit Namen und Bild geehrt werden.«[90]

Bei der Eröffnung der Ausstellung: »Aufstand des Gewissens. Militärischer Widerstand gegen Hitler und das NS-Regime 1933–1945«, die einen Tag vor dem fünfzigsten Jahrestag von Verteidigungsminister Volker Rühe eröffnet wurde, merkte man, wie schwer der Minister sich mit der von der Bundeswehr geförderten Ausstellung tat. In seiner knappen Rede äußerte Rühe, dass die Ausstellung »das ganze Spektrum von Aktivitäten gegen das NS-Regime« darstelle. Gleichzeitig betonte er: »Historische Darstellung ist allerdings zu unterscheiden von moralischer Bewertung. Die Formen des Widerstands müssen an den verfolgten Zielen und an den unverzichtbaren Wertmaßstäben gemessen werden. Die kommunistischen Gründer der DDR haben gegen Hitler gekämpft und dennoch keine bleibenden Lehren für die Zukunft daraus gezogen. Sie errichteten in Deutschland eine zweite Diktatur. Der formelhafte ›Antifaschismus‹ des SED-Regimes war Deckmantel für neue Unterdrückung und neue Verbrechen. Ulbricht, Pieck und andere kommunistische Machthaber tragen die Verantwortung für das Sterben an der Mauer und in den Gefängnissen der DDR. Die Bundeswehr als Armee des demokratischen und vereinten Deutschlands kann und will diesen Namen kein ehrendes Andenken bewahren.«[91]

Schließlich mischten sich auch andere Bundespolitiker in die Debatte ein. Der Regierende Bürgermeister von Berlin, Eberhard Diepgen (CDU), hatte sich bei Bundeskanzler Helmut Kohl und konservativen Mitgliedern des *Hilfswerks 20. Juli 1944*[92] rückversichert, über eine Änderung der Trägerschaft der Gedenkstätte den kommunistischen Widerstand, vor allem den BDO und das NKFD aus der Ausstellung zu entfernen. Für diesen Fall hatte Steinbach seinen Rücktritt angekündigt. Schließlich scheiterte der CDU-Plan an der SPD, die sich in einer Bundestagsdebatte am 29. Juni 1994 gegen eine »Instrumentalisierung« der Geschichte aussprach. In einem Interview mit der *Frankfurter Rundschau* erklärte der SPD-Abgeordnete Siegfried Vergin die Linie seiner Partei: »In der DDR habe ich mich immer darüber geärgert, dass mir untersagt wurde, was ich zu denken habe. Und ich wehre mich gegen jede Art der Instrumentalisierung. Anhand der gesamten Darstellung des deutschen Widerstands kann sich der Besucher eine eigene Meinung bilden. Die Ausstellung zeigt auch, dass der Kampf gegen ein diktatorisches System nicht automatisch den Kampf für eine Demokratie bedeutet.«[93] Vermittelnd hatte sich sogar der damalige Bundespräsident Roman Herzog (CDU) in die schwierige Gedenkdebatte eingebracht und sich vorsichtig für ein liberales Gedenkstättenkonzept ausgesprochen: »Niemandem fällt eine Perle aus der Krone, wenn er zugibt, dass auch Kommunisten dem Widerstand angehörten, ja dass sie sogar Widerstandskämpfer waren.«[94]

Gegen die konservative Kritik verteidigte der Leiter der Gedenkstätte Peter Steinbach sein »integrales Ausstellungskonzept«[95] und betonte in zahlreichen Artikeln, Podiumsdiskussionen und Fernsehauftritten, dass Fotos von Pieck und Ulbricht in der Ausstellung zu zeigen, nicht mit einer Ehrung gleichzusetzen sei. Vielmehr ginge es im Falle Ulbrichts darum, die Rolle des Moskauer Exils zu dokumentieren. Außerdem

wandte Steinbach ein, dass die beiden Geschichtsbilder der zwei deutschen Staaten durch die Wiedervereinigung zusammenfinden müssten. Zustimmung fand Steinbach bei liberalen Historikern und Journalisten. So kommentierte beispielsweise Karl-Heinz Janssen in der *ZEIT*: »Selbst ein berühmter Name (wie Stauffenberg) schützt vor Torheit nicht.«[96]
Je mehr Kritik von konservativer Seite gegenüber der Motivlage des *Nationalkomitees Freies Deutschland* oder dem *Bund deutscher Offiziere* geäußert wurde, umso mehr rückten indessen 1994 die Motive einzelner Männer des militärischen Widerstands in den Mittelpunkt.[97] So folgerte Manfred Asendorf in seinem Artikel »Vom Anderen Deutschland«: »Aber gilt ein Recht auf Umkehr nur für Nationalkonservative? Soll deren Widersprüchlichkeit sich ins Anthropologisch-Zeitlose verflüchtigen dürfen, während das so genannte Volk an den Pranger gestellt wird?« In die Kritik gerieten dabei sowohl der Beck-Goerdeler-Kreis wegen der autoritären Züge der Neuordnungspläne und Denkschriften als auch einzelne Männer des militärischen Widerstands wie Henning v. Tresckow. Einzelne Kritikpunkte an den Männern des 20. Juli entsprachen dem Urteil Hans Mommsens[98] in überspitzter Form, der sich seit den späten sechziger Jahren in seiner Untersuchung intensiv dem Gesellschaftsbild und den Verfassungsplänen einiger Widerstandsgruppen gewidmet hat. So ging etwa der israelische Zeithistoriker Frank Stern scharf mit den Männern des 20. Juli ins Gericht. Es habe keinen Widerstand am 20. Juli gegeben, sondern allenfalls eine »schwankende Opposition«. Das Attentat »scheiterte an stümperhaftem Dilettantismus der Elite preußischer Militärtradition, an zögerlichem Karriere- und Gefolgschaftsdenken der militärischen Kaste, am nationalistischen Kleinmut und logistischem Schwachsinn.«[99]
Für besonderes Aufsehen sorgte indessen 1995 ein Aufsatz des jungen Berliner Historikers Christian Gerlach zur Wehrmachtsausstellung, in dem er die Verwicklung militärischer Widerstandskämpfer im Oberkommando der deutschen Heeresgruppe Mitte in die Vernichtungspolitik in Weißrussland beschrieb. Die Ausstellung »Vernichtungskrieg – Verbrechen der Wehrmacht« des Hamburger Instituts für Sozialforschung war seit 1995 in über 30 deutschen Städten zu sehen und setzte

Gefühle frei und bewirkte Auseinandersetzungen so, als »hätte man die Thesen Goldhagens ins Bild gesetzt«,[100] wie der Redakteur der *Frankfurter Allgemeinen Zeitung* Michael Jeismann treffend schilderte. In seiner 1999 veröffentlichten Dissertation vertrat Gerlach die These, dass höhere Militärs wie Eduard Wagner, Georg Thomas oder Henning v. Tresckow die Eroberungen von Gebieten im Osten nutzten, um die dort ansässige Bevölkerung durch Massenerschießungen oder einfaches »Verhungern lassen« drastisch zu dezimieren und durch den Nationalsozialisten gewogenere Volksgruppen zu ersetzen.[101] Der »Hungerplan« beweise – so Gerlach –, wie sehr die »Lehre vom totalen Krieg«[102] auch die Männer des Widerstands ergriffen habe, die zwar gegen Hitler aufbegehrten, aber systematisch die »Beseitigung unnützer Esser« planten und dabei vor keiner Gewalttat zurückschreckten. Fachkollegen wendeten gegen diese These ein, dass es der Wehrmacht nicht um eine drastische »Beseitigung unnützer Esser« gegangen sei, sondern die Wehrmacht auf Grund von Nahrungsmittelknappheit nicht gewusst hätte, wie sie die Menschen hätte ernähren sollen. Vor allem der moralische Impetus Gerlachs rief Angehörige und Freunde aus dem militärischen Widerstand[103] hervor; der Militärhistoriker Winfried Heinemann[104] überprüfte Gerlachs Thesen, die sowohl unter Historikern als auch in den Medien kontrovers diskutiert wurden. In der moralischen Bewertung griff Gerlach auf ähnliche Grundmuster wie der amerikanische Historiker Daniel J. Goldhagen[105] zurück, der mit seiner These vom »eliminatorischen Antisemitismus« bei seiner Lesereise – trotz aller wissenschaftlichen Kritik – auf Beifall stieß.

Beurteilt man die Debatte aus zehnjährigem Abstand, so fällt auf, mit welcher emotionalen Schärfe und welchen Verletzungen sie geführt wurde. Schon der damalige Präsident der Forschungsgemeinschaft Rüdiger v. Voss hatte in einem Brief an Reinhard Goerdeler formuliert: »Wir können möglicherweise wenig tun, um die vergiftende persönliche Auseinandersetzung zu Ende gehen zu lassen.«[106] Im weiteren Verlauf seines Briefes fürchtete Voss sogar, der Zusammenhalt des *Hilfswerks* sei durch die persönlich verletzende Art des Disputs gefährdet. Den »nicht endenden Kampf um die Erinnerung«, wie Ueberschär seinen Artikel zum 50. Jahrestag in der *Frankfurter Rundschau* nannte, nahmen auch die meisten überregionalen Medien bedauernd zur Kenntnis. Der Bochumer Historiker Hans Mommsen schrieb in der *Süddeutschen Zeitung*: »Nicht weniger bedauerlich ist, dass die Erinnerung an den 20. Juli heute einem Wahlkampffieber zu erliegen droht. Im Vorfeld des Gedenktages hat der Streit über die Ausstellung der Gedenkstätte Deutscher Widerstand in Berlin zu einer fragwürdigen Emotionalisierung geführt. Statt zur Einheit der Demokraten beizutragen, droht die unterschiedliche Wertung des kommunistischen Widerstands sie zu spalten. Es wäre besser, sich von einer moralischen Geschichtssicht zu lösen und den Widerstand als zeitgebundene Gegenmöglichkeit der deutschen Gesellschaft in allen ihren Varianten zur nationalsozialistischen Machtergreifung zu begreifen.«[107]

Die Kontroverse über die Wehrmachtsausstellung in Kombination mit der Goldhagenschen These der deutschen Kollektivschuld wirkte auf das Geschichtsbild vom Widerstand zurück und führte unter anderem zum Beseitigen von Bildern einzelner Attentäter aus Schulen. Beispielhaft sei der Fall des Frankfurter Lessing-Gymnasiums beschrieben, in dem 1995 eine lebhafte Debatte entbrannte, ob ein Bild des Generals Karl-Heinrich v. Stülpnagel entfernt werden solle.[108] In den fünfziger Jahren hatte der damalige Oberbürgermeister Walter Kolb (SPD) die Familie des Generals Karl-Heinrich v. Stülpnagel gebeten, der Schule ein Bild des ehemaligen Schülers des Lessing-Gymnasiums zur Verfügung zu stellen. Lange Jahre hing das Bild zunächst im Treppenhaus, später in der Aula, bis der Grünen-Abgeordnete Micha Brumlik Ende 1995 forderte, das Bild müsse abgehängt werden, da Stülpnagel für Geiselerschießungen an der Ostfront verantwortlich gewesen sei. Die Frankfurter Gewerkschaft Erziehung und Wissenschaft (GEW) sowie der Journalist Serge Klarsfeld sprangen Brumlik bei. Ein halbes Jahr lang diskutierten Schüler, Lehrer, Frankfurter Stadtverordnete und Historiker über die Rolle des Widerstandskämpfers Karl-Heinrich v. Stülpnagel im Dritten Reich, der Kommandant der 17. Armee im Russlandfeldzug war und als Militärbefehlshaber im besetzten Frankreich dafür sorgte, dass in Paris die Aktion am 20. Juli erfolgreich durchgeführt wurde. Hierfür wurde der schwer verletzte Stülpnagel als einer der Hauptbeteiligten des 20. Juli in Plötzensee gehenkt. In einer Glosse charakterisierte der Journalist Konrad Adam den Wandel Stülpnagels folgendermaßen: »Denn die Umkehr, die erkennt, was sie angerichtet hat und daraus die Konsequenzen zieht, ohne nach den Kosten auch nur zu fragen, ist allemal eindrucksvoller als die Haltung des Selbstgerechten. Über das Verhältnis von Schuld und Sühne nachzudenken dürfte gerade für junge Leute lehrreicher sein als das inquisitorische Bestehen auf Unzweideutigkeit von Anfang an.«[109] Schließlich beendete die Familie Stülpnagel die Auseinandersetzung, indem sie Anfang Juli 1996 in einem Brief bat, das Bild an die Familie zurückzugeben. In ihrem Schreiben heißt es: »Leider sind viele Angehörige der Nachkriegsgeneration weder bereit noch in der Lage, sich in die Situation derer zu versetzen, die unter einer Diktatur gelebt haben. So müssen wir befürchten, dass auch die heutigen Politiker mit Mehrheit nicht zu ermessen in der Lage sind, unter welchen Gewissensnöten unser Vater und andere damals zum Widerstand entschlossene Männer und Frauen zu leben gezwungen waren. Die Haltung unseres Vaters recht zu würdigen, müssen wir daher einer späteren Generation überlassen.«[110]

Nur zwei Jahre später kam es erneut zu einer Auseinandersetzung über den militärischen Widerstand im Rahmen der Wehrmachtsausstellung. Diesmal stand die Frage im Mittelpunkt, wer die Rede zu der in der Frankfurter Paulskirche eröffneten Ausstellung »Aufstand des Gewissens« halten dürfe, die sich auf den militärischen Widerstand beschränkte. Ursprünglich hatte die Stadt Frankfurt den Bochumer Historiker Hans Mommsen eingeladen, um ihn später auszuladen und Klaus v. Dohnanyi zum Festredner zu bestimmen.[111] Da Mommsen für seine kritischen Studien zum Widerstand bekannt war, vermuteten die Medien eine bewusst gesteuerte Einladungspolitik. In seiner Rede bedauerte Dohnanyi zwar die Eingrenzung des Widerstandsbegriffs auf den militärischen Widerstand und kritisierte, den Widerstand von damals mit den politischen und gesellschaftlichen Ansprüchen unserer heutigen Gesellschaft zu vergleichen. Gleichzeitig ging Dohnanyi auch auf den Vorwurf der Verstrickung des militärischen Widerstands im Ostkrieg ein. Dabei kam Dohnanyi zu dem Schluss: »Aber aus meiner Sicht berechtigt das nicht, den Fähigkeiten und Absichten dieser Männer zu misstrauen, nach einem gelungenen Putsch eine wirklich demokratische Gesellschaft aufzubauen«,[112] und kritisierte die Thesen von Christian Gerlach als »eine perfide Diffamierung«. In der historischen Forschung führte der Diskurs über eine Idealisierung und Heroisierung einzelner Attentäter seit den fünfziger Jahren dazu, sich näher mit den Historikern und Journalisten zu beschäftigen, die seit Jahrzehnten über den deutschen Widerstand publizieren. Hierzu gehörte die Herausgeberin der ZEIT Marion Gräfin Dönhoff,[113] die seit Mitte der vierziger Jahre den militärischen Widerstand für seine Toleranz, sein Pflicht- und Verantwortungsbewusstsein und seine Zivilcourage lobte und ihn als einzige Widerstandsform gelten ließ. Unwille gegen die zahlreichen, in der Argumentation gleichbleibenden Artikel brach unmittelbar nach dem Tod der Gräfin Dönhoff im Jahr 2002 aus. Der ehemalige Redakteur der ZEIT Fritz J. Raddatz kam in seinen Memoiren *Unruhestifter* zu dem Ergebnis, Dönhoff habe »emsig wie leise am Schleier der Selbstmythisierung« gewoben. Eine Analyse der Publikationen von Marion Gräfin Dönhoff, die der Historiker Eckart Conze anstellte, führte zu einer ähnlichen Schlussfolgerung, wenngleich weniger scharf formuliert.[114] Auch Conze konstatiert, dass Marion Gräfin Dönhoff seit den vierziger Jahren – unabhängig vom jeweiligen Stand der historischen Forschung, die Männer des 20. Juli mit einem Glorienschein umgeben habe. Gegen derartige Vorwürfe protestierte vor allem der ehemalige Mitherausgeber der ZEIT, Theo Sommer. Wie nicht anders zu erwarten, fand auch diese Auseinandersetzung einen breiten Raum in den Medien, wobei der Leser – bei aller berechtigter Kritik – den Eindruck nicht los wurde, dass die spürbare Häme auch dem »Tag der Ratlosen« geschuldet sei.[115] »Das Stimmungsgemisch, das einem hier entgegenschlägt, ist typisch für das Verhältnis der Deutschen zum 20. Juli: auf der einen Seite feierliche Beschwörung eines Aufstandes der Anständigen, auf der anderen pauschale Ablehnung (mit allem Militärischen) und Verachtung.«[116] Hierzu kommentierte Gerd R. Ueberschär bereits 1994: »Noch heute stellt sich die Frage, wie wohl eine andere Nation mit Männern und Frauen des Widerstands im Rahmen der Erinnerungspolitik umgegangen wäre. Gäbe es dort nicht fast in jeder Stadt, in jedem Dorf ein Denkmal für sie? Wo befinden sich in Deutschland die zahlreichen Erinnerungsstätten für Claus Schenk Graf von Stauffenberg und seine Militärs? Man sucht sie vergeblich.«[117]

Insgesamt betrachtet unterliegt die Rezeption des 20. Juli 1944 in der deutschen Gesellschaft einem steten Wandel. Sie folgt dem wechselhaften Umgang mit dem Dritten Reich wie ein Spiegelbild. Dies zeigt sich insbesondere an der Unfähigkeit, in jahrzehntelangen heftigen Diskussionen eine einheitliche Definition von Widerstand zu finden. Doch auch nach sechzig Jahren ist der 20. Juli 1944 politisch noch aktuell. Ende Januar 2004 wurde der ehemalige Ordonnanzoffizier des Generalfeldmarschalls Günther v. Kluge, Philipp v. Boeselager, stellvertretend für den 20. Juli von der Europaministerin Noelle Lenoir mit dem Offiziersgrad der Ehrenlegion ausgezeichnet.

1 Jeffrey Herf, Zweierlei Erinnerung. Die NS-Vergangenheit im geteilten Deutschland. Berlin 1998, S. 408.
2 Klaus Schönhoven, Verschiedene Vergangenheiten. Geschichtskulturelle Konflikte im geteilten Deutschland. In: Jahrbuch für Historische Kommunismusforschung 2000/2001, S. 245.
3 Hierzu ausführlich: Peter Steinbach, Der Widerstand als Thema der politischen Zeitgeschichte. In: Steinbach, Widerstand im Widerstreit, S. 39 ff.
4 Vgl. zum alten Artikel 20 (4) GG: Steinbach, Thema der Zeitgeschichte. In: Steinbach, Widerstand im Widerstreit, S. 41; Josef Isensee, Das legalisierte Widerstandsrecht. Eine staatsrechtliche Analyse des Art. 20 Abs. 4 GG. Bad Homburg 1969; Martin Kriele, Die Rechtfertigungsmodelle des Widerstand. In: Aus Politik und Zeitgeschichte 39/1983, S. 12–32.
5 Michael Jeismann, Auf Wiedersehen Gestern. Die deutsche Vergangenheit und die Politik von morgen, Stuttgart, München 2001, S. 85.
6 Steinbach, Thema der Zeitgeschichte. In: Steinbach, Widerstand im Widerstreit, S. 42.
7 Klaus Rainer Röhl, »... und natürlich kann geschossen werden«. In: Sonderausgabe des Rheinischen Merkurs zum 20. Juli 1944, Bonn 1994, S. 50 ff.
8 Andreas Baader zitiert nach Röhl, ebd. S. 52.
9 Holler, Vermächtnis, S. 248.
10 Gerhard Jahn, Der Widerstand ist kein Selbstzweck. In: Der 20. Juli 1944. Reden zu einem Tag der deutschen Geschichte. Bd. 1. Hg.: Gedenkstätte Deutscher Widerstand. Berlin 1984, S. 129.
11 Eberhard Bethge, Widerstand damals und heute, 18. Juli 1981. Kopie, Gedenkstätte Deutscher Widerstand.
12 Rüdiger von Voss (Hg.), Von der Legitimation der Gewalt – Widerstand und Terrorismus. Stuttgart 1978.

13 Steinbach, Thema der Zeitgeschichte. In: Steinbach, Widerstand im Widerstreit, S. 53 f.
14 Vgl. hierzu mit Literaturangaben: Peter Steinbach, Widerstand gegen den Nationalsozialismus aus dem Exil? Zur politischen und räumlichen Struktur der deutschen Emigranten 1933–1945. In: Steinbach, Widerstand im Widerstreit, S. 124 ff; Susanne Miller, Widerstand und Exil. Bedeutung und Stellung des Arbeiterwiderstands nach 1945. In: Gerd R. Ueberschär (Hg.), Das andere Deutschland, S. 294 ff.; Lothar Kettenacker (Hg.), Das »Andere Deutschland« im Zweiten Weltkrieg. Emigration und Widerstand in internationaler Perspektive. Stuttgart 1977; Werner Rings, Leben mit dem Feind. Anpassung und Widerstand in Hitlers Europa 1939–1945. München 1979; Marita Krauss, Heimkehr in ein fremdes Land. Geschichte der Remigration nach 1945, München 2001.
15 Steinbach, Widerstandsforschung. In: Steinbach, Tuchel, Widerstand gegen den Nationalsozialismus, S. 608.
16 Martin Broszat, u. a., Bayern in der NS-Zeit. Soziale Lage und politisches Verhalten der Bevölkerung im Spiegel vertraulicher Berichte, München, Wien 1977.
17 Richard Löwenthal, Widerstand im totalitären Staat. In: Richard Löwenthal und Patrick zur Mühlen, Widerstand und Verweigerung in Deutschland 1933–45. Bonn 1984, S. 11 ff.
18 Reich, Finker, Reaktionäre oder Patrioten. In: Ueberschär, Das andere Deutschland, S. 166 ff.
19 Schönhoven, Verschiedene Vergangenheiten, S. 246.
20 Daniel Melnikow, 20. Juli 1944. Legende und Wirklichkeit. Berlin (Ost) 1964; Kurt Finker, Stauffenberg und der 20. Juli. Berlin 1967; Kurt Finker, Graf Moltke und der Kreisauer Kreis. Berlin 1978.
21 Nach der Wende wurde Kurt Finker als IM enttarnt.
22 Zu den Hintergründen: »Man durfte, so empfand ich es, den Gerstenmaiers nicht das ideologische, politische und propagandistische Monopol am 20. Juli lassen«. Karl Gass, Aus Protest! Erinnerungen an die Entstehung und Ausstrahlung der Fernsehdokumentation ›Revolution am Telefon‹ anlässlich des 20. Jahrestages des 20. Juli 1944. In: Bengt v. zur Mühlen, Die Angeklagten des 20. Juli, S. 415–426.
23 Ernst Engelbrecht, Bismarck. Das Reich in der Mitte Europas. Berlin 1990.
24 Reich, Widerstand, S. 641; Bramke, Bild, S. 603.
25 Vgl. Auflistung, Dokumentarfilme zum 20. Juli in der DDR (DFF). In: Bengt v. zur Mühlen, Die Angeklagten des 20. Juli, S. 405.
26 Reich, Geteilter Widerstand. In: ZfG 7 (1995), S. 642, Anm. 38.
27 Vgl. u. a. Regine Büchel, Der deutsche Widerstand im Spiegel von Fachliteratur und Publizistik seit 1945. München 1975. Klaus-Jürgen Müller, Hans Mommsen, Der deutsche Widerstand gegen das NS-Regime. Zur Historiographie des Widerstands. In: Klaus-Jürgen Müller (Hg.), Der deutsche Widerstand gegen Hitler. 2. Aufl. Paderborn 1990, S. 13–21; Peter Steinbach, Widerstandsforschung im politischen Spannungsfeld. In: Steinbach, Tuchel, Widerstand gegen den Nationalsozialismus, S. 597–622.
28 Vgl. beispielhaft u. a.: Freya v. Moltke; Michael Balfour; Julian Frisby, Helmuth James von Moltke 1907–1945. Anwalt der Zukunft. Stuttgart 1972; Dorothea Beck, Julius Leber. Sozialdemokrat zwischen Reform und Widerstand. Berlin 1983; Richard Albrecht, Der militante Sozialdemokrat. Carlo Mierendorff 1897 bis 1943. Eine Biographie. Berlin/Bonn 1987; Ger van Roon, Neuordnung im Widerstand. Der Kreisauer Kreis innerhalb der Deutschen Widerstandsbewegung. München 1967.
29 Falk Pingel, Häftlinge unter SS-Herrschaft. Widerstand, Vernichtung und Selbstbehauptung im KZ. Hamburg 1978; Hermann Langbein, … nicht wie Schafe zur

Schlachtbank. Widerstand im Konzentrationslagern 1938–1945. Frankfurt a.M. 1980; Peter Steinbach, Selbstbehauptung als Widerstand, Widerstand von Juden als Thema deutsch-jüdischer Beziehungsgeschichte im 20. Jahrhundert. In: Steinbach, Widerstand im Widerstreit, S. 175 ff.

30 Christof Dipper, Der deutsche Widerstand und die Juden. In GuG 9 (1983), S. 349 bis 380; Christof Dipper, Der 20. Juli und die Judenfrage. In: Die ZEIT, 1. Juli 1974; interessanterweise revidierte Dipper seine provokanten Thesen in: Christopf Dipper, Der »Aufstand des Gewissens« und die »Judenfrage« – Ein Rückblick. In: Ueberschär, NS-Verbrechen, S. 14 ff.

31 Klaus Scholder, Die Kirchen und das Dritte Reich. Frankfurt a.M./Berlin/Wien 1977; Georg Denzler, Widerstand oder Anpassung? Katholische Kirche und Drittes Reich. München/Zürich 1984.

32 So stellten verschiedene Journalisten ihre Artikel zum 20. Juli zur Verfügung, wie u.a. der Korrespondent der Süddeutschen Zeitung in Rom, Albert Wucher, Allein vom Gewissen getrieben; Dietrich Strothmann: Der 20. Juli 1944 – heute« und der ZEIT-Redakteur Karl-Heinz Janssen, War der Putsch des 20. Juli sinnlos? ACDP, *Forschungsgemeinschaft 20. Juli*, 06-056-030/4.

33 Anzeige zum 25. Jahrestag des Attentats, ACDP, *Forschungsgemeinschaft 20. Juli*, 06-056-030/4.

34 Aktionsgemeinschaft 20. Juli 1944, Juni 1969, ACDP, *Forschungsgemeinschaft 20. Juli*, 06-056-030/4.

35 Klaus Harpprecht, Schwieriges Gedenkblatt, ACDP, *Forschungsgemeinschaft 20. Juli*, 06-056-030/4.

36 Rundschreiben des *Hilfswerks* 20. Juli, Dezember 1969, ACDP, *Forschungsgemeinschaft 20. Juli*, 06-056-030/4.

37 Grass an Müller, 17. Juli 1969, ACDP, *Forschungsgemeinschaft 20. Juli*, 06-056-C30/2.

38 Bericht über die Prüfung des Jahresabschlusses von 1970, ACDP *Forschungsgemeinschaft 20. Juli*, 06-056-C30/2.

39 Rundschreiben Emil Henks, 1967. ACDP, *Forschungsgemeinschaft 20. Juli*, 06-056-009/1.

40 Gertrud Lampe an Reinhard Goerdeler, 28. Dezember 1971, ACDP, *Forschungsgemeinschaft 20. Juli*, 06-056-023/1.

41 Hans Buchheim an Gertrud Lampe, 25. März 1970. ACDP, *Forschungsgemeinschaft 20. Juli*, 06-056-008/4.

42 Jugendtreffen Burg Liebenzell 29. April bis 2. Mai 1971, Protokoll, ACDP, *Forschungsgemeinschaft 20. Juli*, 06-056-008/4.

43 Christine Blumenberg-Lampe, 25 Jahre *Forschungsgemeinschaft* e.V., unveröffentlichter Bericht, Geschäftsstelle der Forschungsgemeinschaft 20. Juli, St. Augustin. Dort sind alle als unveröffentlichte Berichte gekennzeichneten Schriften einzusehen.

44 Helmuth Graf v. Moltke, Gefeiert, 1. Mai 1971, ACDP, *Forschungsgemeinschaft 20. Juli*, 06-056-008/4.

45 Ulrich Graf v. Schack, Historisiert, 9. September 1970, ACDP, *Forschungsgemeinschaft 20. Juli*, 06-056-008/4.

46 Detlef Graf Schwerin, Zusatz, 9. September 1970, ACDP, *Forschungsgemeinschaft 20. Juli*, 06-056-008/4.

47 Roland Reichwein, Teilresümee, 11. Mai 1971, ACDP, *Forschungsgemeinschaft 20. Juli*, 06-056-008/4.

48 Peter und Maria Hermes an Rudolf Georgi, 30. Juni 1971, ACDP, *Forschungsgemeinschaft 20. Juli*, 06-056-008/4.

49 Gisela Sänger an Rudolf Georgi, 6. Juli 1971, ACDP, *Forschungsgemeinschaft 20. Juli*, 06-056-008/4.
50 Christine Blumenberg-Lampe, 25 Jahre *Forschungsgemeinschaft* e. V., unveröffentlichter Bericht.
51 Kein Geschäft mit dem 20. Juli, Süddeutsche Zeitung, 20./21. Juli 1974.
52 Jürgen Liebing, Helden, Märtyrer oder Opfer. Der deutsche Widerstand 1933 bis 1945 als Unterrichtsgegenstand. Eine kritische Betrachtung deutscher Schulbücher. Schriftenreihe der *Forschungsgemeinschaft* Nr. 1. o.J. o.O.
53 Otto-Ernst Schüddekopf, Der deutsche Widerstand gegen den Nationalsozialismus. Seine Darstellung in Lehrplänen und Schulbüchern der Fächer Geschichte und Politik in der Bundesrepublik Deutschland. Frankfurt a. M., Berlin, München 1977. ACDP, *Forschungsgemeinschaft 20. Juli*, 06-056-003/2.
54 Rüdiger v. Voss, Vorwort. In: Schüddekopf, Widerstand, S. XI.
55 Hans-Jochen Markmann, Der deutsche Widerstand gegen den Nationalsozialismus 1933–1945. Modelle für den Unterricht. Medien-Materialien-Dokumente. Mainz 1984; Rüdiger v. Voss, Totalitäre Formen von Herrschaft in Staat und Gesellschaft. Arbeitsmaterialien für den politischen Unterricht, Sekundarstufe I, 1. Aufl. 1979/80. ACDP, *Forschungsgemeinschaft 20. Juli*, 06-056-007/1.
56 Hans-Jochen Markmann, Der 20. Juli und der deutsche Widerstand gegen den Nationalsozialismus in den Schulbüchern beider Staaten. In: Ueberschär, Das andere Deutschland, S. 179 ff.
57 Konrad Adam, Lernen am Feindbild Widerstand, Frankfurter Allgemeine Zeitung, 16. Oktober 1980.
58 Rüdiger v. Voss an die Kurt A. Körber Stiftung, 16. Oktober 1980, ACDP, *Forschungsgemeinschaft 20. Juli*, 06-056-010/2.
59 Ulrich Catarius, Bibliographie »Widerstand«, München 1984.
60 Karl Dietrich Bracher (Hg.), Das Gewissen steht auf. Lebensbilder aus dem deutschen Widerstand 1933–1945, Mainz 1984.
61 Gerhard Besier, Gerhard Ringshausen (Hg.), Bekenntnis, Widerstand, Martyrium. Von Barmen 1934 bis Plötzensee 1944, Göttingen 1986.
62 Rüdiger v. Voss, Rede aus Anlaß der 10. Königswinterer Tagung, unveröffentlichtes Manuskript. 28. bis 30. November 1997 in Königswinter.
63 Nähere Informationen über das Kreisau-Projekt findet der Interessierte im Internet unter: http://www.kreisau.de/gedenkstaette.htm
64 Tagungen der *Forschungsgemeinschaft 20. Juli* e.V. unveröffentlichter Bericht.
65 Vgl. u. a. Freya v. Moltke. Erinnerungen an Kreisau 1930–1945. München 1997.
66 Daniela Rüther, Der Widerstand des 20. Juli auf dem Weg in die soziale Marktwirtschaft. Die wirtschaftspolitischen Vorstellungen der bürgerlichen Opposition gegen Hitler, Paderborn u. a. 2002.
67 1996 fand eine Tagung für die Enkelgeneration zum Thema »Rote Kapelle« statt. Gemeinsam mit der Heinz-Schwarzkopf-Stiftung Junges Europa wurde 1998 ein Treffen über die europa-politischen Vorstellungen des Kreisauer Kreises organisiert. 1997 fand in Kreisau eine Tagung zum Thema. »Widerstand gegen Nationalsozialismus und Okkupation in Deutschland und Polen« statt. Tagungen der *Forschungsgemeinschaft 20. Juli 1944*, unveröffentlichter Bericht.
68 Bericht der *Forschungsgemeinschaft 20. Juli* e.V., Gedenkfeier in Berlin am 20. Juli 1999, unveröffentlichter Bericht.
69 Irmgard v. zur Mühlen, »Die Frauen des 20. Juli«. In: Bengt v. zur Mühlen, Die Angeklagten des 20. Juli 1944, S. 35.

70 Dorothee v. Meding, Mit dem Mut des Herzens. Berlin 1992.
71 Michael Maass, Die Kinder des 20. Juli, ZDF 1987.
72 Clarita Müller-Plantenberg, Die Kinder des 20. Juli, ZDF 1987.
73 Rüdiger v. Voss, Die Kinder des 20. Juli, ZDF 1987.
74 Detlef Graf v. Schwerin, Beste Köpfe; Christine Blumenberg-Lampe, Das wirtschaftspolitische Programm des »Freiburger Kreises«. Entwurf einer freiheitlich-sozialen Nachkriegswirtschaft Nationalökonomie gegen den Nationalsozialismus. Berlin 1973. Maria Theodora v. Bottlenberg-Landsberg, Karl-Friedrich Freiherr von und zu Guttenberg. Berlin 2003; Uta v. Aretin, Preußische Tradition als Motiv für den Widerstand gegen das NS-Regime. In: Aufstand des Gewissens, S. 279 ff.; Gabriele C. Pallat, Roland Reichwein, Lothar Kunz (Hg.), Adolf Reichwein: Pädagoge und Widerstandskämpfer. Ein Lebensbild in Briefen und Dokumenten (1914–1944), Paderborn u. a. 1999; Sigrid Grabner, Hendrik Röder (Hg.). Im Geiste bleibe ich bei Euch. Texte und Dokumente zu Hermann Maass. Berlin 2003; Sigrid Grabner, Hendrik Röder (Hg.). Ich bin der ich war. Henning von Tresckow. Texte und Dokumente. Berlin 2. Aufl. 2003; Wibke Bruhns, Meines Vaters Land. Geschichte einer deutschen Familie, München 2004.
75 Christine Blumenberg-Lampe, Bericht der *Forschungsgemeinschaft 20. Juli,* 1997, unveröffentlichter Bericht.
76 Christine Blumenberg-Lampe, Bericht der *Forschungsgemeinschaft 20. Juli,* 1999, unveröffentlichter Bericht.
77 wk, »Jeder Mosaikstein hilft uns weiter«, Harz-Kurier, 4. September 1998.
78 Im Gespräch löste sich die Spannung, Echo-Am-Sonntag, 6.September 1998.
79 Christine Blumenberg-Lampe, Bericht der *Forschungsgemeinschaft 20. Juli,* 1999, unveröffentlichter Bericht.
80 Näheres bei: Johannes Tuchel, Zur Geschichte und Aufgabe der Gedenkstätte Deutscher Widerstand. In: Aufstand des Gewissens, Thomas Vogel (Hg.), S. 559–573.
81 Gerd R. Ueberschär, Der nicht endende Kampf um die Erinnerung, Frankfurter Rundschau, 12. Juli 1994, S. 10.
82 Zum neueren Forschungsstand vgl. u. a.: Johannes Tuchel, Das Ende einer Legende. Die Rote Kapelle im Widerstand gegen den Nationalsozialismus. In: Ueberschär, Das andere Deutschland, S. 347 ff.; Bodo Scheurig, Verräter oder Patrioten. Das Nationalkomitee »Freies Deutschland« und der Bund deutscher Offiziere in der Sowjetunion 1943 bis 1945. Berlin, Frankfurt a. M. 1993; Gerd R. Ueberschär (Hg.), Das Nationalkomitee »Freies Deutschland« und der Bund deutscher Offiziere. Frankfurt a. M. 1996; Georg Meyer, Täuschung hinter Stacheldraht, Christ und Welt, Rheinischer Merkur, 28. Juli 1989; Peter Steinbach, Das Nationalkomitee »Freies Deutschland« und der Widerstand gegen den Nationalsozialismus. In: Steinbach, Widerstand im Widerstreit, S. 257 ff.
83 Stefan Geilen, Widerstandsbild in der Bundeswehr. In: Aufstand des Gewissens, S. 340.
84 Peter Jochen Winters, Ein Zentrum des Gedenkens und der Auseinandersetzung, Frankfurter Allgemeine Zeitung, 20. Juli 1989.
85 Huberta v. Voss, Eklat um Widerstands-Ausstellung, DIE WELT, 20. Juli 1989.
86 Peter Hermes, Nicht alle Opfer waren dagegen, Rheinischer Merkur und Christ und Welt, 28. Juli 1989.
87 Vgl. u. a. Konrad Repgen, Keine Ehrung für Stalins Vasallen. In: ebd., S. 41 ff.
88 Der Tagesspiegel, 20. Juli 1994.
89 Frankfurter Allgemeine Zeitung, 28. Juni 1994, S. 4.

90 Karl Feldmeyer, Streit um das Gedenken zum 20. Juli, Frankfurter Allgemeine Zeitung, 28. Juni 1994.
91 Volker Rühe, »Aufstand des Gewissens«, Gedenken an den militärischen Widerstand, 19. Juli 1994, unveröffentlichte Kopie, Gedenkstätte Deutscher Widerstand.
92 Das Hilfswerk 20. Juli nannte sich seit 1994 Stiftung 20. Juli, um den Funktionswechsel der Stiftung zu dokumentieren.
93 Siegfried Vergin, »Manchmal können Söhne ihre Väter beschädigen«, Frankfurter Rundschau 4. Juli 1994, S. 5.
94 Der Tagesspiegel, 20. Juli, 1994, S. 1.
95 Vgl. u. a. Peter Steinbach, »Widerstand gleich Widerstand«. In: Sonderbeilage des Rheinischen Merkurs. 20. Juli 1944. S. 38 ff; Peter Steinbach, Widerstand gegen den Nationalsozialismus – Ein Bezugspunkt für die politische Kultur? Zugleich ein Nachtrag zur Kontroverse um den Widerstand. In: Steinbach, Widerstand im Widerstreit, S. 467; Peter Steinbach, Teufel Hitler – Beelzebub Stalin? Zur Kontroverse um die Darstellung des Nationalkomitees »Freies Deutschland« in der ständigen Ausstellung »Widerstand gegen den Nationalsozialismus« in der Gedenkstätte deutscher Widerstand. *ZfG* 7 (1994); Peter Steinbach, »Widerstand hinter Stacheldraht?«. Ueberschär, Vergangenheitspolitik, S. 332 ff.
96 Karl-Heinz Janssen, Der Anschlag auf den Widerstand, DIE ZEIT, 8. Juli 1994, S. 35.
97 Manfred Asendorf, »Vom Anderen Deutschland«. Streit um den 20. Juli, Aus Politik und Zeitgeschichte, B 28/94, 15. Juli 1994, S. 785.
98 Hans Mommsen, Gesellschaftsbild und Verfassungspläne des Deutschen Widerstands. In: Hans Mommsen, Alternative zu Hitler. Studien zur Geschichte des deutschen Widerstands, München 2000, S. 53–158.
99 Frank Stern, Wolfsschanze versus Auschwitz. Widerstand als deutsches Alibi? In: ZfG 7 (1994), S. 645 ff.
100 Michael Jeismann, Auf Wiedersehen Gestern. S. 169.
101 Christian Gerlach, Männer des 20. Juli und der Krieg gegen die Sowjetunion. In: Vernichtungskrieg. Verbrechen der Wehrmacht 1941 bis 1944. Hannes Heer und Klaus Naumann (Hg.) Hamburg 1995, S. 427 ff. Christian Gerlach, Hitlergegner bei der Heeresgruppe Mitte und die »verbrecherischen Befehle«. In: NS-Verbrechen und der militärische Widerstand gegen Hitler, Gerd R. Ueberschär (Hg.), S. 62 ff; Christian Gerlach, Kalkulierte Morde: Die deutsche Wirtschafts- und Vernichtungspolitik in Weißrussland 1941–1944, Hamburg 1999.
102 So auch: Christian Gerlach, Verschwörer im Widerspruch, DIE WELT, 3. März 2004.
103 Vgl. u. a. Marion Gräfin Dönhoff, Richard v. Weizsäcker, Wider die Selbstgerechtigkeit der Nachgeborenen. DIE ZEIT, 8. März 1996, S. 63.
104 Winfried Heinemann, Der Widerstand gegen das NS-Regime und der Krieg an der Ostfront. In: Aufstand des Gewissens, S. 393 ff; Winfried Heinemann, Kriegsführung und militärischer Widerstand im Bereich der Heeresgruppe Mitte an der Ostfront. In: NS-Verbrechen, Gerd R. Ueberschär (Hg.), S. 77 ff.
105 Daniel Goldhagen, Hitlers willige Vollstrecker, Berlin 1996.
106 Rüdiger v. Voss an Reinhard Goerdeler, 1. August 1994, ACDP, *Forschungsgemeinschaft 20. Juli*, 06-056-055/1.
107 Hans Mommsen, Widerstand hat viele Namen. Süddeutsche Zeitung, 16., 17. Juli 1994, SZ-Wochenendbeilage S. 1.
108 Ralf Euler, General, Mahner vor dem Krieg und Verschwörer Hitlers, Frankfurter Allgemeine Zeitung, 30. Mai 1996, S. 44.
109 Konrad Adam, Das Tribunal, Frankfurter Allgemeine Zeitung, 8. November 1995, S. 37.

110 Ads, Stülpnagel: Familie hofft auf Einsicht späterer Generationen, Frankfurter Allgemeine Zeitung, 5. Juli 1996, S. 56.
111 Hemmungslose Lügen, DER SPIEGEL, 19. Januar 1998, S. 58.
112 Klaus v. Dohnanyi, Rede zur Eröffnung der Ausstellung »Aufstand des Gewissens«. In: Aufstand des Gewissens, S. 379 ff.
113 Vgl. an Büchern: Marion Gräfin Dönhoff. In memoriam 20. Juli 1944, geschrieben 1945, Schriftenreihe der Forschungsgemeinschaft Nr. 3; Wiederauflage o. O. 1980; Marion Gräfin Dönhoff, Namen, die keiner mehr nennt. Köln 1962; Marion Gräfin Dönhoff, Um der Ehre Willen. Erinnerungen an die Freunde des 20. Juli. Berlin 1994.
114 Eckart Conze, Aufstand des preußischen Adels. In: Vierteljahreshefte für Zeitgeschichte 4 (2003), S. 483 ff.
115 Rainer Blasius, Nur für große Geister, Frankfurter Allgemeine Zeitung, 15. Oktober 2003.
116 Ulrich Raulff, Vertigo oder Die 20. Julis, Süddeutsche Zeitung 20./21. Juli 2002, S. 11.
117 Gerd R. Ueberschär, Der nicht endende Kampf um die Erinnerung, Frankfurter Rundschau, 12. Juli 1994, S. 10.

Das Pathos des Redens > Von der familiären Gedenkfeier zum politischen Staatsakt

Mein Großvater besitzt kein Grab. Als die Nationalsozialisten merkten, dass mein Großvater nicht von russischen Partisanen erschossen worden war, sondern sich mit einer Handgranate am 21. Juli 1944 getötet hatte, ließen sie den auf dem Familienbesitz in Wartenberg Beerdigten ausgraben. Sein Leichnam wurde im Konzentrationslager Sachsenhausen verbrannt, die Asche über die Berliner Rieselfelder gestreut. Wie mit meinem Großvater sind die Nationalsozialisten auch mit den meisten anderen ermordeten Widerstandskämpfern umgegangen. Kein Ort sollte den Nachkommen die Möglichkeit geben, angemessen um den Toten zu trauern; kein Ort sollte an die Toten erinnern. Die Politik der Nationalsozialisten zielte darauf ab, jede Erinnerung an die Existenz des Attentäters zu löschen. Umso intensiver war im jeweiligen »Familiengedächtnis« der Wunsch der Angehörigen, das Andenken des Toten zu wahren. »Die Schatten des Todes reichen tief«, sagte in einem Interview vor Jahren der Ehrenvorsitzende der *Forschungsgemeinschaft 20. Juli*, Rüdiger v. Voss. Und in der Tat scheint der gewaltsame Tod ohne Ort der Erinnerung in den Familien der Widerstandskämpfer besonders scharf eingebrannt zu sein. Dort, wo es keinen Ort des Gedenkens gibt, bleibt der Tote über längere Zeit lebendig und nimmt einen besonderen Platz im Gedächtnis der Lebenden ein. Viele Familien schufen sich in den Nachkriegsjahren »ihre« Gedächtnisorte. Dies konnte zum Beispiel ein Gedenkstein auf dem Familiengrab sein. Besonders in katholischen Familien bürgerte sich die Tradition ein, alljährlich einen Gedenkgottesdienst zu Ehren des Toten abzuhalten. Mitglieder der Familie von Adam v. Trott zu Solz errichteten ein aus zwei mächtigen Lärchenstämmen gefügtes, weit sichtbares Kreuz, auf dem mit einfachen Worten verzeichnet steht: »Hingerichtet mit den Freunden im Kampfe gegen die Verderber unserer Heimat. Betet für sie, beherzigt ihr Beispiel.« Lange Zeit beherzigte die Gemeinde Imshausen dieses Mahnmal nicht, indem sie sich weigerte, den Namen Adam v. Trotts auf der Gedenktafel für die im Zweiten Weltkrieg Gefallenen aufzunehmen. Andere Familien wie beispielsweise die Familie Reichwein oder die Familie des Gewerkschaftlers Wilhelm Leuschner gründeten »imaginäre Gedächtnisorte«, um in Form von Stiftungen an die Gedanken und das Wirken der Toten zu erinnern.

Obgleich viele Familien kreative Möglichkeiten entwickelten, um ihrer Toten zu gedenken, scheint das fehlende Grab nur durch wenig zu ersetzen zu sein. Familien, in denen eine Grabstätte existiert, wie bei Familie v. Voss oder bei Familie Siegfried Wagner, erleben sich in einer privilegierten Position, die sie gegenüber anderen Familien heraushebt. So verkaufte beispielsweise eine Tochter von Siegfried Wagner einen Teil des Gutes ihres Mannes, um dem Vater eine Grabstätte auf dem Potsdamer Friedhof kaufen zu können.

Da den meisten Angehörigen herkömmliche Trauerrituale verwehrt waren, kam den seit Ende der vierziger Jahre stattfindenden Gedenkfeiern zum 20. Juli eine wichtige Rolle zu. Hier konnten sich die Angehörigen einmal im Jahr treffen, um Erfahrungen auszutauschen und gemeinsam um ihre toten Männer, Väter, Söhne, Brüder, Onkel und Verlobten zu trauern. »Für die Gedenkfeiern gibt es zwei verschiedene Wurzeln«, erinnert sich Dieter Thomas,[1] Sohn des Generals der Infanterie Georg Thomas, der seit Jahrzehnten im Vorstand des *Hilfswerks* mitarbeitet. So veranstalteten Bundeskanzler Konrad Adenauer und Annemarie Renger seit den fünfziger Jahren alljährliche Feiern zum 20. Juli in Bonn, die von der Bundesregierung und den verschiedenen Verfolgtenverbänden ausgerichtet wurden. Gleichzeitig entwickelte sich in Berlin eine spezifische Gedenktradition, die vor allem von den Angehörigen, dem *Hilfswerk,* dem Senat von Berlin gemeinsam begründet wurde. »Die zentrale und wichtige Feier fand immer schon in Berlin statt«, erzählt Thomas und ergänzt: »Die Angehörigen und ihre Nachkommen reisten nach Berlin, während in Bonn die Politik den 20. Juli beging.« In Berlin kristallisierten sich bereits Ende der vierziger Jahre zwei Erinnerungsorte heraus, an denen die Nationalsozialisten führende Widerstandskämpfer ermordet hatten: Einerseits der Innenhof des Bendlerblocks, wo Claus

Schenk Graf v. Stauffenberg, Friedrich Olbricht, Albrecht Ritter Mertz v. Quirnheim und Hans-Werner v. Haeften noch in der Nacht vom 20. auf den 21. Juli erschossen wurden. Andererseits die ehemalige Straf- und Hinrichtungsstätte Berlin-Plötzensee, wo zwischen 1933 und 1945 rund 2 800 Menschen umkamen, davon mindestens 86 in Folge des 20. Juli.[2] 1946 lobte der Magistrat von Berlin einen Wettbewerb aus, um in Plötzensee eine Mahn- und Gedenkstätte zu errichten. Ein Jahr später wurden die Arbeiten im teilweise noch zugänglichen Berliner Schloss auf Veranlassung des Architekten Hans Scharoun ausgestellt.[3] 1949 fand eine Gedenkfeier in Plötzensee für die Widerstandskämpfer statt.
Die Hinrichtungen hatten während der Zeit des Nationalsozialismus in einem unscheinbaren »Hinrichtungsschuppen« stattgefunden, wo viele politische Gegner der Nationalsozialisten entweder aufgehängt wurden oder durch die Guillotine starben wie Erwin v. Witzleben, Peter Graf Yorck v. Wartenburg, Erich Hoepner, Berthold Graf v. Stauffenberg, Fritz-Dietlof Graf v. d. Schulenburg, Adam v. Trott zu Solz, Karl-Heinrich v. Stülpnagel und Julius Leber, Adolf Reichwein, Josef Wirmer, Ulrich v. Hassell und Carl Goerdeler. Im Dezember 1942 hatte der Reichsminister der Justiz Otto Thierack erreicht, dass der Hinrichtungsschuppen mit acht Haken ausgestattet wurde, um mehrere Menschen aufhängen zu können.[4] Heute erinnert eine kleine Ausstellung in einem der beiden Räume im roten Ziegelschuppen an die Getöteten. Der zweite Raum ist bis auf den eisernen Träger an der Decke mit fünf Haken leer. Ein breiter Gang mündet von dem Hinrichtungsschuppen auf einen großen Hof, wo alljährlich Gedenkfeiern zum 20. Juli stattfinden. Eine Gedenkmauer aus Steinquadern trägt die Inschrift: »Den Opfern der Hitlerdiktatur 1933–1945«. Eine Urne mit Erde von acht Konzentrationslagern erinnert an die Opfer der Konzentrationslager.
An der Stätte des Umsturzversuches vom 20. Juli, im so genannten Bendlerblock, legte die Witwe von General Friedrich Olbricht, Eva, in einer Feierstunde am 20. Juli 1952 eine Gedenkrolle in den Grundstein für ein Ehrenmal. Ein koloriertes Foto zeigt Eva Olbricht vor dem Grundstein, in der Hand eine Textrolle, als könnten sich ihre Gedanken von dem offenen Loch im Grundstein nicht trennen. Ein Arbeiter mit

Mütze wartet, bis Eva Olbricht die Rolle im Loch versenkt. Nur acht Jahre zuvor hatten die Nationalsozialisten in diesem Innenhof ihren Mann Friedrich Olbricht erschossen, der im Hauptteil des Ostflügels seinen Dienstsitz hatte. »Meine Großmutter hat sich in Berlin zeitlebens für eine Würdigung des Widerstandes eingesetzt«, erzählt ihr Enkel Rudolf Georgi.

»Es war das entscheidende Verdienst des Regierenden Bürgermeisters von Berlin, Ernst Reuter, dass sich der Senat von Berlin so rasch nach Kriegsende dazu entschloss, die Attentäter zu ehren«, erinnert sich Dieter Thomas. Es ist dabei nicht als Zufall zu bewerten, dass die vorsichtige Anerkennung des Widerstands von West-Berliner Boden ausging und damit von einer geteilten und von der Deutschen Demokratischen Republik umgebenen Stadt, die tagtäglich unter der deutschen Teilung zu leiden hatte. Die offensichtliche Unterdrückung politischer und menschlicher Freiheit in der DDR machte den Widerstand als Abwehrrecht gegen einen totalitären Staat plausibel. Die Abgrenzung zur DDR führte zu einer langsamen Umbewertung des Widerstands, und weiterhin war, wie Steinbach es formuliert, von einem überindividuellen Widerstandsziel der Deutschen auszugehen, das zunehmend mehr als Frage an die deutsche Nation denn gegen die Siegermächte gerichtet war.[5]

Am 20. Juli 1953 enthüllte Ernst Reuter die Bronzestatue[6] eines idealisierten nackten Jünglings mit gefesselten Händen, den der Bildhauer Richard Scheibe modelliert hatte. Der ehemalige Reichskunstwart Edwin Redslob dichtete die Inschrift: »Ihr trugt die Schande nicht – Ihr wehrtet Euch – Ihr gabt das große ewig wache Zeichen der Umkehr – Opfernd Euer heißes Leben – Für Freiheit, Recht und Ehre«. Bei der feierlichen Enthüllung wandte sich Reuter mit einfühlsamen Worten an die Hinterbliebenen, die oft als Angehörige von Landesverrätern beschimpft worden waren. Dabei sprach er besonders die Söhne, Töchter und Enkel an. »Aber ich darf vielleicht als ein Mann, der nun schon langsam der älteren Generation angehört, ein Wort an die Jugend richten, an die Töchter und Söhne der Gefallenen des 20. Juli, die heute bei uns sind. Sie sind die Träger stolzer Namen, weil diese Namen verbunden sind mit einer heroischen, tapferen, echten vaterländischen Tat. Sie können in ihrem ganzen Leben auf ihre Väter mit Stolz zurückblicken und an sie denken.«[7] Reuters Herzenswärme legte sein eigenes Schicksal nahe: Als Magdeburger Oberbürgermeister und Mitglied des Reichstages war Reuter in den dreißiger Jahren von den Nationalsozialisten verfolgt worden und lebte seit 1935 im türkischen Exil. 1951 wurde er zum Regierenden Bürgermeister von Berlin gewählt. In der Nachkriegszeit gehörte Reuter zu den deutschen Politikern, die die Verbrechen der Nationalsozialisten offen kritisierten. Umso wichtiger war es Reuter, der Deutschen zu gedenken, die dem Unrechtsregime widerstanden hatten. In seiner Rede sprach sich Reuter dafür aus, den Bendlerblock in ein »künftiges nationales Heiligtum« zu verwandeln. Reuter beschwor das verbindende Element der Widerstandskämpfer. Mit Blick auf den Arbeiteraufstand am 17. Juni 1953 in der DDR erklärte Reuter, dass es der Wille der Männer des 20. Juli gewesen sei, ein freies und vereintes Deutschland zu schaffen, das in Frieden mit seinen Nachbarn lebe.

»Der 20. Juli 1944 war das erste sichtbare, weiterhin wirkende Fanal, das der Welt zeigte, dass in Deutschland der Wille zur Freiheit und der Wille zum eigenen Leben nicht untergegangen war«,[8] betonte Reuter in der Feierstunde. Der zweite Redner der Feierstunde war der Schwiegersohn Friedrich Olbrichts, Friedrich Georgi, der die Ereignisse am 20. Juli im Bendlerblock miterlebt hatte und für kurze Zeit in Haft saß. Auch Georgi hob das verbindende Moment aller Widerständler hervor und betonte, dass es nicht nur den militärischen Widerstand gab: »Wenn ich der Aufforderung Folge leiste, am heutigen Tage an dieser Stelle als ehemaliger Offizier besonders der Offiziere zu gedenken, die diesen Umsturz geplant, vorbereitet und versucht haben, so tue ich das nur mit einem gewissen Widerstreben; denn ich möchte keinesfalls, dass dieser Kreis der Offiziere gegenüber den anderen Mitwirkenden in irgendeiner Form in den Vordergrund gerückt wird.«[9]

Seit den fünfziger Jahren wechseln die zentralen Gedenkveranstaltungen in Berlin zwischen Plötzensee und dem Bendlerblock, wobei an dem Ort, an dem die Gedenkfeier nicht veranstaltet wurde, eine offizielle Kranzniederlegung mit kurzen Ansprachen stattfindet. Am 19. Juli fand bis in die siebziger Jahre hinein parallel ein katholischer und evangelischer Gottesdienst in Berlin-Dahlem statt. Außerdem zelebrierten am 20. Juli in Plötzensee Pater Odilo Braun und Pastor Eberhard Bethge privat eine Gedenkfeier. »Für viele Nachkommen stellt der Gottesdienst nach wie vor die wichtigste Gedenkveranstaltung dar«, ergänzt Thomas. Braun und Bethge verstanden es konfessionsübergreifend den richtigen Ton in Plötzensee zu treffen, wodurch vor allem die persönliche Trauer und der persönliche Verlust der Angehörigen fern der Politik angesprochen wurden. »Für meine Großmutter ist der Gottesdienst in Plötzensee wie ein jährlicher Besuch auf dem Friedhof«, erzählt Clemens Schaeffer.

Die ambivalente Haltung der deutschen Gesellschaft prägte in den fünfziger und sechziger Jahren auch die jährlichen Gedenkfeiern. Bezeichnenderweise wurden bis 1964 die politischen Hauptreden zum 20. Juli weder in Bonn noch in Plötzensee oder im Bendlerblock gehalten. Vielmehr wählten die Bundespräsidenten, die in der Regel zu »runden« Jahrestagen sprachen, von 1954 an und 1964 noch einen neutralen Ort für ihre Botschaft, nämlich das Auditorium Maximum an der Freien Universität Berlin. Dort bestand seit 1951 die Tradition, am 20. Juli einen bekannten Politiker oder einen Zeithistoriker wie Hans Herzfeld oder Hans Rothfels sprechen zu lassen. Diese Tradition, die mit Dieter Spangenberg, Herbert Wehner, Ernst Reuter, Inge Scholl und dem damaligen Rektor der Freien Universität Hans Frhr. Kress v. Kressenstein 1951 begann, endete 1964 mit einer Veranstaltung, bei der der damalige Regierende Bürgermeister von Berlin, Heinrich Albertz, und Bundespräsident Heinrich Lübke sprachen. Seitdem werden die Hauptveranstaltungen im Bendlerblock und in Plötzensee abgehalten.

Während in der Bundesrepublik vor allem Kriegerdenkmäler für die gefallenen Soldaten und Gedächtnisstätten für den bürgerlich-militärischen Widerstand errichtet wurden, ehrte die DDR in der Nachkriegszeit die kommunistischen antifaschistischen Widerstandskämpfer. Zu den frühen Erinnerungsorten der DDR zählte die Gedenkstätte der Sozialisten in Friedrichsfelde, wo an Karl Liebknecht, Rosa Luxemburg, Wilhelm Pieck, Kurt Eisner, Rudolf Breitscheid, aber auch an Theodor Haubach und den Pädagogen Adolf Reichwein als »Opfer des Kampfes

gegen den deutschen Imperialismus und europäischen Faschismus« erinnert wurde.[10] Schon in den fünfziger Jahren gestaltete der SED-Staat die drei Konzentrationslager auf ostdeutschem Boden, nämlich Buchenwald, Mittelbau-Dora und Ravensbrück, zu »antifaschistischen Widerstands- und Befreiungsdenkmälern« um. Vor allem das Konzentrationslager Buchenwald, in dem über 250 000 Menschen interniert waren, von denen mehr als 60 000 Menschen starben, wurde in der DDR zum Mahnmal der kommunistischen Selbstbefreiung. 1958 schuf der Künstler Fritz Cremer ein monumentales Denkmal, das zehn Männer und ein Kind in kämpferischer Pose mit Fahnenbanner, Schwurhand und geballter Faust zeigt.[11]
Zum Märtyrer der deutschen Arbeiterbewegung, dessen Leben und Sterben in der DDR seit 1953 hagiographische Züge annahm, wurde Ernst Thälmann.[12] Der Platz vor dem Krematorium in Buchenwald und damit der Ort, an dem die Nationalsozialisten Thälmann 1944 erschossen, wurde zum wichtigsten Ort der Gedenkstätte, wo alljährlich Feiern zu Ehren von Thälmann veranstaltet wurden. Jeder Ort in der DDR besaß eine Thälmann-Straße; Kindern und Jugendlichen diente Thälmann als Vorbild. Indem die SED Thälmann für sich vereinnahmte, konnte sie den Widerstand gegen den Nationalsozialismus als Teil des Kampfes der Arbeiterbewegung beschreiben, die in der Gründung der DDR ihren Höhepunkt fand.
In der Bundesrepublik erhielt hingegen die zum zehnten Jahrestag des 20. Juli gehaltene Rede von Bundespräsident Theodor Heuss 1954 zentrale Bedeutung. Der Bundespräsident gehörte 1952 zu den ersten deutschen Politikern, der im Rahmen des Remer-Prozesses vor einer »Versudelung des Andenkens der Opfer des 20. Juli« gewarnt und die Angehörigen des 20. Juli vor den Vorwürfen der Rechtsextremen in Schutz genommen hatte.[13] In seiner am zehnten Jahrestag an der Freien Universität gehaltenen Rede sprach Heuss von dem »christlichen Adel der deutschen Nation«,[14] der sich mit Führern der Sozialisten und der Gewerkschaften verband. Damit wandte Heuss sich indirekt gegen den Vorwurf, das Attentat sei das Ergebnis einer ehrgeizigen Gruppe adliger Militärs gewesen. Gleichzeitig machte der liberale Bundespräsident aber

deutlich, dass es keine Verpflichtung zum Widerstand geben könne. In seiner Ansprache hob Heuss auf die ethische Verpflichtung zum moralischen Handeln ab, die jeden Einzelnen vor die Entscheidung stelle. In einer *tour de raison* durch die Geschichte griff Heuss die in der Öffentlichkeit diskutierte Frage nach dem Eidbruch und der »Offiziersehre« auf und erwähnte als Beispiel für die »preußischen Tugenden der Widerstandskämpfer« den Grafen v. der Marwitz, der sich im Siebenjährigen Krieg dem Befehl Friedrich des Großen widersetzte und lieber aus der Armee ausschied, als das Schloss des sächsischen Staatsministers Graf Brühl zu plündern.

Wer die Rede im Abstand von fast fünfzig Jahren liest, merkt bei jeder Zeile, wie Heuss um die richtige Wortwahl gerungen hat, um eine Bevölkerung nicht zu provozieren, die noch weit davon entfernt war, das Attentat anzuerkennen. »Wir werden nicht verhindern können, dass in Hinterstuben diese oder jene Schmähreden das Gedächtnis der Männer aufsucht, wir wissen auch, dass diese Problematik, die immer und überall in der Geschichte, bei allen Völkern vorhanden ist, Staatsraison und menschliche Freiheit ... mit diesem Vorgang nicht in eine Norm gegangen ist«, erklärte Heuss und endete mit einem oft zitierten Appell an die Zukunft: »Das Vermächtnis ist noch in Wirksamkeit, die Verpflichtung noch nicht eingelöst.«[15] Für die Angehörigen und Nachkommen der Widerstandskämpfer bedeutete die Rede von Theodor Heuss erstmals eine offizielle Anerkennung für die Taten ihrer Männer und Väter und ist in ihrer psychologischen Bedeutung kaum zu unterschätzen. »Für mich war es ein großartiger Moment, den Bundespräsidenten in der Freien Universität auf diese Art sprechen zu hören«, erinnert sich Renate Martin-Reichwein, Tochter von Adolf Reichwein.

Heuss war sich indessen seiner Verantwortung bewusst, eine besondere Rede halten zu müssen, und hatte deshalb bei dem Frankfurter Philosophen Max Horkheimer um Ideen angefragt. Horkheimer hatte angeregt, an eine Neubelebung der individuellen Verantwortlichkeit zu appellieren, die den Menschen befähigen müsse, im Namen der politischen Gerechtigkeit und der Moralität zu handeln. In der Entwurfsskizze für Heuss heißt es: »Es bedarf der Spontaneität des Einzelnen, die sich in formalen Prinzipien nicht erschöpft. Einer der wenigen Überlebenden des 20. Juli hat einmal im Gespräch auf die Frage, wie er es vermochte, an dem Unternehmen teilzunehmen, während er wissen musste, dass ihn im Falle des Misslingens Schlimmeres als der Tod erwarte, geantwortet: weil das Bestehende so unerträglich war, dass alles, jede Qual und jede Marter, ihm vorzuziehen gewesen wäre.«[16]

In den fünfziger und sechziger Jahren sprachen auf den Gedenkfeiern im Bendlerblock und in Plötzensee vor allem Überlebende des Widerstands wie Fabian v. Schlabrendorff, Eugen Gerstenmaier und Paul Graf Yorck v. Wartenburg und nahe Angehörige wie der Bruder von Josef Wirmer, Ernst, oder der von den Nationalsozialisten verfolgte Dichter Carl Zuckmayer. Politiker wagten sich an das heikle Thema des Widerstands meist nur, wenn sie persönliche Beziehungen zu Widerstandskämpfern hatten, wie Bundespräsident Theodor Heuss, oder selbst von den Nationalsozialisten verfolgt worden waren, wie Ernst Reuter.

Im Mittelpunkt der Reden stand der militärische Widerstand, aber auch die zivile und kirchliche Opposition. Fast alle Redner hoben als Motiv für den Widerstand die Vaterlandsliebe und das moralische Ethos der Widerstandskämpfer hervor und betonten die Bedeutung ihres christlichen Glaubens. Während der Pfarrer und Schriftsteller Albrecht Goes von den ermordeten Widerständlern als »verlorener Elite der Nation«[17] sprach und mahnte, das fragmentarische Werk der Widerständler zu vollenden, verglich der Frankfurter Politologe Carlo Schmid die Widerständler mit griechischen Helden und endete pathetisch mit dem Satz: »Heilig Herz der Völker, Vaterland«.[18] Ulrike Emrich und Jürgen Nötzold haben in ihrer Untersuchung der Reden zum 20. Juli nachgewiesen, dass bis 1966 vor allem CDU-Politiker am 20. Juli sprachen, die die christliche und ethische Gesinnung der Attentäter herausstrichen, die sie in einer Linie zur Gründung der CDU sahen.

Zu einem ganz entscheidenden Topos in den Reden der fünfziger und sechziger Jahre wurde der Vergleich zwischen dem gescheiterten Volksaufstand in der DDR am 17. Juni 1953 und dem 20. Juli 1944. Erstmals schlug der damalige Regierende Bürgermeister Ernst Reuter den Bogen zwischen beiden Ereignissen, als er 1953 das Denkmal für die Widerstandskämpfer im Bendlerblock enthüllte. Zum Ende seiner Rede hieß es: »Der Bogen vom 20. Juli 1944 spannt sich heute, ob wir wollen oder nicht, zu dem großen Tage des 17. Juni 1953, zu jenem Tage, an dem sich ein gepeinigtes und gemartertes Volk in Aufruhr gegen seine Unterdrücker erhob und der Welt den festen Willen zeigte, dass wir Deutsche frei sein und als ein freies Volk unser Haupt zum Himmel erheben wollen. Wir wissen, dass dieser 17. Juni wie einst der 20. Juli nur ein Anfang war. Aber ich glaube, es ist gut, es ist richtig, wenn wir auch an diesem Tage den Bogen vom 20. Juli bis zu den Ereignissen schlagen, die uns heute innerlich bewegen.«[19] Als Bürgermeister einer geteilten Stadt, abgeschnitten vom Westen, suchte Reuter nach dem verbindenden Element zwischen Ost und West. Gleichzeitig gelang ihm mit dieser Deutung, die Geschichte des Widerstands so zu interpretieren, als habe sich 1944 ebenfalls die Mehrheit des deutschen Volkes erhoben. Der in den Nachkriegsjahren äußerst negativ besetzte Eroberungsdrang des deutschen Volkes wurde von Reuter geschickt durch den positiv besetzten Begriff des »Freiheitsdrangs« ersetzt. Die deutsche Geschichte erhielt damit eine neue Wendung, so als habe sich der Freiheitskampf spätestens seit den Napoleonischen Befreiungskriegen als hervorstechendes Element der Deutschen bewährt.

Der 20. Juli 1954 wurde durch ein Ereignis überschattet, das das Attentat erneut in den Ruch des Verrates rückte. So setzte sich ausgerechnet an diesem Datum der Präsident des Bundesamts für Verfassungsschutz, Otto John, in die DDR ab. Gemeinsam mit seinem Bruder Hans gehörte John dem militärischen Widerstand an. Vor laufenden Kameras der Weltpresse verkündete John, er glaube nur hier für eine Wiedervereinigung beider Staaten arbeiten zu können und bedauere die zunehmende Renazifizierung der Bundesrepublik zutiefst.[20] John kehrte 1955 in die Bundesrepublik zurück und wurde wegen Hochverrats angeklagt. Er selbst behauptete, er sei im Sommer 1954 von östlichen Geheimdiensten entführt und zu seinen Aussagen gezwungen worden. Der »Fall John« führte im Deutschen Bundestag zu einer langen Debatte, die die Einstellung vieler Abgeordneter zur Emigration, aber auch zum Widerstand dokumentiert. So kommentierte beispielsweise der DP-Abgeordnete Hans-Joachim von Merkatz, dass niemand in Deutschland ein öffentliches Amt bekleiden dürfe, der in den Armeen der Alliierten gegen Deutschland gekämpft hatte.»Ein Mann, der mit dem Feind zusammengearbeitet hat, ist für jedes öffentliche Amt disqualifiziert ... Aber einen Punkt kann man doch aus allen Verwirrungen herauslösen: Wer Verrat an seinem Volk begangen hat, Verrat an seinem Volk!, ist, und das sollte die Richtschnur sein, für ein öffentliches Amt disqualifiziert.«[21]

Auch die Gedenkfeiern 1964 zum zwanzigsten Jahrestag blieben der Vorsicht verhaftet. Erneut sprach der Bundespräsident – diesmal Heinrich Lübke – auf neutralem Boden, im Auditorium Maximum der Freien Universität im Beisein von Bundeskanzler Konrad Adenauer. Dennoch verströmte die Rede Lübkes einen freieren Geist, als es die berühmte Rede von Theodor Heuss auf Grund der Zeitumstände vermochte. Lübke wandte sich in seiner Rede direkt an die akademische Jugend und forderte sie auf, Zivilcourage zu zeigen und für die Demokratie zu kämpfen. Zwar erwähnte auch Lübke noch, dass der »20. Juli heute wie damals die Geister«[22] scheide, gleichzeitig befand sich der Bundespräsident aber deutlich weniger in einer Abwehrstellung als sein Vorgänger Theodor Heuss. Der Bundespräsident scheute sich deshalb auch nicht, die Verfolgung der Juden als eine »entsetzliche Untat« anzuprangern, während sich in der Rede von Heuss kein Wort über die Judenverfolgung findet. Auch nahm Lübke – was für die damalige Zeit sehr unpopulär war – ein Stück weit sogar die Kommunisten in Schutz. So sagte er: »Wir wollen nicht verschweigen, dass auch viele undoktrinäre Kommunisten sowie Vertreter obrigkeitsstaatlicher Auffassungen, die wir heute nicht mehr teilen, Opfer der politischen Verfolgung wurden. Die Geschichtsforschung hat inzwischen bestätigt, dass viele der damaligen deutschen Kommunisten innerlich unabhängige Idealisten waren. Es wäre deshalb unredlich, wollte man ihnen unterschieben, sie hätten nur als Handlanger einer fremden Macht gehandelt. Auch Nationalsozialisten sind einsichtig geworden und haben sich später am Widerstand beteiligt.«[23] Gleichzeitig zog auch Lübke den Vergleich zwischen dem Aufstand des 20. Juli und dem Volksaufstand des 17. Juni und verglich

den Nationalsozialismus mit dem Kommunismus, der einmal dem Herrenmenschentum, einmal dem Kollektiv fröne.
Bei den Studenten der Freien Universität stieß die Feier auf großes Interesse. So beschwerte sich der AstA, dass es zu wenig Studentenkarten für die Gedenkfeier gegeben habe.[24] Auch andernorts fanden am zwanzigsten Jahrestag Erinnerungsfeiern statt. So stellte beispielsweise Theodor Steltzer, der dem Kreisauer Kreis angehörte, auf einer Tagung der Evangelischen Akademie in Berlin die Frage nach der Demokratiefähigkeit der Deutschen, und der Bruder des ermordeten Josef Wirmer, Ernst Wirmer, sprach in Plötzensee auf einer Veranstaltung des Bundes der katholischen Jugend des Bistums Berlin.[25]
Der Festredner der Veranstaltung im Bendlerblock war auch am zwanzigsten Jahrestag ein Angehöriger, der gleichzeitig in der bundesrepublikanischen Politik Karriere gemacht hatte: Eugen Gerstenmaier. Ganz dem Pathos seiner Zeit verhaftet, sprach Gerstenmaier stets in der Wir-Form, wenn er von der Opposition gegen Hitler sprach, und verlieh damit seiner Rede den Eindruck einer großen emotionalen Nähe zu dem Attentat am 20. Juli. Gerstenmaiers Gedanken kreisten um die letzten Worte Graf Stauffenbergs vom »heiligen Deutschland«. Dabei wandte er sich vehement gegen die Ewiggestrigen und äußerte als Grundmotiv für die Opposition: »Sie wollten Deutschland um keinen Preis den Mordbuben und Wahnsinnigen, den Frevlern und Volksbetrügern überlassen. Und sie wollten – koste es, was es wolle –, dass nicht mehr länger im Namen Deutschlands gemordet und geraubt, geschunden und gefoltert werde. Sie waren keine Klerikalen. Aber sie wollten schließlich doch das, was Claus von Stauffenberg im Angesicht des Todes das ›heilige Deutschland‹ nannte.«[26]
Die Bundeswehr übernahm im Wesentlichen das in den fünfziger und sechziger Jahren in der Geschichtswissenschaft entworfene Bild vom konservativen und militärischen Widerstand. Dabei wurde die Widerstandsmöglichkeit – schon auf Grund des militärischen Denkens von Befehl und Unterordnung – als Ausnahmefall dargestellt und bewusst die Linie zwischen 20. Juli 1944 und 17. Juni 1953 gezogen. Ansonsten beschränkte sich die Bundeswehr darauf, bekannte Persönlichkeiten

wie Graf Stauffenberg als Vorbilder des mutigen und ehrenwerten Soldaten darzustellen.
Auf Grund der veränderten Sichtweise der Bundeswehr war es seit 1959 üblich geworden, dass der Bundesverteidigungsminister sowohl im Bendlerblock als auch in Plötzensee einen Kranz niederlegen ließ.

Die Gedenkfeiern als Spiegel der Tagespolitik

»Mich lässt die Frage nicht los, warum ich im Dritten Reich nicht mehr widerstanden habe«,[27] sagte der neue Bundespräsident Gustav Heinemann (SPD) bei der Gedenkfeier zum fünfundzwanzigsten Jahrestag des 20. Juli 1944 in Berlin-Plötzensee. Und Heinemann fuhr nachdenklich fort, dass er die Stuttgarter Erklärung der Evangelischen Kirche mitformuliert habe, da ihn diese Frage seit dem Ende des Dritten Reiches beschäftigt habe. In der Stuttgarter Erklärung von 1945 heißt es: » ... aber wir klagen uns an, dass wir nicht mutiger bekannt, nicht treuer gebetet, nicht fröhlicher geglaubt und nicht brennender geliebt haben.«[28]
Derart persönliche Worte von einem Bundespräsidenten war die Bundesrepublik bislang nicht gewohnt, und sie zeigen auch bei den Gedenkfeiern den Wandel in der Erinnerungskultur, der sich mit der sozial-liberalen Koalition 1969 verband. Weil Heinemann, der zwischen 1936 und 1949 als Bergwerksdirektor gearbeitet hatte, sich von der Schuld nicht ausnahm, fand er bei der Gedenkfeier die richtigen Worte. Heinemann ließ keinen Zweifel daran, dass es sich beim Nationalsozialismus um keinen Betriebsunfall handelte, und betonte in seiner Rede, dass es die Deutschen nicht aus eigener Kraft geschafft hätten, eine freiheitliche Demokratie zu errichten. Gleichzeitig machte auch der Ort, an dem der Bundespräsident 1969 sprach, deutlich, dass die Politik nach 25 Jahren bereit war, den Widerstand als Teil der deutschen Geschichte anzuerkennen. Künftig gedachten Politiker der Attentäter an dem Ort ihrer Hinrichtung und nicht mehr an »wertneutralen Orten« wie der Freien Universität Berlin. Dies lag nicht zuletzt daran, dass der Widerstand gegen Hitler 25 Jahre nach dem Attentat von der Mehrheit der Bevölkerung nicht mehr als Landesverrat angesehen und damit ein Stück weit

»salonfähig« wurde. Für Bundespolitiker wurde es deshalb zunehmend attraktiv, den 20. Juli für ihre jeweilige Politik zu instrumentalisieren und den Widerstand gegen Hitler als Vorgeschichte der Bundesrepublik umzudeuten. Gleichzeitig bewies die aktuelle zeithistorische Forschung, dass es keineswegs nur den militärischen Widerstand gegen Hitler gegeben hatte. Die Ausweitung des Widerstandsbegriffs in den sechziger Jahren spiegelte sich auch in den Gedenkreden wider: So findet sich in vielen Reden auch der Widerstand von Sozialdemokraten, Gewerkschaftlern, bisweilen auch der Kommunisten erwähnt. Außerdem verzichteten viele Redner auf das Pathos der fünfziger Jahre, das sich nicht zuletzt auch deshalb in die Gedenkreden eingeschlichen hatte, da Historiker über die verschlungenen und unterschiedlichen Wege der Widerstandskämpfer zu wenig gewusst hatten. In einem gewissen Sinne wurden die Widerstandskämpfer seit Ende der sechziger Jahre »menschlicher« und es wurde daher einfacher, eigene Emotionen zu zeigen, was die Rede von Bundespräsident Gustav Heinemann 1969 nachdrücklich auszeichnet. Gleichzeitig kamen viele Angehörige in den späten sechziger Jahren nicht mit der Vereinnahmung durch die Bundespolitik zurecht. Bis in die Mitte der sechziger Jahre hatten sich die Angehörigen gegen den Vorwurf des Landesverrats verteidigen müssen und erlebt, dass sich Politiker nur sehr zögerlich zum Widerstand gegen Hitler bekannten. Diese jahrelang eingeübte Abwehrstellung legte es nahe, dass sich die Angehörigen als die besten Experten für den Widerstand fühlten und es deshalb mit besonderem Argwohn betrachteten, welcher Politiker welche Meinung über den Widerstand äußerte. Der »falsche« Redner, ein »falsches« Wort wurde genau registriert und mit großer Schärfe verfolgt. Dabei wurden die Nachkommen bisweilen Opfer ihrer eigenen Emotionen und bekämpften sich aus unterschiedlichen politischen Lagern. Die Gedenkreden bis zur Wiedervereinigung sind deshalb zum einen von einer größeren Emotionalität, Offenheit und von einem pluralen Widerstandsbegriff gekennzeichnet; gleichzeitig halten die mit aller Schärfe geführten Debatten über den richtigen Redner an.
Ein offenerer Geist zeigte sich auch in der Rede, die der von den Nationalsozialisten ausgebürgerte Schriftsteller Carl Zuckmayer im Ehrenhof

des Bendlerblocks 1969 hielt. Noch im amerikanischen Exil hatte Zuckmayer das Drama *Des Teufels General* geschrieben, in dem er sich mit dem Phänomen des Widerstands im Dritten Reich und der Attraktivität des Nationalsozialismus auseinander setzte. In einer wunderbar zu lesenden Sprache versetzte sich Zuckmayer 1969 in die Attentäter und ihre Familien und sprach mit einfachen Worten über die Einsamkeit, die die Attentäter bei all ihrem Tun umgab. »Wer einmal in einer ›Sieg-Heil‹ schreienden Menschenmasse gestanden hat und nur anders dachte, hat sie erfahren. Für die, welche viele Jahre lang anders dachten und schweigen mussten, gab es eine Einsamkeit, die kaum zu ermessen ist. Und es geht, inmitten von populären Ekstasen, die wie Springbrunnen und Feuerwerk auf allen Gassen und Märkten empor zischen, um eine unpopuläre, eine einsame Tat.«[29]

Und Zuckmayer sprach noch etwas anderes aus, was keiner seiner Vorredner gewagt hatte, vor den Witwen, Söhnen, Töchtern auszusprechen. Der in der Schweiz Lebende fand auf die Frage, ob der Widerstand umsonst gewesen sei, eine unerwartete Antwort: »Ich glaube, dass ein gütiges Geschick diesen Aufstand vor Gelingen bewahrt hat. Die Erfolglosen und Gescheiterten stehen heute reiner und größer da, als sie nach einem Umsturz hätten erscheinen können: nicht nur rein von der Blutschuld eines möglichen Bürgerkriegs, sondern rein von der Nötigung zu demütigenden Kompromissen und Halbherzigkeiten, die sich im Fall des Gelingens nach innen und nach draußen aufgedrängt hätten.«[30]

Zunächst kam es zu Beginn der siebziger Jahre zum Streit mit der katholischen Kirche, die die Nachkommen für einen Moment einigen sollte. So hatte es sich seit 1969[31] eingebürgert, dass es statt zweier unterschiedlicher Gottesdienste einen gemeinsamen Gottesdienst in der Kirche in Plötzensee gab – eine Feier, die besonders von dem Dominikanerpater Odilo Braun und von Pastor Eberhard Bethge bestimmt wurde. Pater Odilo Braun war im Oktober 1944 im Zuge der Ermittlungen des 20. Juli von der Gestapo verhaftet worden, weil er jahrelang konspirativ im Untergrund gearbeitet und 1943 beispielsweise ein jüdisches Mädchen versteckt hatte. Dabei hatte Braun öfters die Meinung der Amtskirche kritisiert und sie zu schärferen Protesten aufgefordert. In einem

Schreiben vom 6. März 1943 an den Fuldaer Bischof Dietz heißt es: »Meiner Überzeugung nach hätte das Episkopat schon längst in der furchtbaren Judenverfolgung als offizielle Vertreterin der Kirche in Deutschland für die unterdrückte Menschenwürde eintreten sollen.« Außerdem spielte Odilo Braun eine große Rolle als »Generalsekretär« des Ordensausschusses. Pater Odilo Braun hatte als Mitgefangener in Berlin-Moabit viele Widerstandskämpfer auf ihrem letzten Weg begleitet und war von daher später dem *Hilfswerk 20. Juli* sehr eng verbunden. Später arbeitete der Dominikanerbruder als Gefängnisseelsorger und als Seelsorger in Flüchtlingslagern. Seine enge Verbundenheit mit dem *Hilfswerk 20. Juli* zeigt sich auch daran, dass er über lange Jahre, nämlich von 1968 bis zu seinem Tod 1981, dem Kuratorium angehörte.[32]
Der stellvertretende Generalvikar von Berlin meldete 1971, Odilo Braun halte sich nicht an getrennte Kommunions- und Abendmahlsfragen, sondern praktiziere Interzelebrationsfeiern, die die katholische Kirche verbiete. Odilo Braun, empört über die Verleumdung, sprach in einem Brief an seinen Provinzial von »einem Zeitvertreib gelangweilter Priester«[33] und schrieb: »Es wäre unwürdig und beschämend, wenn an den Gedenktagen zum 20. Juli bei den behördlichen Feiern alles vereint war, dann aber, wenn es zum Gottesdienst ging, die Hinterbliebenen und Angehörigen auseinander getrieben würden.«[34] Es sprach für die Beliebtheit Odilo Brauns, dass auch unter den Angehörigen des 20. Juli ein Sturm der Entrüstung ausbrach. In einem Schreiben an Generalvikar Abs beschwerte sich Ernst Wirmer im Namen der Angehörigen darüber, dass es künftig keinen ökumenischen Gottesdienst in Plötzensee mehr geben solle. Wirmer verschonte den Generalvikar dabei nicht vor seiner spitzen Feder: »Wie schon der große Kirchenrechtslehrer Rudolf Solms sagte, hat die katholische Kirche an die Stelle des göttlichen Geistes, welcher die ecclesia leiten und in Wahrheit führen soll, menschliche Gewalthaber gesetzt, welche Kraft formalen Rechts beanspruchen, an der Statt Gottes die Christenheit zu regieren.«[35] Doch die katholische Kirchenleitung Berlins ließ sich nicht beirren. Bei den Gedenkveranstaltungen 1972 las der Vorsitzende des *Hilfswerks* Reinhard Goerdeler eine Erklärung vor, wonach die katholische Kirche künftig die gemeinsamen

Feiern in Plötzensee verbiete. Bis heute beginnt der 20. Juli mit einer gemeinsamen Feier mit getrennten Abendmahlen für Protestanten und Katholiken.

1972 zeigte ein Rundfunkbeitrag von Fabian von Schlabrendorff[36] den tiefen Graben, der vor allem auch zwischen Überlebenden des militärischen Widerstands und den Nachkommen bestand. Ein Kreis um Fabian v. Schlabrendorff und Philipp v. Boeselager hatte sich in diesem Jahr geweigert, an dem alljährlichen Treffen zum 20. Juli in Berlin teilzunehmen und den Hang zur Anarchie und zum Linksextremismus unter den Angehörigen beklagt.[37] Hinter der Weigerung steckte der Vorwurf, dass durch die Ausweitung des Widerstandsbegriffs der militärische Widerstand in den Hintergrund gerate und sich Söhne und Töchter aus dem bürgerlichen, sozialdemokratischen oder kommunistischen Widerstand ebenfalls als Nachkommen des 20. Juli fühlen konnten. In einem Rundfunkinterview erklärte v. Schlabrendorff, er begegne bei den alljährlichen Treffen Leuten, »die wir alle am 20. Juli 1944 weder gesehen, noch gehört haben«.[38] Außerdem kritisierte v. Schlabrendorff, dass sich ein »Sammelsurium von Bürokratie« am 20. Juli in Berlin versammelte und führte eine heftige Attacke gegen den damaligen Bundeskanzler Willy Brandt: »Der jetzige Bundeskanzler und frühere Regierende Bürgermeister von Berlin ist ein Mann, der das Tischtuch zwischen den Nationalsozialisten und sich zerschnitten hat. Aber er hat 1933 den Boden unseres Vaterlandes verlassen. Er hat unser Schicksal nicht miterlebt. Letzten Endes versteht er uns nicht, wie wir jahrelang unter der Tyrannis der Nationalsozialisten haben leben müssen.«

Mit seinem Interview stieß Schlabrendorff auch bei einigen Angehörigen der ersten Generation auf deutliche Kritik, besonders Brüder, Witwen oder Kinder aus dem nicht-militärischen Widerstand fühlten sich angegriffen, da der militärische Widerstand bislang ohnehin in der Forschung und in der Öffentlichkeit am meisten beachtet worden war. In einem Brief an die neue Geschäftsführerin des *Hilfswerks*, Käthe Hilgenstock, beklagte Ernst Wirmer: »Meine größere Achtung hat der Kommunist, der als Kalfaktor im Gefängnis den katholischen Gefangenen die Kommunion, die man ihm anvertraut hatte, unter Gefahr überbrachte, obschon er diese Form von Religion und jede Religion für Opium hielt.«[39]

Zum dreißigsten Jahrestag sprach 1974 im Bendlerblock Carl-Friedrich von Weizsäcker, der erstmals das Verdrängen in der Nachkriegszeit offen auf einer Gedenkfeier thematisierte. Weizsäcker hoffte, dass die Unfähigkeit zu trauern in eine verspätete Trauer umschlage, damit die kommende Generation frei wäre von Schuldkomplexen. »Man könnte die ersten zwei Jahrzehnte nach dem Krieg als eine Art Heilschlaf unserer Nation auffassen, als ein zeitweiliges Vergessen des noch übermächtig Nahen.«[40] Auch der Physiker und Philosoph ließ ähnlich wie Heinemann keinen Zweifel daran, dass er für sich nicht die Ehre in Anspruch nehmen könnte, zum aktiven Widerstand gehört zu haben. Dies veranlasste Weizsäcker, der einige der Widerständler persönlich kannte, die Attentäter nachträglich fast heilig zu sprechen. »Die kostbarste Krone ist die Märtyrerkrone. Es steht uns objektiv nicht zu, sie unseren im Verfolg eines Staatsstreichs gefallenen Freunden zuzusprechen. Aber uns ist erlaubt, so zu empfinden.«[41]

Einen Tag zuvor hatte der baden-württembergische Ministerpräsident Hans Filbinger als erster Redner im Plenarsaal den umgebauten Reichstag mit einer Rede zum 20. Juli eröffnet. Der Berliner Senat hatte Filbinger als Bundesratspräsidenten eingeladen,[42] die Rede zum dreißigsten Jahrestag des 20. Juli zu halten, da der gerade gewählte Bundespräsident Walter Scheel bei seinem ersten Berlin-Besuch nicht gleich zum 20. Juli sprechen wollte. Zu der Feier hatte der Senat zu Berlin neben vierhundert Juden aus Israel und den USA auch hundert Teilnehmer des Kongresses der Internationalen Union der Widerstandsbewegung gebeten. Schon im Vorfeld hatte Filbingers Auftritt im Reichstag für Unruhe gesorgt. In einem Schreiben seines persönlichen Referenten im Staatsministerium von Baden-Württemberg hatte Filbinger bereits Anfang Juli erklären lassen, er wäre »seit 1933 ein erklärter Gegner der NS-Zeit« gewesen, der nicht nur mit dem Dichter Reinhold Schneider, sondern auch mit den Mitgliedern der Weißen Rose befreundet gewesen sei.[43]

Die Berliner FDP und die Jungdemokraten sahen es hingegen »als offene Brüskierung aller Kämpfer gegen die nazistische Herrschaft in Deutschland«[44] an, dass ausgerechnet Filbinger sprach, der als Stabsrichter der Marine im Mai 1945 einen jungen Soldaten verurteilt hatte, weil er die Nationalsozialisten beschimpft hatte. Unterstützung erhielt die FDP von dem Chefredakteur des Berliner *Tagesspiegel*, der den 1972 publik gewordenen Fall des Marinerichters Filbinger erneut aufrollte und von einem »Wettbewerb in Instinktlosigkeit«[45] sprach und das Feldgerichtsurteil Filbingers im Wortlaut abdruckte. Gleichzeitig kreidete der *Tagesspiegel* auch das Gartenfest des Jahres an, zu dem Bundeskanzler Helmut Schmidt am 20. Juli nach Bonn eingeladen hatte. Der Berliner Senat, die CDU, aber auch der Vorstand des *Hilfswerks 20. Juli* hielten an dem Hauptredner fest, der sich ebenfalls nicht beirren ließ.

Noch heute, dreißig Jahre nach der Rede Filbingers im Reichstag, geben die Zeitungsberichte die angespannte, flirrende Atmosphäre wieder, in der Filbinger zu sprechen begann. Lange ließen die ersten Störungen nicht auf sich warten. Der erste Zwischenruf kam – so ein Bericht der *Frankfurter Rundschau* – von der Steglitzer FDP-Bezirksverordneten Helene Kaiser. »Nazis raus«, »Heuchler«, »Lügner« hallte es durch den neu eingeweihten Plenarsaal. Der gerade gewählte Bundespräsident Walter Scheel, der Regierende Bürgermeister von Berlin, Klaus Schütz, und die Präsidentin des Deutschen Bundestages, Annemarie Renger, versuchten durch Stoizismus die Situation zu retten, die nicht zu retten war. »Für andere Gäste, für die Hinterbliebenen, scheint die Szene im Plenarsaal des Reichstags, der nach vierzig Jahren bei dieser Gedenkstunde zum ersten Mal genutzt wird, etwas Unbegreifliches zu sein. Sie sind gekommen, um auf ganz persönliche Weise der Opfer der nationalsozialistischen Terrorherrschaft zu gedenken und um sie zu trauern«,[46] fasste Ernst Levy, Redakteur der *FAZ* die angespannte Stimmung im Reichstag zusammen. Zu heftigen Ruhestörungen kam es, als Filbinger sich in seiner Rede selbst in die Nähe des Widerstands stellte. So sagte er im Verlauf seiner Rede: »Gestatten Sie mir an dieser Stelle ein persönliches Wort: Ich selbst habe dem Freiburger Freundeskreis um Reinhold Schneider angehört, der Verbindungen zu verschiedenen Gruppen des Widerstands unterhalten hat, und habe aus der Gesinnung, die diesen Kreis beseelte, gehandelt, unter Inkaufnahme der damit gegebenen Risiken, und doch empfinde ich das Ungenügende dessen, was ich getan habe, als schwerwiegende Unterlassung angesichts dessen, was hätte geschehen müssen, um den Dingen eine andere Wendung zu geben.«[47] Kaum hatte Filbinger geendet, stürzte ein junger Mann im Samtanzug mit langen Haaren ans Rednerpult und versuchte sich des Mikrophons zu bemächtigen, um eine von ihm verfasste Rede vorzutragen. Dabei hatte er eine Aktenmappe mit der präparierten Rede so stürmisch geschwungen, dass Filbinger, der schon im Vorfeld gestrauchelt war, die Aktenmappe an den Kopf bekam. Dies veranlasste die *Nürnberger Zeitung* zu der schönen Überschrift: »Beate Klarsfeld ließ grüßen.«[48] Doch David Heinemann, der Enkel von Julius Leber, kam nicht weit: Sicherheitskräfte und Gäste überwältigten den jungen Mann und entfernten ihn aus dem Raum. Die öffentlich-rechtlichen Rundfunkanstalten brachen ihr Programm ab. Sogar die *BILD* berichtete in großen Lettern von dem Vorfall unter der Überschrift: »Riesenskandal im Reichstag.«[49]

Bei dem anschließenden Empfang im Reichstag beherrschten die Störungen die Gespräche. Während einige die »Buhrufe« als »kommunistischen Coup« herabwürdigten, fand die Tat des Enkels von Julius Leber bei anderen durchaus Zuspruch. Die Angehörigen waren gespalten. Auf der Empore hatte sich ein bezeichnender Dialog abgespielt, der während des Empfangs fortgesetzt wurde. So hatte ein Berliner, der in die USA ausgewandert war, einem anderen, der um Ruhe bat, empört zugerufen: »Wo waren Sie denn in dieser Zeit?« Bei dem Empfang erhielt er die Antwort: »Sie wollten doch wissen, wo ich damals gewesen bin. Ich kann es Ihnen genau sagen. Mein Vater war gerade in Plötzensee hingerichtet worden, als ich in die Keller der Prinz-Albrechtstraße eingeliefert wurde.«[50] Nach dem 20. Juli entbrannte eine heftige Debatte in der Presse, wer für die Einladung Filbingers verantwortlich gewesen sei.

Diese Frage stellte sich vier Jahre später nicht mehr. Der Streit, ob Herbert Wehner am 20. Juli 1978 eine Rede halten dürfe, stellte das *Hilfswerk 20. Juli* dafür vor eine große Zerreißprobe und war kennzeichnend für die hoch emotionalisierten siebziger Jahre, die auch vor dem *Hilfswerk* nicht Halt machten und diese in einen linken und einen rechten Flügel spalteten. In Übereinstimmung mit dem Senat von Berlin und dem Regierenden Bürgermeister Dieter Stobbe hatte der Vorsitzende des Kuratoriums des *Hilfswerks 20. Juli,* Ludwig von Hammerstein, Herbert Wehner im Dezember 1977 als Festredner bestimmt. Wie nicht anders zu erwarten, empfanden vor allem konservative Politiker und der CDU nahe stehende Nachkommen von Widerstandskämpfern es als Provokation, ausgerechnet den »kommunistischen Emigranten« Herbert Wehner bei der Gedenkveranstaltung zum 20. Juli als Hauptredner einzuladen, dem Konservative vorwarfen, er habe seine kommunistische Vergangenheit nie wirklich abgelehnt. Zum Wortführer der Konservativen machte sich Franz-Ludwig Schenk Graf v. Stauffenberg, der als Mitglied der CSU im Deutschen Bundestag saß und von dem damaligen Berliner Abgeordneten Heinrich Lummer (CDU) unterstützt wurde. In einem Brief an Ludwig v. Hammerstein schrieb der Sohn von Claus Schenk Graf v. Stauffenberg: »So wird nach Ihrem Willen am 20. Juli in Berlin des Widerstands ein Mann gedenken, der selbst zum Widerstand gerechnet werden will, aber nicht duldet, nach den Zielen seines Widerstands gefragt zu werden.«[51] Unterstützung fand Stauffenberg auch bei Pater Odilo Braun, der ebenfalls gegen den Plan, Wehner sprechen zu lassen, bei Hammerstein protestierte: »Das Leben und Sterben der Opfer sollte uns davon abhalten, sie auf das Niveau des kläffenden Parteigezänks herabzuzerren.«[52]

Schließlich sah sich Eberhard Bethge als Vorstand des *Hilfswerks 20. Juli* gezwungen, Wehner über die heftigen internen Querelen zu informieren. Zehn Tage nach dem Schreiben von Bethge zog Wehner seine ursprüngliche Bereitschaft, am 20. Juli zu sprechen, zurück. Der Streit innerhalb des *Hilfswerks* war damit nicht beigelegt. Vielmehr begann sich nun auch die Öffentlichkeit für die Auseinandersetzung zu interessieren, zumal die Nachkommen ihre Kontroverse über die Presse austrugen. Der Präsident der Forschungsgemeinschaft, Rüdiger v. Voss, fasste in einem Brief an Gertrud Lampe, die damals Mitglied des Kuratoriums war, die damalige Stimmung unter den Nachkommen überzeugend zusammen: »Wenn es nicht gelingt, endlich eine Brücke zwischen den konservativen Kräften und denjenigen zu schlagen, die aus völlig anderen politischen Motiven den Nationalsozialismus bekämpft haben, dann wird es kaum möglich sein, das Vermächtnis des Widerstands an die junge Generation weiterzugeben.«[53]

Angeheizt wurde der Konflikt, hinter dem sich die Frage nach dem »richtigen« Widerstand verbarg, auch durch die Worte des jungen Berliner Regierenden Bürgermeisters Stobbe, der anstelle von Herbert Wehner sprach. »Ich spreche an Stelle von Herbert Wehner. Als es Einwände gegen sein Auftreten gab, obwohl das Vorstandsgremium des *Hilfswerks 20. Juli 1944* ihn eingeladen hatte, hier zu sprechen, mochte er nicht mehr. Herbert Wehner war Kommunist und hat dies nie geleugnet oder abgeschwächt. Ein Mann, der konsequent gegen Hitler kämpfte. Ein Mann, der dann, als er sich von der kommunistischen Überzeugung gelöst hatte, prägend für die Demokratie und die Bundesrepublik Deutschland und die Menschen in ganz Deutschland lebte und arbeitete. Wie kein anderer sitzt er seit 1949 auf seinem Platz im Deutschen Bundestag. Dieses Bild allein müsste jeden, der nachdenkt, überzeugen.«[54]

Mit Stobbe solidarisierten sich die Nachkommen, deren Geschwister oder Väter eher dem »linken Spektrum« des Widerstandes zuzurechnen sind. In einem offenen Brief an Herbert Wehner protestierten die Schwester der Geschwister Scholl, Inge Aicher-Scholl, Peter Finckh, der Regisseur Falk Harnack, ein Bruder Arvid Harnacks, und der Sohn von Adolf Reichwein, Roland Reichwein. Unter der Überschrift: »Kein Privileg für die Rechten. Ein offener Brief an Herbert Wehner« brachten sie in der Wochenzeitung *Die ZEIT* ihre Betroffenheit über die Absage Wehners zum Ausdruck: »Es ist uns unverständlich, dass ein Sohn von Claus Graf Stauffenberg weder diese historischen Fakten noch die aktuelle Entwicklung respektiert. Zur dreißigsten Jährung des 20. Juli sprach vor vier Jahren im Reichstag in Berlin Ministerpräsident Hans Karl Filbinger ... Wer einen Mann wie Filbinger zum 20. Juli reden lässt und andererseits gegen einen zwar politisch Andersdenkenden, aber bekannten Antifaschisten wie Wehner Einwände hat, verfälscht das historische Verständnis des 20. Juli.«[55] Ähnlich scharf ging auch der Sohn Hans v. Dohnanyis, Klaus v. Dohnanyi, mit Stauffenberg in einem ebenfalls in der *ZEIT* veröffentlichten Artikel ins Gericht, indem er davor warnte, den Widerstand einseitig konservativ zu verfälschen.[56]

Die übrige Berichterstattung in der Presse war von der Kontroverse dominiert, was das Ereignis, nämlich das Gedenken an den 20. Juli, in den Hintergrund treten ließ. Dabei argumentierten die Journalisten – je nachdem für welche Tageszeitung sie tätig waren – für oder gegen Herbert Wehner. Peter Boenisch schrieb beispielsweise in der *WELT*: »Die Nazis haben beim Töten keinen Unterschied zwischen rot und schwarz, zwischen katholisch und evangelisch, zwischen proletarisch und adlig gemacht. Ergo dürfen wir auch an den Gräbern ihrer Opfer keinen Unterschied machen.«[57] Für die Nachkommen machte die erbittert ausgetragene Wehner-Kontroverse erneut deutlich, wie wenig politischer Konsens unter den Söhnen und Töchtern der Widerstandskämpfer bestand und wie sehr ihre eigene Vorstellung und ihr eigenes politisches Bewusstsein die Debatte bestimmten. Außerdem dokumentierte der Streit um Herbert Wehner, dass es schon lange nicht mehr die Nachkommen waren, die die Choreographie der Gedenkfeiern vorgaben.

Besonders deutlich zeigte sich dies sieben Jahre später, als die Bundesregierung im Namen von Helmut Kohl den damaligen Bundesminister für Jugend, Familie und Gesundheit, Heiner Geißler (CDU), als Redner für die Festveranstaltung am 20. Juli 1985 bestimmte. Mitte der achtziger Jahre hatte es bei der Organisation der Gedenkfeiern eine wichtige Änderung gegeben. Auf Anregung des damaligen Bundespräsidenten Richard v. Weizsäcker war die Gedenkveranstaltung der Bundesregierung und der Verfolgtenverbände in Bonn abgeschafft worden. Die Gedenkfeier der Bundesregierung wird seitdem gemeinsam mit dem Zentralverband Demokratischer Widerstandskämpfer und Verfolgtenorganisationen e.V. veranstaltet. Außerdem findet eine Kranzniederlegung der Bundesregierung und ein Totengedenken statt. Nachmittags lädt das Kloster Karmel Regina Martyrium und die Evangelische Gemeinde Plötzensee zu einem ökumenischen Vespergottesdienst ein. »Künftig sollte Berlin der zentrale Ort für die Gedenkfeiern sein«, erzählt Dieter Thomas und fügt hinzu, dass der Bund vertreten durch das Bundesinnenministerium an die Stelle des Berliner Senats getreten sei und damit ein Mitspracherecht bei den Gedenkrednern habe.

Die Kontroverse um Heiner Geißler bildete den vorläufigen Höhepunkt der Auseinandersetzungen um den Gedenkredner. Gleichzeitig wurde sie erneut mit einer solchen Verve und Schärfe ausgetragen, dass der Zusammenhalt des *Hilfswerks* und der *Forschungsgemeinschaft 20. Juli 1944* kurzfristig in Frage gestellt schien. Rüdiger v. Voss fasste die Diskussionen 1985 mit folgenden Worten in einem Brief zusammen: »Mit großer Sorge beobachte ich Diskussionen in unserem engen und weiteren Umfeld, die mich in fataler Weise an Vertriebenenorganisationen erinnern.«[58]

Der Familienminister Geißler war 1984 mit einer abfälligen Äußerung über den Pazifismus in die Schlagzeilen gekommen. So hatte Geißler im Deutschen Bundestag dem Grünen-Abgeordneten Joschka Fischer geantwortet: »Der Pazifismus der dreißiger Jahre, der sich in seiner gesinnungsethischen Begründung nur wenig von dem unterscheidet, was wir in der Begründung des heutigen Pazifismus zur Kenntnis zu nehmen haben, dieser Pazifismus der dreißiger Jahre hat Auschwitz möglich gemacht.« Vor allem die Grünen und die SPD hatten Geißler scharf kritisiert und an die vielen von den Nationalsozialisten ermordeten Sozialdemokraten und Kommunisten erinnert.[59] In dieser Situation Geißler als Redner für die Gedenkveranstaltung 1985 zu benennen, musste nicht nur für die Nachkommen des gewerkschaftlichen und sozialdemokratischen Widerstands wie eine Provokation erscheinen. Dennoch gab es innerhalb des Kuratoriums des *Hilfswerks* einen erbitterten Streit, ob man Geißler wieder ausladen könne. Es bildete sich eine Arbeitsgemeinschaft, die einen Brief an den Bundeskanzler aufsetzte und Proteste ankündigte. Schließlich entschied sich die AG, ein Telegramm an Kohl zu senden und gegen den Festredner Stellung zu beziehen. Das Telegramm war von Nachkommen wie Alfred v. Hofacker, Roland Reichwein, Axel Smend und Manfred Rahtgens unterschrieben. Einen Tag später erhielt der Bundeskanzler erneut ein Telegramm, diesmal in Kopie. Darin bat Rüdiger v. Voss den Vorsitzenden des *Hilfswerks* Reinhard Goerdeler, eine »öffentliche Erklärung abzugeben, warum das *Hilfswerk* gegen Geißler protestiere«. Erneut war es den Nachkommen nicht gelungen, gegenüber der Politik mit einer Stimme zu sprechen. Geißlers Auftritt am 20. Juli war zu einem Politikum und einer Machtprobe zwischen CDU und SPD und Grünen geworden, die mit dem Widerstand nichts zu tun hatte. Anders als Herbert Wehner hielt Heiner Geißler an seiner Rolle als Redner der Gedenkveranstaltung fest. In seiner kurzen Rede ging Geißler mit keinem Wort auf den Konflikt ein und betonte stattdessen die Pluralität der Widerstandsbewegung, die sich aus Mitgliedern der Kirchen, Beamten und Arbeitern zusammengesetzt hätte, die jeder für sich und auf seine Art und Weise »Widerstand« geleistet hätten. Gleichzeitig scheute sich Geißler nicht, den 20. Juli vollkommen für die Tagespolitik zu vereinnahmen und »die freiheitlich demokratische Grundordnung der Bundesrepublik« als Vermächtnis des Widerstands zu reklamieren.[60] Erneut bemühte Geißler den Vergleich mit dem 17. Juni, um die Deutschen als ein Volk zu stilisieren, dessen Freiheitswille stets gegen Willkür und Diktatur gesiegt habe. Am 20. Juli organisierte daraufhin die Berliner SPD gemeinsam mit dem Bund der Verfolgten des Naziregimes, der Alternativen Liste und dem Berliner Landesjugendring eine eigene Veranstaltung. Dies veranlasste wiederum Bundeskanzler Helmut Kohl, von einer »verleumderischen Kampagne« gegen Heiner Geißler zu sprechen. Während der Gedenkveranstaltung in Plötzensee verließ eine Reihe von Nachkommen die Gedenkstätte in dem Moment, als Heiner Geißler mit seiner Rede begann.

Die Medien räumten dem Politikspektakel einen breiten Raum ein. Der Kommentator der *Süddeutschen Zeitung* vertrat die Meinung, die SPD könne Geißler nicht das Rederecht bestreiten, und kam zu dem Schluss: »Die Gedenkstätte in Plötzensee ist keine Walstatt, aber auch kein Boden für ›Besetzungskriege‹ unter den Parteien.«[61] Andere Zeitungen gingen schärfer mit Geißler ins Gericht, wie die *Frankfurter Rundschau* oder die *Münchner Abendzeitung*. »Der Streit um Geißler, seine sture Weigerung, anders als Herbert Wehner vor ein paar Jahren, auf seine Rede zu verzichten, und das selbstzufriedene Wortgeklingel des Kanzlers verraten nur, dass die Bewältigung jener Zeit neuerdings eher wieder schwierig geworden ist.«[62] Selbst der *BILD am Sonntag* war die Auseinandersetzung um Geißler einen Artikel wert.[63]

1987 startete das *Hilfswerk* erneut ein Jugendprogramm, dieses Mal für Enkel, über das der Journalist und Enkel Jörg Sadrozinski in der *Süddeutschen Zeitung* ausführlich berichtete.[64] Sadrozinski fasste die Stimmung der Nachkommen während der gemeinsamen Fahrt zu den »Stätten des Naziterrors« zusammen: Vor allem die »jüngeren Enkel« hätten nur wenig Interesse an einem seit Jahren ablaufenden gleichen Ritual der Gedenkfeiern. Auch äußerten viele der rund fünfzig Enkel, dass ihre Mitschüler, Studien- und Arbeitskollegen nur sehr wenig mit dem Datum des 20. Juli anfangen könnten.

Die Gedenkfeiern nach der Wende

Der fünfzigste Jahrestag des 20. Juli 1944 stand unter dem Eindruck der Wiedervereinigung, der sich auch in den Gedenkreden niederschlug. Wie schon 1984 war es auch 1994 das Vorrecht des Bundeskanzlers Helmut Kohl (CDU), die zentrale Gedenkrede im Ehrenhof der Stauffenbergstraße zu halten, wenngleich SPD und Grüne den Versuch unternahmen, einen anderen Redner durchzusetzen. Helmut Kohl betonte in seiner Rede, dass der Umsturzversuch von Menschen aller politischen Richtungen mitgetragen worden sei, von »Bürgerlichen und Adligen, Gewerkschaftlern und Offizieren; Arbeitern und Diplomaten, Gelehrten und Geistlichen«.[65] Gleichzeitig schloss Kohl die Kommunisten vom Widerstand aus. Zwar erinnerte er an ein »existenzielles Wagnis« und erklärte, es sei »wohlfeil, aus der Sicht von heute zu bemängeln, dass nicht allen Repräsentanten des 20. Juli eine Staats- und Gesellschaftsordnung vorschwebte, wie sie später in der Bundesrepublik Deutschland verwirklicht worden ist«.[66] Dennoch betonte Kohl – vor allem im Hinblick auf den Streit um die Gedenkstätte Deutscher Widerstand –, dass es wichtig wäre, danach zu fragen, wofür die Einzelnen eingetreten wären, was den kommunistischen Widerstand ausschloss. Ansonsten bemühte sich Kohl staatsmännisch, sich möglichst wenig festzulegen, aber gleichzeitig den politischen Extremismus zu geißeln. Sehr viel deutlichere Wort als Kohl fand sein Vorredner, der Regierende Bürgermeister von Berlin, Eberhard Diepgen (CDU). Zwar betonte auch

Diepgen, dass in erster Linie »der Mut zum Handeln aus Freiheit und Gewissen« notwendig sei, und sprach auch die Akzentverschiebung im Gedenken auf Grund aktueller Ergebnisse der neueren historischen Forschung an. Gleichzeitig mischte sich Diepgen in die aktuelle Debatte um die Ausstellung im Bendlerblock ein. Nach Meinung des Regierenden Bürgermeisters schaffe die räumliche Nähe zu den ehemaligen Arbeitsräumen des Grafen Stauffenberg und der Ausstellung von Nationalkomitee Freies Deutschland und Bund Deutscher Offiziere Missverständnisse. »Es besteht aber gleichwohl ein Unterschied zwischen Ehrung und der vollständigen historischen Aufarbeitung. Die aktuelle Diskussion um das Museum rührt unter anderem daher, dass die räumliche Nähe zwischen dem Arbeitsplatz des Grafen Stauffenberg und der Darstellung von Widerstandsformen, die neue Verbrechen gegen Freiheit und Menschlichkeit anstrebten, zu Missverständnissen führen kann. Die Erinnerung an den Widerstand insgesamt, an seine Vielfalt und seine unterschiedlichen Ziele, also die umfassende historische Darstellung, ist eine Aufgabe der Nation. Sie könnte künftig zu den Arbeiten des Deutschen Historischen Museums gehören.«[67] Diepgen betrieb mit seiner Rede offen Parteipolitik, da die CDU es befürwortete, die Trägerschaft der Gedenkstätte Deutscher Widerstand zu ändern und im Bendlerblock nur eine auf den militärischen Widerstand konzentrierte Ausstellung zu zeigen. Einen Tag zuvor hatte der neunzigjährige ehemalige Staatssekretär Hans v. Herwarth gesprochen, der trotz seiner Beteiligung an der Opposition gegen Hitler überlebt hatte. Herwarth fesselte durch seine persönlichen Erlebnisse vor und nach dem 20. Juli das Publikum und streifte dann kurz die Frage, wer nicht als »Widerstandskämpfer« zu zählen habe. »Schließlich noch ein Wort zum Bund Deutscher Offiziere. Ich habe gestern im Deutschlandfunk gesagt, dass ich bestimmt nicht beigetreten wäre. Ich kannte die Sowjetunion und wollte mich weder der nationalsozialistischen noch der sowjetischen Propaganda unterwerfen. Von meinen Bekannten schließlich ist keiner dem Bund Deutscher Offiziere beigetreten. Man wird sich jeden Einzelfall genau anschauen müssen. Ich habe jedoch Verständnis dafür, dass viele der in Stalingrad Gefangenen aus Wut und Verzweiflung über Hitler beigetre-

ten sind. Dass der Bund von Kommunisten wie Pieck und Ulbricht gesteuert wurde, war ihnen wohl nicht bewusst.«[68]
Die Wende führte in den neunziger Jahren zu einem veränderten Widerstandsbild in der Bundeswehr, die nach 1989 vor die Aufgabe gestellt wurde, die Soldaten der Nationalen Volksarmee zu integrieren und mit anderen osteuropäischen Armeen zu kooperieren. Dabei stießen zwei sehr unterschiedliche Widerstandtraditionen aufeinander, so dass die Bundeswehr zusehends die »demokratiebezogene Funktion« des Militärs herausstrich und eine Traditionslinie zwischen den preußischen Reformen und dem 20. Juli zog. Gleichzeitig veränderten sich mit dem Abzug der Alliierten Truppen aus Berlin auch die Feiern im Bendlerblock: Seit 1991 tritt die Bundeswehr in Uniform auf, so dass das Ritual militärische Züge trägt. Während eine Reihe von Nachkommen, vor allem des militärischen Widerstands, die Einbindung des Militärs begrüßt, stieß das militärische Ritual bei anderen auf deutliche Abwehr. 1994 kam es deshalb – im Zusammenhang mit der Rede von Bundeskanzler Helmut Kohl – zu einer Auseinandersetzung um die Beteiligung der Bundeswehr, die inzwischen schon in traditioneller Weise die Feiern mitbestritt. Dabei befürchteten vor allem Angehörige des linksliberalen und sozialdemokratischen Widerstands, die Gedenkfeiern könnten von »konservativen« Kräften wie der Bundeswehr und CDU-Politikern vereinnahmt werden. Vor allem Angehörige des bürgerlichen und sozialdemokratischen Widerstands verteilten am 20. Juli 1994 vor dem Bendlerblock Flugzettel, um gegen die Beteiligung des Militärs zu protestieren.[69] In der *Tagesschau* am 20. Juli 1994 erklärte die fast neunzigjährige Witwe Adolf Reichweins, Rosemarie Reichwein, wie sehr sie die massive Präsenz der Bundeswehr störe. »Es schmerzt mich, und es ist historisch nicht gerechtfertigt, wenn jener Widerstand von konservativen Parteipolitikern vereinnahmt wird.«[70]
Am Vortag hatte bereits ein – von den Angehörigen unabhängiges – »Antinationales Bündnis«, bestehend aus 15 Jugendlichen, für kurze Zeit den Bendlerblock besetzt, um gegen die Ehrung von Personen wie Beck, Hassell oder Stauffenberg zu protestieren, die allesamt als »Nationalsozialisten« diffamiert wurden.[71] Vier Jahre später, 1999, setzte die

inzwischen regierende Rot-Grüne-Bundesregierung ein weiteres Zeichen und führte am 20. Juli ein feierliches Gelöbnis ein, zu dem ein bekannter, seit zwei Jahren auch ausländischer Staatsgast zu den jungen Soldaten sprach. Die Bedeutung dieses feierlichen Akts unterstrich der damalige Verteidigungsminister Rudolf Scharping durch die Auswahl der Redner: Bundeskanzler Gerhard Schröder, der damalige Verteidigungsminister Rudolf Scharping, der Vorsitzende des Zentralrats der Juden, Paul Spiegel, und der polnische Präsident Aleksander Kwasniewski sprachen vor den jungen Soldaten. Damit unterstrich die Bundeswehr ihre Haltung zum militärischen Widerstand, die besonders vor dem Hintergrund der Ausstellung »Verbrechen der Wehrmacht« und der Debatte über das Buch des amerikanischen Historikers Daniel J. Goldhagen sowie die Walser-Bubis-Debatte negativ in die Schlagzeilen gerückt war. Auf Grund zahlreicher Proteste konnte das öffentliche Gelöbnis jedoch nur unter starken Sicherheitsbedingungen stattfinden.
Erneut nutzten einzelne linke Gruppen den fünfundfünfzigsten Jahrestag des Attentats, um gegen das Gelöbnis zu protestieren. Zu einem Spektakel der besonderen Art kam es 1999 während der Rede von Bundeskanzler Gerhard Schröder (SPD) bei der öffentlichen Vereidigung, als eine Gruppe nackter Frauen und Männer mit rosa Schirmen mit den Feldjägern Katz und Maus spielte. Rund 1500 Polizisten und mehrere 100 Feldjäger hatten den Bendlerblock großräumig abgesperrt, um 432 neue Rekruten zu vereidigen. Die offizielle Politik reagierte auf den Zwischenfall gelassen, der Bundeskanzler sammelte Schirme ein, General Hans-Peter v. Kirchbach kommentierte das Ereignis mit: »so what«.[72]
Die Enkelgeneration ist bislang wenig in die Gedenkfeiern eingebunden. Während Mitglieder der zweiten Generation bei den Gedenkfeiern als Redner in Erscheinung traten, gab es bislang keinen Enkel. Offensichtlich haben die Gedenkrituale, die von der zweiten Generation weiterentwickelt wurden, für eine Gruppe von Enkeln ihre Schuldigkeit getan. Die Enkelgeneration hat einen größeren Abstand und eine größere Distanz zum 20. Juli und setzt sich vor allem auch mit den innerfamiliären Konsequenzen auseinander. Es ist deshalb nicht verwunderlich, dass in der Enkelgeneration große Unsicherheit darüber besteht,

wie und in welcher Form im 21. Jahrhundert an den Widerstand erinnert werden soll. Resümierend bleibt festzuhalten, dass die Mehrheit der Enkel auf ihre Großväter und ihre Großmütter sehr stolz sind. Immer wieder hörte ich während meiner Interviews den Satz: »Ich freue mich, dass ich nicht der Enkel eines hohen NS-Manns bin, sondern mein Großvater sich im Widerstand engagierte.« Eine Reihe von Enkeln, die in Berlin leben, besuchen deshalb regelmäßig die Gedenkfeiern am 20. Juli und haben sich inzwischen kennen gelernt. Seit fünf Jahren ist ein verstärktes Interesse der Enkel aus dem In- und Ausland an den Gedenkfeiern festzustellen. Häufig wird als Grund für den Besuch der Gedenkfeiern genannt, dass es den Eltern oder der Großeltern zuliebe geschehe. »Für mich haben diese Gedenkfeiern zunehmend etwas Makaberes, wo sich Leute mit fremden Federn schmücken«, meint eine Enkelin, die hauptsächlich dort hingeht, um ihre alten Eltern zu begleiten. Eine andere fügt hinzu, dass unter den Enkeln jedes Zusammengehörigkeitsgefühl fehle und viele »Enkel die Gedenkfeiern konsumierten, statt initiierten«. Wie ein roter Faden zieht es sich durch die Interviews, dass eine Reihe von Enkeln mit den momentan veranstalteten Gedenkfeiern nicht wirklich zufrieden sind, da es zu wenig Raum für persönliche Gespräche und Treffen gibt. Erstmals wird deshalb zum sechzigsten Jahrestag ein gemeinsamer Abend im Deutschen Historischen Museum in Berlin veranstaltet.

Manche Enkel fühlen sich durch die Instrumentalisierung der Politik als »Zuschauer« missbraucht und kritisieren den Versuch der Politik, eine Verbindungslinie zwischen dem 20. Juli und der Bundeswehr oder dem 20. Juli und der Bundesrepublik nach der Wende herstellen zu wollen. So erläutert ein 36-jähriger Enkel, der als Jurist auch promovierter Historiker ist: »Ich habe das Gefühl, dass diese Politisierung beziehungsweise diese Vereinnahmung durch die Politik ziemlich schamlos passiert, zu eigenen Zwecken. Meines Erachtens entzieht sich der 20. Juli einem Gedenken in der Bundesrepublik Deutschland, weil das Datum keine Legitimationsgrundlage ist.« Er fände es sehr viel glücklicher, die 20. Juli-Feiern in einem Zirkel der Nachkommen zu begehen, ohne Politik, und fügt hinzu: »Da versuchen Politiker Kinder und Enkel dafür zu missbrauchen, um sich selber gerade mal moralisch schön hinzustellen. Das sei ihnen unbenommen, aber es hat für mich dann nichts mehr mit Traditionslinien oder Kontinuität zu tun.«

Eine Reihe von Enkeln vertreten die Meinung, dass die Gedenkfeiern mit dem festen Ritual vor allem Wichtigkeit für die noch lebenden Witwen oder Kinder besitzen. Eine Enkelin, die selbst eine psychotherapeutische Praxis besitzt, spricht von der »Heilsamkeit« dieses Rituals für die erste und zweite Generation. Andere Enkel, die als Jugendliche von ihren Eltern erstmals zu den Gedenkfeiern mitgenommen wurden, können mit der Art der Feier nicht umgehen, die sie als »steif, unpersönlich, vor allem aber zu sehr an der Vergangenheit orientiert« erleben. Eine Enkelin, die als Anwältin in München lebt, erzählt, wie sie das erste Mal eine Gedenkfeier besucht hat: »Da hat es mir gelangt, mir war das alles viel zu schwer, viel zu militärisch.«

Eine Reihe von Enkeln schildern, wie grauenvoll sie in Plötzensee den Raum empfanden, in dem ihr Großvater aufgehängt wurde. So erzählt ein Enkel: »An dem vierzigsten Jahrestag habe ich in Plötzensee diese Haken gesehen, wo mein Großvater erhängt worden ist. Und das hat mir gereicht. Und das wird immer wieder das Gleiche sein.« Eine Reihe von Enkeln ertragen den Raum nur während des Gottesdienstes.

Eine kleinere Gruppe Enkel fragen, ob sie als Nachkommen eine Berechtigung hätten, an den Gedenkfeiern teilzunehmen, da sie von sich selbst nicht wüssten, wie sie sich im Dritten Reich verhalten hätten. »Mein Großvater ist für mich fern und entrückt«, erzählt eine Enkelin, die sich jedes Jahr fragt, wenn die Einladung zu der Gedenkfeier kommt, ob sie gemeint sei. Wieder andere plädieren dafür, den Großvater endlich in Ruhe zu lassen und ihn so zu behandeln, wie die nach dem Krieg verstorbene Großmutter, die ebenfalls in Ruhe gelassen wird. »Man kann genug gedenken«, erzählt ein anderer Enkel, »aber irgendwann einmal muss man einfach sagen, jetzt ist Schluss.« Die Schwierigkeiten, mit denen sich die zweite Generation lange Jahre beschäftigte, wer eigentlich zum Widerstand zu zählen sei, sind in der Enkelgeneration am Verblassen. Einzelnen Enkeln, gerade aus dem konservativen Milieu, geht der »erweiterte« Widerstandsbegriff eindeutig zu weit. So äußerte sich ein Enkel, dessen Großvater Generaloberst war: »Wir haben uns als Familie immer im Bendlerblock wohl gefühlt, aber nicht in Plötzensee, weil wir Nachkommen des militärischen Widerstands sind.«

Ein Teil der Enkel ist hingegen dafür, die Gedenkfeiern am 20. Juli auch künftig in der heutigen Form abzuhalten. »Einmal im Jahr ist die Politik gezwungen, sich eine Rede zum 20. Juli zu überlegen und damit Stellung zu beziehen«, äußert ein Enkel und ein anderer fügt hinzu, man dürfe die Gedenkreden nicht zu verbissen sehen; Hauptsache sei, dass die Bundesrepublik Deutschland dieses Tages überhaupt gedenke, wenn es schon kein staatlicher Feiertag ist, was viele Enkel begrüßen würden. Andere, die schon öfter an den Gedenkfeiern zum 20. Juli teilgenommen haben, freuen sich jährlich auf ein Wiedersehen mit Bekannten oder Freunden und über das Rahmenprogramm und die vielen interessanten Gespräche. Andere fühlen sich auch als Enkel verpflichtet, die Gesellschaft an den Widerstand gegen Hitler zu erinnern.

Die Frage, welche Rolle indessen das Militär am 20. Juli spielen sollte, spaltet die Enkel erneut. Enkel aus dem links-liberalen und sozialdemokratischen Umfeld plädieren dafür, dass die Bundeswehr bei den Gedenkfeiern eine zurückhaltendere Rolle spielen sollte, schon um den Widerstand »nicht in falsche Bahnen zu lenken« und erneut nur des konservativen-militärischen Widerstands zu gedenken. In einem Artikel der *FAZ* betonte beispielsweise die Enkelin von Generaloberst Ludwig Beck a.D., Caroline Neubaur: »Es hätte freilich eines unglaublichen Selbstbewusstseins bedurft, um die Gedenkfeiern nur als Mahnveranstaltungen stattfinden zu lassen und die repräsentative Glanz-, Gloria- und Drohveranstaltung auszuschließen. Dieses Selbstbewusstsein haben wir bekanntlich nicht, aber es ist nicht einmal ein Kompromiss gewonnen worden, nämlich das Militär aufzufahren, es zugleich aber in gebührenden Abstand zu bringen, beispielsweise an der Schlossbrücke stehen zu lassen, und danach wäre man zu Fuß und ohne Militär zur eigentlichen Ehrung weitergegangen.«[73] Andere Enkel sind der Ansicht, dass es den Deutschen gut ansteht, eine Armee zu besitzen, die sich auf den Widerstand verpflichtet, weshalb auch das feierliche Gelöbnis am 20. Juli als sehr sinnvoll angesehen wird.

Wollte man die unterschiedlichen Meinungen über den »Tag der Ratlosen« resümieren, bleibt festzuhalten, dass viele Enkel ein großes Bedürfnis nach Meinungsaustausch und Treffen haben, die aber weit weniger »offiziell« sind und eher Familientreffen gleichkommen. Dabei fühlt sich die Mehrheit der Enkel verpflichtet, das »Erbe der Großväter« wach zu halten, aber auf neuen Wegen, die der modernen Gesellschaft angemessen sind und Zwischentöne zulassen.

1 Interview Dieter Thomas, im Februar 2004. Alle gemachten Zitate beziehen sich auf dieses Gespräch.
2 Brigitte Oleschinski, Gedenkstätte Plötzensee, Berlin 1994, S. 5.
3 Peter Reichel, Politik mit der Erinnerung. Gedächtnisorte im Streit um die nationalsozialistische Vergangenheit. München 1995.
4 Ebd., S. 64 ff.
5 Steinbach, Stachel im Fleisch, S. 9.
6 Johannes Tuchel, Zur Geschichte und Aufgabe der Gedenkstätte Deutscher Widerstand. In: Aufstand des Gewissens, S. 559.
7 Ernst Reuter, Der 20. Juli – Das erste Fanal. In: Der 20. Juli 1944, S. 41.
8 Ebd., S. 40.
9 Friedrich Georgi, Ein Mahnmal für künftige Generationen. In: Der 20. Juli 1944, S. 45.
10 Ausführlich: Reichel, Politik mit der Erinnerung, S. 107 ff.
11 Ebd., S. 130 f.
12 Annette Leo, »Stimme und Faust der Nation ...« Thälmann-Kult kontra Antifaschismus. In: Jürgen Daynel (Hg.), Die geteilte Vergangenheit, S. 205 ff.
13 Steinbach, Keimzelle, S. 110.
14 Theodor Heuss, Der 20. Juli 1944. In: Gedenkstätte Deutscher Widerstand (Hg.), Der 20. Juli zu einem Tag der deutschen Geschichte, Bd. 1, S. 51 ff.
15 Heuss, 20. Juli 1944. In: 20. Juli 1944, S. 61.
16 Herf, Zweierlei Erinnerung, S. 386.
17 Albrecht Goes, Gewartet wird auf Dich. In: 20. Juli 1944, S. 65.
18 Carlo Schmid, Menschenrecht und Tyrannenmord. In: 20. Juli 1944, S. 82.
19 Ernst Reuter, Der 20. Juli – Das erste Fanal. In: 20. Juli 1944, S. 42.
20 Helmut Dubiel, Niemand ist frei von der Geschichte. Die nationalsozialistische Herrschaft in den Debatten des Deutschen Bundestages. München, Wien 1999, S. 61 f.
21 Ebd., S. 66.
22 Heinrich Lübke, Ansprache am 19. Juli 1964. Kopie der Rede, Gedenkstätte Deutscher Widerstand.
23 Ebd., S. 3.
24 Der Tagesspiegel, 19. Juli 1964.
25 Deutschland gedachte des 20. Juli, Der Tagesspiegel, 21. Juli 1964.
26 Eugen Gerstenmaier, Ansprache am 20. Juli 1964, unveröffentlichte Kopie, Gedenkstätte Deutscher Widerstand, S. 3.
27 Gustav Heinemann, Eid und Entscheidung. In: Gedenkstätte Deutscher Widerstand (Hg.), Der 20. Juli 1944. Reden zu einem Tag der deutschen Geschichte, Bd. 1, S. 105.

28 Ebd., S. 105.
29 Carl Zuckmayer, Die Opposition in Deutschland. In: 20. Juli 1944, S. 111.
30 Ebd., S. 117.
31 Gespräch mit Dr. Christine Blumenberg-Lampe, 3. Juni 2004.
32 Bislang existiert über Pater Odilo Braun keine eigenständige Biographie, deshalb: Antonia Leugers, Gegen eine Mauer bischöflichen Schweigens. Der Ausschuss für Ordensangelegenheiten und seine Widerstandskonzeption 1941 bis 1945. Frankfurt a.M. 1996.
33 Odilo Braun an den Pater Provinzial, 29. Oktober 1971. ACDP, *Forschungsgemeinschaft 20. Juli*, Nachlass Odilo Braun, 056-023-1.
34 Ebd., 056-023-1.
35 Ernst Wirmer an Generalvikar Abs, 26. Juli 1972. ACDP, *Forschungsgemeinschaft 20. Juli*, 056-023-1.
36 Themen 72, Interviewprotokoll des Südwestfunks vom 23. Juli 1972.
37 Fäuste gebraucht, DER SPIEGEL, 24. Juli 1972.
38 Themen 72, Interviewprotokoll des Südwestfunks vom 23. Juli 1972.
39 Ernst Wirmer an Käthe Hilgenstock, 23. Juli 1972, ACDP, *Forschungsgemeinschaft 20. Juli*, 056-023-1.
40 Carl-Friedrich von Weizsäcker, Das Phänomen Hitler und der Widerstand. In: 20. Juli, S. 139.
41 Ebd., S. 141.
42 Reichel, Politik mit der Erinnerung, S. 303.
43 Hildebrandt an Johannes Richter, Landeszentrale für politische Bildung, 4. Juli 1974. ACDP, *Forschungsgemeinschaft 20. Juli*, 056-008-5.
44 Eklat um Feiern zum 20. Juli, Süddeutsche Zeitung, 20. Juli 1974.
45 Wettbewerb in Instinktlosigkeit, Der Tagesspiegel, 19. Juli 1974.
46 Ernst Levy, Akustisch bleibt Filbinger am 20. Juli Herr der Lage, FAZ, 22. Juli 1974.
47 Hans Filbinger, Gedenkrede ohne Überschrift. 19. Juli 1974, unveröffentlichte Kopie, Gedenkstätte deutscher Widerstand.
48 Hans Ulrich Kersten, Beate Klarsfeld ließ grüßen, Nürnberger Zeitung, 20. Juli 1974.
49 Riesenskandal im Reichstag, BILD, 20. Juli 1974.
50 Ernst Levy, Akustisch blieb Filbinger am 20. Juli der Lage Herr, FAZ, 22. Juli 1974.
51 Franz-Ludwig Graf Schenk zu Stauffenberg an Ludwig v. Hammerstein, 10. Mai 1978. ACDP, *Forschungsgemeinschaft 20. Juli*, 06-056-016/2
52 Odilo Braun an Ludwig Freiherr v. Hammerstein, 24. März 1978. ACDP, *Forschungsgemeinschaft 20. Juli*, 06-056-016/2.
53 Rüdiger v. Voss an Gertrud Lampe, 2. Mai 1978. ACDP, *Forschungsgemeinschaft 20. Juli*, 06-056-016/2.
54 Dietrich Stobbe, Berlin war die Hauptstadt des Widerstandes gegen den Nationalsozialismus. In: Gedenkstätte Deutscher Widerstand (Hg.), Der 20. Juli 1944. Bd. 1., S. 153.
55 Widerstand: Kein Privileg für die Rechten. Ein offener Brief an Herbert Wehner, DIE ZEIT, 28. Juli 1978.
56 Klaus v. Dohnanyi, Widerstand und Menschenrechte, DIE ZEIT, 28. Juli 1978.
57 Peter Boenisch, Der 20. Juli und Wehner, Die WELT, 22. Juli 1978.
58 Rüdiger v. Voss an Rudolf Georgi, 8. August 1985. ACD, *Forschungsgemeinschaft 20. Juli*, 06-056-055/1.
59 Holler, Vermächtnis, S. 258 ff.

60 Heiner Geißler, Rede in 0der Gedenkstätte Plötzensee am 20. Juli 1985, unveröffentlichte Kopie, Gedenkstätte Deutscher Widerstand, S. 2.
61 Geißler und das Vermächtnis des 20. Juli, Süddeutsche Zeitung, 20. Juli 1985; Klaus Ulrich Moeller, 20. Juli, Stuttgarter Zeitung, 20. Juli 1985.
62 Die falschen Leute, Frankfurter Rundschau, 20. Juli 1985; Sönke Petersen, Selbstgerechter Geißler, Münchner Abendzeitung, 20. Juli 1985.
63 20. Juli – Geißler kam – SPD nicht. BILD am Sonntag, 20. Juli 1985.
64 Jörg Sadrozinski, Suche nach einer Strategie gegen das Vergessen, Süddeutsche Zeitung, 23. Juli 1987.
65 Helmut Kohl, Bei der Gedenkrede zum 50. Jahrestag des 20. Juli 1944 im Ehrenhof Stauffenbergstraße. In: Stiftung »*Hilfswerk 20. Juli 1944*«, Erbe des Widerstandes, Der 50. Jahrestag des 20. Juli 1944 in Berlin, S. 16.
66 Ebd., S. 17.
67 Eberhard Diepgen, Der Regierende Bürgermeister von Berlin. In: Erbe des Widerstandes, S. 13f.
68 Hans v. Herwarth, Wege in den Widerstand, Rede vom 19. Juli 1994, unveröffentlichte Kopie, Gedenkstätte Deutscher Widerstand.
69 Lothar Heinke, Malte Lehming, Christoph v. Marschall, Vorbilder, Märtyrer und Verstrickung in Schuld, Der Tagesspiegel, 21. Juli 1994.
70 Reichwein, Meine Mutter, S. 120f.
71 Meldung, Der Tagesspiegel, 19. Juli 1999.
72 Jörn Hasselmann, Rosa Schirme, nackte Störer, stoische Rekruten, Der Tagesspiegel, 21. Juli 1999.
73 Caroline Neubaur, Das andere Deutschland und das eigene Deutschland, FAZ, 20. Juli 1994.

Die Spirale des Schweigens > Vom Umgang der Generationen mit einem schwierigen Tag

»Lange Zeit war der 20. Juli für mich so belastet, dass ich mich nicht damit beschäftigen konnte«, erzählt die 39-jährige Enkeltochter eines am Widerstand beteiligten Generals. Diese Aussage erscheint nur auf den ersten Blick überraschend. Denn sie zeigt, dass das Attentat auf Adolf Hitler in den Widerstandsfamilien langfristige psychische Auswirkungen hatte, die häufig bis in die dritte, mitunter vierte Generation nachwirken. Aus der Traumataforschung der vergangenen Jahre ist bekannt, dass belastende historische Ereignisse auf die nächsten Generationen einwirken, soweit die vorangegangene Generation das Trauma nicht bewältigt oder bearbeitet hat. In den vergangenen Jahren hat sich die wissenschaftliche Forschung intensiv mit den Auswirkungen der NS-Zeit auf die Nachkommen von Holocaust-Opfern sowie Tätern in der zweiten und dritten Generation befasst. Durch diese Arbeiten zieht sich der Befund, dass der gesellschaftliche und der innerfamiliäre Umgang mit der Vergangenheit die Nachkommen von Opfern und Tätern gleichermaßen prägen, wenngleich in unterschiedlicher Qualität. Ausgeklammert von dieser Forschung blieben bislang die Kinder und Enkel des 20. Juli. Dieses Kapitel möchte und kann die fehlende psychologische Untersuchung nicht ersetzen. Im Folgenden werde ich vielmehr einige markante Beobachtungen mitteilen, die ich in meinen Gesprächen mit anderen Enkeln über die Kommunikation in ihren Familien gewonnen habe. Dabei erscheint mir zunächst ein kurzer Überblick über die Forschungsergebnisse traumatischer Erlebnisse von »Täter-Kindern« und »Opfer-Kindern« notwendig.

Die überlebenden Opfer und Täter und ihre Kinder

In den fünfziger und sechziger Jahren wuchs eine neue Generation von Kindern von KZ-Überlebenden heran, die in Israel, Kanada oder den USA groß wurden. Über die spezifischen psychischen Schwierigkeiten der Nachkommen von Überlebenden schwieg die psychiatrische Literatur bis in die sechziger Jahre. Die Auswirkungen des Holocausts auf nachfolgende Generationen wurden selbst oft dann noch negiert, wenn Nachkommen von Überlebenden sich in psychologische Behandlung begaben. In der Regel ließen Therapeuten und Klienten das Thema »Drittes Reich« aus der Behandlung aus. »Sowohl Patienten als auch Analytiker wichen dem Thema aus, verdrängten, verleugneten und vergaßen es, als sei der Holocaust für die Gegenwart ohne Bedeutung. Den Ängsten der Überlebenden, ihre traumatischen Erfahrungen noch einmal durchmachen zu müssen, entsprach die Angst des Analytikers, solchen Schilderungen zuzuhören«,[1] schrieb die amerikanische Psychoanalytikerin Judith Kestenberg im Rückblick 1992.

Berichte über das seelische Leid der Nachkommen tauchten vereinzelt in den späten sechziger Jahren auf, als israelische, amerikanische und kanadische Psychotherapeuten vermehrt Anpassungs- und Verhaltensschwierigkeiten bei den Kindern von Überlebenden in ihrer Praxis beobachteten. Eine der ersten Studien stammte von einer Gruppe kanadischer Psychiater, die im Jewish General Hospital in Montreal überdurchschnittlich viele Kinder von KZ-Überlebenden behandelten und bei ihnen spezifische emotionale Probleme feststellten. Diese Beobachtungen wurden durch weltweite Studien ergänzt, die zumeist aus Fallbeispielen aus dem Klinikalltag resultierten.[2] Meistens stammten diese Arbeiten von Psychotherapeuten, die selbst die Verfolgung durch die Nationalsozialisten erlebt hatten. 1973 erschien in New York ein Sammelband mit Aufsätzen,[3] der deutlich machte, in welchem hohen Maße die Kinder von Überlebenden durch elterliche Depressionen oder Schweigen geprägt waren. Weltweit bekannt wurden die

Arbeiten des Psychiaters und Schriftstellers Hans Keilson,[4] der das Schicksal verfolgter jüdischer Kinder und Jugendlicher zu verschiedenen Zeitpunkten untersuchte und den Begriff der »sequentiellen Traumatisierung« prägte. Ebenfalls in den siebziger Jahren stieß die amerikanische Psychoanalytikerin Judith Kestenberg in der Therapie mit dem Sohn eines NS-Opfers auf den Befund, dass der Klient seine Therapeutin mit Naziverfolgern identifizierte. Daraufhin befragte Kestenberg Kollegen aus der ganzen Welt nach ihren Erfahrungen mit Therapien von Holocaust-Überlebenden. Die Antworten waren erschreckend: Nur wenige Ärzte hatten Nachkommen in Therapie; die meisten Psychiater sahen zunächst keinen Zusammenhang zwischen Verfolgung der Eltern und Depression der Nachkommen.

Ein erster Durchbruch in der Traumataforschung war 1982 erreicht, als die beiden amerikanischen Analytiker Martin Bergmann und Milton Jucovy[5] das Buch *Generations of Holocaust* herausgaben. Zahlreiche, dort beschriebene Therapien und Forschungsberichte belegten eindrucksvoll die Tradierung von Traumata an die nächste Generation. Danach hatten Kinder von Überlebenden häufig Schwierigkeiten, sich von ihren Eltern abzulösen und ein unabhängiges Leben nach ihren eigenen Vorstellungen zu führen. Viele litten unter wiederkehrenden Angstzuständen, Depressionen, Vernichtungsängsten und Panikattacken und fühlten sich allerorts als Außenseiter und heimatlos[6] – auch wenn diese Beobachtungen selbstverständlich nicht generalisiert werden dürfen und man sich vor einer Pathologisierung einer ganzen Generation hüten muss. Seit den späten achtziger Jahren steht die transgenerative Übertragung von psychischen Traumata nicht mehr in Frage. »Heute schrecken Analytiker nicht mehr davor zurück, die Holocaust-Erfahrung ihrer Patienten zu thematisieren. Zudem sind auch die Überlebenden selber entschieden bereit, sich mit den Traumata der Vergangenheit vorbehaltlos auseinander zu setzen«,[7] resümiert Judith Kestenberg. Inzwischen liegen verschiedene empirische Untersuchungen und Fallbeispiele vor, die beweisen, dass bei einer nicht gelungenen Aufarbeitung psychischer Probleme in der Kindergeneration diese auf die Enkelgeneration übertragen werden.[8]

Die Erfolge in der Behandlung von Traumata kamen indessen für die meisten unmittelbaren Überlebenden des Holocaust zu spät. Nach der Befreiung der Konzentrationslager durch die Alliierten mussten sie – die meist ihrer Heimat, ihrer Angehörigen und ihres materiellen Besitzes beraubt waren – alle ihre Kraft und Energie aufwenden, um sich in der Emigration in Israel oder Süd- und Nordamerika oder Kanada ein neues Leben aufzubauen. In dieser Zeit verdrängten und verleugneten viele der Holocaust-Opfer ihre grauenvollen Erlebnisse, die Jahre später wieder aufbrachen und die Opfer erneut peinigten. Einige von ihnen hatten in mühevollen Verfahren versucht, vor den deutschen Gerichten eine Wiedergutmachung für ihr seelisches Leid zu erwirken und waren gescheitert.

Das Bundesentschädigungsgesetz von 1956 und das Bundesergänzungsgesetz von 1953 regelten in umfangreichen und komplizierten Bestimmungen die Wiedergutmachung für materielle und gesundheitliche Schäden.[9] Seelische Leiden in Folge von jahrelanger Demütigung, Verfolgung und KZ-Aufenthalten blieben zunächst von der Entschädigung ausgenommen, was psychisch Geschädigte diskriminierte. Interessanterweise weigerten sich behandelnde Psychiater nach 1945 auch bei Kriegsgefangenen seelische Leiden als Folge der Haft zu akzeptieren. Als die Medizin das Krankheitsbild der »Dystrophie« für anhaltende Schmerzen, Müdigkeit, Angst- und Insuffizienzgefühle erfand und seelische Leiden auf organische Ursachen wie Mangel- und Unterernährung zurückführte, konnten vor allem die aus sowjetischer Kriegsgefangenschaft zurückkehrenden Soldaten auf Entschädigung hoffen. Erst 1965 erkannten deutsche Gerichte an, dass es einen Zusammenhang zwischen Verfolgung und psychischen Krankheiten gibt. Dabei gingen deutsche Psychiater allerdings bei Kindern von der Annahme aus, dass sie keine Erinnerung an Verfolgung hätten, die zu Traumata führen könnten. Seit den sechziger Jahren entschieden deutsche Ärzte in einem komplizierten Verfahren nach Aktenlage, ohne die Patienten je gesehen zu haben. Bisweilen handelte es sich bei den Gutachtern um ehemalige NS-Ärzte. In vielen Fällen wurden Gutachten verschleppt oder offensichtliche Symptome nicht anerkannt. Milton Kestenberg, jahrzehntelang Anwalt in Wiedergutmachungsverfahren, sprach 1982 von einer Fortsetzung der Verfolgung mit anderen Mitteln.[10] Es waren vor allem ausländische Psychiater, die in Gutachten die psychischen Spätfolgen der Holocaust-Opfer nachzuweisen suchten. Richtungsweisend waren die Arbeiten des amerikanischen Psychiaters Wiliam G. Niederland,[11] der in den sechziger Jahren bei Verfolgten das so genannte Überlebendensyndrom beschrieb. Niederland beobachtete bei einigen Holocaust-Opfern chronische Depressionen, Angstzustände, Isolation, Rückzug und Wahrnehmungs- und Gedächtnisstörungen, die er als Unvermögen deutete, angemessen um die toten Angehörigen zu trauern.

Ganz offensichtlich waren weite Kreise der deutschen Bevölkerung bis in die sechziger Jahre hinein soweit traumatisiert, dass sie nicht in der Lage waren, Verantwortung für die wenigen Überlebenden des Holocaust zu übernehmen. Das Frankfurter Autoren-Ehepaar Alexander und Margarete Mitscherlich führte dies auf die deutsche Unfähigkeit zu trauern zurück.[12] Die gefühlsmäßige Stumpfheit betraf indessen nicht nur die Opfer, sondern – paradoxerweise – auch die Nachkommen von Tätern. Die Mehrzahl hatte nach dem Krieg weder angemessen um die eigenen Toten getrauert, noch sich das moralische Versagen, die eigene Schuld und Scham während der NS-Zeit eingestanden. Auch eigene furchtbare Erlebnisse, in denen sie Opfer geworden waren, wurden in den Familien tabuisiert. Bis weit in die neunziger Jahre hinein schwiegen Großeltern und Eltern[13] in deutschen Familien über ihre Erfahrungen auf der Flucht, über Tieffliegerangriffe, über die katastrophale Zerstörung ihrer Städte, über Hunger, Massenvergewaltigungen und die langen Jahre in Kriegsgefangenschaft. Vor allem durch das flächendeckende Bombardement von Städten wurden Kinder, Alte und Frauen seit 1942 mit der Grausamkeit eines Krieges konfrontiert, wie sie es in diesem Ausmaße nicht für denkbar gehalten hatten und wodurch ein dauerhaftes Gefühl von Angst und Verunsicherung entstand. Viele dieser Menschen entwickelten ein PTSD-Syndrom (post traumatic stress disorder), das nach dem Krieg nicht behandelt wurde, da das Thema der Bombardierungen weitgehend tabuisiert wurde.[14] Wie viele Frauen 1945 Opfer von Vergewaltigungen wurden, die oft von sowjetischen Soldaten verübt wurden, lässt sich nicht mehr feststellen. In der Regel konnten die Frauen – gleich ob Täterinnen, Mitläuferinnen oder Opfer – innerhalb ihrer Familien nicht über die traumatischen Erlebnisse sprechen und erhielten im Falle einer Schwangerschaft nach einer Vergewaltigung keinerlei staatliche Unterstützung.[15] Auch die nach Kriegsende erzwungene Flucht von rund zwölf Millionen Flüchtlingen aus Ostdeutschland und Osteuropa verlief keineswegs so reibungslos, wie es die allgemeine Ansicht von einer der größten Erfolgsgeschichten der Bundesrepublik Deutschland suggerieren möchte. Vielfach erfuhren die meist völlig mittellosen Flüchtlinge in ihrer neuen Heimat keine Hilfe, sondern wurden beim Verteilen von Hilfsgütern benachteiligt und wegen ihrer anderen kulturellen Sitten, ihrer Religion und Essgewohnheiten verspottet und ausgegrenzt. Dies bewirkte, dass die Kinder von Vertriebenen häufig zu einer Überangepasstheit an ihre neue Umgebung neigten und ihre alte Heimat verleugneten.

Zwar verarbeiteten Schriftsteller wie Heinrich Böll, Horst Bienek oder Siegfried Lenz diese Erlebnisse; in den fünfziger Jahren entstand eine 5000-seitige Studie vom Bundesministerium für Vertriebene, doch die Mehrheit der Deutschen nahm dies nicht zur Kenntnis. In dem Aufsatz »Das Schweigen« schildert der Schriftstellers Hans-Ulrich Treichel, wie seine Eltern auf der Flucht ihren sechzehn Monate alten Sohn auf einem Pferdewagen liegen lassen, um selbst nicht erschossen zu werden, und mit dieser Schuld nach dem Krieg nicht fertig werden. »Die Unfähigkeit, das Erlebte und Erlittene zu schildern und mitzuteilen, haben meine Eltern ihr ganzes Leben nicht überwunden. Und diese Unfähigkeit verdanken sie ohne Zweifel dem, was die Psychologie eine traumatische Erfahrung nennt und welche in der Psychotraumatologie definiert wird als ›ein vitales Diskrepanz-Erlebnis zwischen bedrohlichen Situationsfaktoren und den individuellen Bewältigungsmöglichkeiten, das mit Gefühlen von Hilflosigkeit und schutzloser Preisgabe einhergeht und so eine dauerhafte Erschütterung von Selbst- und Weltverständnis bewirkt‹.«[16]

In der Nachkriegszeit setzte deshalb sehr rasch eine Umdefinition ein, sich nicht als ein »Volk der Täter« zu fühlen, sondern als ein »Volk der

Opfer« zu begreifen, da sie vielfach, beginnend bei den Alliierten und der Weltöffentlichkeit, Schikanen, Demütigungen und Schuldzuweisungen ausgesetzt gewesen seien. In den fünfziger Jahren ist deshalb die interessante Tendenz zu beobachten, über vergangene Traumatisierungen im familiären Kontext nicht mehr zu sprechen. Stattdessen achteten die Deutschen besonders auf die Sekundärtugenden wie Anstand, Ordnung, Pünktlichkeit, Sauberkeit und eine rigide Sexualmoral. Als Gegenreaktion auf diese Erziehungsmethoden forderte die Studentenbewegung eine sexuelle Revolution und antiautoritäre Kindererziehung.[17]

In der Regel verhielten sich deutsche Psychiater und Psychotherapeuten, nicht zuletzt auf Grund der nicht aufgearbeiteten Geschichte der Psychotherapie im Dritten Reich, wie die Mehrzahl der Bevölkerung: In Therapien blieben die Zeit des Nationalsozialismus und seine Auswirkungen für die Nachkommen verdrängt und ausgeklammert. »Wir haben doch alle nicht daran gedacht, dass etwa Schwierigkeiten der Enkel in der Schule Spätfolgen eines lang vergangenen Kriegs sein könnten«, äußert beispielsweise der Münchner Leiter der Evangelischen Erziehungs- und Beratungsstelle, Jürgen Müller-Hohagen. Dies war umso einfacher möglich, da sie in der Regel nicht mit den Lebensgeschichten von Holocaust-Opfern konfrontiert wurden.[18] Quasi durch die Hintertür schlich sich der Nationalsozialismus in den achtziger Jahren in Therapien zurück, als deutsche Psychotherapeuten für eine Aufarbeitung deutscher Geschichte zunehmend sensibler wurden und die Sprachlosigkeit zwischen den Generationen thematisierten. Anhand von Fallbeispielen aus der therapeutischen Praxis entstanden erste Studien,[19] die offen legten, dass die Nachkommen aus Täterfamilien ebenfalls mit dem Erbe des Nationalsozialismus zu kämpfen hatten und nachträglich durch die schrecklichen Ereignisse traumatisiert wurden.[20] Bisweilen gaben Psychoanalytiker wie Dan Bar-On[21] oder Lutz Rosenkötter den Anstoß, sich für die Biographien der Söhne und Töchter von Nationalsozialisten zu interessieren. Zwischen amerikanischen und israelischen Psychoanalytikern und deutschen Fachkollegen begann eine fruchtbare Zusammenarbeit. Danach waren Täterfamilien häufig von dem Schweigen über die Taten des Großvaters, von Lügen, Ausweichen und Verdrängen geprägt, die sich schädlich auf die emotionale Entwicklung der Nachkommen auswirkten und Todesängste generieren konnten. Flucht, Vergewaltigung, Bombenkrieg und Jahre in der Kriegsgefangenschaft konnten als »eingekapselte Erinnerung« nicht in den Familien besprochen werden und wirkten als Familiengeheimnisse fort. Bisweilen scheinen NS-Täter ihr von Brutalität geprägtes Handeln in den eigenen Familien fortgesetzt zu haben. Emotionale Anästhesie, Depression und Ängste sind mögliche Folgen bei den Nachkommen.

Bei aller Ähnlichkeit der Symptomatik der Nachkommen von Holocaust-Opfern und Kindern und Enkeln von Tätern unterscheiden sich beide Gruppen in der verschiedenen Übertragung von familiärem Wissen. Holocaust-Opfer wissen meistens zumindest in Grundzügen über das Schicksal ihrer Großeltern und Eltern Bescheid, auch wenn diese ihnen oft Einzelheiten verschwiegen haben, um sie zu schützen. Eine deutlich andere Situation besteht nach neuesten Untersuchungen des israelischen Psychoanalytikers Dan Bar-On bei den Enkeln aus »Täterfamilien«, die in der Regel nicht wissen, welche Rolle ihr Großvater im Dritten Reich gespielt hat und welche Taten er zu verantworten hatte. »Mehr noch: Gerade das Wissen, dass der Nationalsozialismus ein verbrecherisches System war, das Millionen von Opfern gefordert hat, ruft in den Nachfolgegenerationen das Bedürfnis hervor, eine Vergangenheit zu rekonstruieren, in der ihre eigenen Verwandten in Rollen auftreten, die mit dem Verbrechen nichts zu tun haben«, resümieren die Sozialwissenschaftler Harald Welzer, Sabine Moeller und Karoline Tschuggnall in dem Buch *Opa war kein Nazi*.[22] Für ihr interdisziplinär angelegtes Projekt über die Tradierung von Geschichtsbewusstsein durch mehrere Generationen von deutschen Durchschnittsfamilien wurden 40 Familiengespräche und 141 Interviews geführt, in denen nach erlebten und überlieferten Geschichten aus der nationalsozialistischen Vergangenheit gefragt wurde. Das Ergebnis der Interviews lässt wenig Spielraum für Zweifel: Im familiären Gespräch blenden Kinder und Enkel belastende Erzählungen der Großeltern über eine (Mit-)Täterschaft des Großvaters oder weiterer Familien aus oder konstruieren Geschichten neu, die im Zweifelsfall sogar zur Heroisierung der Großeltern dienen. So werden im Familiengedächtnis vor allem Geschichten gespeichert, in denen die Angehörigen großem Leid durch alliierte Bomber, russische Vergewaltiger oder jahrelange Kriegsgefangenschaft ausgesetzt waren. Minimale Gesten, wie die des Großvaters, der in der Straßenbahn eine alte Jüdin aufforderte, für ihn Platz zu machen, werden von den Nachkommen zu Heldengeschichten umgemünzt. Schulische Aufklärung über den Nationalsozialismus scheint – so die Analyse der Autoren – von familiären Erzählungen überdeckt zu sein, mit dem Ergebnis, dass es in deutschen Familien kaum Nazis gegeben hat.

Die Spirale des Schweigens in Widerstandsfamilien

Im Laufe der vergangenen zwei Jahre habe ich viele Nachmittage und Abende mit anderen Enkeln verbracht. Beinahe bei jedem Gespräch herrschte von Beginn an eine ganz besondere Atmosphäre von Vertrautheit. Bisweilen hatte ich den Eindruck, meine Gesprächspartner schon lange zu kennen, so nah schien mir mancher Gedanke, manche Schwierigkeit und eine deutlich spürbare Verletzbarkeit, die oft von dem Wunsch geprägt war, Intimität zu wahren und sich selbst zu schützen. Zunächst war ich verleitet, mir nicht zu trauen. Zwar setzte ich meine Gespräche fort, doch fragte ich mich zu Beginn meiner Recherche oft irritiert, was eigentlich Menschen sechzig Jahre nach dem 20. Juli verbinden könnte, deren einzige Gemeinsamkeit darin besteht, dass sich ihre Großväter bisweilen kannten, einen Staatsstreich planten, eine Neukonzeption Deutschlands erwogen und diesen Einsatz in der Regel mit ihrem Leben bezahlten.

Doch war das geheime Band, das fast alle Gesprächsteilnehmer miteinander verband, nicht zu übersehen. Ich beobachtete bei mir, dass ich mich überwinden musste, meinen Gefühlen zu trauen. Denn dieses Vertrauen setzte voraus, Gedanken zuzulassen, die zwar auf der Hand lagen, aber zunächst undenkbar schienen. In meinen Interviews wurde mir deutlich, dass viele Enkel ein ähnliches Unbehagen, wie ich es hatte,

überfiel. Die Suche nach Gemeinsamkeiten setzte oft das Rütteln an einem Familientabu voraus: So bestand die Ähnlichkeit nicht etwa in den äußerlichen Gemeinsamkeiten der Großväter, sondern im innerfamiliären Umgang mit einem schweren Trauma, das weitreichende Folgen für die Enkelgeneration besitzt. Bei meinen Recherchen erzählten mir viele Enkel, dass ihre Eltern über das Thema meines Buches sehr erstaunt gewesen seien, wenn nicht ablehnend reagiert hätten. Offensichtlich herrscht in vielen Familien nach wie vor die Vorstellung, dass Tod und Verfolgung keinerlei psychische Auswirkungen auf nachfolgende Generationen hätten. Damit folgten die Widerstandsfamilien lange Zeit tradierten gesellschaftlichen Mustern, die sich ebenso in Opfer-, Mitläufer- und Täterfamilien finden. Wie in Familien von Holocaust-Opfern hofften die Töchter und Söhne aus Widerstandsfamilien, ihr eigenes psychisches Leiden möge ihren Kindern erspart bleiben, was sich des Öfteren als Wunschdenken und im Ergebnis als Trugschluss entpuppte. Allzu oft kann sich die Söhne- und Töchtergeneration nicht eingestehen, dass der Tod des Vaters und die Verfolgung bei ihnen selbst traumatische Folgen hervorgerufen haben. Jahrzehntelang war für die Nachkommen der Widerstandskämpfer der 20. Juli nur ein historisches Datum, und sie versuchten aus den Taten der Väter politische Handlungsmaximen für sich zu finden. Der Umgang mit eigenen Schwierigkeiten wurde häufig von Nachkommen der älteren Generation abgelehnt. Erst in den vergangenen zehn Jahren beginnt sich auf breiterer Ebene das Bewusstsein für Trauma-Schäden in Widerstandsfamilien zu ändern. Hier hat die Literatur über Täter- und Opferkinder zum Bewusstseinswandel beigetragen, der allerdings noch lange nicht von allen Nachkommen vollzogen wurde. Vielmehr ist dieser Prozess derzeit noch im vollen Gange und wird nicht mehr von allen Nachkommen vollzogen werden können. Das Leugnen, Verdrängen und Beschweigen traumatischer Erlebnisse hat in der Vergangenheit das Gespräch zwischen den verschiedenen Generationen erheblich erschwert und zu Konflikten und Verletzungen geführt.
Die meisten Enkel erzählten von einer ganz besonderen Atmosphäre, die in ihren Elternhäusern herrschte und die sich von der Atmosphäre

anderer Elternhäuser unterschied. Häufig fiel es im Gespräch schwer, die richtigen Worte zu finden, was nicht verwundert, da es gerade der emotionale Bereich ist, der vielen Nachkommen aus Widerstandsfamilien Schwierigkeiten macht. Viele Enkel berichteten, dass in ihren Familien verhältnismäßig wenig über die Widerstandstätigkeit des Großvaters und dessen Tod, noch weniger aber über die Folgen für die Familien erzählt worden sei. Vielmehr herrschte in den Familien eine Atmosphäre von beredtem Schweigen, für die es viele unterschiedliche Facetten gab und gibt. Unbewusst spürten die meisten Enkel, dass das Datum des 20. Juli 1944 synonym für eine tragische Familiengeschichte stand, die von deutlichen Ambivalenzen geprägt war und die man lieber nicht hinterfragte. Auf der einen Seite galt der Großvater als ein makelloser Held, der sein Leben für seine politischen Ideale geopfert hatte, auf der anderen Seite hatte der Tod des Großvaters für seine Angehörigen, insbesondere für seine Frau, seine Kinder, mitunter sogar für seine Enkel schlimme Folgen, die oft verleugnet wurden. Im Vergleich mit Täterfamilien unterscheidet sich die Qualität familiären Schweigens. Während in Täterfamilien die Beteiligung des Großvaters an NS-Verbrechen beschwiegen wird, wird in Widerstandsfamilien über die Taten des Großvaters bisweilen in heroisierender Form gesprochen. Dafür gleicht das Schweigen über die Verfolgung der übrigen Familienmitglieder nach dem Tod des Widerstandskämpfers den brüchigen und lückenhaften Erzählungen von Holocaust-Opfern über ihre Zeit im Konzentrationslager oder im Versteck. In allen Familiengedächtnissen klaffen große Lücken, hinter denen sich Familiengeheimnisse unterschiedlicher Art verbergen.

Erstaunlicherweise richtete sich die Verfolgung durch die Gestapo nicht unbedingt nach dem Grad der Beteiligung der Väter und Großväter, sondern erscheint ab einem bestimmten Ausmaß willkürlich. So waren beispielsweise die Familien Hoepner, Lindemann und Goerdeler einer besonderen Brutalität durch die Nationalsozialisten ausgesetzt, die von den Szenarien nicht minder verstrickter Familien auf ungewöhnliche Weise abweichen. Dies erklärt den Umfang der Traumatisierung auch in Familien, in denen die (Groß-)Väter nur am Rande am Widerstand be-

teiligt waren. Daher richtet sich im Familiengedächtnis der überlebenden Angehörigen der 20. Juli weniger am Grad der politischen Verstrickung als am Ausmaß der Verfolgung aus, denen sie selbst ausgesetzt waren. Dies bedeutet jedoch nicht zwingend, dass ein Höchstmaß an Verfolgung auch zu einem Höchstmaß an Traumatisierung geführt hat und umgekehrt, dass eine geringe Verfolgung auch nur geringe psychische Schäden nach sich zog. Die Erlebnisse im Nachgang des 20. Juli bargen für die Angehörigen vielmehr das große Risiko einer nachhaltigen Traumatisierung, doch nicht stets hat sich dieses Risiko auch realisiert. Als günstig für eine positive Verarbeitung der Geschehnisse erweisen sich folgende Faktoren:
1. das Überleben des Widerstandskämpfers und dessen eigener Umgang mit seinen Erlebnissen;
2. die Auswanderung und der Neuanfang in einem anderen Umfeld und Kulturkreis;
3. eine besondere Kommunikationsfähigkeit in den betroffenen Familien.

Die Widerstandstätigkeit des Großvaters bildete in allen Familien der Nachkommen gewissermaßen den Resonanzboden für das weitere Leben. Gleich, ob der Widerstand der Väter von den Söhnen und Töchtern heroisiert wurde oder Söhne und Töchter den Widerstand der Väter leugneten und ablehnten, das Thema Widerstand blieb bewusst oder unbewusst im Familiengedächtnis haften. Die Nachkommen mussten, ob sie es wollten oder nicht, sich mit dem Widerstand beschäftigen. Das Familiengedächtnis in Widerstandsfamilien scheint unabhängig davon zu funktionieren, aus welcher Widerstandtradition die Väter kamen. Auch scheint das Schweigen in den Familien generationsübergreifend zu wirken: Sowohl Enkel, die in den fünfziger Jahren aufwuchsen, als auch Enkel, die in den siebziger Jahren in die Schule gingen, berichten von dem Schweigen in ihren Familien. Ein deutlicher Bruch ist in den achtziger Jahren zu verspüren. Seit dieser Zeit scheint auch in Widerstandsfamilien ein offener Umgang mit Emotionen stattzufinden.

Die »Spirale des Schweigens« – wie eine Enkelin das innerfamiliäre Gespräch bezeichnete – existiert in verschiedenen Schattierungen. In einigen Familien fanden keine Unterhaltungen über den Großvater statt, der im Familiengedächtnis wie ausgelöscht erschien. Diese Enkel erfuhren von der historischen Bedeutung ihres Großvaters erst aus dem Geschichtsunterricht oder von anderen Verwandten.
In vielen Gesprächen erzählten mir die Enkel, ihre Eltern hätten ihnen in einem gewissen Alter einen Stapel Bücher über den Widerstand in die Hand gegeben, mit der Aufforderung diese zu lesen. Manche haben die Lektüre der Kinder verfolgt und sich anschließend mit den Fragen auseinander gesetzt. »Als ich 14 Jahre alt war, hat mir mein Vater während eines langen Spaziergangs gemeinsam mit meinem Bruder von der Rolle meines Großvaters im Dritten Reich erzählt. Zuvor wusste ich davon gar nichts«, berichtet ein Enkel, der zuvor schon häufiger in der Schule auf seinen Namen angesprochen worden war. Eine gewisse Form von Initiationsritus bildeten ferner die Gedenkfeiern zum 20. Juli in Berlin, zu denen die Eltern ihre Kinder zwar das erste Mal mitnahmen (häufig im Alter von zwölf Jahren), ohne ihnen aber den Ablauf der Gedenkfeiern, geschweige denn den Inhalt zu erklären. Während einige Familien die Treffen in Berlin zu Familienzusammenkünften nutzten, überwog in anderen Familien die Tragik und Schwere des Tages. Viele jüngere Nachkommen, die sich nicht mehr von den Jugendtreffen her kannten, fühlten sich von den Gedenkfeiern überfordert und alleine gelassen, da sie kaum jemanden kannten und statt des familiären Gedenkens der formale Aspekt eines unpersönlichen Staatsakts im Vordergrund stand, der sich an ihnen ohne eigene Mitwirkung vollzog. Die Gedenkfeiern schienen daher ihren Eindruck von Tabu und Familiengeheimnissen eher noch zu stärken. Auch im Erwachsenenalter erhielten viele Enkel die Einladungen zu den Gedenkfeiern noch an die Adresse ihrer Eltern geschickt, wodurch sich so mancher Enkel nicht wirklich eingeladen fühlte.
Oft begleitete die ganze Kindheit auch ein überlebensgroßes Bild des Großvaters, das an prominenter Stelle im Ess- oder Wohnzimmer der Familie hing. In manchen Familien schmückt ein Bild des Großvaters

vor dem Volksgerichtshof oder ein Familienbild den Schreib- oder Nachttisch des Vaters oder der Mutter. Eine Reihe von Enkeln kennen zwar zahlreiche Anekdoten über den Großvater, wissen um seine Liebe zur Familie oder zur Natur und Tieren. »In meiner Familie wurden viele Geschichten erzählt, wie liebevoll mein Großvater mit seinen Kindern umgegangen ist, aber nie, was er eigentlich im Widerstand gemacht hat«, sagt ein Enkel. In den Gesprächen im Familienkreis blieben die politische Rolle und die Geschichte der Eltern jedoch ausgespart. In anderen Familien wurden und werden Geschichten über die angebliche Ungeschicklichkeit des Großvaters erzählt und Scherze gemacht, wie um sich nachträglich von dem schrecklichen Ende zu distanzieren. In intellektuellen Familien ersetzt hingegen oft das reine Faktenwissen über den Widerstand die gefühlsmäßige Verarbeitung, gleicht jede Unterhaltung einem Seminar über Widerstandsgeschichte. »In meiner Kindheit schwirrten die Namen Hitler, Stauffenberg, Himmler und Göring genau so oft durch den Raum wie Rotkäppchen oder der böse Wolf«, erzählt eine Enkelin, die sich – wie viele andere Enkel auch – die genauen Zusammenhänge des Widerstands nur sehr schwer merken konnte.

Zwischen der Widerstandtätigkeit des Großvaters und den Auswirkungen für die Familien besteht eine deutliche Abstufung im Schweigeverhalten.

In der Regel – natürlich gibt es Ausnahmen – sind die meisten Enkel unzureichend darüber informiert, was mit dem Vater, der Mutter und der Großmutter nach dem 20. Juli passiert ist. In meinen Gesprächen begegneten mir immer wieder Erinnerungsfetzen, wussten die Enkel, dass ihre Mutter in Bad Sachsa im Kinderheim war, der Vater in Gestapohaft, ohne dass die Enkel darüber informiert waren, wann und wie die Mutter oder der Vater von dort befreit wurden. Einige Enkel konnten den Ort Bad Sachsa geographisch nicht verorten. Andere wussten nur ungefähr, was mit ihren Großmüttern nach dem 20. Juli geschehen war. Ein Tabu scheint wie ein Nebel über vielen Familiengeschichten zu liegen. In der Regel konnten die Enkel nur spüren, dass es besser war, an diesen Stellen nicht weiterzufragen, aus Angst, die Mutter oder der Vater könnte die Erinnerung an die traumatische Zeit nicht ertragen. Viele Enkel berichteten, sie hätten ihr von der Verfolgung belastetes Elternteil bewusst schonen wollen und deshalb das Erzählen eigener Schwierigkeiten vermieden. Andere wiederum empfanden das Unbehagen oder das Unvermögen der Mutter oder des Vaters, über diese Zeit mit den Kindern zu sprechen, und vermieden aus diesem Grund jedes intensivere Gespräch. Im Familiengedächtnis waren und sind offensichtlich die historischen Fakten über den Großvater besser gespeichert als die anschließende Verfolgung der Familien.

Bisweilen scheint es für die zweite Generation einfacher, ihre Erlebnisse zu Papier zu bringen oder in öffentlichen Auftritten über den Vater zu erzählen, als diese Zeit mit ihren Söhnen und Töchtern zu teilen. So erzählte mir ein Enkel, dass er schon deshalb interessiert öffentlichen Verlautbarungen seiner Mutter zugehört habe, weil er dort Umstände erfahren habe, die im Familienkreis beharrlich verschwiegen wurden. Häufig vermutet die zweite Generation, dass sich die eigenen Kinder nicht für ihre Geschichte oder den Widerstand interessieren könnten, und unterlässt deshalb jedes Gespräch. Bisweilen schien es mir in den Unterhaltungen mit anderen Enkeln auch so, als ob Mitglieder der zweiten Generation ihre wenigen glücklichen Erinnerungen an die Kindheit mit ihrem eigenen Vater für so kostbar und wertvoll ansehen, dass ihnen das Mitteilen dieser Gefühle fast wie ein Verrat erscheint.

Für die meisten Söhne und Töchter von Widerstandskämpfern nimmt der eigene Vater eine zentrale Stelle im Leben ein. So lässt sich erklären, dass es ihnen schwer fällt wahrzunehmen, dass ihr Vater nicht nur ihr Vater ist, sondern auch der Großvater ihrer eigenen Kinder. »Meine Mutter war sehr darüber irritiert, dass Sie mit mir ein Interview über mich und meinen Großvater machen wollen«, erzählte mir eine Enkelin zu Beginn unseres Gesprächs – ein typischer Gesprächsanfang, denn in der Tat stieß mein Projekt bei manchen Söhnen und Töchtern von Widerstandskämpfern zunächst auf Ablehnung oder auf ein diffuses Unbehagen. Dies resultiert auch daraus, dass die meisten der von mir befragten Enkel ihren Großvater nicht mehr selbst erlebt haben. Zwar leben Enkel, die sich an ihren Großvater noch gut erinnern können, die Mehrheit der dritten Generation ist jedoch heute zwischen dreißig und fünfzig Jahre alt und damit in einem Alter, in dem sie den Großvater nur aus Erzählungen oder aus der Literatur kennen. Verallgemeinernd kann man sagen, je näher das Alter der Enkel im Alter dem der Kindergeneration ist (also über sechzig), desto größer ist die Wahrscheinlichkeit, dass der Großvater ihr Leben beeinflusst hat. Dies ist besonders der Fall, wenn die Mutter oder der Vater eng mit dem Großvater verbunden waren, die Widerstandspläne kannten und die Familie durch seinen Tod in große (finanzielle) Schwierigkeiten kam. Auf der anderen Seite lässt sich feststellen, dass Enkel, die unter dreißig Jahre alt sind, in der Regel ein eher distanziertes Verhältnis zum Großvater haben. Meist interessieren sie sich für den Großvater als historische Figur, ohne dass er auf Grund des großen zeitlichen Abstands ihr Leben besonders geprägt hätte.

Für die Gesprächskultur bestimmend wurden oft die Witwen der Widerstandskämpfer. Ihr Umgang mit dem für sie höchst schmerzlichen Datum dominierte in vielen Familien das Gesprächsklima der zweiten Generation. Dabei gab und gibt es eine Bandbreite unterschiedlicher Reaktionsmöglichkeiten, auf das Attentat und die traumatischen Folgen für die Familie zu reagieren. Der Umgang der Witwen mit dem Trauma wurde auch dadurch bestimmt, inwieweit sie in den Widerstand involviert waren, das Attentat auf Hitler innerlich mittrugen, das Handeln ihrer Männer unterstützten oder ob sie nach dem 20. Juli von der Mittäterschaft ihrer Männer überrascht wurden. Eine große Reihe von Witwen musste nach 1944 nicht nur mit dem tragischen Tod des geliebten Mannes umgehen, sondern den Tod weiterer naher Familienangehöriger verkraften. So schickten die Nationalsozialisten die Söhne vieler Familien zum Teil in besonders riskante Frontabschnitte, wo diese starben. In anderen Familien wie bei den Dohnanyis, Schleichers, Bonhoeffers war nicht nur der Mann im Widerstand, sondern auch die Brüder, Schwäger und Freunde. Wieder andere teilten das Schicksal vieler Deutscher, mussten ihr Land verlassen und sich in den Nachkriegsjahren eine neue Existenz aufbauen.

Wirkliche Gesprächspartner, mit denen sie sich austauschen konnten, fanden sie nur wenige, zumal sie in den Nachkriegsjahren als Witwen von Landesverrätern angesehen wurden und erneuten gesellschaftlichen Demütigungen ausgesetzt waren. Die häufig schon während des Nationalsozialismus erlebte Isolation und Einsamkeit setzte sich damit nach 1945 fort. Viele Witwen lebten im engen Kreis ihrer Familie, konzentrierten sich auf ihren Beruf oder eine ehrenamtliche Tätigkeit und sprachen – wenn überhaupt – nur mit anderen Betroffenen über ihre Gefühle. Trauer und Verzweiflung fanden als Kämpfe im eigenen Herzen statt. Auch konnten Gefühle wie Verärgerung oder Wut darüber, von ihren Männern alleine gelassen zu sein, in der Regel nicht artikuliert werden.

Eine Reihe von Witwen setzte sich zeit ihres Lebens mit eigenen Schuldgefühlen auseinander. Besonders schmerzlich für viele Witwen war es zu erkennen, dass in den Nachkriegsjahren weder die Alliierten noch die deutsche Bevölkerung den Widerstand ihrer Männer anerkannten. Vielmehr mussten eine Reihe von Witwen und ihrer Kinder in der Nachkriegszeit große Energie aufwenden, um gerichtlich gegen diffamierende Schriften und Äußerungen vorzugehen wie beispielsweise im Remer-Prozess. Bisweilen mussten die Witwen auch erleben, dass ehemalige Nationalsozialisten, die ihre Männer verurteilt oder im Gefängnis gequält hatten, in der Bundesrepublik unbeschadet davonkamen beziehungsweise von deutschen Gerichten freigesprochen wurden. Einige, wie Annedore Leber, Clarita v. Trott zu Solz oder Ilse v. Hassell, schrieben deshalb Bücher über den Widerstand oder gaben schon in den Nachkriegsjahren die Tagebücher ihres Mannes heraus, um den Widerstand gegen Hitler bei den Alliierten, aber auch der eigenen Bevölkerung bekannt zu machen. »An meine Großmutter kann ich mich hauptsächlich in ihrer Bibliothek erinnern, wie sie vor großen Stapeln von Papier sitzt und mit einer Reihe von Historikern und mit Zeitungen korrespondiert«, erzählt eine Enkelin. Andere Witwen beauftragten Biographen, um über ihre Männer zu schreiben oder stellten sich den Fragen von Historikern, Publizisten oder Journalisten. Häufig rissen diese Gespräche alte Wunden wieder auf. Hinzu kam, dass eine Reihe von

Witwen den Eindruck hatten, ihre Männer vor Falschinterpretationen und -darstellungen in der historischen Wissenschaft und in den Medien schützen zu müssen. Für viele war es nur schwer zu verkraften, dass der Gedankenaustausch mit ihren Männern nun öffentlich gemacht werden sollte und ihre Männer von Historikern und Publizisten kritisiert wurden, obgleich die Mehrheit der Bevölkerung Hitler unterstützt hatte. Oft gewannen die Witwen den Eindruck, dass viele Werte, die ihre Ehemänner in die Opposition zu Hitler gebracht hatten, wie Vaterlandsliebe, Liebe zum Militär, aber auch ethische und religiöse Traditionen, in der Nachkriegszeit nicht mehr verstanden und als antiquiert, konservativ und reaktionär eingestuft wurden.

In der Mehrzahl waren und sind die Witwen von so großer Bescheidenheit und Zurückhaltung, dass sie ihren eigenen Anteil, ihr eigenes Wissen um Widerstandspläne in der Regel für sich behielten und über die Zeit im Nationalsozialismus, aber auch über ihr oft bewundernswertes Leben nach 1945 schwiegen.

Für das Schweigen zwischen der ersten und zweiten Generation sind vielfältige Motive verantwortlich. Für einige Witwen war es zu schmerzlich, die Erinnerung an ihren Mann mit ihren Kindern zu teilen. Andere mussten ihre eigenen Gefühle erst für sich selbst ordnen und nahmen später die Gelegenheit zum Austausch nicht mehr wahr. Wieder andere wollten ihre eigenen Kinder nicht mit der Vergangenheit belasten und vermieden deshalb Gespräche mit den Söhnen und Töchtern. Andere versuchten, den Kindern ein verklärtes Bild ihres Vaters zu vermitteln, auch um sie gegen die Angriffe in der Schule oder an der Universität und in der Ausbildung zu schützen. Dabei stellten einige Witwen den Vater so sehr auf einen Sockel, dass es für die Kinder schwierig wurde, neben einem »Heldenvater« zu existieren. Für andere Witwen erwies es sich als ausgesprochen schwierig, mit den Kindern über ihre eigenen traumatischen Erlebnisse im Kinderheim, in der Gestapohaft oder auf der Flucht zu sprechen. In vielen Familien waren diese Themen tabuisiert.

Wieder andere fanden auf sensible Art und Weise die richtige Form, mit ihren Kindern zu kommunizieren, indem sie sowohl Geschichten über den Vater erzählten und ihn damit lebendig erhielten, aber auch über seinen Weg in den Widerstand berichteten. Häufig hatten diese Witwen für sich eine Möglichkeit gefunden, die traumatischen Erlebnisse des 20. Juli zu verarbeiten und sich ein neues befriedigendes Leben aufzubauen. Einige Witwen fanden neue Partner und damit ein neues Lebensglück. In der Regel wirkte es sich auch positiv aus, wenn die Witwen Deutschland verließen und im Ausland eine neue Existenz aufbauten, die nur wenig Ähnlichkeit mit ihrem Leben in Deutschland besaß und wo die Witwen nur wenig mit den Vorurteilen gegen ihre Männer zu kämpfen hatten. Je menschlicher und damit auch fehlbarer die Witwen die eigenen Männer beschrieben, desto leichter war es für die Kinder, mit dem Vater zurechtzukommen, ohne sich ständig mit seinem vermeintlichen Heldentum auseinander zu setzen. In der Regel übertrugen Söhne und Töchter diese offene Atmosphäre auch in ihre eigenen Familien und konnten mit ihren Kindern über den Vater in angemessener Form reden. Aus diesen Familien stammen die am wenigsten belasteten Enkel, die in vielen Gesprächen mit der als liebevoll erlebten Großmutter über das Dritte Reich und die Rolle des Großvaters sprechen konnten. Wesentlich für den Umgang der zweiten Generation mit dem eigenen Vater war das eigene Lebensalter, in dem der Vater starb. Auf Grund des unterschiedlichen Alters der Widerstandskämpfer sind als »Kinder des 20. Juli« Personen unterschiedlichster Altersgruppen vertreten. In der Wahrnehmung des Vaters spielt es eine erhebliche Rolle, welche Lebensphasen der Nachkommen noch vom Vater geprägt waren und in welchen sie ohne den Vater auskommen mussten. So wurde Konstanze Gräfin Stauffenberg erst nach dem Tode ihres Vaters geboren, während andere Kinder selbst schon verheiratet waren und Kinder besaßen, wie Irma Potente, die Tochter Hoepners. Einige Nachkommen, wie Gertrud Neubaur, die Tochter von Ludwig Beck oder Marianne Meyer-Krahmer, die Tochter Goerdelers, wussten von der Widerstandstätigkeit ihrer Väter und bewunderten sie dafür. Vor allem Kinder, die selbst über zwanzig Jahre alt waren und eigene schlimme Erfahrungen im Krieg gemacht hatten, konnten die Motive des Vaters, in den Widerstand zu gehen, sehr gut nachvollziehen. Bisweilen zogen die Widerstandskämpfer ihre Söhne in das Vertrauen, wie im Fall Lindemanns.

Eine nicht ganz einfache Rolle kam nach dem Krieg dem ältesten Sohn oder der ältesten Tochter zu. Vielfach erhielten vor allem die überlebenden älteren Söhne von ihren Vätern in Abschiedsbriefen den Auftrag, sich nach dem Tod besonders um die Mutter oder um die jüngeren Geschwister zu kümmern. Einige blieben damit ihr ganzes Leben die Söhne oder Töchter ihrer Väter und konnten nur schwer Distanz gewinnen. In manchen Familien nimmt der älteste Sohn in der Geschwisterrolle gewissermaßen die Vaterfunktion ein, was das geschwisterliche Miteinander nicht immer vereinfachte. Andere Kinder gerieten mit dem von der Mutter in der Öffentlichkeit gezeichneten »Heldenbild« ihres Vaters in Konflikt, da sie den Vater in einer grundsätzlich anderen Erinnerung hatten. Bisweilen konnten auch Söhne oder Töchter, die in der Demokratie aufwuchsen, die konservative Einstellung ihrer Väter nicht verstehen und distanzierten sich deshalb von ihnen.

Für jüngere Kinder, vor allem für diejenigen, die erst wenige Jahre vor dem Attentat geboren worden waren, war es mitunter schwierig zu akzeptieren, dass ihr Vater sie zwar noch zeugte, aber »für Deutschland« in den Tod ging. Zumindest unbewusst mussten sie den Eindruck gewinnen, gegenüber politischen und ethischen Vorstellungen zurückgestanden zu haben. Derartige Gefühle konnten allerdings in den wenigsten Familien geäußert werden. Typisch für manche Widerstandsfamilien sind deshalb Geschwisterkonflikte, die sich an dem durch die Geschwisterfolge unterschiedlichen Vaterbild entzünden. So sind ältere Geschwister, die den Vater noch bewusst in der Elternrolle erlebt haben, in der Gefahr, den jüngeren Geschwistern, die keine eigene Erinnerung an den Vater haben, ihr »Vaterbild« zu vermitteln. In der Regel gibt es in der Kindergeneration einen Sohn, eine Tochter, die sich besonders mit dem Vater identifiziert und in der Öffentlichkeit oft als »Sprachrohr« der Familie auftritt, auch wenn die Geschwister die politische Rolle des Vaters unterschiedlich bewerten. In einigen Familien interpretieren die einzelnen Kinder – je nach eigener politischer und religiöser Einstellung – den Weg des Vaters in den Widerstand und seine Funktion durchaus verschieden. Es kommt deshalb in manchen Familien zu erbitterten und sehr emotional ausgetragenen Streitigkeiten über die historische Rolle des Vaters, die bisweilen in jahrelangem Schweigen enden.

Auf Grund der ablehnenden Haltung der deutschen Bevölkerung und auf Grund der erst in den achtziger Jahren bekannten Folgen von Traumatisierungen erhielten viele der traumatisierten Kinder weder die notwendige Anerkennung noch die notwendige Hilfe, um ihr Trauma bearbeiten zu können. Mitunter sind die Kinder auch so sozialisiert, dass ihr eigenes Leiden im Vergleich zum Leiden ihrer Väter in den Familien schlicht geleugnet oder nicht wahrgenommen wurde. Manche haben diese Einstellung auch in ihrem späteren Leben übernommen und sind aus einer emotionalen Erstarrung nie herausgekommen. Einige fanden erst in späten Jahren angemessene psychologische Hilfe für ihre auftretenden Schwierigkeiten, die sich häufig in Depressionen, Alkoholismus und Angstgefühlen zeigten. Viele erhielten jedoch nie die Chance, sich mit ihren Gefühlen von Verlassenheit, Unbehaustsein und ihren schmerzlichen Erfahrungen nach dem 20. Juli auseinander setzen zu können, was häufig zu großen emotionalen Schwierigkeiten bis hin zum Suizid führte.

Besonders kompliziert scheint es für Söhne und Töchter der zweiten Generation zu sein, wenn es in der Persönlichkeit des Vaters neben den »Heldenseiten« auch dunkle Schatten gibt, die nicht zu dem idealisierten Bild des Vaters passen. Hier hängt es von der Festigkeit der eigenen Persönlichkeit ab, ob die unliebsamen Eigenschaften des Vaters in das Gesamtbild integriert werden können oder von den Kindern verleugnet und abgespalten werden müssen. Auch darin liegt ein Grund für manchen Familienkonflikt zwischen den Geschwistern.

In ähnlicher Weise verhält es sich in Familien, in denen der Vater sich das Leben nahm. Hier herrscht ein besonderes Klima, vor allem wenn der Suizid grundsätzlich aus religiösen und ethischen Gründen abgelehnt wird. Die Überlebenden neigen dann dazu, den Selbstmord des Großvaters als notwendige Folge seines Handelns herauszustreichen. Der Gedanke, der eigene Vater könne sich auch aus Verzweiflung oder Angst getötet und die Familie damit alleine gelassen haben, darf mitunter nicht einmal gedacht werden. In dem Fall meiner Familie, wo gleich mehrere Mitglieder Selbstmord begangen haben, steht außer Frage, dass mein Großvater Henning v. Tresckow sich nur deshalb getötet hat, um unter der Folter nicht die Namen von Mitverschwörern preisgeben zu müssen. Mitunter haben die Witwen auch die Art des Todes vor ihren Kindern verheimlicht, was diese ebenfalls in einen Konflikt mit der Mutter brachte, sobald die Kinder die tatsächliche Todesursache erfuhren. Andere Witwen konnten ihren Kindern nicht erzählen, wann und wie ihr Vater zu Tode kam, da ihnen die Wahrheit darüber zu entsetzlich schien. In meiner Familie führte es zu großer Aufregung, als die These einer anderen Selbstmord-Variante meines Großvaters auftauchte – obwohl sie nur um ein irrelevantes Detail abwich. Tatsächlich haben die Verheimlichung und das Tabu über den Tod des Vaters die Unsicherheit der Kinder und ihre Konfliktlinien mit der Mutter eher verschärft.

Nach den entbehrungsreichen und schwierigen Jahren bemühten sich viele Nachkommen der zweiten Generation, ihre aus den Fugen geratene Existenz dadurch zu sichern, dass sie rasch heirateten und selbst Kinder bekamen, die sie häufig nach ihren Vätern Claus Graf Schenk zu Stauffenberg, Jens Jessen oder Andreas Hermes nannten. Vor allem die Söhne von Widerstandskämpfern rangen damit, sich beruflich zu arrangieren und neben dem »Heldenvater« Bestand zu haben. Eine große Gruppe orientierte sich beruflich an dem Vorbild der Väter und wurden ebenfalls Offiziere, Rechtsanwälte, Verwaltungsbeamte oder Pädagogen. Andere waren von den zurückliegenden Ereignissen derart erschüttert, dass sie sich aus sozialem Engagement für ein Studium der Medizin oder der Theologie entschieden.

Als Ehepartner wählten einige Kinder ebenfalls Söhne oder Töchter aus Widerstandsfamilien, so dass eine ganze Reihe von Enkeln »doppelt belastet« ist. Dadurch wurden familiäre Kommunikationsmuster verstärkt. Eine Reihe von Kindern heirateten unbelastete Partner, vornehmlich aus dem Ausland, wohin zahlreiche Kinder emigriert waren. In der Regel ordnete sich der Partner, der nicht aus einer 20. Juli-Familie stammte, den Interessen der Familien des 20. Juli unter. Bisweilen kam es zu einer (Über-)Identifikation mit der Familie des Mannes oder der Frau, die die eigene Familie in den Hintergrund rücken ließ. In den meisten

Familien gab es eine deutliche Wertehierarchie zwischen der »moralischen Widerstandsfamilie« und der »Mitläuferfamilie«. Häufig sind die angeheirateten Partner oder die Partnerinnen besonders an der Widerstandsproblematik interessiert und haben sich durch das Lesen zahlreicher Biographien zum Experten für den Widerstand entwickelt. In einigen Familien übernahmen deshalb die angeheirateten Partner die Rolle, mit den eigenen Söhnen und Töchtern über den Widerstand ihres Schwiegervaters zu sprechen, auch wenn sie diesen gar nicht erlebt hatten. Vielfach entlasteten sie mit ihrem Interesse den Ehepartner und sorgten dafür, dass in der Familie auch offenere Gespräche über den Widerstand möglich waren. Nur wenige »Kinder des 20. Juli« heirateten Söhne und Töchter aus nationalsozialistischen Familien. In der Regel führte eine derartige Heirat zu Problemen. Die Enkel aus solchen Verbindungen orientierten sich meist an der Widerstandsfamilie und beschäftigten sich nur in seltenen Fällen mit den »belasteten« Großeltern.

Entscheidend für das psychische Wohl der Kindergeneration war und ist der große innere Zusammenhalt. So schweißte der Aufenthalt im Kinderheim in Bad Sachsa, die gemeinsame Gestapo-Haft oder der gemeinsame Aufenthalt in verschiedenen Konzentrationslagern die Söhne und Töchter auf eine ganz besondere Art zusammen. Da viele Witwen des 20. Juli untereinander befreundet waren und sich gegenseitig halfen, entstanden auch zwischen ihren Kindern vielfach lebenslange Freundschaften, berufliche Kontakte und Bekanntschaften. Auffallend häufig ist es zwischen den Kindern auch zu Ehen gekommen, wie im Falle der Familien Maass-v. Voss; v. Haeften-v. Hofacker oder Wirmer-Hermes. »Die gemeinsame Erfahrung, aus einer Widerstandsfamilie zu kommen, hat die Ehe meiner Eltern entscheidend geprägt und wahrscheinlich überhaupt erst dazu geführt, dass sie geheiratet haben«, erzählt eine Enkelin und fügt hinzu, dass sie nicht glaubt, dass ihre Mutter jemand anderen als aus diesem Kreise hätte heiraten können.

Eine besondere Rolle für den späteren Zusammenhalt spielten dabei auch die Jugendtreffen und die gemeinsam unternommenen Reisen, auf denen sich die Söhne und Töchter von Widerstandskämpfern auch über ihre eigenen Schwierigkeiten austauschen konnten. Kinder aus

Familien, die an diesen Treffen teilnahmen, wie die Familien Rahtgens, Maaß, v. Voss, v. Hofacker, Blumenberg-Lampe, Smend, Graf Schwerin dominierten auch in späteren Jahren die Arbeit der *Forschungsgemeinschaft* oder des *Hilfswerk 20. Juli* und sind alljährlich bei den Gedenkfeiern in Berlin anzutreffen. Andere Familien wie die Stauffenbergs oder Tresckows hielten sich hingegen bei diesen Treffen sehr zurück. Dabei funktionierten – zumindest in der Kindergeneration – die Familien des 20. Juli wie ein großer Familienverband. Fast jeder kannte jeden und wusste um die Geschichte der Familie, ihrer Mitglieder und deren Stärken und Schwächen. Für Außenstehende mag dieser Verband mit den ihm eigenen Regeln oft als eine verschworene Gemeinschaft erscheinen, zu der ein Zugang nur möglich zu sein scheint, wenn man selbst aus einer der entsprechenden Familien stammt. Wie jeder andere Verband verfügen auch die 20. Juli-Familien über einen eigenen Code, der vor allem darin besteht, ein historisches Wissen zu besitzen, Anekdoten zu kennen und sich innerhalb der Widerstandsfamilien auszukennen. Außerdem ist eine große Hilfsbereitschaft anzutreffen, sich in beruflichen und persönlichen Fragen gegenseitig zu unterstützen und zu helfen. Vielfach entspricht die deutlich zu spürende Abgrenzung nach außen auch einem Schutzmechanismus, der vor weiteren Verletzungen bewahren soll.

Es gehörte für mich zu den erstaunlichen Erkenntnissen, dass die »Kinder des 20. Juli« zwar untereinander gesellschaftlich verkehrten, sich diese Kontakte aber in der Regel auf die nachfolgende Enkelgeneration nicht übertragen haben. Ich habe zwar in meinem Freundeskreis eine Reihe von Enkeln, die ich aber zufällig und in anderen Zusammenhängen wie beispielsweise im Studium kennen gelernt habe. Meine Erfahrung ist für andere Enkel typisch, vielfach hat sich durch die Interviews ein Kontakt ergeben, der für mich zu der Erkenntnis einer gewissen Gemeinsamkeit führte. Wie andere Enkel habe ich lange Jahre keinen Kontakt zu anderen Enkeln gesucht, was auch daran lag, dass ich von der Emotionalität von Auseinandersetzungen in der Kindergeneration abgeschreckt war und damit nichts zu tun haben wollte. Auch mit dieser Empfindung fand ich mich in guter Gesellschaft. Zwischen den Familien und innerhalb der Familien des 20. Juli bestand oder besteht nicht nur eine enge Gemeinsamkeit, vielmehr wird und wurde in diesem Kreis auch mit einer großen Vehemenz um das »richtige« Bild vom Widerstand gekämpft, da oft keine anderen Arten der Auseinandersetzung zur Verfügung stehen.

Auch besteht eine deutliche Hierarchie zwischen den einzelnen Familien, die ebenfalls zu zahlreichen Verletzungen führte und bedingt, dass nicht alle Widerstandsfamilien miteinander in Kontakt sind. Während die Väter im Widerstand oft gesellschaftliche Barrieren nahmen, tauchen diese bisweilen in der Kindergeneration wieder auf. Dies ist darauf zurückzuführen, dass eine Reihe von Nachkommen ihre Väter in einer historischen Ausnahmesituation wähnte, die nach dem Krieg beendet war. Mit der langsamen und vorsichtigen Anerkennung des Widerstands durch die bundesrepublikanische Politik, die Bevölkerung, aber auch die historische Forschung entwickelte sich eine Wertehierarchie des Widerstandes, die viele Familien schmerzte und damit auseinander brachte. So fand zunächst der bürgerliche, kirchliche, militärische Widerstand Beachtung, während durch die komplizierte Geschichte der Bundesrepublik der kommunistische Widerstand im Hintergrund stand. Es dauerte bis zur Mitte der sechziger Jahre, bis auch der sozialdemokratische und gewerkschaftliche Widerstand anerkannt wurde. Gleichzeitig vertraten Angehörige und Nachkommen aus Familien, die ein Attentat auf Hitler abgelehnt hatten, die Ansicht, ihre Männer und Väter wären nur auf Grund eines dilettantisch geplanten Attentats umgebracht worden. Dabei hielten es sich diese Familien zugute, dass ihre Väter und Männer für eine republikanische Staatsform und für eine parlamentarische Demokratie eingetreten waren, während vor allem der konservative und militärische Widerstand diese Staats- und Regierungsformen nicht angestrebt hatte. Auf Grund eines alten, bisweilen aber durchaus noch empfundenen militärischen Ehrenkodex gibt es ferner auch eine – für die Enkel fremdartig anmutende – moralische Rangfolge der Todesarten. Danach wird der heldenhafte Tod durch Erschießen oder durch Aufhängen als ehrenvoller angesehen, als sich der Hinrichtung durch Suizid zu entziehen. Auch gehörte es zu der nach dem Kriege einsetzenden Mythisierung des Widerstands, dass nach dem Vorbild des christlichen Heilsgeschehens den für den Widerstand Gestorbenen mehr Aufmerksamkeit gewidmet wurde als denen, die das Attentat auf Hitler überlebten.

Schließlich bestimmt für die Nachkommen und damit auch für die Enkel der Bekanntheitsgrad des eigenen Namens ein Stück weit die eigene Geschichte. So werden Enkel mit »bekannteren« Namen, wie Stauffenberg, Dohnanyi, Leber oder Goerdeler, eher auf ihre Familiengeschichte angesprochen als Enkel mit unbekannten Familiennamen. Häufig existiert auch nur eine regionale Bekanntheit (beispielsweise die Familie Bolz in Württemberg), der sich Enkel durch Umzug in eine andere deutsche Region entziehen können. Nachkommen mit »unbekannten« Namen können selbst definieren, inwieweit und wem sie erzählen wollen, welche Rollen ihre Großväter im Dritten Reich einnahmen. Vielleicht erklärt es diese größere innere Freiheit, dass sich Familien, deren Namen von der Öffentlichkeit nur selten mit dem Widerstand assoziiert wird, vermehrt in der *Forschungsgemeinschaft* und der *Stiftung 20. Juli* engagieren. Eine Einteilung der Widerstandsfamilien in adlig-konservativ und sozialdemokratisch-bürgerlich wäre dennoch falsch. Vielmehr scheint die zweite Generation in einem weit höheren Ausmaß als die Enkelgeneration von unterschiedlichen politischen Auffassungen dominiert, die teilweise quer durch einzelne Familien laufen und teilweise adlige Familien mit sozialdemokratischen verbinden.

Häufig setzen die Enkel die eingeübte Gesprächskultur fort, wobei unter den Nachkommen – beeinflusst durch die Zeitläufe und die Distanz zum Geschehen – weit weniger Neigung besteht, sich politisch mit anderen Enkeln über die »richtige« Widerstandsform zu streiten. Die Nöte der Kindergeneration, hinter der sich verdeckt oft andere Schwierigkeiten verbargen, kommen in der Enkelgeneration oft ungebrochener zum Tragen. Während meiner Gespräche mit anderen Enkeln hatte ich den Eindruck, dass bisweilen die Enkelgeneration in der Lage war, über Gefühle wie Wut, Angst und Verzweiflung zu reflektieren und damit Eindrücke auszusprechen, für die ihre eigenen Eltern lange keine Worte gefunden haben. Andere Enkel hingegen lehnten die Beschäftigung mit der Vergangenheit ab, um sich auf ihr eigenes Leben zu konzentrieren. »Was habe ich denn mit meinem Großvater zu tun?«, antworteten einige auf meine Fragebögen. Wie in der Kindergeneration gibt es auch bei den Enkeln meist einen, der sich mit der Familiengeschichte besonders intensiv auseinander setzt und den »Platz« in der Enkelgeneration in ihrer Familie besetzt.

Interessant ist der eingeschlagene Berufsweg der Enkel. Im Vergleich zur Kindergeneration gibt es nur wenige Theologen. Viele Enkel engagieren sich beruflich in sozialen und psychotherapeutischen Berufen oder sind beratend als Juristen und in der Verwaltung tätig. Ein auffallend großer Anteil an Nachkommen der dritten Generation hat den Beruf des Journalisten oder Redakteurs gewählt. Politische Karrieren auf Bundes- oder Landesebene sind unter den Enkeln eher die Ausnahme. Wie viele ihrer Generation sind die Enkel bemüht, ihr näheres soziales Umfeld aktiv mitzugestalten, üben Ehrenämter in der Schule ihrer Kinder, in der Kirchengemeinde oder im Bezirk aus. Es besteht aber eine große Zurückhaltung, sich in der Öffentlichkeit politisch zu exponieren und eine Sonderstellung einzunehmen. Eine Reihe von Enkeln hat sich ähnliche Berufe wie die ihrer Großväter gesucht oder ist in einem ähnlichen Berufsfeld anzutreffen: als Juristen, Diplomaten oder Pädagogen. Andere wiederum haben bewusst versucht, in ihrer Familie einen Beruf zu ergreifen, der ihnen eine Lücke bot und von niemand anderem, speziell nicht vom Großvater, ausgeübt wurde.

Eine gewisse Sonderrolle spielt der Militärdienst, der im Vergleich zum Kaiserreich, der Weimarer Republik und dem Dritten Reich in der heutigen Bundesrepublik eine gänzlich andere Rolle spielt. Hier ist das Verhalten der Enkel sehr gespalten: Während sich eine Gruppe ganz bewusst für den Militärdienst auf Grund von Tradition entscheidet, lehnt eine Reihe von Enkeln aus dem militärischen Widerstand den Militärdienst ab und wählt eine Arbeit im Zivildienst wie bei der »Aktion Sühnezeichen« oder im Altersheim. Dabei fühlten sich eine Reihe von Enkeln auf Grund ihrer Herkunft verpflichtet, sich speziell um das Allgemeinwohl zu kümmern und sich für andere einzusetzen. Oft empfinden die Enkel einen besonderen Gerechtigkeitssinn und beschreiben

sich als Personen, die Unrecht nicht ertragen können und sich besonders um Benachteiligte und Schwächere bemühen. Als Erbe des Widerstands zählen Nachkommen auch Zivilcourage und Mut auf, Eigenschaften, die sie auch an ihre Kinder weiterzugeben versuchen. Einige ziehen die Verpflichtung, sich selbst vorbildhaft zu verhalten, aus dem Widerstandserbe. So antwortete beispielsweise ein Enkel in einem Interview: »Zunächst einmal halte ich es für meine Verpflichtung, klare Prinzipien und Vorstellungen zu entwickeln, nach denen ich handeln möchte.«
Eine größere Gruppe von Enkeln hat sich historisch über den Großvater informiert und mehrere Biographien und Werke über das Dritte Reich gelesen, in der Schule und Universität Referate und Seminararbeiten über den Widerstand verfasst; manchen hat das Thema Widerstand bis hin zur Dissertation oder eigener wissenschaftlicher Arbeiten begleitet. Eine mindestens ebenso große Gruppe von Nachkommen verfügt hingegen kaum über historische Kenntnisse und empfindet ein deutliches Unbehagen, sich mit dem Dritten Reich oder gar der Rolle des Großvaters zu beschäftigen. Oft steht hinter dem scheinbar mangelnden Interesse der Wunsch, unabhängig von der als tragisch und bedrohlich erlebten Vergangenheit, in der Gegenwart zu leben, oder das Thema ist in der Familie von anderen Mitgliedern bereits derart besetzt, dass kein eigener Beitrag mehr möglich erscheint.
In der dritten Generation steht die psychische Verarbeitung der Vergangenheit häufig als Thema im Vordergrund, auch wenn dies von einzelnen Enkeln verneint beziehungsweise verdrängt wird. Hier setzen sich die Probleme der zweiten Generation in auffallend gleicher Qualität fort: Die meisten Enkel sind in ihren Familien mit der schwierigen Gesprächskultur belastet, mit den Tabuzonen, den Familiengeheimnissen und einem daraus entstehenden Unbehagen. Häufig fühlen sie sich unter Druck, den bisweilen überzogenen Idealvorstellungen ihrer Eltern entsprechen zu müssen.
Da die zweite Generation nur in seltenen Fällen Gelegenheit hatte, ihr Trauma zu bearbeiten und sich damit von der Vergangenheit zu befreien, gestaltet sich der Umgang mit Gefühlen und Emotionen in einigen Familien ausgesprochen schwierig. Im Vergleich zu den Leiden der

Großväter und ihrem in den meisten Fällen tragischen Tod, scheint es für die Gefühle der Enkel keinen Raum zu geben, zumal, wenn es schon keinen angemessenen Raum für die Emotionen der zweiten Generation gegeben hat. Dabei werden Trauer, Ärger und Wut über das Verlassensein vom Großvater erstickt, mit der Folge, dass auch Lebensfreude, Optimismus und Energie oft nicht gespürt werden können. Einige Familien aus dem Widerstand sind von einer besonderen Angepasstheit und Ängstlichkeit gekennzeichnet, so als könnte jedes Abweichen von der Norm erneut eine Katastrophe nach sich ziehen. Oft lähmt die Angst vor Neuem und Unbekanntem derart, dass eine angepasste Lebensweise überwiegt, die darauf abzielt, in der eigenen gesellschaftlichen Gruppe nicht aufzufallen.

Es verwundert deshalb nicht, dass es in der dritten Generation der Widerstandskämpfer – nach meinem Eindruck gehäuft – zu psychischen Erkrankungen kommt, die nur zum Teil von der eigenen Persönlichkeitsstruktur und eigenen Erlebnissen bestimmt werden. Depressionen, Angsterkrankungen bis hin zum gelungenen Suizid bestimmen ein Stück weit eine kleine Gruppe innerhalb der Enkelgeneration, die mit diesen Erkrankungen vielleicht noch privater umgeht als die übrige Bevölkerung, da psychische Krankheiten in den beschriebenen Gesellschaftskreisen noch immer einem starken Tabu unterliegen. Für die zweite Generation bedeutet es eine große Herausforderung zu akzeptieren, dass ausgerechnet ihre Kinder, die nach dem Krieg und im Wohlstand aufgewachsen sind, Schaden an ihrer Seele genommen haben. Dies ist umso verletzender für die Kindergeneration, als sie oft selbst nicht die dringend nötige Hilfe erhalten haben und – unbewusst – ihren Kindern vorwerfen, dass diese mit einem psychischen Leiden kämpfen, das sie selbst in Ansätzen erlebt und oft genug durch verschiedene psychische Mechanismen, vor allem durch Pflichtgefühl und Disziplin umgangen haben. Zum Gesundungsprozess von Mitgliedern der dritten Generation gehört, wie es eine Enkelin in einem Gespräch nannte, das »Recht auf Mittelmäßigkeit«. Denn eine Reihe von Enkeln scheiterte an der überzogenen Erwartungshaltung in Bezug auf Beruf, aber auch Partnerschaft, die von außen an sie herangetragen oder inzwischen selbst internalisiert wurde. Einige Nachkommen haben es auf Grund der besonderen Familienumstände schwer, sich in der Welt mit einer Aufgabe zu verorten, zumal ihre nicht zu definierende »Besonderheit« sie vielfach in der Schule, in der Ausbildung oder im Beruf zu Außenseitern stempelte.

Andere kämpften mit Todes- und Gewaltphantasien, die von den »Lücken« in den Familiengeschichten stammten, die sich besonders sensible Kinder in ihrer Phantasie vorstellten. Es gehört zu den häufiger genannten Topoi, dass einige, wenn auch wenige, Enkel sich innerlich den Todeskampf des Großvaters vergegenwärtigen müssen. Einzelne kämpfen in manchen Phasen ihres Lebens mit Suizidgedanken, da sie unbewusst den Eindruck haben, ihrem Großvater folgen zu müssen, oder denken, keinen Platz im gegenwärtigen Leben zu finden.

In der Wahl ihrer (Lebens-)Partner ist die dritte Generation hingegen weitaus freier als noch die Kindergeneration. Es ist dabei auch in den Familien von Widerstandskämpfern die Tendenz feststellbar, länger als andere Altersgenossen an der Herkunftsfamilie festzuhalten, zumal, wenn die zweite Generation von den eigenen Kindern als besonders »verletzlich« und wegen der Familiengeschichte als »bedürftig« angesehen wird.

Auf Grund der Ähnlichkeit der Familiengeschichte existieren auch unter den Enkeln einige Ehen und Partnerschaften, die aber deutlich seltener vorkommen als noch in der zweiten Generation. Während es in der Kindergeneration noch weitgehend tabuisiert wurde, Söhne und Töchter aus nationalsozialistisch gesinnten Familien zu heiraten, besteht dieses Verbot nicht mehr. Einige Enkel erleben es vielmehr bewusst als Versöhnung der Geschichte, wenn es ihnen gelingt, mit einem Partner aus einer ehemals nationalsozialistischen Familie zusammenzuleben. Andere lehnen Ehen mit »Täter-Enkeln« rigoros ab. Da eine große Gruppe Enkel längere Zeit im Ausland gelebt hat, gibt es viele bi-nationale Ehen unter den Nachkommen von Widerstandskämpfern.

Die Mehrzahl der Enkel ist stolz auf ihren Großvater. So erzählte beispielsweise ein Enkel: »Ich finde es sehr viel angenehmer, von einem

General im Widerstand als von einem Gestapo-Beamten abzustammen.« Gleichzeitig empfindet die Mehrheit der Enkel den Tod des Großvaters als ein Vermächtnis, sich auf besondere Weise im Beruf und in Familie und Partnerschaft zu engagieren. Es gibt eine Gruppe von Enkeln, die die Bürde der Familiengeschichte als sehr niederdrückend erlebt. Insgesamt scheint mir jedoch die positive Bilanz zu überwiegen: Trotz aller Tabuisierungen und Schwierigkeiten besitzen die Enkel einen familiären Hintergrund, der eine gute Basis für die Zukunft sein kann, wenn sich die Enkel der Vergangenheit stellen, in der Gegenwart leben und die Zukunft auf dem Hintergrund von beidem gestalten wollen.

1 Judith S. Kestenberg, Vorwort zur deutschen Ausgabe. In: Martin S. Bergmann, Milton E. Jucovy, Judith S. Kestenberg, Kinder der Opfer. Kinder der Täter. Psychoanalyse und Holocaust, Frankfurt a.M. 1995, S. 9.
2 Martin Bergmann, Milton Jucovy, Einleitung, ebd., S. 43 ff. Hier werden vor allem ältere Untersuchungen von Henry Krystal, J. Sigal, Victor Rakoff vorgestellt.
3 James E. Anthony and Cyrille Koupernik (Hg.), The Child in His Familiy. The Impact of Disease and Death. New York 1973.
4 Die Ausgrenzung aus dem alltäglichen Leben schildert Keilson u. a. in: Hans Keilson, Der Tod des Widersachers. Frankfurt a.M. 1979; Hans Keilson, »Sequentielle Traumatisierung bei Kindern«. In: Gertrud Hardtmann, Spuren der Verfolgung. Seelische Auswirkungen des Holocausts auf die Opfer und ihre Kinder. Gerlingen 1992, S. 69–79. Dort finden sich auch Literaturangaben zu anderen Aufsätzen von Keilson.
5 Richtungsweisend wurde in den USA u. a. der Sammelband von Martin S. Bergmann und Milton E. Jucovy, Generations of the Holocaust. New York 1982.
6 Vgl. u. a. Ilany Kogan, Der stumme Schrei der Kinder. Die zweite Generation der Holocaust-Opfer. Frankfurt a.M. 1998. Außerdem finden sich interessante Aufsätze von Judith S. Kestenberg; Martin S. Bergmann; Marion M. Oliner; Maria V. Bergmann in dem bereits zitierten Band Kestenberg, Bergmann, Kinder. Barbara Heimannsberg, Christoph J. Schmidt (Hg.), Das kollektive Schweigen. Nationalsozialistische Vergangenheit und gebrochene Identität in der Psychotherapie. Heidelberg 1989; Dierk Juelich (Hg.), Geschichte als Trauma. Festschrift für Hans Keilson zu seinem achtzigsten Geburtstag. Frankfurt a.M.1992; Elke Rottgardt, Elternzugehörigkeit – Nationalsozialismus in der Generation danach. Eltern-Kind-Verhältnisse vor dem Hintergrund der nationalsozialistischen Vergangenheit. Hamburg 1993; Helmut Schreier, Matthias Heyl (Hg.), Das Echo des Holocaust. Pädagogische Aspekte des Erinnerns, Hamburg 1992.
7 Kestenberg, Vorwort zur deutschen Ausgabe. In: Bergmann, Jucovy, Kestenberg, Kinder, S. 9.
8 Konrad Brendler und Günter Rexilius, Drei Generationen im Schatten des Holocaust. Wuppertal 1991; Dan Bar-On, Furcht und Hoffnung. Von den Überlebenden zu den Enkeln – Drei Generationen des Holocaust. Hamburg 1997; Gabriele Rosenthal. Der Holocaust im Leben von drei Generationen. Familien von Überlebenden der Shoa und von Nazi-Tätern. Gießen 1997.

9 Milton Kestenberg, Diskriminierende Aspekte der deutschen Entschädigungspraxis: Eine Fortsetzung der Verfolgung. In: Bermann, Jucovy, Kestenberg, Kinder, S. 74–99; Helga und Hermann Fischer-Hübner (Hg.), Die Kehrseite der »Wiedergutmachung«. Das Leiden von NS-Verfolgten in den Entschädigungsverfahren. Gerlingen 1990; Svenja Goltermann, Im Wahn der Gewalt. Massentod, Opferdiskurs und Psychiatrie 1945–1956. In: Klaus Naumann (Hg.), Nachkrieg in Deutschland. Hamburg 2001, S. 343–363. Dort finden sich weiterführende Literaturangaben. Reinhart Lempp, Seelische Verfolgungsschäden bei Kindern in der Ersten und Zweiten Generation. In: Hardtmann, Spuren, S. 93–99.

10 Kestenberg, Aspekte, S. 74.

11 Wiliam G. Niederland, Folgen der Verfolgung. Das Überlebenden-Syndrom. Seelenmord. Frankfurt a.M. 1984.

12 Alexander und Margarete Mitscherlich, Die Unfähigkeit zu trauern. München 1967.

13 Karin Steinberger, Kriegsfolgen. Gebrannte Kinder. In: Geo Epoche. Deutschland nach dem Krieg 1945–1955. Hamburg 2002, S. 172 ff.

14 Thomas W. Neumann, Der Bombenkrieg. Zur ungeschriebenen Geschichte einer kollektiven Verletzung. In: Naumann, Nachkrieg, S. 319–342 mit einer Diskussion der vorhandenen Literatur.

15 Regina Mühlhauser, Vergewaltigung in Deutschland 1945. Nationaler Opferdiskurs und individuelles Erinnern betroffener Frauen. In: Neumann, Bombenkrieg, S. 384 bis 408. Hier finden sich wichtige Literaturangaben.

16 Hans-Ulrich Treichel, Trauma. Das Schweigen der Opfer. In: Neumann, Bombenkrieg, S. 100 ff.

17 Dagmar Herzog, Antifaschistische Körper. Studentenbewegung, sexuelle Revolution und antiautoritäre Kindererziehung. In: Naumann, Nachkrieg, S. 521–551.

18 Mit den Auswirkungen des Holocaust für in Deutschland lebende jüdische Nachkommen hat sich Kurt Grünberg auseinander gesetzt. Grünberg, Banalisieren. In: Unverlierbare Zeit, S. 181–221; Kurt Grünberg, Liebe nach Auschwitz. Die zweite Generation. Tübingen 2002.

19 Vgl. u. a. Anita Eckstaedt, Nationalsozialismus in der »zweiten Generation«. Psychoanalyse von Hörigkeitsverhältnissen. Frankfurt a.M. 1989; Anita Eckstaedt, Vergewaltigung und Flucht während des Zweiten Weltkrieges und die Wiederkehr des Verdrängten bei einer deutschen Frau in der dritten Generation. In: Grünberg, Straub, Unverlierbare Zeit, S. 57–81; Jürgen Müller-Hohagen, Geschichte in uns. Psychogramme aus dem Alltag. München 1994; Jürgen Müller-Hohagen, Verleugnet, verdrängt, verschwiegen. Die seelischen Auswirkungen der Nazizeit. München 1988; Tilman Moser, Dämonische Figuren. Die Wiederkehr des Dritten Reichs in der Psychotherapie; Tilman Moser, Dabei war ich doch sein liebstes Kind. Eine Psychotherapie mit der Tochter eines SS-Mannes. München 1997; Jürgen Straub, Erbschaften des nationalsozialistischen Judäozids in Überlebenden-Familien und die Nachkommen deutscher Täter. Ein Widerstreit der Interpretationen. In: Grünberg, Straub, Unverlierbare Zeit. S. 223–280; Hardtmann, Ein Volk ohne Schatten? In: Hardtmann, Spuren, S. 251–260.

20 In der Literatur ist eine Auseinandersetzung darüber entbrannt, ob und, wenn ja, wieweit Kinder von Opfern und Kinder von Tätern miteinander verglichen werden dürfen. Vgl. hierzu u.a. Kurt Grünberg, Vom Banalisieren des Traumas in Deutschland. In: Grünberg, Straub, Unverlierbare Zeit. S. 181–221; Straub, Erbschaft, ebd., S. 223 bis 280.

21 Dan Bar-On, Die Last des Schweigens. Gespräche mit Kindern von Nazi-Tätern. Frankfurt a.M./New York 1989; Lutz Rosenkötter, Die Idealbildung in der Generationenfol-

ge. In: Bergmann, Jucovy, Kestenberg, Kinder, S. 210–216; Dan Bar-On, Begegnung mit dem Holocaust: Israelische und deutsche Studenten im Prozess des Durcharbeitens. In: Hardtmann, Spuren, S. 167–196; Dan Bar-On, Aus dem gebrochenen Schweigen werden soziale Bindungen. In: Grünberg, Straub, Unverlierbare Zeit, S. 281–326.
22 Harald Welzer, Sabine Moeller, Karoline Tschuggnall, ›Opa war kein Nazi‹. Nationalsozialismus und Holocaust im Familiengedächtnis. Frankfurt a. M. 2002.

Der wieder entdeckte Großvater > Beatrix Heintze und der Industrielle Walter Cramer

Ein altes Familienfoto zeigt einen eleganten älteren Herrn auf dem Fahrrad, vor ihm im Fahrradkorb ein blondgelocktes Mädchen im Sonntagskleid. »Das ist eins von nur zwei Fotos, das es von mir und meinem Großvater gibt«, erzählt Beatrix Heintze, als ich sie in ihrer Wohnung im Frankfurter Westend besuche. Inzwischen habe sie so viel über ihren Großvater Walter Cramer gehört und gelesen, dass sie nicht mehr beurteilen könne, ob sie sich an die Fahrradszene tatsächlich erinnert. Ganz genau sei ihr aber noch im Gedächtnis, wie sie als Fünfjährige der Mutter in Naumburg entgegengesprungen sei, überglücklich, dass sie ein Hufeisen gefunden habe. Doch ihre Mutter hatte für das Mädchen und seine Freuden keinerlei Sinn. »Meine Mutter hatte gerade erfahren, dass ihr Vater in Berlin-Plötzensee gehängt worden war.« Der Leipziger Unternehmer Walter Cramer war im Rahmen der intensiven Ermittlungen der Sonderkommission schon am 22. Juli 1944 im württembergischen St. Johann festgenommen worden. Verraten hatte ihn ein Telegramm, das Cramer nach dem erfolgreichen Umsturz zum politischen Beauftragten für Sachsen ernannte. Dann spielte sich ein »Stück makaberes Biedermeier«[1] ab, wie es der ehemalige Präsident der Stiftung Preußischer Kulturbesitz, Werner Knopp, beschrieb. Die Gestapobeamten frühstückten mit Walter Cramer und seiner Familie, um den Gesuchten anschließend nach Berlin in Haft zu bringen, wo er besonders schlimm gefoltert wurde.

»Meine Mutter konnte ihren Vater noch einmal im Gefängnis besuchen«, erzählt die allein lebende Beatrix Heintze, die bis vor kurzem an einem Forschungsinstitut der Frankfurter Universität als Ethnologin gearbeitet hat. In sehr eindrücklicher Erinnerung ist ihr, wie ihr Großvater der Mutter zum Abschied noch ein auf dem Gefängnishof liegendes Ahornblatt geschenkt habe. Der Tod des Großvaters 1944 bedeutete für die Familie die wirtschaftliche Katastrophe, da die Nationalsozialisten

das Vermögen des Großvaters bei seiner Verhaftung beschlagnahmt hatten. Gemeinsam versuchten Großmutter und Mutter die beiden kleinen Kinder Beatrix und Andreas Heintze in Naumburg durchzubringen. »Meiner damals noch ganz jungen Mutter hat niemand geholfen, die Gesellschaft ächtete sie als Tochter eines Landesverräters«, erinnert sich Beatrix Heintze. Schließlich schickte sie den Bruder auf das Rittergut der väterlichen Großeltern nach Hannover. »Meine Mutter und ich blieben in Naumburg in totaler Isolation«, schildert sie ihre Erlebnisse.
Geheiratet hatten Beatrix Heintzes Eltern 1938. »Meine Eltern zogen nach der Hochzeit nach Wien, wo mein Vater ein Zweigwerk des väterlichen Betriebs aufbauen sollte, um später die Leitung der Firma in Hannover zu übernehmen.« Dort, an der Donau, kam Beatrix Heintze 1939 zur Welt. Das großbürgerliche Leben fand ein jähes Ende, als der Krieg ausbrach und der Vater eingezogen wurde. Als Rittmeister im Generalstab von Walter von Seydlitz-Kurzbach' geriet der Vater vor Stalingrad in Gefangenschaft. In der Sowjetunion gehörte er zu den Mitbegründern des *Bundes Deutscher Offiziere* (BDO), der in der Bundesrepublik lange Zeit verfemt wurde. Die Mutter erhielt daraufhin von den Nationalsozialisten die Aufforderung, sich scheiden zu lassen. Jahrelang stellte sie beim Deutschen Roten Kreuz Nachforschungen über den bis 1948 verschollenen Ehemann an.
Erst nach dreizehn Jahren in der Sowjetunion, Weihnachten 1955, kam Hans-Georg Heintze im Zuge der Verhandlungen von Bundeskanzler Konrad Adenauer in Moskau als ein gebrochener Mensch zurück. »Er muss sehr Schlimmes erlebt haben«, erzählt die Tochter, habe aber kaum über seine Zeit in der Gefangenschaft und sein Engagement für den BDO gesprochen. Um ihn vor weiteren Albträumen zu bewahren, bedrängte ihn die Familie ihrerseits nicht mit Fragen über diese schwere Zeit in Moskau, dem sibirischen Workuta und in Asbest im Ural.
Wie in vielen Familien brachte die Rückkehr des Vaters zunächst die Familienverhältnisse durcheinander. Anfang der fünfziger Jahre hatte der Großvater von Beatrix Heintze die Hoffnung aufgegeben, dass sein einziger Sohn rechtzeitig zurückkehren würde, um in das väterliche Unternehmen in Hannover einzusteigen. Er hatte deshalb die Nachfolge

anderweitig regeln müssen, so dass der Spätheimkehrer jetzt nicht mehr in den Vorstand aufgenommen werden konnte. Auch die Tochter musste sich erst langsam an den fremden Mann gewöhnen, an den sie kaum Erinnerungen hatte. »Mein Vater war durch die lange Gefangenschaft sehr geprägt und verfügte nicht über genügend Ellenbogen, um sich in einem modernen Betrieb durchzusetzen«, resümiert die Tochter, deren Jugendzeit von den Schwierigkeiten des Vaters, sich in der westlichen Welt, die so ganz anders war als diejenige, die er verlassen hatte, zurechtzufinden und den geänderten Arbeitsbedingungen gewachsen zu sein, überschattet waren. Er wechselte die Firma, fuhr eine Zeit lang täglich von Hannover nach Hameln und kam abends todmüde und erschöpft zurück. »Ein normales Familienleben gab es nicht, Gäste und Einladungen waren selten.« Für die lebhafte, einst an ein Gesellschaftsleben in der Großstadt gewöhnte Mutter war dies nach den bedrückenden Kriegs- und anschließenden Hungerjahren in der »Ostzone« eine ebenso schwierige Zeit wie für die Schülerin Beatrix Heintze, die von den entfernt lebenden Freundinnen nur selten besucht werden konnte und sich zunehmend in sich selbst zurückzog. Über ihre traumatischen Erlebnisse konnte sie weder mit ihren Mitschülerinnen noch den Eltern oder Großeltern sprechen. »Aufgewachsen bin ich wie ein weiblicher Kaspar Hauser«, stellt sie nüchtern fest. »Meine Mutter, die ihrem Vater sehr nahe stand, hat unter seinem gewaltsamen Tod so gelitten, dass wir uns auch über den Widerstand und meinen Großvater lange Jahre nicht austauschen konnten«, erzählt die Wahlfrankfurterin, die in der Nähe des Universitätscampus lebt.
In ihrer Jugendzeit begann sich Beatrix Heintze für unterdrückte Völker zu interessieren und verschlang die drei Bände *Winnetou* von Karl May. »Durch die Indianerbücher bin ich zu meinem Studienfach Ethnologie gekommen«, berichtet sie. Ein Bekannter ihrer Mutter, Ethnologe am Frobenius-Institut in Frankfurt, erzählte der Schülerin, dass man an der Universität das Fach Völkerkunde studieren könne. Die Eltern rieten dem sensiblen Mädchen, statt Ethnologie lieber Jura zu wählen. Doch Beatrix Heintze setzte sich durch und ging zum Studium nach München, wo sie bis zur Promotion blieb. »Das war eine schwierige und

arme Zeit«, erinnert sich die Autorin zahlreicher völkerkundlicher Bücher. In ihrem kleinen Untermiet-Zimmer habe es weder Heizung noch warmes Wasser gegeben und sie sei hoch erfreut gewesen, wenn ihr die Vermieterin abends manchmal Bratkartoffeln und Tee mit Rum servierte. Zunächst studierte die Neumünchnerin Romanistik und Geschichte und vollführte dann »den Sprung ins kalte Wasser«, um auf Ethnologie und Romanistik im Hauptfach umzusteigen. Gleichzeitig hörte sie Alte Geschichte bei Alexander Graf von Stauffenberg, dem Bruder des Attentäters, der in München dieses Fach lehrte. »Mit ihnen gebe ich mich nicht ab. Sie heiraten ja doch und dann war alle meine Mühe umsonst«, begrüßte sie ihr späterer Doktorvater, der damals bedeutendste Afrikanist in Deutschland, der grundsätzlich nichts davon hielt, dass Frauen studierten. Dieses Vorurteil stachelte Beatrix Heintze an. Vier Semester lang saß sie von morgens bis abends in dem kleinen Institut, bis sie von den Professoren des Lehrstuhls anerkannt wurde. Im Studium vertiefte sie sich in die Geschichte Afrikas, die sie vor allem auf Grund der Unterdrückung der afrikanischen Völker durch die Europäer interessierte. 1968 promovierte Beatrix Heintze als erste Frau in München im Fach Ethnologie. Die Zeit des Nationalsozialismus grenzte sie während ihres Studiums aus, um nicht zu stark mit ihren eigenen Ängsten konfrontiert zu werden. Der Großvater blieb ein langer Schatten.
Schon 1970 erhielt Beatrix Heintze eine der wenigen unbefristeten Forschungsstellen für Ethnologen am Frobenius-Institut in Frankfurt am Main. Hier kristallisierte sich bald das Forschungsgebiet der Ethnologin heraus, die sich auf die Geschichte Angolas während der portugiesischen Zeit spezialisierte. Beatrix Heintze lernte mit großem Enthusiasmus Portugiesisch und stürzte sich auf die noch ungeordneten, wenig besuchten Archive in Lissabon. Ein für Afrika außergewöhnlicher und unvermuteter Quellenreichtum erlaubte ihr den Blick zurück auf 400 Jahre Geschichte und erschloss ihr eine bislang unbekannte afrikanische Welt. Denn nun begann sie, anders als in der bisher über dieses Land vorherrschenden kolonialen Geschichtsschreibung, die »europäischen Quellen gewissermaßen gegen den Strich zu bürsten und zwischen den Zeilen zu lesen«, um die afrikanische Geschichte möglichst aus Sicht der Afrika-

ner zu schreiben und dieser ihren eigenen Stellenwert einzuräumen. Dabei stieß sie auf ein damals noch in Portugal wohl gehütetes Tabu, den industriemäßig betriebenen Sklavenhandel. »Rund vier bis fünf Millionen Sklaven haben die Portugiesen aus Angola nach Übersee verfrachtet und den Angolanern ein unermessliches Leid zugefügt.« Weltweit wurde die Frankfurter Ethnologin zu einer der wenigen Spezialisten für Angola im 17. Jahrhundert und gehörte zu den Ersten, die das Königreich Ndongo, auch durch eigene Quelleneditionen, aus dem Schatten des Vergessens befreite. Zahlreiche Bücher und Aufsätze in verschiedenen internationalen Fachzeitschriften entstanden.[2] Während ihrer Jahre am Frobenius-Institut entwickelte Beatrix Heintze eine große Schaffenskraft und gab als Schriftleiterin und spätere Herausgeberin einer internationalen Zeitschrift 25 Bände heraus und 97 Bände in den monographischen *Studien zur Kulturkunde*.

In Frankfurt wohnt die Ethnologin in der Nähe der früheren Wohnung ihrer Großmutter, der Witwe Walter Cramers. In den fünfziger Jahren hatte sich Charlotte Cramer dazu entschlossen, Leipzig den Rücken zu kehren, und war nach Frankfurt in die Myliusstraße gezogen. Bei der Ehrung für den Industriellen Walter Cramer 1994 erinnerte sich der Sohn von Carl Goerdeler, Reinhard, an die warmherzige und lebensfrohe Charlotte Cramer: »So haben sowohl meine Mutter als auch meine Frau und ich manche auch heitere Stunde mit Charlotte Cramer verbracht. Es gehört zu den humorvollsten Geschichten jener Zeit, wenn sie, Charlotte Cramer, im waschechten Sächsisch ihre polizeiliche Abmeldung bei den damaligen DDR-Behörden in Leipzig schilderte.«[3] Die 1889 als reiche Industriellentochter Geborene wurde bereits mit acht Jahren zur Waise. »Mein Großvater soll dann das ganze Geld seiner Frau in die Sanierung der Kammgarnspinnerei Stöhr & Co AG in Leipzig gesteckt haben«, berichtet Beatrix Heintze nach den Erinnerungen ihrer Mutter. An ihre »humorvolle und eigensinnige« Großmutter erinnert sie sich mit warmen Gefühlen: »Sie war eine starke Persönlichkeit, temperamentvoll, unglaublich herzlich und sehr kunstbeflissen. Um sie nicht zu gefährden, hatte sie ihr Mann nicht in die Widerstandspläne eingeweiht.« In Frankfurt habe Charlotte Cramer dann noch einige schöne Jahre erlebt, ihren kleinen Garten gepflegt, zu Kammermusikabenden eingeladen. Außerdem genoss die immer gut angezogene Großmutter – von der es hieß, sie sei in ihrer Jugend die schönste Frau Leipzigs gewesen – Oper und Konzerte und schuf sich einen anregenden Freundeskreis.

Von sich selbst sagt Beatrix Heintze, sie habe sich bis zur Wende als ausgesprochene Bundesrepublikanerin gefühlt und nicht mehr an die Wiedervereinigung geglaubt. »Erst als ich dann das erste Mal wieder in die Geburtsstadt meines Großvaters fuhr, wurde mir klar, dass ich bis dahin wie eine Amputierte gelebt hatte.« Mit der ihr eigenen Energie beschloss sie nun, da ihr endlich auch die Archive in Leipzig offen standen, über den von der historischen Forschung vergessenen Großvater Nachforschungen anzustellen. Fortan verbrachte sie ihren Jahresurlaub in Leipziger Archiven. Gleichzeitig übergab die Mutter Beatrix Heintze den bislang von ihr streng gehüteten Privatnachlass von Walter Cramer. Nächtelang transkribierte die Enkelin die mit Bleistift in Deutscher Schrift gekritzelten kaum zu lesenden Gefängnisnotizen, in denen der Großvater Einzelheiten seines Gefängnisalltags, der Verhöre und die furchtbare Folterung in der Prinz-Albrecht-Straße festhielt, die dem Leser den Atem stocken lassen.

»Mein Großvater hat sich aus moralisch-sittlichen Gründen als einer der wenigen deutschen Unternehmer zum Widerstand bekannt«, folgert Beatrix Heintze aus ihren reichen Archivfunden und ergänzt, dass diese Haltung umso erstaunlicher sei, da die meisten Industriellenfamilien Hitler begrüßt hätten. »Mein Großvater sah in Hitler seit dem so genannten ›Röhmputsch‹ nur noch den Verbrecher. Er war viel zu weltläufig und hatte ein viel zu stark entwickeltes Rechtsempfinden, um zu akzeptieren, dass Deutschland durch ihn und seine Anhänger zugrunde gerichtet würde«, erzählt Beatrix Heintze. Im Übrigen lehnte er die Restriktionen für die Wirtschaft ab. In seiner Jugend hatte Walter Cramer längere Zeit in England gelebt, um dort die Textilindustrie kennen zu lernen. Nicht immer verhielt sich der impulsive Geschäftsmann, der in zahlreichen Aufsichtsräten saß, bei seinen politischen Äußerungen besonders vorsichtig. So habe er beispielsweise die Reden des Bischofs von Galen, in denen dieser die Morde an psychisch Kranken und Behinderten anprangerte, im Betrieb auch an Mitarbeiter verteilt, die in der SS organisiert waren. Ganz besonders verurteilte Walter Cramer die Judenpolitik der Nationalsozialisten und bemühte sich, jüdische Mitarbeiter in den Firmenfilialen oder bei den mit Stöhr & Co zusammenarbeitenden Vertretern in Rumänien, Ungarn, der Tschechoslowakei und Deutschland zu schützen. Eine große Rolle spielte dabei, dass es dem Vorstand von Stöhr & Co gelang, Parteimitglieder fast bis zum Kriegsende aus wichtigen Positionen in der Kammgarnspinnerei in Leipzig herauszuhalten. »Angesichts der immer enger werdenden Überwachung seitens der Partei und der Staatsorgane finden sich natürlich die meisten Versuche zu helfen nicht in den Akten«, erläutert Beatrix Heintze, zitiert aber einen Brief eines jüdischen Geschäftspartners, für den sich Walter Cramer eingesetzt hatte, wie sie in ihrem jüngsten Buch über ihren Großvater ausführlich dokumentiert: »Ihr bereitwilliges Eintreten für meine Firma ist mir ein erneuter Beweis, in wie großzügiger, selbstloser und freundschaftlicher Weise Sie sich mir zur Verfügung stellen und danke ich Ihnen von ganzem Herzen dafür.«[4]

1993 legte die Enkelin ihre erste Studie über den Großvater vor.[5] »Ganz wesentlich haben mir in dieser Zeit die Treffen der *Forschungsgemeinschaft 20. Juli* geholfen«, erinnert sich Beatrix Heintze, die seit Beginn der neunziger Jahre regelmäßig an den Seminaren und Kolloquien teilnimmt. Dort habe sie erstmals gleichgesinnte Menschen getroffen, die eine ähnliche Grundüberzeugung haben. Auch lernte sie im Rahmen der Seminare die Tochter Carl Goerdelers, Marianne Meyer-Krahmer, kennen, mit der sie inzwischen befreundet ist.

Der Kontakt zu Carl Goerdeler hatte wiederum Walter Cramer in den Widerstand geführt. »Aus den geschäftlichen Anlässen, die Cramer mit Goerdeler zusammenbrachten, erwuchs alsbald eine enge politische Freundschaft«,[6] resümiert Beatrix Heintze. Besonders der Tod ihrer Söhne Gerhard Cramer und Christian Goerdeler hatte die beiden Leipziger einander näher gebracht. »Seit dem Tode seines Sohnes habe ich Walter Cramer nur noch im schwarzen Anzug gesehen, mit dem er auch – wegen des Benzinmangels – das Fahrrad bestieg, um von der damaligen Wiesenstraße, wo er wohnte, zu uns nach Leutzsch zu gelangen«,[7] erinnert sich Reinhard Goerdeler an seine Treffen mit dem Freund des Vaters. Wie sehr die beiden Freunde verbunden waren, zeigt sich auch daran, dass Carl Goerdeler Walter Cramer am 18. Juli auf den Leipziger Hauptbahnhof bestellte, um sich vor dem geplanten Attentat von ihm zu verabschieden.

»Mein Großvater war eine wichtige Stütze im Aktionsnetz von Carl Goerdeler«, berichtet Beatrix Heintze und ergänzt, dass er nicht nur als Verbindungsmann zwischen Leipzig und Berlin fungiert habe, sondern auch als Übermittler wichtiger Nachrichten ins Ausland, insbesondere nach Portugal und in die Schweiz. Auf Grund seiner umfänglichen Reisetätigkeiten für die Firma Stöhr besaß der Industrielle lange Zeit einen Auslandspass, der ihm ausgedehnte Reisen außer Landes ermöglichte und ihm eine Vermittlertätigkeit erlaubte. »Über die Schweiz versuchte die Beck-Goerdeler-Gruppe vor allem mit Entscheidungsträgern oder deren Beratern in England und Amerika in Kontakt zu treten. Es waren die auf zahlreichen Kanälen immer wieder unternommenen – wie wir heute wissen – vergeblichen Versuche, durch außenpolitische Absprachen über einen maßvollen Frieden den Generälen die Entscheidung für eine Aktion zu erleichtern und den geplanten Staatsstreich auch nach außen abzusichern.«[8] Außerdem habe Cramer auch hohe Militärs wie den Chef des Generalstabes Franz Halder für die Opposition gegen Hitler gewinnen wollen. Generaloberst Ludwig Beck, den Chef des Amtes Ausland/Abwehr Admiral Wilhelm Canaris, den Chef des Wehrwirtschafts- und Rüstungsamtes im Oberkommando der Wehrmacht General Georg Thomas und Generalmajor Hans-Günther v. Rost kannte Walter Cramer persönlich. Auch mit dem engsten Mitarbeiter des Chefs des Allgemeinen Heeresamtes beim Oberkommando des Heeres General Friedrich Olbricht, Hermann Kaiser, sind Treffen nachweisbar. »Auf Grund der konspirativen Bedingungen und aus Angst vor der Gestapo kennen wir aber oft nicht mehr als die Namen der Personen, mit denen mein Großvater Kontakt hatte«, meint Beatrix Heintze. »Der Inhalt der Gespräche ist dagegen nicht dokumentiert.« Einige Treffen fanden in Berlin in der Wohnung des Versicherungsdirektors Theodor

Strünck statt, den Hans Oster in die Abwehr eingeschleust hatte. Anhand einer Besucherliste vom 12. Juli 1944 ließe sich zeigen, dass Walter Cramer zum innersten Kreis der Verschwörer zählte. An diesem Tag gingen Wolf Heinrich Graf v. Helldorf, Ludwig Beck, Oberst Georg Hansen, Walter Cramer und Claus Graf v. Stauffenberg bei Strünck ein und aus. Lange Zeit war Walter Cramer nicht bereit, sich nach dem Attentat auf Hitler in der neuen Regierung für ein Amt zur Verfügung zu stellen. Sein Freund Goerdeler konnte ihn jedoch schließlich überzeugen, dass er nach der Beseitigung des Regimes für die Zeit des politischen Ausnahmezustandes das Amt des politischen Beauftragten für Sachsen übernehme. Doch es sollte anders kommen. Nachdem Walter Cramer zwei Tage nach dem gescheiterten Umsturzversuch in der Nähe von Reutlingen verhaftet worden war, brachte ihn die Gestapo über Leipzig und Dresden in das berüchtigte Gefängnis in der Lehrter Straße, wo er zwei Monate lang ständig gefesselt blieb. Ende September wurde er in das Gefängnis nach Tegel verlegt, wo ihm der katholische Gefängnispfarrer Peter Buchholz durch intensive geistliche Gespräche innere Kraft zu geben versuchte und ihn auf den zu erwartenden Tod vorbereitete. Außerdem organisierte der Gefängnispfarrer zusätzliche Lebensmittel und sorgte dafür, dass eine Reihe von Briefen und Notizen an die Familie, in denen Cramer auch über seine Haftbedingungen, die gegen ihn erhobenen Vorwürfe und schlimmen Folterungen berichtete, nach draußen drangen. In einem Brief an die Dichterin Ricarda Huch schilderte der Pfarrer Cramer folgendermaßen: »Seine seltene menschliche Güte und Hilfsbereitschaft, sein tiefes soziales Verantwortungsgefühl haben ihm die Liebe und Verehrung seiner Mitarbeiter und Arbeiter seiner Betriebe in einem Maße erworben, wie ich sie selten erlebt habe. Die innigen Anteilnahmen an seinem Schicksal während der Haft, die in vielen Anfragen und Zuschriften aus seinen Betrieben zum Ausdruck kamen, ist der beste Beweis dafür.«[9] Für das besondere Charisma, vor allem aber für die große Hilfsbereitschaft Cramers, die auf seiner zutiefst ethischen und moralischen Einstellung fußten, hat die Enkelin zahlreiche Beispiele und Belege gefunden. »Leben und leben lassen«, sei das Motiv ihres Großvaters gewesen.

Am 14. November 1944 fand der Prozess gegen Cramer vor dem Volksgerichtshof statt, bei dem das Ergebnis von vornherein feststand. Ein Bericht an Martin Bormann, Hitlers Sekretär und Leiter der Parteikanzlei, bezeichnete Cramer höhnisch als *Commis voyageur für Putschisten*. Wegen Hoch- und Landesverrat verurteilte das Gericht Cramer zum Tode. Vergleicht man die beiden Bilder, die von Walter Cramer aus seinem letzten Lebensjahr existieren, wird die Spannweite deutlich, die er in diesem Jahr verkraften und zurücklegen musste. Eine Aufnahme vom Herbst 1943 zeigt Walter Cramer als einen gut aussehenden Herrn in den besten Jahren mit schwarzer Krawatte und weißem Einstecktuch. In der Aufnahme vor dem Volksgerichtshof vermag der Betrachter Cramer kaum zu erkennen, der abgemagert und völlig verhärmt, als habe er mit der diesseitigen Welt abgeschlossen, erscheint. In seinen persönlichen Erinnerungen an Walter Cramer stellte Reinhard Goerdeler fest: »Die Familie Walter Cramers und seine Freunde, aber auch alle, die Walter Cramer nie kennen gelernt haben, vermögen am Unterschied beider Fotos zu ermessen, welche Lebensschwelle er zu durchschreiten hatte.«[10]

Zu DDR-Zeiten zählte der humanistisch gebildete Cramer wegen seiner hohen Position in der Wirtschaft nicht zu den gefeierten antifaschistischen Helden. In Leipzig erinnerte nur eine schmale Straße an ihn. Im öffentlichen Bewusstsein geriet er mehr und mehr in Vergessenheit, so dass er bis in die neunziger Jahre in kaum einer wissenschaftlichen Veröffentlichung Erwähnung fand. Auch nach der Wende blieb der Leipziger in seiner Heimatstadt zunächst ein Vergessener. Erst als das Buch von Beatrix Heintze 1993 in einem westdeutschen Verlag erschien, besannen sich die Leipziger auf ihren großen Sohn. Das Leipziger Stadtparlament beschloss, Walter Cramer im Alten Rathaus mit einer Gedenkfeier zu seinem 50. Todestag zu ehren. Eine sorgfältig gestaltete Broschüre dokumentiert die Feierstunde von 1994, bei der alle Nachkommen der Familie Goerdeler, der Oberbürgermeister der Stadt Leipzig, Hinrich Lehmann-Grube, Werner Knopp, der damalige Präsident der Stiftung Preußischer Kulturbesitz, aber auch die Tochter von Walter Cramer, Leonore, und ihr Mann anwesend waren. »Meine Mutter hat – nach anfänglichem Zögern – meine Arbeit sehr unterstützt und sich natürlich besonders über die Ehrung für ihren Vater gefreut«, erzählt Beatrix Heintze mit dicken Fotoalben auf den Knien. In seiner Gedenkrede für Walter Cramer sprach Werner Knopp davon, dass es: »Unsere Pflicht sein wird, Walter Cramer aus der Einsamkeit zu erlösen, die er in seinem Leben unter dem Nationalsozialismus als Mitwirkender am Widerstand erdulden musste und die ihn jetzt angesichts der Kargheit biographischen Materials auch in der vorherrschenden Literatur über den Widerstand bedroht.«[11]

»Es war gar nicht so leicht, auch renommierte Widerstandshistoriker von der Rolle meines Großvaters zu überzeugen«, erwähnt Beatrix Heintze. Andererseits sei dies tatsächlich nur eine Nebenrolle gewesen und Cramer selbst habe sich immer geweigert, im Mittelpunkt zu stehen. »Er sah es als seine Pflicht an, seinen Freunden im Widerstand zu helfen, beurteilte aber seine Mitwirkung mit Sicherheit nicht als eine derjenigen von Goerdeler, Stauffenberg und anderen vergleichbare, aktive und zentrale Beteiligung an diesem Widerstand.« In seiner eben zitierten Rede wies Werner Knopp auf die Verdienste der Enkelin hin: »Wir müssen seiner Enkelin, Frau Heintze, die wir eben gehört haben, dankbar sein, dass sie die entsagungsvolle Arbeit der Quellensicherung auf sich genommen und das an Zeugnissen Walter Cramers überliefert hat, was heute noch greifbar ist. Frau Heintzes Buch macht uns die Abtragung unserer Ehrenschuld an ihn überhaupt erst möglich.«[12]

Zum Zeitpunkt der Ehrung lebten die Eltern Heintze seit Jahren in Montreux. »Meine Eltern haben nach der Pensionierung meines Vaters nochmals ein völlig neues, vor allem aber gemeinsames glückliches Leben begonnen«, erinnert sich Beatrix Heintze, die beide in ihrer kleinen Wohnung öfters, wenn auch nur kurz, besucht hat. Beide hätten im Alter Weltreisen unternommen, in ihrer neuen Heimat einen großen Freundeskreis um sich geschart, gutes Essen und den Ausblick auf den See genossen. Vieles, was den Eltern durch die politischen und sozialen Umstände jahrelang verschlossen geblieben war, konnten sie in der zwanzigjährigen gemeinsamen Zeit in Montreux nachholen. »Das war schon wie ein kleines Wunder«, freut sich Beatrix Heintze noch im Nachhinein. Die langsame Emanzipation aus den sehr konservativen

Familienstrukturen – besonders ihrer Schwiegereltern – hatte für Leonore Cramer schon in Deutschland begonnen. So studierte sie in Köln Betriebswirtschaft bis zum ersten Examen und hatte nach Meinung ihrer Tochter, zu der sie zeitlebens kein einfaches Verhältnis unterhielt, »eine sehr ausgefüllte Zeit«. Später arbeitete sie gelegentlich als Empfangsdame auf der Achema in Frankfurt am Main und ließ so allmählich die starke konservative Prägung ihrer Jugendjahre ein Stück weit hinter sich.

Ein Foto zeigt die Familie Heintze anlässlich der Einweihung des Walter-Cramer-Gedenksteins im Johanna-Park in seiner Geburtsstadt Leipzig. »Mir war es sehr wichtig, dass Leipzig, die Stadt, in der mein Großvater sein ganzes Lebens verbracht hat, ihn mit einem Gedenkstein ehrt«, äußert sich Beatrix Heintze, die sich sehr für die Stele engagiert hat. Der Künstler Klaus Friedrich Messerschmidt erinnert an Walter Cramer mit einem sehr schlichten schwarzen, überlebensgroßen hohen Kubus. Auf der Südwest- und Nordostseite brachte er zwei von Beatrix Heintze ausgesuchte Sentenzen Cramers an, die dieser kurz vor seiner Hinrichtung seinem heimlich geführten Notizbuch am 26. Oktober 1944 im Untersuchungsgefängnis in Berlin-Tegel anvertraute. »Der Tod eines 58-Jährigen ist nicht sinn(-) und zwecklos. Wenn man mein Gedenken in Ehren bewahrt, so wird man über mich und meine Gesinnung, meine Arbeit und mein Handeln nachdenken und – danach handeln.« Auf der Rückseite wird ein Satz des Philosophen J. G. Fichte zitiert, nach dem »Denken und Handeln aus einem Stück sein muss«.[13]

Auf ihr vielfältiges Engagement, den Großvater der Vergessenheit zu entreißen, erhielt die Ethnologin nur wenig Resonanz. »Außerhalb Leipzigs, des Kreises der Angehörigen des 20. Juli, einiger Historiker und von anderen wenigen Ausnahmen abgesehen, gab es mir gegenüber im privaten und beruflichen Alltag auch von denen, die das Buch erhalten haben, keinerlei Echo.« Sie vermutet, dass es da entweder zu viele Mitläufer in den eigenen Familien gegeben habe oder dass man nicht wahrhaben wollte, dass auch ein Unternehmer Widerstand geleistet habe; andere aber seien auch dem Vorurteil verhaftet gewesen, dass der Attentatsversuch des 20. Juli nicht nur dilettantisch gewesen, sondern überhaupt zu spät gekommen sei und infolgedessen überhaupt keinen Sinn mehr gehabt habe. Als Nationalkonservativer habe sich Cramer außerdem dem Vorwurf der Nachgeborenen ausgesetzt gesehen, kein Demokrat gewesen zu sein. »Hinzu kommt auch, dass mein Großvater keine Denkschriften hinterlassen hat, in denen er sich über die Zukunft Deutschlands Gedanken gemacht hätte.« Natürlich sei es nicht einfach, als Enkelin ein Buch über den eigenen Großvater zu schreiben, äußert sie nachdenklich, denn schließlich würde man sich immer dem Vorwurf aussetzen, parteiisch zu sein und Verfehlungen der Ahnen in ein zu positives Licht zu rücken.

Trotzdem schrieb Beatrix Heintze ein weiteres Buch über Walter Cramer, das sich auf eine sehr differenzierte Weise mit der Frage auseinander setzt, wie die Firma Stöhr mit jüdischen Mitarbeitern umgegangen ist.[14] Sie schließt aus den von ihr untersuchten Quellen, dass die Unternehmensleitung der Kammgarnspinnerei detailliert über die Vertreibung der Juden aus wirtschaftlichen Positionen unterrichtet war und zumindest ihr Großvater seit den vierziger Jahren auch von der Vernichtung der Juden im Osten erfahren hatte. Innerhalb der Firma bemühte sich die Unternehmensleitung so lange es ging darum, jüdische Mitarbeiter zu decken und ihre Auslieferung so lange wie möglich zu verhindern. »Dennoch«, so resümiert Beatrix Heintze, »hatte es im Laufe der Jahre viele Kompromisse mit dem Nationalsozialismus und der NSDAP gegeben.«[15]

Letztendlich sei ihr Großvater auch deshalb in den Widerstand gegangen, weil er die Judenpolitik der Nationalsozialisten aus ethischen und christlichen Gründen zutiefst verurteilt habe. Sein Einsatz für Mitarbeiter, die die Nationalsozialisten als »Nichtarier« verfolgten, wurde ihm schließlich zum Fallstrick. Nach dem deutschen Einmarsch in Ungarn im März 1944 drohten auch die Juden in Ungarn und damit die verbliebenen oder ehemaligen jüdischen Mitarbeiter der Zweigfirma in den Vernichtungslagern der Nationalsozialisten zu verschwinden. Im Anschluss an eine Aufsichtsratssitzung der Leipziger Wollkämmerei bemerkte Walter Cramer am 6. April, er plane nach Budapest zu fahren, um sich »um seine armen Juden zu kümmern«. Ein Spitzel denunzierte ihn, worauf er seinen Auslandspass abgeben musste und die Nationalsozialisten so weit auf ihn aufmerksam geworden waren, dass ein Verfahren wegen Wehrkraftzersetzung gegen ihn eingeleitet wurde und er nach dem 20. Juli zu den Hauptverdächtigen zählte.

Ob sie noch ein Buch über ihren Großvater oder die Kammgarnspinnerei in Leipzig schreiben wolle, frage ich Beatrix Heintze, die abwiegelt. »Zehn Jahre intensive Beschäftigung mit dem Deutschen Widerstand und dem eigenen Großvater sind wirklich genug«, meint sie. Es sei auch zu bedrückend. Andererseits wäre die Auseinandersetzung mit dem Schicksal von Persönlichkeiten wie Walter Cramer für sie ein großer Gewinn gewesen. Die eigene Person und ihre Probleme kämen ihr daneben ganz klein vor. Sie empfände große Dankbarkeit, niemals mit ähnlichen Entscheidungen wie ihr Großvater konfrontiert worden zu sein, und nun schon seit so vielen Jahrzehnten in einem Land im Frieden und in persönlicher Freiheit leben zu dürfen. Es gäbe aber auch einen ganz banalen Grund, diesen Lebensabschnitt nun zu beenden: Als sie jetzt mit Eintritt in den Ruhestand ihr Institutszimmer aufgeben und ihren Arbeitsplatz mit allen Akten ganz nach Hause verlegen mußte, entstand dort große Platznot. So habe sie schweren Herzens die systematisch gesammelten Zeitungsausschnitte und Buchbesprechungen zum 20. Juli neulich weggeworfen, da in der kleinen Wohnung nicht genügend Stauraum vorhanden sei. Auch ihre Widerstandsexzerpte habe sie inzwischen deutlich dezimiert. »Das wesentliche habe ich über meinen Großvater zusammentragen können. Grundsätzlich Neues ist anhand des noch existierenden Quellenmaterials meines Erachtens nun nicht mehr ans Licht zu bringen.«

Dabei wirkt die Wohnung mit ihren bisweilen schweren Möbeln ohnehin nicht spärlich möbliert. Vor allem die in jeder Ecke, in jedem Winkel stehenden Bücherregale, in denen Literatur zum Widerstand sich mit Literatur über Afrika mischt, prägen den Charme der hellen Westend-Wohnung. Ihre Freunde und Kollegen haben Beatrix Heintze die eine oder andere Figur von ihren Feldforschungen mitgebracht, die den Schreibtisch oder die Bücherregale schmücken und der Wohnung einen anheimelnden fremdländischen Charakter verleihen.

In Zukunft möchte sich Beatrix Heintze wieder verstärkt Afrika widmen. Seit einigen Jahren untersucht sie die großen Karawanenreisen im westlichen Zentralafrika des 19. Jahrhunderts. Einen besonderen Stellenwert in diesen Arbeiten nehmen – neben den deutschen Forschungsreisenden in Angola – vor allem die Afrikaner ein, die damals ein weitgespanntes Karawanennetz knüpften und zahlreiche Fernhandelskarawanen in das Innere des Kontinentes organisierten und durchführten. Auf ihren monate- und jahrelangen Reisen führten sie nicht nur europäische Waren mit, die sie gegen einheimische Produkte eintauschten, sondern verbreiteten auch vielfältige Kenntnisse, Nachrichten und Gerüchte. »Karawanenreisende ersetzten im 19. Jahrhundert das Internet«, erzählt die unverheiratete Wissenschaftlerin. Dabei benutzten die ausländischen und afrikanischen Reisenden, aber auch die innerafrikanischen Regierungen bestimmte Gerüchte auch als Strategie, um etwa durch Falschmeldungen und Greuelgeschichten unliebsame Konkurrenz fernzuhalten. Auch bei diesem Projekt ist es ihr besonders wichtig, dass die Afrikaner nicht aus europäischer Sicht, sondern, soweit es die durchweg europäischen Quellen zulassen, aus ihrem eigenen Blickwinkel geschildert werden. Besonders glücklich war die Afrika-Forscherin deshalb, als es ihr kurz vor ihrem Ruhestand gelang, gemeinsam mit dem *Zentrum Moderner Orient* in Berlin im September 2003 eine internationale Fachtagung, an der auch sechs Angolaner teilnahmen, zum Thema: *Angola on the Move: Transport Routes, Communications, and History*[16] zu organisieren und damit einem bisher noch nicht thematisierten Aspekt afrikanischer Geschichte in den Mittelpunkt wissenschaftlicher Diskussion zu rücken.

Derzeit arbeitet Beatrix Heintze an den portugiesischen Versionen ihrer beiden Bücher über die Deutschen Forschungsreisenden und die »Afrikanischen Pioniere« im Karawanenhandel, die gleichzeitig in Portugal und Angola erscheinen sollen. Fantastische Möglichkeiten böte ihr das Internet, zumal sie ungern weite Reisen unternehme. So könne sie mühelos mit ihren Freunden und anderen Angola-Forschern kommunizieren. »Man soll nicht nur immer nach dem Belastenden in der eigenen Vergangenheit schauen, sondern versuchen, selber etwas Positives in der Gegenwart zu gestalten und dabei sein Leben mit etwas mehr Leichtigkeit – und sehr viel Humor! – führen«, erklärt sie lächelnd, kurz bevor sie mich verabschiedet.

1 Werner Knopp, Die Widerstandsbewegung gegen den Nationalsozialismus. In: Walter Cramer, Ehrung der Stadt Leipzig 1994. Dokumentation, S. 46.
2 Beatrix Heintze, Studien zur Geschichte Angolas im 16. und 17. Jahrhundert. Ein Lesebuch. Köln 1996; Dies., Gefährdetes Asyl. Chancen und Konsequenzen der Flucht angolanischer Sklaven im 17. Jahrhundert. In: Paideuma 39 (1993), S. 321–341.
3 Reinhard Goerdeler, Persönliche Erinnerungen an Walter Cramer. In: Walter-Cramer-Ehrung der Stadt Leipzig. Dokumentation. Leipzig 1994, S. 58.
4 Ernst Frank an Walter Cramer, 27. August 1944. Zitiert in: Beatrix Heintze, Walter Cramer – Ein Leipziger Unternehmer im Widerstand. In: Walter-Cramer-Ehrung der Stadt Leipzig, S. 19. Siehe weitere Einzelheiten dazu in Beatrix Heintze, Walter Cramer, die Kammgarnspinnerei Stöhr & Co in Leipzig und die sogenannte »Judenfrage«. Materialien zu einer Gratwanderung zwischen Hilfe und Kapitulation. Leipzig 2003, Kap. 4.
5 Beatrix Heintze, Walter Cramer (1866–1944): Ein Leipziger Unternehmer im Widerstand, Köln 1993.
6 Beatrix Heintze, Walter-Cramer-Ehrung der Stadt Leipzig, S. 20.
7 Reinhard Goerdeler, Persönliche Erinnerungen. In: Walter-Cramer-Ehrung der Stadt Leipzig, S. 54.
8 Heintze, Walter-Cramer-Ehrung der Stadt Leipzig, S. 23.
9 Zitiert nach Beatrix Heintze, Walter Cramer. In: Reiner Groß; Gerald Wiemers (Hg.), Sächsische Lebensbilder. Bd. 4, Stuttgart 1999, S. 63 ff.
10 Reinhard Goerdeler, Persönliche Erinnerungen. In: Walter-Cramer-Ehrung der Stadt Leipzig 1994, S. 58.
11 Knopp, Widerstandsbewegung. In: Walter-Cramer-Ehrung der Stadt Leipzig 1994, S. 47.
12 Knopp, Widerstandsbewegung. In: Walter-Cramer-Ehrung der Stadt Leipzig 1994, S. 33.
13 Eine Abbildung des Gedenksteins befindet sich in Beatrix Heintze, Walter Cramer, die Kammgarnspinnerei Stöhr & Co in Leipzig und die sogenannte »Judenfrage«. Materialien zu einer Gratwanderung zwischen Hilfe und Kapitulation. Leipzig 2003, S. 137.
14 Beatrix Heintze, Walter Cramer, die Kammgarnspinnerei Stöhr & Co in Leipzig und die sogenannte »Judenfrage«. Materialien zu einer Gratwanderung zwischen Hilfe und Kapitulation. Leipzig 2003.
15 Heintze, Kammgarnspinnerei, S. 125.
16 Arbeitsgemeinschaft außeruniversitärer historischer Forschungseinrichtungen in der Bundesrepublik Deutschland e.V., Nr. 115, 18. Dezember 2003. Das Programm, ein Bericht, Abstracts und die Beiträge finden sich auf der Website www.zmo.de/angola.

Der Verlust der Mitte > Constanze Kuntze und der Gewerkschaftler Hermann Maaß

Constanze Kuntze ist ein Familien- und Freundesmensch. Das merkt, wer einmal die Stufen in den fünften Stock der Dachgeschosswohnung nahe der Münchner Freiheit hochgestiegen ist. Garderobenhaken in verschiedenen Höhen und Jacken und Mäntel in verschiedenen Größen machen schon im Flur deutlich, dass hier neben Constanze und Peter Kuntze die beiden sieben- und dreijährigen Töchter leben. Dominiert wird das Esszimmer von einem langen hellen Tisch, an dem die Familie gerne lacht, diskutiert, redet und streitet. Seit die älteste Tochter zu Weihnachten ein Tischfußball geschenkt bekommen hat, wird es im Wohnzimmer manchmal eng, um aus dem Schrank noch Wäsche zu nehmen. »Wir fühlen uns mitten in Schwabing sehr wohl«, sagt die 42-Jährige und lässt mich auf den großen Balkon treten, auf dem das Familienleben sich im Sommer im Schatten alter Bäume ins Freie verlagert.
Gleich neben der Wohnküche deutet ein Bücherregal mit Glasscheiben auf die besonderen historischen und politischen Interessen der Familie Kuntze hin. Die beiden obersten Regale sind mit Büchern zum Widerstand bestückt. »Das Bücherregal stammt noch aus dem Potsdamer Holzhaus meiner Großeltern Maaß«, sagt Constanze Kuntze, die wie ihr Mann gerne schöne, alte Kleinigkeiten sammelt. Ihre Mutter Uta Maaß habe den Bauhaus-Bücherschrank eigens für sie aufarbeiten lassen. Rechts neben der Balkontür hängen Scherenschnitte der Großeltern, Hermann und Eva Maaß, die beide als überzeugte Sozialdemokraten in Folge des 20. Juli 1944 zu Tode kamen. »Mein Großvater liebte seine sechs Kinder sehr«, erzählt Constanze Kuntze. Ein altes Familienbild zeigt Hermann Maaß[1] vergnügt Pfeife rauchend im Kreis seiner Familie; ein anderes, wie er seinen blondgelockten Sohn Wolfgang auf den Schultern reiten ließ.
Sein Glück hatte der 1897 als Sohn eines Bahnbeamten in Bromberg geborene Maaß in seiner Frau Eva Habich gefunden. In einem Brief zum

Geburtstag seiner Frau am 24. August 1928 heißt es: »Dich möchte ich als den Menschen wissen, dem ich mich in letzter Wahrhaftigkeit offenbaren kann, dessen Gnade mir trotz aller Schmerzen, die ich ihm bereite, gewiss ist, der mich nicht richtet, sondern liebt.«[2] Von Eva Habich sei eine ganz besondere Begeisterung, ein Feuer des Herzens ausgegangen, beschrieb die Frauenrechtlerin Gertrud Bäumer ihre ehemalige Schülerin der sozialen Frauenschule in Hamburg. Ein altes Familienfoto zeigt Eva Maaß mit hochgesteckten Haaren, dichten Augenbrauen und einem geblümten weißen Kleid, wie sie versonnen, doch zielstrebig in die Ferne sieht. In dem bedächtigen, wohl überlegenden Hermann Maaß fand die in München geborene Eva Habich ihre lebensnotwendige Ergänzung. »Ihre Ehe mit Hermann Maaß erwuchs aus der Gemeinschaft des sozialen Dienstes«, charakterisierte Gertrud Bäumer in ihrer Totenrede am 29. November 1944[3] die besondere Qualität der Ehe.

Kennen gelernt hatten sich beide in Berlin während ihrer Tätigkeit im Archiv für Jugendwohlfahrt, wo Eva Habich nach ihrer Ausbildung in der Wohlfahrtspflege arbeitete. Hermann Maaß hatte zunächst ein breitgefächertes Lehrerstudium absolviert und dabei medizinische, soziologische, philosophische und psychologische Vorlesungen gehört. Anschließend besuchte er die Seminare zur Wohlfahrtspflege an der Hochschule für Politik in Berlin und legte die Fürsorge-Prüfung bei der ehemaligen Ministerialrätin im Reichsinnenministerium, Gertrud Bäumer, ab. Drei Jahre nach der Eheschließung und der Geburt des ältesten Sohnes Michael zog die junge Familie von Berlin nach Nowaves, dem späteren Babelsberg, um. Die Familie bezog das Holzhaus, das der Vater von Eva Maaß inzwischen gebaut hatte, in der früheren Heimdalstraße in Potsdam, die mittlerweile in Hermann-Maaß-Straße umbenannt ist. In dem herrlichen Holzhaus wuchsen die sechs Kinder der Familie auf, an deren Erziehung beide Eltern einen großen Anteil nahmen. Zu dem großen Haushalt gehörten auch die Urgroßeltern von Constanze Kuntze und die Haushaltshilfen. »Wir waren eine diskussions- und spielfreudige Gemeinschaft über drei Generationen hinweg«,[4] sagte Uta Maaß in einem Interview.

»Meine Mutter fand gut, dass ich eine Ausbildung zur Krankengymnastin gemacht habe«, erzählt Constanze Kuntze, »damit ich die soziale Tradition meiner Großeltern fortsetze.« In seinem sozialen Engagement war Hermann Maaß wie viele seiner Generation von den Fronterfahrungen im Ersten Weltkrieg geprägt. Gleich nach dem Abitur hatte sich der Sohn eines Bahnbeamten 1916 als Kriegsfreiwilliger gemeldet und sich eine schwere Gasvergiftung an der Westfront zugezogen.[5] Nach dem verlorenen Krieg trat Maaß mit 23 Jahren den Sozialdemokraten bei, von denen er sich die Durchsetzung seiner politischen und gewerkschaftlichen Ideen versprach. Schon 1924 wurde Maaß zum Geschäftsführer des Reichsausschusses der Deutschen Jugendverbände ernannt. »Seit meiner Jugend waren für mich allgemeine, gütige, menschliche Liebe, Gerechtigkeit und der Einsatz für eine wohlgeordnete Gemeinschaft, die auch vor Gott bestehen kann, die treibende Kraft, die mich über die Familie und den Beruf hinaus zum Einsatz für Volk, Staat und Gesellschaft drängten«,[6] beschrieb Hermann Maaß in einem Brief an seine Frau aus dem Gefängnis kurz vor der Hinrichtung die Motive seines Handelns.

Eine intensive Vaterlandsliebe, Pflichtgefühl, das Engagement für die Gemeinschaft und ein tiefer, protestantischer Glaube prägten das Leben von Hermann Maaß und seiner Frau. Diese Wertung gaben sie an ihre Kinder weiter. »Vom ersten Moment an haben unsere Eltern darauf geachtet, dass wir die übernommene Verantwortung für die Jüngeren auch wirklich ernst nehmen. Sie verlangten absoluten Einsatz für die jeweilige Aufgabe«,[7] erinnert sich die älteste Tochter Uta Maaß, die Mutter von Constanze Kuntze, an ihre Eltern. Obgleich beide dem NS-Regime als Sozialdemokraten ablehnend gegenüber standen, wurden die drei älteren Kinder der Familie, Michael, Uta und Cornelia, in die Hitlerjugend geschickt, um die konspirative Tätigkeit des Vaters nicht zu gefährden.

Nach der Machtergreifung verlor Hermann Maaß 1933 sein Amt. Der deutsche Jugendverband wurde durch den Reichsjugendführer ersetzt. »Zunächst war mein Großvater arbeitslos und schlug sich mit verschiedenen Tätigkeiten als Redakteur durch«, erzählt Constanze Kuntze, die selber lange mit der Idee gespielt hat, wie ihr Großvater und seine beiden Söhne Michael und Wolfgang Journalistin zu werden, und deshalb in München ein Studium der Geschichte und der Politologie aufnahm. Nach seiner Entlassung intensivierte Maaß seine Kontakte zur SPD, obwohl viele Genossen emigrierten oder wie Julius Leber und Wilhelm Leuschner 1933 von den Nationalsozialisten in Gefängnisse oder Konzentrationslager gesteckt wurden. Richtungweisend für den politischen Lebensweg von Maaß entwickelte sich seit 1935 die Freundschaft zu Wilhelm Leuschner,[8] der von 1932 bis 1933 stellvertretender Vorsitzender des Allgemeinen Deutschen Gewerkschafts-Bundes war. Wegen seiner unnachgiebigen Haltung gegenüber den Nationalsozialisten wurde Leuschner nach der Rückkehr von der Tagung des Verwaltungsrats des Internationalen Arbeitsamts im Juni 1933 verhaftet und bis 1934 in verschiedenen Konzentrationslagern und Gefängnissen interniert.

Über den Holzbildhauer, Gewerkschaftler, Kunstfreund, Sozialdemokraten und ehemaligen hessischen Innenminister ist auf Grund der großen Verschwiegenheit und des fehlenden schriftlichen Materials, nur wenig bekannt. Leuschner, in dessen Schatten Maaß oft steht, beriet sich auf langen Spaziergängen mit Freunden aus dem gewerkschaftlichen und sozialdemokratischen Umfeld. Nach seinen Haftaufenthalten nahm Leuschner zu christlichen Gewerkschaftern wie Max Habermann und Jakob Kaiser Kontakte auf. Außerdem gelang ihm in Berlin die perfekte Camouflage: Er gründete eine Aluminiumfabrik, die während des Krieges wichtige Rüstungsaufträge erhielt.[9] Dadurch konnten Leuschner und seine vertrauten Mitarbeiter nicht nur unter dem Deckmäntelchen von Gewinden, Rohren und Platten ungehindert in Deutschland reisen und Kontakte zum Militär aufbauen; gleichzeitig schützte es Leuschner und seine Kollegen auch vor dem Kriegsdienst.

Auch für Hermann Maaß – der in der Firma bis zum Prokuristen aufstieg – bedeutete die Fabrik in der Berliner Eisenbahnstraße die perfekte Tarnung. Als Abwehrbeauftragter konnte er wichtige Kontakte zu den Militärs knüpfen und ungehindert reisen. Außerdem bot sich die Eisenbahnstraße als Ort an, um vorsichtige Kontakte zu anderen Regime-

gegnern wie Ernst v. Harnack, Julius Leber, Otto John oder Klaus Bonhoeffer aufzunehmen. Auch Generaloberst Beck soll die Fabrik mehrfach mit blauer Schutzbrille besucht haben.[10]
Mit seinem Vorhaben, den Krieg in letzter Sekunde durch das Zuspielen von brisanten Materialien an die amerikanische Presseagentur AP zu verhindern, scheiterte der Kriegsgegner Maaß.[11] Umso intensiver war er darum bemüht, Leuschners Idee der parteipolitisch neutralen Einheitsgewerkschaft, die sozialdemokratische und christliche Gewerkschaften[12] vereinigen sollte, für die Nachkriegszeit weiterzuentwickeln und anderen Widerstandskreisen nahe zu bringen. Leuschner und Maaß erweiterten ihre Kontakte zu Carl Goerdeler, Jakob Kaiser, Nikolaus Groß und Josef Wirmer. Als Vertreter von Leuschner reiste Maaß schließlich 1942/1943 auf das bei Breslau gelegene Gut des Grafen Moltke, wo er nur an den zweiten Kreisauer Gesprächen teilnahm. In den Schilderungen Helmuth James von Moltkes an seine Frau lässt sich deutlich ablesen, dass beide Seiten ein gegenseitiges Unbehagen überwinden mussten. So ließ Moltke am 2. August 1942 seine Frau wissen: »Der gute Maaß ergötzte uns wieder mit professoralen Ausführungen von neunzig Minuten Länge (...) Aber in diesen neunzig Minuten wurde uns doch klar, dass hier ein Mann sprach, der über den Zustand der deutschen Arbeiterbewegung wirklich etwas zu sagen hatte, und in den neunzig Minuten gab es auch Höhepunkte, wo wir alle gemeinsam gespannt zuhörten, und manche Perle war zwischen den Banalitäten versteckt (...).«[13] Auf Dauer konnte zwischen den Kreisauern auf der einen Seite, die noch ganz der Vorstellung von kleinen und mittleren Betrieben verhaftet waren und deshalb Werksgemeinschaften propagierten, und Leuschner und Maaß auf der anderen Seite keine Einigkeit erzielt werden. 1943 zogen sich beide aus den Planungen der Kreisauer zurück.
Nach dem Scheitern der Gespräche mit dem Kreisauer Kreis intensivierte Maaß seine guten Kontakte zum Militär, um Näheres über das geplante Attentat zu erfahren. »Meine Mutter hat mir oft über den Besuch von Claus Graf Stauffenberg im Dezember 1943 im Hause ihrer Eltern in Potsdam erzählt«, sagt Constanze Kuntze. Damals sei ihre Großmutter gerade mit dem sechsten Kind schwanger gewesen. Stauf-

fenberg, der ein Cape trug und auf die Kinder ob seines Aussehens und seiner Größe sehr beeindruckend wirkte, habe der Großmutter einen Handkuss gegeben. »Das hat meine Mutter damals sehr beeindruckt, da sie dies in ihrer Familie nicht kannte«, sagt Constanze Kuntze. Was die Kinder Maaß damals nicht wussten, dass sich ihr Vater mit dem Offizier lange über Grundsätze einer politischen und gesellschaftlichen Neuordnung nach einem möglichen Attentat unterhielt.[14] Weitere Gespräche fanden im Februar und April 1944 statt. An der Vorbereitung zum Attentat war Maaß nicht mehr unmittelbar beteiligt. Nach schweren Folterungen verriet der Fahrer Stauffenbergs die Fahrziele seines Chefs. Am 8. August 1944 verhaftete die Gestapo Hermann Maaß in Berlin und brachte ihn in die Schule der Sicherheitspolizei in Drögen bei Fürstenberg, wo er verhört und wahrscheinlich schwer gefoltert wurde. »Der Tod meiner beiden Großeltern innerhalb weniger Wochen war ein schwerer, nicht nachzuvollziehender Schock für die Familie«, sagt Constanze Kuntze und ergänzt, dass die Auswirkungen der nachfolgenden familiären Katastrophe bis heute zu spüren sei. »Als meine Großmutter starb, war ihr jüngstes Kind noch nicht einmal ein Jahr, aber nach der Hinrichtung meines Großvaters in Plötzensee erlosch in ihr jeder Lebenswille«, ergänzt die Mutter von zwei Töchtern. Eva Maaß erkrankte zwei Wochen nach dem Tod ihres »unsagbar geliebten Mannes« an einer umlaufenden Gelenks- mit anschließender Lungenentzündung, woran sie kurz darauf starb.

Der Kampf um die Freilassung ihres Mannes war über ihre Kräfte gegangen. Am 22. Oktober hatten Eva Maaß und ihre Kinder zwei Bittschreiben an Justizminister Thierack, Adolf Hitler und den Staatsanwalt gerichtet. »Ich flehe, diesen unermüdlichen Glauben, den auch unsere Kinder haben, der gleichzeitig ein Glauben an alles Gute, Große und Ewige ist und ihnen helfen wird, treue, aufrechte und unbedingte Deutsche zu werden, nicht zu zerstören durch die Vernichtung des Lebens ihres Vaters, der ihnen selbst nur Vorbild war. Mag die Tragik seines politischen Irrtums eine lebenslängliche Strafe verlangen, wenn nur den Kindern die Wesenskraft ihres Vaters, mir die lebendigtragende Liebe des unsagbar geliebten Mannes erhalten bleibt!«[15]

Doch alles Bitten und Flehen halfen nichts. Hermann Maaß war bereits zwei Tage zuvor, am 20. Oktober, hingerichtet worden. Selbst den Ehering händigte der zuständige Landgerichtsdirektor der Witwe erst nach einem entwürdigenden Disput aus. Nach dem Tod beider Eltern innerhalb von kaum sechs Wochen versorgten zunächst die Schweizer Großmutter und die Haushaltsgehilfen die sechs Kinder. Doch bald machte der Kriegsverlauf den Verbleib in Potsdam unmöglich. Die Mutter von Constanze Maaß schlug sich zur Odenwaldschule durch, wo sie ursprünglich das Abitur machen wollte und später als Praktikantin arbeitete. Der älteste Sohn Michael war aus dem Krieg heimgekehrt. Ihre Geschwister Cornelia und Wolfgang wurden von einer befreundeten Familie im Harz aufgenommen. Die beiden jüngsten Geschwister Reinhard und Gerda blieben in Potsdam zurück. »Wir waren sechs Geschwister mit vier Vormündern in drei Zonen«,[16] erzählte Uta Maaß. Es sollte Jahre dauern, bis die Geschwister sich wieder sahen. Zunächst sei es für jeden Einzelnen darum gegangen, den Boden unter den Füßen zurückzubekommen und mit der eigenen Verlorenheit zurechtzukommen. »Meine Mutter hat später eine Ausbildung zur medizinisch-technischen Assistentin in Göttingen gemacht«, sagt Constanze Kuntze, die selber als Ort für ihre Ausbildung zur Krankengymnastin Berlin wählte. Als die einzige Tochter geboren wurde, zog Uta Maaß mit ihr nach Berlin, wo auch ihre beiden Brüder als Journalisten lebten und arbeiteten. Als Kind habe sie sich immer gewundert, wie intensiv die Mutter mit ihren Brüdern diskutiert habe, erinnert sich die 42-Jährige. Heute wüsste sie, dass es eine Maaßche Familieneigenschaft sei, Dinge lange und ausführlich zu besprechen. In ihrer eigenen Familie mache sie es inzwischen genau so. Berlin war indessen für Constanze lange Zeit ein Ort von ambivalenten Gefühlen, die sich aus Zwistigkeiten mit den dort lebenden Familienangehörigen ergab. »Die Entscheidung meiner Mutter, aus Berlin nach München zu ziehen, um dort an einem Institut der Ludwig-Maximilians-Universität zu arbeiten, war aus verschiedenen Gründen die richtige Entscheidung«, erzählt Constanze, die sich inzwischen als richtige Münchnerin fühlt. Auch ihr Mann Peter kommt aus einer bayerischen Familie, die Schwiegereltern wohnten ebenso in

München wie Constanzes Mutter, die nur einen Steinwurf von der Familie Kuntze entfernt lebt.

Für ihre Mutter sei der Vater die bestimmende Figur in ihrem Leben gewesen, der durch nichts und niemanden zu ersetzen gewesen sei. Intensiv und öffentlich habe sie sich seit Beginn der neunziger Jahre mit ihrem Vater beschäftigt und gemeinsam mit dem Brandenburger Literaturbüro ein Buch herausgegeben, schon weil es kaum Literatur über den Großvater gebe. »Der Name Maaß ist nicht unbedingt sehr bekannt«, sagt Constanze. In der Schule oder während des kurzen Studiums sei sie nie auf den Großvater angesprochen worden. »Meine Mutter hat ihre beiden Eltern immer auf ein Podest gestellt«, erinnert sich Constanze an die vielen Gespräche, die sie und ihre Mutter, später auch ihr Mann Peter mit Uta Maaß geführt haben. Dadurch fiel es ihr oft schwer, sich die beiden Großeltern unvoreingenommen und objektiv in ihrem ganzen Wesen vorzustellen. Ganz anders sei dies indessen mit ihrer Schweizer Urgroßmutter, die mit der Familie Maaß zusammen in Potsdam lebte. Sie sei – so die Familienerzählung – eine recht resolute und manchmal auch recht schwierige Dame gewesen. »Ich erinnere mich noch gut an eine Erzählung meiner Mutter über eine sonntägliche Dampferfahrt.« Anstatt auf den Dampfer zu gehen, sei die Urgroßmutter ins Wasser gefallen und als sie nach Sekunden wieder auftauchte, war ihr Ausspruch: »Kinder das Wasser ist warm, ihr könnt doch baden gehen.«

»Ich habe nie verstanden, warum meine Mutter niemals richtig wütend ist auf das, was durch die Handlungsweise des Vaters und dem nachfolgenden Tod der Mutter ihr und ihren Geschwistern angetan worden ist«, sagt Constanze, der die Erregung anzumerken ist. »Schließlich haben sie doch ihre Liebe zu Deutschland oder ihre Ideen von einer funktionierenden Gemeinschaft über das Wohl ihrer sechs Kinder gestellt.« Vor allem hadert die Enkelin mit ihrer Großmutter, die wenige Wochen nach dem Vater starb. »Für mich als zweifache Mutter ist es irgendwo unvorstellbar, sechs Kinder allein zurückzulassen, um dem über alles geliebten und nun verstorbenen Mann wieder nahe zu sein. Dieses umso mehr, als ihr Mann in seinen Kindern in gewisser Weise weiterlebt.« Und sie fügt hinzu: »Meine Mutter hat mir dies immer als eine besonders große Form der Liebe zu ihrem Mann dargestellt.« Das Bild des Großvaters will Constanze ihren eigenen beiden Töchtern deshalb ambivalenter und differenzierter weitergeben.

»Natürlich werde ich ihnen sagen: Das war ein bewundernswerter Mann, der sich für seine Ideen und Ideale für eine Welt in Demokratie und Gerechtigkeit eingesetzt hat. Ich werde ihnen aber auch vermitteln, was dies für weitreichende Konsequenzen für seine Kinder hatte.« Ein Erbe des Großvaters sei es, dass Constanze ihre Kinder darin bestärken will, sich für die Gemeinschaft einzusetzen, sich vor allem nicht alles bieten zu lassen und es in Kauf zu nehmen, dass man mit dieser Einstellung bei einigen Menschen aneckt.

Ein Erbe des Großvaters war sicher der Wunsch nach einer eigenen Familie, mit einem Partner, der sich wie ihr Mann intensiv um die Familie kümmert. »Im Moment bin ich hauptsächlich mit den Töchtern beschäftigt«, sagt Constanze, die selbst vaterlos aufwuchs. »Meine Mutter war im Rahmen ihrer Möglichkeiten, als allein erziehende Mutter immer für mich da, und wir hatten ein normales Mutter-Tochter-Verhältnis, das sich im Laufe der Jahre, sicher speziell seitdem ich selbst Mutter bin, sehr intensiviert hat«, dennoch sei sie halt ein Schlüsselkind gewesen und habe viel Zeit in Betreuungsgruppen oder alleine zugebracht. Ohne männliche Vorbilder wie Großvater, Vater oder ältere Brüder sei es für sie nicht einfach gewesen, einen Partner zu finden, dem sie vertrauen kann und der sie so annimmt, wie sie ist. »Natürlich hatte ich ein völlig idealisiertes Männerbild«, meint Constanze und lacht. »Gerade deshalb bin ich auch so zufrieden, dass ich jetzt meine eigene Familie habe.« Nach notwendigen Lehrjahren lernte Constanze denn auch ihren Mann 1994 kennen, als sie am wenigsten damit gerechnet hatte: Im Hausflur. Dabei stellte sich heraus, dass beide in dem gleichen Haus wohnten.

Auch in dem historischen Interesse für Hermann Maaß ist sich das dynamische Paar einig. »Am 20. Juli steht leider zumeist nur das Militär im Mittelpunkt«, sagt Peter Kuntze. Und Constanze ergänzt, dass sie sich deshalb von der alljährlichen Gedenkfeier im Bendlerblock überhaupt nicht angesprochen fühle. »Die militärische Feier, die Anwesenheit der Bundeswehr und die geschwollenen Reden kann ich mit meinem Großvater nicht in Verbindung bringen«, sagt sie und ergänzt, dass sie deshalb schon länger nicht mehr auf einer solchen Feier war. Auch zu den Tagungen in Königswinter, auf die sie in früheren Jahren ihre Mutter begleitet hat, kam sie schon eine Weile nicht mehr. »Ich hatte nicht den Eindruck, dass meine Generation dort wirklich sehr willkommen war«, sagt Constanze Kuntze und ergänzt, dass die dort geführten Diskussionen vor allem für die zweite Generation wichtig waren. Sie selbst war über die Emotionalität einzelner Familien sehr überrascht, als diverse Enkel an die zweite Generation durchaus kritische Fragen hinsichtlich der weitreichenden Konsequenzen des Handelns der Großväter stellten, zumal eine konstruktive Diskussion zwischen den Generationen auf Grund hoher Emotionen leider kaum möglich war. Nur einmal hat der Krankengymnastin eine Feier wirklich aus dem Herzen gesprochen: Als der damalige Bundespräsident Roman Herzog am fünfzigsten Jahrestag alle Nachkommen spontan nach Schloss Bellevue in seinen Park eingeladen habe. Da seien wirklich gute Gespräche zustande gekommen, weil die Atmosphäre locker gewesen sei. »Ich fände es toll, wenn es Treffen gäbe, bei denen sich die Enkel in einer entspannten Situation ohne Programm und einen großen Anspruch im Rücken treffen könnten«, meint Constanze Kuntze: »Schließlich haben wir ja alle eine gemeinsame Geschichte.«

1 Über Hermann Maaß gibt es bislang keine eigenständige Biographie oder Sammlung seiner Aufsätze und Briefe. Vgl. deshalb: Sigrid Grabner, Hendrik Röder (Hg.), Im Geiste bleibe ich bei Euch. Texte und Dokumente zum 100. Geburtstag von Hermann Maaß. Brandenburgisches Literaturbüro. Potsdam 1997. Ines Reich, Potsdam und der 20. Juli. Auf den Spuren des Widerstandes gegen den Nationalsozialismus. Freiburg i. Br. 1994.
2 Grabner, Im Geiste, S. 10.
3 Gertrud Bäumer, Rede am Sarg von Eva Maaß am 29. November 1944. In: Grabner, Im Geiste, S. 46 ff.
4 Sigrid Grabner und Hendrik Röder, Gespräch mit Uta Maaß, in: Grabner, Im Geiste, ebd. S. 84.
5 Johannes Tuchel, Hermann Maaß im Widerstand gegen den Nationalsozialismus. In: Grabner, Im Geiste, S. 66 ff.
6 Brief von Hermann Maaß an Eva Maaß, 12.8.1944. In: Grabner, Im Geiste, S. 10.
7 Gespräch mit Uta Maaß, Grabner, Im Geiste, S. 85.

8 Gerhard Beier, Wilhelm Leuschner, in: Lill, Oberreuter, 20. Juli, S. 257-276; Joachim Leithäuser, Wilhelm Leuschner. Ein Leben für die Republik. Köln 1962; Eugen Kogon, Wilhelm Leuschners politischer Weg. In: Wilhelm Leuschner. Auftrag und Verpflichtung. Wiesbaden 1982. Außerdem im Internet: www.wilhelm-leuschner.stiftung.de.
9 Beier, Leuschner, S. 270f.
10 Heinz Westphal und Gerhard Fauth: »›einem größeren Gesetz als dem eigenen folgend‹: Hermann Maaß«. In: Grabner, Röder, Geist, S. 107.
11 Hitler sprach am 22. August 1939 auf dem Berghof mit engen vertrauten Militärs über sein Ziel, Polen zu überfallen. Maaß übergab die überarbeitete Rede, die ihm zugespielt worden war, an den AP-Journalisten Louis P. Lochner, der sie dem amerikanischen Geschäftsträger Alexander C. Kirk zu überreichen suchte. Nach dem Kirk das Manuskript als zu brisant ablehnte, übergab Lochner sie einem hohen Mitarbeiter der britischen Botschaft. Näheres bei Tuchel, Maaß, S. 70.
12 Gerhard Beier, Die illegale Reichsleitung der Gewerkschaften 1933–1945. Köln 1981; Gerhard Beier, Gewerkschaften zwischen Illusion und Aktion – Wandlung gewerkschaftlicher Strategie vom potentiellen Massenwiderstand zur Technik der Verschwörung. In: Jürgen Schmädeke, Peter Steinbach (Hg.), Der Widerstand gegen den Nationalsozialismus. Die deutsche Gesellschaft und der Widerstand gegen Hitler. München. 3. Aufl. 1994; Schmädeke, Steinbach, Widerstand, S. 99–111; Michael Schneider, Zwischen Standesvertretung und Werksgemeinschaft – Zu den Gewerkschaftskonzeptionen der Widerstandsgruppe des 20. Juli 1944. In: Schmädeke, Steinbach, S. 520–532.
13 Helmuth James von Moltke am 2. August 1941 an seine Frau. In: Freya v. Moltke, Michael Balfour, Julian Frisby, Helmuth James von Moltke 1907–1945. Anwalt der Zukunft. Stuttgart 1975.
14 Tuchel, Hermann Maaß, S. 74.
15 Eva Maaß an Justizminister Dr. Thierack, 22. Oktober 1944. In: Grabner, Röder, Geist, S. 32.
16 »Gespräch mit Uta Maaß«. Ebd., S. 94.

Europäische Visionen und ein afrikanischer Traum > Corrado Pirzio-Biroli und der Botschafter Ulrich v. Hassell

»Unser Schicksal wird von unvorhersehbaren Einflüssen bestimmt, manche nennen das Vorbestimmung«, philosophiert Corrado Pirzio-Biroli, während er in seiner Brüsseler Küche den *sugo* mit etwas crème fraiche und frischen Kräutern verfeinert. »In zehn Minuten ist die Pasta fertig«, sagt der Kabinettchef von Franz Fischler, dem österreichischen Kommissar für Landwirtschaft der Europäischen Union. Fast hätte es das Schicksal gewollt, dass er und sein Bruder Roberto nach Kriegsende von Tiroler Bergbauern adoptiert worden wären, die genau aus der Gegend im Absam stammten, wo der Vater von Franz Fischler seinen Bauernhof hatte und die Familie Fischler nach wie vor ansässig ist. Doch statt Stiefbruder des Kommissars zu werden, führten verschlungene Wege den italienischen Adligen aus dem friaulischen Familienbesitz Brazzà nach Brüssel, in die Hauptstadt der Europäischen Union. »Wäre meine Großmutter Ilse von Hassell nicht gewesen, mein Leben hätte eine völlig andere Wendung genommen«, sagt Pirzio-Biroli. Sein Buch *Vision Europa* hat er deshalb seiner Großmutter, der Witwe des 1944 hingerichteten Ulrich von Hassell, gewidmet.[1] Mit einer fast übermenschlichen Energie hatte sich Ilse von Hassell nach Kriegsende auf die Suche nach ihren beiden von den Nationalsozialisten im Oktober 1944 entführten Enkeln Corrado und Roberto gemacht, von deren Verbleib die Familie nichts wusste. Wie die meisten Angehörigen von Widerstandskämpfern war auch die in Italien verheiratete jüngste Tochter Ulrich v. Hassells[2] gemeinsam mit ihren beiden kleinen Söhnen im Herbst 1944 verhaftet worden. Von 1932 bis 1938 hatte die Familie des Botschafters v. Hassell in Rom gelebt, wo die junge Fey v. Hassell sich in den friaulischen Adligen Detalmo Pirzio-Biroli verliebte, den sie im Januar 1940 heiratete. Der Versuch, Europa in Frieden zu vereinen, hatte schon die Ansichten des aus einer alten Hannoveraner Offiziersfamilie stammenden

Ulrich v. Hassell geprägt, der sich als Generalkonsul in Barcelona, als Gesandter in Kopenhagen und Belgrad und schließlich als deutscher Botschafter in Rom um eine Politik des Ausgleichs bemüht. Über das nationalsozialistische Regime hatte sich Hassell von Beginn an keine Illusionen gemacht und unerbittlich den langsamen Prozess der Ausgrenzung der europäischen Juden, die Aushöhlung des deutschen Rechtsstaats und die Brüche des internationalen Völkerrechts in seinem Tagebuch notiert und damit – wie Hans Mommsen schreibt – ein ungeschminktes Bild der nationalsozialistischen Herrschaft gezeichnet, »die durch Großtuerei, Verlogenheit, Korruption, sachliche Unfähigkeit und Selbstüberschätzung Hitlers und seiner Satrapen geprägt war«.[3] Als Hassell den 1936 zwischen Deutschland, Italien und Japan geschlossenen Antikominternpakt kritisierte, suchten die Nationalsozialisten nach einer Möglichkeit, um den kritischen Botschafter im Februar 1938 in den Wartestand zu versetzen. Auf Vermittlung des Präsidenten des Mitteleuropäischen Wirtschaftstags wurde Hassell Vorstandsmitglied im Wirtschaftstag in Berlin und arbeitete seit 1943 am Institut für Wirtschaftsforschung. In Berlin gehörte Hassell als Mitglied der Mittwochsgesellschaft bald zu der konservativen Widerstandsgruppe um Generaloberst Ludwig Beck, den Nationalökonom Jens Jessen, Finanzminister Johannes Popitz und Carl Goerdeler, die 1943 Kontakte zum Kreisauer Kreis aufnahmen. Gemeinsam entwarf die Gruppe in Berlin mehrere Gesetzesentwürfe zum inneren Neuaufbau Deutschlands, die Hassell aber – wie sein Biograph Gregor Schöllgen feststellt – weit weniger interessieren als die europäische Außenpolitik, die er nach dem Sturz Hitlers als Minister leiten sollte. Hassell behielt seinen Auslandspass, den er dazu nutzte, für den Widerstand wichtige Verbindungen zu knüpfen. Außerdem konnte Hassell mehrfach seine Tochter Fey auf dem Familiengut der Pirzio-Birolis in Italien besuchen. Am 17. Oktober 1941 notierte Hassell beispielsweise in sein Tagebuch: »Zurück von einer vierzehn-tägigen Reise nach Bukarest – Budapest – Brazzà. In Brazzà wunderbare fünf Tage mit Ilse, bei strahlendem Wetter, inmitten der Traubenernte. Enkel prachtvoll, immer lustig.«[4]

Der Enkel Corrado Pirzio-Biroli hat an den deutschen Großvater keine deutlichen Erinnerungen. »Es gibt das berühmte Foto, das meinen Großvater, meinen Vater und mich zeigt«, erzählt der 64-Jährige, aber eine wirkliche Vorstellung von seinem Großvater habe er nicht mehr. »Als sich meine Eltern nicht über einen Vornamen einigen konnten, schlug meine Großmutter Corrado vor, nach dem letzten Kaiser der Hohenstaufen, der Italien und Deutschland vereinigen wollte.« Auch der zweite Vorname ist nur aus den Schrecken der Zeit zu verstehen. »Mein zweiter Vorname, den ich nie verwende, lautet Nascinguerra, das heißt ›im Krieg geboren‹, nach meinem Vater, der 1915 auf die Welt kam. Ich hoffe, dass niemand in Europa in Zukunft je mehr so genannt wird.« Der Tod des Großvaters sollte zunächst das Leben des damals kaum drei Jahre alten Corrado Pirzio-Biroli grundlegend verändern. »Ich weiß noch, wie wir in einem großen Auto durch die Nacht fuhren, ohne dass jemand ein Wort sprach«, beschreibt Corrado Pirzio-Biroli die Fahrt von Brazzà nach Innsbruck, wohin die SS seine Mutter, seinen Bruder Roberto und ihn im Herbst 1944 brachten. Der Befehlshaber der deutschen Truppen, der das idyllisch gelegene Brazzà als seinen Amtssitz requiriert hatte, denunzierte Fey v. Hassell und ihre Kinder bei der Gestapo. In Innsbruck teilten zwei Gestapobeamte der jungen Mutter mit, dass sie für ein paar Tage ohne ihre Söhne in das Gefängnis müsse, um ihre Angelegenheiten zu regeln. »Mein Bruder und ich wurden von zwei ganz in Schwarz gekleideten nationalsozialistischen Fürsorgerinnen entführt«, die knapp nach den Gewohnheiten der Kinder fragten. Während der jüngere Bruder vertrauensvoll mit den beiden NS-Erzieherinnen mitging, waren dem älteren Bruder die beiden fremden Damen sofort unheimlich. »Ich habe deshalb sofort angefangen, laut zu schreien«, so Corrado Pirzio-Biroli. Doch seine Mutter habe ihn aufgefordert, mit den beiden Kinderschwestern mitzugehen, da sie die Kinder bei den Fürsorgerinnen sicherer als im Gefängnis wähnte. »Aber ich hörte Corradino noch auf der Treppe schreien. Das Herz krampfte sich mir zusammen, ich empfand grenzenlosen Schmerz, diese Kinder so leiden zu sehen. Noch hoffte ich aber, die beiden bald wiederzusehen«, beschreibt Fey Pirzio-Biroli die dramatischen Momente der Trennung.[5]

Der als kurz angekündigte Gefängnisaufenthalt entpuppte sich für Fey Pirzio-Biroli als eine mehrmonatige Odyssee und führte von Breslau nach Stettin, Weimar, München und Reichenau, mit Aufenthalten in den Konzentrationslagern Dachau, Buchenwald und Stutthof. »Meine Mutter wurde einer Gruppe von Sippenhäftlingen zugeteilt, in der sich auch vorübergehend Kanzler Schuschnigg befand und die auf Befehl von SS-Reichsführer Himmler als sein persönlicher Trumpf zum Ende des Krieges zusammengestellt worden war.«[6] Während der gesamten Zeit ließen die Nationalsozialisten die junge Mutter über das Schicksal ihrer beiden Söhne im Unklaren. Die Politik der Einschüchterung begann schon in Innsbruck, als Fey Pirzio-Biroli nach dem Verlassen des dortigen Gefängnisses und der Ankündigung, nach Schlesien verschickt zu werden, nach ihren Kindern fragte. Daraufhin erhielt sie von einem Gestapo-Mann in Zivil die schnoddrige Antwort: »Ich habe keine Ahnung, wo Ihre Kinder sind. Jedenfalls bitte ich Sie, auf der Reise vernünftig zu sein. Machen Sie keine Szene, die böse Folgen haben könnte.«[7]

An den neun Monate dauernden Aufenthalt im Kinderheim kann sich der damals dreijährige Pirzio-Biroli nur schlecht erinnern. Doch gibt es einige in Schwarz-weiß gezeichnete Momentaufnahmen, die ihm manchmal wie alte Fotografien in den Sinn kämen. So weiß er noch, dass ihn ein österreichischer Arzt wegen Grippe untersucht habe. »Kurz zuvor hatte ich mir aus großen Glasperlen eine Kette gemacht und eine davon verschluckt«, erzählt Corrado Pirzio-Biroli, während er in der Küche den passenden Wein zur Pasta heraussucht. Der Arzt habe ihm daraufhin im Scherz gesagt, jetzt müsse er ihm den Bauch aufschneiden, was ihm damals große Angst gemacht habe. Auch ein anderes Bild steigt oft aus seiner Erinnerung empor. So seien die Kinderschwestern oft mit den rund 150 Waisen wandern gegangen und hätten dabei nach Waldbeeren für das Abendessen gesucht. Sein kleiner Bruder Roberto habe immer die falschen Beeren gefunden. Außerdem hätten damals alle Kinder sehr große Angst vor Wölfen gehabt, die bisweilen in der Nähe des Kinderheims aufgetaucht seien. In besonders schrecklicher Erinnerung hat Corrado Pirzio-Biroli auch die Bombenangriffe, bei denen die Kinderschwestern stets Geige spielten, um die Kinder zu beru-

higen. »Aber die hat ja in der damaligen Zeit fast jeder erlebt«, meint er abwiegelnd. Die Fürsorgerinnen hätten weder ihn noch seinen kleinen Bruder schlecht behandelt. Allerdings hätten die Fürsorgerinnen ihnen die Namen Konrad und Robert »Vorhof« gegeben, um nach dem Krieg eine Wiedervereinigung mit ihrer Herkunftsfamilie zu verhindern. »Ganz offensichtlich lebten die NS-Fürsorgerinnen mit uns von Tag zu Tag und haben nicht gewusst, was aus den vor allem aus Bauernfamilien stammenden Waisenkindern geschehen sollte.« Nach Kriegsende beschlossen die Erzieherinnen, die verbleibenden Kinder an interessierte Tiroler Bauern zur Adoption freizugeben. »Auch mein Bruder und ich waren schon einer Bauernfamilie versprochen.« Doch das Schicksal wollte es anders. Gemeinsam mit ihrer unverheirateten Tochter Almuth hatte die resolute Witwe Ulrich von Hassell nichts unversucht gelassen, um ihre beiden Enkelsöhne wiederzufinden. Von Bad Sachsa bis Danzig suchte sie unermüdlich in allen Kinderheimen, bis sie schließlich eine Spur nach Innsbruck führte, dem Ort der Entführung. Eine Kinderschwester konnte sich noch an den brüllenden Corrado erinnern, und so kam die Großmutter, begleitet von ihrer Tochter Almuth, in das Kinderheim in Wiesenhof im Bezirk Absam in der Nähe von Hall in Tirol, das nur anderthalb Stunden von ihrem Wohnort in Ebenhausen in der Nähe von München entfernt lag. Die Heimleiterin erkannte Corrado und Roberto auf dem Foto und hatte sich nach der Herkunft des Brüderpaares gefragt, die im Einlieferungsbuch nur mit »Geschwister Vorhof, Mutter verhaftet« eingetragen waren. Häufig hätten die beiden zurückhaltenden Brüder, die sich nie aus den Augen ließen, von einem großen Haus und Pferden erzählt, hätten sich aber an ihren eigentlichen Familiennamen nicht erinnern können, berichtete die Heimleiterin.[8]
»Der Hartnäckigkeit und Entschlossenheit meiner Großmutter ist es zu verdanken, dass wir gefunden und zu ihr nach Ebenhausen in die Nähe von München gebracht wurden. Hätte sie uns nicht gefunden und wäre dies nicht ein paar Tage, wenn nicht Stunden, vor Inkrafttreten der Adoption geschehen, wären mein Bruder und ich Tiroler Bauern, die ihr ganzes Leben mit fremden Eltern unweit ihrer Geburtsstätte verbracht hätten und die dem EU-Beitritt Österreichs möglicherweise kritisch

gegenüberstehen würden.«[9] Die Eltern in Italien hatten die Suche nach ihren beiden Söhnen schon fast aufgegeben. Auf die großangelegte Plakataktion in fünf verschiedenen Sprachen kam keine Resonanz. Auch hätten ihnen die Leute erwidert: »Könnt ihr euch vorstellen, was los wäre, wenn sich in ganz Europa die Leute selbst auf den Weg machten, ihre Angehörigen zu suchen?«

Als seine Großmutter und seine Tante Almuth Corrado im Kinderheim entgegengekommen seien, hätte er sie gefragt: »Gehen wir jetzt endlich nach Hause?« Schwieriger sei es gewesen, seinen Bruder Roberto zu identifizieren. »Auf die Frage, ob das mit einem Auto am Boden spielende Kind mein Bruder sei, wusste ich keine Antwort«, erinnert sich Corrado Pirzio-Biroli. Sein Bruder Roberto habe sich während der neun Monate im Kinderheim sehr verändert, und seine Großmutter habe ihrer Tochter nicht den falschen Sohn nach Hause bringen wollen. Die Kinderschwestern hätten deshalb alle Kinder geweckt und in einer Reihe aufgestellt und da sei nur Roberto als Enkel in Frage gekommen. Außerdem erkannte Roberto auf einem Foto des Familiensitzes Brazzà das geliebte Kutschpferd wieder und rief leise »Mirko«.

Großmutter und Tante nahmen die beiden Jungen mit nach Ebenhausen und informierten die Eltern in Brazzà per Telegramm davon, dass ihre Kinder wieder gefunden worden sein. Besonders der ältere der beiden Brüder war enttäuscht, seine Mutter nicht zu sehen, nach der er vor allem nachts weinte. Genau einen Tag nach dem Jahrestag ihrer eigenen Verhaftung, am 11. September 1945, brachte der Gärtner Fey Pirzio-Biroli ein Telegramm, dessen Inhalt sie zunächst gar nicht einschätzen konnte, stand doch dort in großen Lettern: »Die Kinder sind gefunden worden. Sie sind bei Deiner Mutter. Stop.«[10]

Detalmo Pirzio-Biroli, der jahrelang als antifaschistischer Partisan gegen die Deutschen gekämpft hatte und nun in der ersten italienischen Nachkriegsregierung in Rom arbeitete, überzeugte auf einem Abendempfang den amerikanischen General Mark Clark, dass er ihm sofort helfen müsse, seine beiden kleinen Söhne aus Ebenhausen nach Italien zu holen. »Bereits am nächsten Tag erhielt mein Vater einen amerikanischen Jeep, eine Reisegenehmigung, sich in Deutschland und Italien frei zu bewegen, und die Erlaubnis, an allen Army-Tankstellen kostenlos zu tanken«, erzählt Pirzio-Biroli. Gemeinsam mit seiner Frau, einem großen Laib Käse, Zucker, Schinken, Unmengen von Eiern, Dutzenden Seifenstücken und Mehl fuhren Detalmo und Fey Pirzio-Biroli über die Alpen durch Österreich nach Ebenhausen, wo es nach Jahren der Ungewissheit zu einem Wiedersehen mit der (Schwieger-)Mutter Ilse von Hassell kam. »Mein Vater muss sehr ungewöhnlich ausgesehen haben mit seiner amerikanischen Uniform und auf dem Kopf das Schiffchen eines italienischen Kavallerie-Oberstleutnants«, erzählt Corrado Pirzio-Biroli, während er in seinem Brüsseler Wohnzimmer seinen Hund streichelt.

In ihren Erinnerungen schildert die Mutter Corrado Pirzio-Birolis den bewegenden Moment, als sie ihre beiden kleinen Söhne nach einem Jahr der Trennung wieder in die Arme schloss. Während sich Robertino auf den Schoss der Mutter setzte, erkannte Corrado Pirzio-Biroli seinen Vater an einem alten Spiel wieder. »Plötzlich ging Corradino auf Detalmo zu und stellte seine kleinen Füßchen auf die um so viel größeren seines Vaters. In seiner Erinnerung war wach geworden: Vor gut anderthalb Jahren hatte er mit Detalmo dieses Spielchen erfunden, mit ihm so herumzulaufen.«[11] Nach wenigen Tagen packte die Familie Pirzio-Biroli ihren Jeep erneut, diesmal mit Teppichen und Möbeln, und fuhr zurück nach Brazzà, wo die Rückkehr der Buben mit einem großen Dankesgottesdienst mit anschließendem Fest gefeiert wurde. Bezeichnenderweise ist die Familienkapelle in Brazzà dem heiligen Leonhard, dem Beschützer aller Gefangenen, geweiht, an dessen Jahrestag der Dankgottesdienst gefeiert wurde.

Zunächst war die Verständigung in der Familie kompliziert, denn die beiden Jungen hatten während ihrer Zeit im Kinderheim alles Italienisch und Deutsch vergessen und sprachen nur einen schwer verständlichen Tiroler Dialekt. »Ich hatte das Gefühl, dass mich niemand versteht«, äußert Pirzio-Biroli. Bevor Corrado die italienische Volksschule in dem kleinen Dorf Moruzzo besuchen konnte, erhielt er drei Jahre Privatunterricht in Italienisch. »Ich wurde zu Hause deutsch erzogen (mit Max und Moritz, Karl May, Rumpelstilzchen und O Tannenbaum), während meine deutsche Mutter und mein italienischer Vater Englisch miteinander sprachen.« In dem gemütlichen italienischen Anwesen Brazzà versuchten die beiden Kinder, ihre Erlebnisse im Kinderheim zu vergessen. »Ich wuchs im ländlichen Brazzà, in der Nähe von Udine auf, wo ich mit frischer Milch, hausgemachter Butter, Polenta, Pasta und biologischem Obst – ganz im heutigen Trend – ernährt wurde«, erinnert sich der heute 64-Jährige an seine Kindheit. Seine Mutter habe ihren beiden ältesten Kindern eine sehr preußische Erziehung gegeben, während seine nach dem Krieg geborene Schwester Vivien deutlich antiautoritärer erzogen worden sei. Die Sommerferien verbrachte die Familie oft in dem weitläufigen Anwesen in Ebenhausen, wo die Kinder im großen Garten herumtollten und mit der geliebten Großmutter, die zu ihren italienischen Enkeln eine ganz besondere Beziehung hatte, nach Beeren suchten. Nach ihrer eigenen Freilassung aus dem Gefängnis verbrachte Ilse v. Hassell die nächsten 38 Jahre ihres Lebens in Ebenhausen bei München, stets darum bemüht, das Andenken ihres Mannes nicht in Vergessenheit geraten zu lassen. So gab sie schon kurz nach dem Krieg seine Tagebücher heraus, antwortete auf Leserbriefe und hielt Kontakt zu Wissenschaftlern, die über ihren Mann forschen. »Eine unendliche Dankbarkeit erfüllt mich für mein wunderschönes Leben an der Seite dieses Ritters ohne Furcht und Tadel«,[12] ließ Ilse v. Hassell, die jahrelang nur schwarze Kleidung trug, ihr Nachwort enden und fügte hinzu, dass sie am liebsten gemeinsam mit ihm gestorben wäre. »Meine Großeltern führten eine wunderbare, sich ergänzende Ehe und haben ihr gesellschaftliches Leben im Ausland sehr genossen«, erzählt Pirzio-Biroli. Für den Großvater sei Ilse, die Lieblingstochter von Großadmiral v. Tirpitz, eine unentbehrliche Stütze gewesen, mit der er auch die Opposition gegen Hitler teilen konnte. Er selbst hat seine Großmutter als eine ungewöhnlich starke Persönlichkeit in Erinnerung, die die Familie sehr geprägt habe.

»Seit meinem achten Lebensjahr hat mir meine Großmutter viel von ihrem Mann erzählt.« Ihre Berichte seien so plastisch und heute in seiner Erinnerung, dass er manchmal meine, den Großvater persönlich zu kennen. »Meinen Großvater Hassell stelle ich mir als einen sehr ehrlichen Menschen vor, mutig und einsam, da er Hitler von Beginn an für einen gefährlichen Menschen gehalten hat und vor allem Hitlers Rassenpolitik zutiefst verabscheute«, erzählt der ehemalige Botschafter der Europäischen Union in Wien. Auch fasziniere ihn an seinem Großvater, dass er sehr weitschauend ein Verfechter eines vereinigten Europas gewesen sei. Er schrieb, dass Europa für ihn »le sens d'une patrie« (den Sinn eines Vaterlands) hatte. Natürlich sei er stolz auf seinen Großvater, ohne ihn jedoch als eine Bürde für das eigene Leben zu empfinden. »Wissen Sie«, meint Corrado Pirzio-Biroli, »schließlich war mein Großvater bei seinem Tod kein junger Mann mehr.« In diesen Jahren seien viele Menschen um die sechzig Jahre gestorben, und sein Großvater habe als Botschafter in vielen Ländern, befreundet mit hochrangigen Politikern, Künstlern, Journalisten und Adligen ein interessantes und glückliches Leben geführt.

In der weitläufigen deutschen und italienischen Familie sei Ulrich v. Hassell eine besondere Persönlichkeit unter vielen gewesen. Fast symbolisch liegen auf dem Couchtisch – neben einer Sammlung kunstvoller Zigarrenkisten – die Memoiren seiner Mutter Fey v. Hassell, ein kostbar gestalteter Bildband über Schlösser und Burgen in Friaul und ein neu erschienenes Coffee-Table-Book, das berühmten französischen Entdeckern im 19. Jahrhundert gewidmet ist. »Schlagen Sie einmal die Seite 50 auf«, ermuntert mich der 64-Jährige, »dort finden Sie meinen Vorfahren Pietro Savorgnan di Brazzà, der als Entdeckungsreisender den Kongo erforscht hat und erster Generalgouverneur des französischen Kongo wurde.« Ein Bild zeigt den jungen bärtigen Grafen in exotischer Tracht mit einer Landkarte in der Hand. »Sehen Sie dieses Bild an, das sind alles ehemalige Sklaven, die mein Vorfahre freigekauft hat.« Wegen seiner Menschlichkeit gegenüber den Eingeborenen wurde der französisch gewordene Graf bald »Father of the slaves« genannt. Seit 1872 führte Pierre Savorgnan de Brazzà mehrere Expeditionen in das Gebiet des heutigen Kongo und entdeckte die großen Flüsse Alima und Likona. Pierre Savorgnan behandelte die Eingeborenen als gleichberechtigte Partner. Mit König Makoko von dem Stamm der Batekes schloss er 1880 einen Vertrag, der das Gebiet unter das Protektorat der französischen

Krone stellte. »Bald danach gründete der König für die französischen Beamten eine eigene Stadt, die den Namen Brazzaville, nach dem Schloss meines Vorfahren in Friaul erhielt«, erzählt der Nachkomme, der die Afrikabegeisterung seines Ahnen teilt. Schließlich fiel der *Freund Afrikas* mit 53 Jahren einer Korruptionsaffäre zum Opfer und starb 1905 in Dakar an einem Fieber. Seine Frau Thérèse de Chambrun hingegen war bis zu ihrem Tod der festen Meinung, er sei von dem französischen Kolonialverwalter des Kongo-Brazzà vergiftet worden.

Neben dem Entdecker zählt zu Corrado Pirzo-Birolis berühmter Verwandtschaft der Großonkel Alessandro Pirzio-Biroli, der als Fünfsterne-General für das faschistische Italien Äthiopien und Albanien erobert hatte. »Im Schlepptau hatte mein Großonkel bei seinen Kriegszügen stets seinen jüngeren Bruder Giuseppe, meinen Großvater«, erzählt der mit einer Belgierin verheiratete Pirzio-Biroli. Immerhin sei der Großvater – der außerdem Olympia-Sieger im Pistolenschießen gewesen sei und den heute berühmten Caprilli-Reitstil eingeführt habe – auch ein dekorierter Zweisterne-General gewesen. »Mein Großvater väterlicherseits ist aber mehrfach aus der Armee ausgetreten, da er sich lieber dem Gartenbau und der Hühnerzucht in Friaul widmete.« Doch jedes Mal, wenn Italien Krieg führte, meldete sich der Großvater, ein überzeugter Monarchist, pflichtbewusst beim Zentralmilitärkommando, um seinem Bruder beizustehen.

In seiner monarchistisch gesinnten Familie war der Vater Corrados, Detalmo Pirzio-Biroli, politisch wegen seiner demokratischen Haltung ein Fremdkörper. Jahrelang arbeitete Detalmo Pirzio-Biroli als italienischer Partisan gegen die Deutschen im Untergrund und versuchte, englischen und amerikanischen Kriegsgefangenen zu helfen, sich zu den Alliierten durchzuschlagen. »Für seine politische Einstellung fand mein Vater sehr viel mehr Verständnis in der Familie seiner Frau«, berichtet Corrado Pirzio-Biroli. Als der italienische Adlige Detalmo die erst 16-jährige Tochter des deutschen Botschafters Hassell 1935 in Rom kennen lernte, machte er ihr wenige Monate später einen Heiratsantrag, den die beiden Eltern Hassell zunächst nicht sehr begrüßten. Als Detalmo schließlich 1939 sein Studium beendete, gab Ulrich v. Hassell

seine Erlaubnis zur Hochzeit, auch wenn er über die finanzielle Situation seines Schwiegersohns nur wenig in Erfahrung bringen konnte. »Das einzig Beruhigende ist, dass die Familie von Detalmo Landbesitz in Friaul hat; Kartoffeln werden sie immer zu essen haben, wenn also die Situation sehr heikel wird, werden sie bestimmt nicht Hungers sterben.«[13] Die anfängliche Zurückhaltung zwischen Schwiegersohn und Schwiegervater wich bald, da sie sich beide politisch dem Kampf gegen Hitler verschrieben hatten. Schon am 11. Januar 1940 notierte Hassell in sein Tagebuch: »Detalmo Pirzio-Biroli, unser netter kleiner Bräutigam, ist voller Eifer, über Italien zwischen dem anständigen Deutschland und der englischen, von Halifax geführten ›Appeasement‹-Gruppe die Brücke zu schlagen. Das vorläufig unlösbare Problem ist nur, dass unsererseits eine Bürgschaft gefordert werden muss, dass man nach einer Systemänderung einen ordentlichen Frieden bekommt, während die Engländer sagen: Beseitigt Hitler, dann werden wir uns alle Mühe geben, in diesem Sinne!«[14] Auf Grund seiner zahlreichen Kontakte nahm Detalmo Pirzio-Biroli für seinen Schwiegervater eine wichtige Mittlerfunktion wahr. Die bekannteste Auslandsmission führte Hassell im Februar 1940 in die Schweiz, wo er in Arosa einen Abgesandten des britischen Außenministers Lord Halifax traf, mit dem Pirzio-Biroli bekannt war. Hassell wollte den Amateurdiplomaten Lonsdale Bryans dazu bringen, eine Erklärung abzugeben, wonach England nach einem Regimewechsel in Deutschland zu einem Frieden bereit wäre.[15] Bekanntlich hatte Hassell weder mit dieser Aktion noch mit ähnlichen Missionen Erfolg.[16] Dabei hielt der erfahrene Diplomat Hassell zunächst noch an der deutschen Großmachtsstellung fest, wonach das künftige Deutschland mit Österreich und dem Sudetenland wiedervereinigt werden sollte und die deutsch-polnische Grenze vom Sommer 1914 zu erhalten sei.[17] Spätestens seit 1941 wurden Hassells außenpolitische Vorstellungen von einem starken deutschen Nationalstaat zunehmend utopistischer.
Als der Vater Detalmo Pirzio-Biroli Korrespondent für den Europarat wurde, siedelte die Familie 1951 nach Rom über, verbrachte aber weiterhin die Sommermonate in Brazzà. Fünfzehn Jahre später wechselte Detalmo Pirzio-Biroli zur Europäischen Wirtschaftsgemeinschaft (EWG),

wo er Vertreter in verschiedenen afrikanischen Ländern wie dem Senegal und Mali wurde. »Mein Vater hat die afrikanischen Wurzeln unserer Familie ganz bewusst ausgelebt«, erzählt der Sohn, der gemeinsam mit seinen beiden Geschwistern und der Mutter damals in Rom blieb und dem Vater nur in den Ferien nach Afrika folgte – wenn die Familie sich nicht in Brazzà traf, dem eigentlichen Mittelpunkt des Familienlebens. Auch Ilse v. Hassell verbrachte hier oft ihre Ferien. »Wenn mein Bruder und ich in Brazzà eine Party machten, war meine über 80-jährige Großmutter stets der Mittelpunkt, alle unsere Freunde und Bekannten wollten sich mit ihr unterhalten. »Sie war bis zu ihrem Tode mit 96 Jahren geistig völlig fit und die fesselndste Person, die die weit verstreute Großfamilie zusammenhielt«, erzählt Corrado Pirzio-Biroli, dem man den Stolz über die engagierte und liebenswerte Großmutter bis heute anmerkt. »Wahrscheinlich«, meint der ehemalige Anhänger der Sozialisten, »gibt es nur zwei Möglichkeiten, mit dem 20. Juli und seinen Folgen umzugehen: Entweder man spricht den ganzen Tag davon oder gar nicht.« In seiner Familie sei sehr viel über dieses Datum gesprochen worden. Besonders nach dem Tode der Großmutter werde die Mutter immer wieder von Historikern, Filmemachern und Journalisten besucht. Seine belgische Frau Cécile meine in Brazzà oft lachend, sie sollten doch endlich aufhören, ständig vom 20. Juli zu sprechen.
Andererseits sei es für ihn und seine Geschwister einfacher gewesen als für die deutsche Verwandtschaft, mit dem 20. Juli fertig zu werden, da er in Italien keine große Rolle gespielt habe. In der Schule in Rom sei der Unterricht nur bis zum Beginn des Ersten Weltkriegs gekommen. Als Schüler las Corrado Pirzio-Biroli deshalb Bücher über den Widerstand, die er bei seiner Großmutter in der Bibliothek in Ebenhausen oder in Brazzà fand. Über die traumatische Zeit im Innsbrucker Kinderheim legte sich hingegen lange Jahre der Mantel des Schweigens. »Mein Bruder und ich haben die Ereignisse total verdrängt; erst als wir um die 18 Jahre alt wurden, konnten wir darüber miteinander sprechen.« Mit den anderen Familienmitgliedern ging dies zunächst sehr schwer. »Es war ein ›remotion process‹ im ›freudianischen Sinne‹«, äußert der Enkel Hassells nachdenklich und sucht nach den richtigen Worten im Deut-

schen. Er sei sicher, dass seine intensive und gute Beziehung zu seinem Bruder Roberto auch auf die gemeinsame Erfahrung im Kinderheim zurückgehe. »Im Moment telefonieren wir täglich«, erzählt der Landwirtschaftsexperte und fügt hinzu, dass seine Frau in Friaul gerade ein Haus gekauft habe, das sein Bruder als Architekt umbaut. Inzwischen habe er dieses Erlebnis aber so gut verarbeitet, dass es in seinem Leben keine große Rolle mehr spiele. Nur manchmal werde er an die Zeit im Kinderheim erinnert, wenn er spätabends einen Film im Fernsehen sehe, der sich mit Verfolgung im Dritten Reich auseinander setzt.
Diese abgeklärte und offene Haltung war das Ergebnis eines längeren psychischen Entwicklungsprozesses. Bis zu seinem 25. Lebensjahr beschreibt sich der ehemalige EU-Botschafter als sehr misstrauisch, was er auf die Zeit im Kinderheim zurückführt. »Nachdem ich 1944 von NS-Fürsorgerinnen belogen und betrogen worden war, war ich den Motiven des menschlichen Handelns gegenüber sehr misstrauisch«, erklärte der Deutsch-Italiener in seiner »ganz persönlichen Einleitung«.[18] Überwunden habe er diese Scheu, indem er sich während seines Wirtschaftsstudiums in Rom – »als die Welt im Aufruhr war« – nach positiven Figuren in Soziologie, Philosophie, Geschichte und Theologie umsah. Zu seinen geistigen Lehrmeistern erkor er sich den französischen Theologen Teilhard de Chardin, Papst Johannes XXIII., den Soziologen Ivan Ilich, den Psychologen Erich Fromm, den Diplomaten George Kennan, den Schriftsteller Arthur Koestler. »Ebenso haben mich während meiner bewegten Studienjahre aber auch mein Großonkel Pietro Savorgnan di Brazzà und mein Großvater Ulrich von Hassell begeistert.« Der Großvater fasziniere ihn, da er ein »Beispiel des Gewissens ist«, ein Intellektueller, der »bereit war, seine Hände in der Politik zu beschmutzen«, so Corrado Pirzio-Biroli. Auch habe er immer die Haltung des Großvaters bewundert, da er sich, statt die ihm am 20. Juli angebotenen Fluchtmöglichkeiten ins Ausland zu nutzen, festnehmen ließ.
In den politisch bewegten sechziger Jahren, mit Campingaufenthalten in freier Natur, Parties an einsamen Mittelmeerstränden und Skiferien in St. Anton schien den beiden Brüdern Pirzio-Biroli alles möglich. »Wir standen ganz unter dem Eindruck der neu entstehenden Bewusstseins-

bewegung, die die Struktur unserer Gesellschaft revolutionieren und destruktive Elemente wie Wettbewerb, Rivalität und persönliche Machtkämpfe beseitigen wollte.« Nach der Promotion in Volks- und Betriebswirtschaftslehre und einem Postgraduate-Studium in den Niederlanden folgte Pirzio-Biroli dem Beispiel seiner Vorfahren und ging als Wirtschaftsberater von 1969 bis 1970 in den Sudan.

Dabei war die Figur, die er am meisten bewunderte, der Vater der Europäischen Union, Jean Monnet. Und so war es nicht wirklich erstaunlich, dass Corrado Pirzio-Biroli – wie sein Vater – seit 1971 für die Europäische Union zunächst in der Entwicklungsarbeit tätig wurde. Die einzige Antwort auf die Schrecken des Zweiten Weltkriegs sei für Pirzio-Biroli die Integration einzelner Länder in der Europäischen Union,[19] schrieb der *Economist* vor einiger Zeit über den Kabinettchef von Franz Fischler. In der Tat rechnet sich der Vater eines studierenden Sohnes zu den »Geburtshelfern« der Europäischen Union, deren Politik er seit Jahren mit großem Einsatz und Idealismus mitbestimmt. Jeder Mensch habe eine schlechte und eine gute Seite. »Mir ist es auf jeden Fall viel lieber, wenn sich die Minister am runden Tisch eine heftige Wortattacke liefern, als sich auf dem Schlachtfeld anzugreifen«, sagt Pirzio-Biroli, der mühelos in fünf Sprachen kommuniziert.

»Mit meiner Frau spreche ich nur Französisch, mit meiner Mutter Deutsch, mit meinem Sohn Italienisch, im Büro Englisch«, erzählt Pirzio-Biroli und fügt hinzu, dass er auch in das Spanische nach ein oder zwei Tagen in einem spanisch-sprechenden Land schnell wieder hineinkomme. »Was es für ein Vorteil sein würde, fünf Sprachen zu beherrschen, begriff ich erst später, als ich alle Kontinente kennen gelernt hatte und schließlich in den mehrsprachigen Gängen des Berlaymont-Gebäudes der Europäischen Union in Brüssel landete.« Auch der einzige Sohn von Corrado Pirzio-Biroli, Federico, wuchs wie selbstverständlich viersprachig in Französisch, Italienisch, Deutsch und Englisch auf. Hierzu trugen auch die Auslandsaufenthalte in den Vereinigten Staaten und in Österreich bei. Das erste Mal arbeitete Pirzio-Biroli als Wirtschaftsrat in der Delegation der Kommission in Washington und begleitete die Gründung des Europäischen Währungssystems mit seinen Auswirkungen in den USA. Nach einem kürzeren Zwischenspiel in Brüssel brach die Familie 1989 zum zweiten Mal nach Washington auf, wo sie ausgesprochen glückliche Jahre verbrachte. »Es waren wunderbare Jahre«, erinnert sich Pirzio-Biroli, von denen auch ein Bild im Brüssler Wohnzimmer zeugt, das ein Paar und einen Jungen mit einer Weltkugel abbildet, der mit seinem Finger auf Washington zeigt. Doch so ortsfest, wie das Bild einer jungen, osteuropäischen Künstlerin suggerieren möchte, war die Familie in jenen Jahren nicht. Nachdem arbeitslose US-Beamte nach der Ära Reagan das ganze Land bereisten, um vor dem Schrecken eines erstarkten Europas zu warnen, machte sich der agile Pirzio-Biroli auf, der nach eigenem Bekunden alle amerikanischen Bundesstaaten bereiste, um US-Bundespolitiker, Bürger, vor allem aber auch die Medien für Europa zu begeistern. »In dieser Zeit lernte ich viel über die Medien, besonders über das Fernsehen, da ich oft bei CNN, ABC, CBS, NBC, PBS und anderen Kanälen zu Gast war.« Im Grunde sei es ganz einfach, mit dem Fernsehen umzugehen, man müsse nur selber wissen, welche Botschaft man innerhalb weniger Minuten herüberbringen wolle, und sich nicht nach den Fragen der Journalisten richten. Gleichzeitig entdeckte das Ehepaar in den USA gemeinsam mit Freunden das river rafting, eine Sportart, mit der es wochenlang die wichtigsten amerikanischen und europäischen Flüsse bereiste.

Dann erreichte Pirzio-Biroli 1992 ein Jobangebot, das ihm auf den Leib geschneidert zu sein schien: Die EU-Kommission bot ihm an, als erster Delegationsleiter nach Österreich zu gehen und hier für den Beitritt zur Europäischen Union zu werben. Gleich bei dem förmlichen Beglaubigungszeremoniell machte Pirzio-Biroli in den Räumen der Habsburgerin Maria-Theresia dem damaligen österreichischen Präsidenten Thomas Klestil deutlich, dass »ich es als meine Hauptaufgabe ansah, mein Amt durch einen Beitritt Österreichs zur EU so rasch wie möglich überflüssig zu machen«! Fragt man den ehemaligen EU-Botschafter, wie er den Beitritt Österreichs befördert hat, wird er nicht müde zu erzählen. Verschiedene Geschichten und Episoden verdeutlichen, dass es Pirzio-Biroli bei diesem Amte wirklich um eine Herzensangelegenheit ging. »Ich lasse es mir nicht nehmen, zuzugeben, dass ich die Österreicher

und ihr Land ganz besonders ins Herz geschlossen habe, ja man könnte sogar von einer großen Liebe sprechen. Obwohl ich die Österreicher natürlich nie aufgefordert habe, ›ja‹ zur EU zu sagen, habe ich ihnen meine volle persönliche Überzeugung übermittelt. Als das Ergebnis der Volksabstimmung am 12. Juni 1994 bekannt wurde, habe ich mich genauso gefreut, als wenn es mein eigenes Land wäre.«[20] Mit großem Geschick und der Fähigkeit, die Medien in seinem Sinne zu beeinflussen, startete Pirzio-Biroli eine moderne Kampagne, die vor allem darauf abzielte, die Menschen mit dem Herzen für die Chancen eines vereinten Europas zu begeistern. Unermüdlich, mit großem Charme und Elan trat Pirzio-Biroli in den zwei Jahren als EU-Botschafter in zahlreichen Fernsehsendungen auf, hielt Reden, stritt sich bei Podiumsdiskussionen mit EU-Gegnern und reiste unermüdlich durch Österreich, um die Bürger für den Beitritt zu bewegen. Pirzio-Biroli erzählte unter anderem die Geschichte eines Grazer Bürgers, die ihn besonders angerührt hat. Eine Woche nach der Volksabstimmung habe ihn ein Mann am Hauptplatz in Graz angehalten und ihn gefragt, ob er Magenschmerzen haben müsse, da er wegen seiner beiden Töchter für Europa gestimmt habe, obgleich er und seine Frau eigentlich Europa-Gegner sein. »Wissen Sie«, fragt mich Pirzio-Biroli, während wir gerade am Königspalais vorbeifahren, »was ich geantwortet habe? Nein, habe ich dem Mann gesagt, Sie haben richtig gehandelt, nämlich für eine bessere Zukunft Österreichs und Europas und somit auch für Ihre Kinder zu stimmen. Und dies ohne Wenn und Aber. Magenschmerzen werden Sie vermutlich jedes Mal haben, wenn Österreich in der EU etwas mitmacht, was Ihnen nicht passt. Aber das Positive wird überwiegen, denn eine Friedens- und Solidaritätsgemeinschaft hilft der Gesundheit, während Kriege, Hass und Isolation sie gefährden.«
Natürlich habe er sich auch aus ganz persönlichen Gründen sehr über diese Aufgabe gefreut und es als ein »Nachhausekommen« empfunden, da sein Familienhaus neben der Österreichischen Grenze steht. Wohnung fand die Familie in Hietzingen in einem alten Biedermeier-Palais, an das sich ein Garten anschloss, in der die ökologisch-gesinnte Familie alles Mögliche pflanzte. »Schauen Sie sich an, wie wir in Brazzà leben«,

meint Pirzio-Biroli und zeigt mir in dem Buch über Friaulische Schlösser eine Aufnahme von Brazzà, das von einem wunderbaren Park umgeben wird. Auch das feine Haus, das Pirzio-Biroli gemeinsam mit seiner Frau Cécile bewohnt, hat einen schönen, italienisch angelegten Garten mit Springbrunnen und Putten, für den der Hausherr persönlich verantwortlich ist.

»Selbstverständlich fühle ich mich auch in Brüssel zu Hause«, meint der überzeugte Kosmopolit und ergänzt, dass dort die Familie seiner Frau herkommt und ein enger Kontakt zu seinen belgischen Schwiegereltern besteht. »Mein Schwiegervater war jahrzehntelang in der belgischen National- und Kommunalpolitik tätig.« Dadurch habe er einen ganz andern Einblick in die Brüssler Strukturen als viele seiner Kollegen, die Brüssel nur aus europäischer Sicht kennen. Auch seine Frau fühle sich nach den vielen Jahren im Ausland in Brüssel sehr wohl, wo sie gemeinsam mit Freunden alte Möbel restauriert. »Schauen Sie sich die Kommode genau an, die hat auch meine Frau aufgemöbelt«, erzählt der elegant gekleidete Pirzio-Biroli, der nach eigenem Bekunden viel lieber Jeans tragen würde, und verweist auf eine schwere Uhr, die noch von seinem Urgroßvater, dem Großadmiral v. Tirpitz stammt. Das Paar hat auch einen großen Bekannten- und Freundeskreis in der belgischen Hauptstadt. Kaum wagt man den agilen Mittsechziger zu fragen, was er denn im kommenden Jahr, nach dem Ausscheiden aus dem aktiven Dienst der Europäischen Union machen wolle, da spricht Pirzio-Biroli schon von Verlagsangeboten, Bücher zu schreiben, Vorträge zu halten, als Gastprofessor an Elite-Hochschulen zu lehren und vielen anderen Möglichkeiten. Langweilig wird es ihm gewiss nicht werden, und kaum vorstellbar ist, dass er sich nicht weiterhin für Europa einsetzt, hat er doch jüngst noch einen Streit über den Beitritt der Türkei hervorgerufen. »Wissen Sie, davon halte ich gar nichts«, sagt er mit großem Nachdruck, »Europa sollte dort enden, wo die Grenzen des alten Habsburger Reiches auch endeten.«

1. Corrado Pirzio-Biroli, Vision Europa. Offene Worte des EU-Botschafters Dr. Corrado Pirzio-Biroli, Graz 1994.
2. Zu Hassell: Gregor Schöllgen, Ulrich v. Hassell. In: Lill, Oberreuter, 20. Juli. Porträts des Widerstands, S. 219–237; Gregor Schöllgen, Ulrich v. Hassell 1881–1944. Ein Konservativer in der Opposition. München 1999; Gregor Schöllgen, Ulrich von Hassell – Der Vermittler. In: Klemens v. Klemperer, Enrico Syring, Rainer Zitelmann (Hg.) Für Deutschland. Die Männer des 20. Juli. S. 94–107.
3. Hans Mommsen, Geleitwort. In: Friedrich Frhr. Hiller v. Gaertingen, Die Hassell-Tagebücher 1938–1944, Ulrich v. Hassell, Aufzeichnungen vom anderen Deutschland. Nach der Handschrift revidierte und erweiterte Ausgabe unter Mitarbeit von Klaus Peter Reiß, Berlin 1988, S. 13.
4. Ulrich v. Hassell, 17. Oktober 1941. Hassell-Tagebücher, S. 279.
5. Fey v. Hassell, Niemals sich beugen. Erinnerungen einer Sondergefangenen der SS, München 1990, S. 117.
6. Corrado Pirzio-Biroli, Vision Europa, S. 20.
7. Fey v. Hassell, Niemals sich beugen, S. 127.
8. Fey v. Hassell, Niemals sich beugen, S. 217.
9. Pirzio-Biroli, Vision, S. 20.
10. Fey v. Hassel, Niemals sich beugen, S. 206.
11. Fey v. Hassell, Niemals sich beugen, S. 209.
12. Ilse v. Hassell, Nachwort. In: Ulrich v. Hassell, Vom anderen Deutschland: Aus den nachgelassenen Tagebüchern 1938–1944, Frankfurt a.M. 1964.
13. Fey v. Hassell, Niemals sich beugen, S. 59.
14. Ulrich v. Hassell, 11. Januar 1940. In: Hassell-Tagebücher, S. 157.
15. Schöllgen, Konservativer, S. 144ff.
16. Hassell bemühte sich über den Geschäftsträger an der amerikanischen Botschaft Alexander Kirk und über den amerikanischen Geschäftsmann Frederico Stallforth mehrfach um Kontakte in die USA. Im August 1941 traf er sich in der Nähe Münchens und im Januar 1942 nochmals in Genf mit Carl Jacob Burckhardt, um über das Rote Kreuz Verbindungen nach England zu knüpfen. Schöllgen, Vermittler, S. 98.
17. Schöllgen, Vermittler, S. 100.
18. Pirzio-Biroli, Vision, S. 23.
19. A change of generation, 21. November 2002, *The Economist*.
20. Corrado Pirzio-Biroli, Vision Europas, S. 29.

Verteufelung und Sakralisierung >
Maria-Theresia Rupf-Bolz und Staatspräsident Eugen Bolz

Wer im Internet nach Eugen Bolz[1] sucht, wird rasch im *Biographisch-Bibliographischen Kirchenlexikon* fündig. Denn für die katholische Kirche zählt der 1881 im schwäbischen Rottenburg geborene Zentrumspolitiker Bolz, der im Rahmen des 20. Juli hingerichtet wurde, zu den »Märtyrern des Glaubens«. Heute gehört der württembergische Staatspräsident zu den Unbekannteren des Umsturzversuches vom 20. Juli. Im »Ländle« hingegen wird die Erinnerung an den katholischen Berufspolitiker der Weimarer Republik wach gehalten. In Stuttgart ist einer der verkehrsreichsten Plätze nach Eugen Bolz benannt, zahlreiche Schulen tragen seinen Namen. Anfang 2004 zeichnete die Eugen-Bolz-Stiftung den ehemaligen Herausgeber der *FAZ*, Joachim Fest, mit dem Eugen-Bolz-Preis aus.

»In meiner Kindheit in Stuttgart kannte jeder Eugen Bolz, und er genoss ein hohes Ansehen«, erzählt Maria-Theresia Rupf-Bolz, die jüngste Enkelin, und ergänzt, dass sie als Kind das Wort Staatspräsident nicht aussprechen konnte. In ihrer Familie habe ihr Großvater eine zentrale Rolle gespielt, was sich schon dadurch manifestierte, dass Eugen Bolz – abgebildet auf einem großen Ölgemälde – von der Esszimmerwand schaute und somit fast an den Tischgesprächen der siebenköpfigen Familie teilnahm. »Lange Zeit habe ich mich mehr als Enkelin meines Großvaters, denn als Tochter meiner Eltern gefühlt«, erzählt die Medizinerin, die in Berlin eine eigene psychotherapeutische Praxis unterhält. Dies sei sicher durch das schwäbische Umfeld sehr verstärkt worden.

In der frühen Literatur zu Eugen Bolz nimmt die Verehrung für den Politiker fast hagiographische Züge an, wozu wesentlich die erste ausführliche Biographie von Max Miller beitrug, die im Auftrag der Witwe zum siebzigsten Geburtstag des ehemaligen Staatspräsidenten erschien. »Am 23. Januar 1945 erlitt Eugen Bolz im Gefängnis Berlin-Plötzensee

den Märtyrertod für die Freiheit seines Volkes und sein Gewissen«,[2] schrieb auch Joachim Koehler.
Dabei hatte die lange Haftzeit mit ihren Misshandlungen aus dem zutiefst katholisch denkenden Bolz einen introvertierten Menschen gemacht, der sich allein der Gnade seines Herrn anvertraute. Ein Foto zeigt Eugen Bolz als hageren, von seelischen und physischen Qualen Gezeichneten, dessen Augen die Welt schon nicht mehr schauen wollen. »Nur der innere Mensch scheint noch wach zu sein«, resümierte Max Miller, der in Bolz einen für seine christliche Überzeugung Leidenden sah. Nach der Verkündigung des Todesurteils feierte seine Familie kurz vor Weihnachten die Eucharistie mit einer konsekrierten Hostie. Über ihren Besuch im Gefängnis berichtete Maria Bolz am 9. Januar 1945: »Sein Wesen ist ganz vergeistigt. Er ist innerlich geworden, dass man förmlich fühlt, er lebt ganz in Gott. Gewiss lebt in ihm noch die Hoffnung, dass sein von ihm abgefasstes Gnadengesuch Berücksichtigung finden werde, aber er hat sich auch demütig in Gottes Willen ergeben und meinte sogar, vielleicht gebe ihm Gott später nicht mehr die Gelegenheit, so vorbereitet zu sterben.«[3]
Letztlich war es die tiefe Frömmigkeit des Demokraten Eugen Bolz, die ihn nach seiner unehrenhaften Entlassung aus dem Staatsdienst am 15. März 1933 in den Widerstand führte. Nach den Reichstagswahlen vom 5. März hatte der württembergische Gauleiter Wilhelm Murr, der Bolz wegen seines Aufmarschverbotes der NSDAP persönlich hasste, seinen Druck auf die amtierende Regierung verschärft. Unter dem Druck der Reichsregierung und der nationalsozialistisch gesinnten württembergischen Polizeibehörde bestimmte der Landtag Gauleiter Murr zum Nachfolger des Zentrumspolitikers. Bolz erntete als Dank für sein jahrzehntelanges politisches Engagement den Spott der Stuttgarter, die ihn mit faulen Eiern bewarfen. Anschließend internierten ihn die Nationalsozialisten im Sommer 1933 wochenlang auf dem Hohenasperg.
In einer Abhandlung über die Enzyklika Papst Pius XI. schrieb Bolz im Frühjahr 1934 unter dem Titel »Katholische Aktion und Politik« über den »absoluten und totalen Staat«: »Nach katholischer Lehre gibt es keinen absoluten Staat, absolut im Sinne einer grenzenlosen, über ihre

eigene Zuständigkeit frei entscheidende allmächtige Staatsgewalt. ›Dei Syllabus‹ von 1864 hat die Staatsmacht ausdrücklich als unchristlich verurteilt.«[4] Daraus folgerte Bolz, dass ein Christ einer unmoralisch handelnden Staatsmacht nicht gehorchen müsse und im äußersten Notfall selbst die Tötung des Tyrannen gerechtfertigt sei.

In der Zeit nach 1933 arbeitete Bolz – der sich über Hitler und das Dritte Reich keinerlei Illusionen machte – in einem kleinen Wirtschaftsunternehmen, das ihm auch Reisen erlaubte. »Mein Großvater war ja nach einem äußerst aufreibenden Politikerleben als Reichstagsabgeordneter, Innenminister und Staatspräsident von Württemberg auf einmal beschäftigungslos«, erzählt Maria-Theresia Rupf-Bolz. Versuche, sich an der Universität Stuttgart einzuschreiben, scheiterten dabei ebenso wie die Bemühungen, als Justitiar oder Anwalt zu arbeiten. Bolz führte nach außen hin eine bürgerliche Existenz und unternahm mit der einzigen Tochter Mechthild ausgedehnte Wanderungen durch das Neckartal und begleitete sie zum Skifahren in die Berge. Trotz aller Ablenkungen und trotz geistiger Exerzitien in Beuron beunruhigte und peinigte Bolz die Lage Deutschlands – vor allem nach Kriegsausbruch – sehr. So schrieb er im Sommer 1939 an seine Familie: »Da ich ziemlich beschäftigt bin, habe ich auch nicht allzu viel Zeit zum Grübeln. Immerhin erfüllt mich die Zuspitzung der Lage mit Sorge. Aber das Gottvertrauen verlässt mich nicht. Dem Leben gegenüber wird man immer gleichgültiger.«[5] Mitunter traf Bolz Freunde in Stuttgart wie Theodor Heuss oder Gerhard Müller in seinem Stammlokal, im Europäischen Hof, wo er eine gute Flasche Wein oder eine Zigarre genoss. Als Hitler einmal im Hospiz Viktoria abstieg und von der Menge mit Heilgeschrei begrüßt wurde, soll Eugen Bolz, der den Krach an seinem Stammtisch hörte, gesagt haben: »Sollen wir Hitler nicht herüberbitten, damit er auch unsere Stimmung und unsere Gesinnung kennen lernt?«[6]

Der Betriebsführer des Boschkonzerns Hans Walz und der Privatsekretär von Robert Bosch, Willy Schloßstein, brachten Eugen Bolz im Frühjahr 1942 in der Gaststätte »Filderhof« in Vaihingen mit dem ehemaligen Leipziger Bürgermeister Carl Goerdeler zusammen, der für die Firma Robert Bosch[7] arbeitete und in Württemberg zu der zentralen Figur wurde, die unterschiedliche Widerstandskreise koordinierte. In der Folgezeit bemühte sich Bolz unter Einsatz all seiner Kräfte, ein dichtes Widerstandsnetz in Südwestdeutschland zu bilden und finanzielle Mittel für den Widerstand zu erschließen. Gleichzeitig blieb Bolz über Goerdeler mit dem Kreis um den Industriellen Bosch verbunden, übermittelte Denkschriften und war über die geplanten Aktionen der Militärs informiert. Der lockere Verband des südwestdeutschen Widerstands wollte für die Zeit nach Hitler gerüstet sein, um nach dem Staatsstreich geeignete Personen in die entsprechenden Stellungen zu bringen. »Der Sklavenstaat muss verschwinden, koste es, was es wolle«,[8] erklärte der Jurist Bolz, der zunächst in der Regierung Goerdeler auf Grund seiner herausragenden Kenntnisse des Verfassungsrechts als Innenminister vorgesehen war. 1944 erklärte sich Bolz bereit, statt das Innen-, das Kultusministerium zu führen.

»Als kleines Mädchen wusste ich, dass mein Großvater eine bedeutende Rolle in der Weimarer Republik gespielt hat«, erzählt die zunächst zurückhaltend wirkende Ärztin in ihrer Berliner Praxis. So habe sich ihr Großvater nach einem Jurastudium in Tübingen und Bonn schon früh für die Laufbahn des Berufspolitikers entschlossen, auch wenn er »manchen Anfeindungen ausgesetzt war«. Schon zu Studienzeiten war der bisweilen recht schweigsame und pflichtbewusste Bolz der katholisch dominierten Zentrumspartei beigetreten, für die er seit 1912 im Berliner Reichstag und seit 1913 im württembergischen Landtag saß. Außerdem war Bolz Mitglied einer katholischen Studentenverbindung. Nach dem Ersten Weltkrieg verteidigte Bolz die Republik als Staatsform und setzte sich für die in der Weimarer Verfassung festgeschriebene Demokratie ein, die er in zahlreichen Reden gegen links und rechts in Schutz nahm. Im Alter von nur 38 Jahren ernannte die württembergische Zentrumspartei ihn 1919 zum Justizminister. »Von 1923 bis 1933 arbeitete mein Großvater als Innenminister in Württemberg«, sagt Maria-Theresia Rupf-Bolz, der die Lebensdaten des Großvaters mühelos einfallen. Mit sehr knapper Mehrheit wurde der bekannteste württembergische Landespolitiker schließlich 1929 Staatspräsident in einer von Arbeitslosigkeit und Extremismus geprägten Zeit.

»Mein Großvater ist ein bedeutsamer Teil meines Lebens, der mich immer begleitet hat«, sagt die Jüngste von vier Geschwistern. Es habe ihr sehr imponiert, dass ihr Großvater schon früh ein überzeugter, konservativer Demokrat gewesen sei. »Dadurch war es einfach für mich, mich mit ihm zu identifizieren«, sagt die 51-Jährige, auch wenn sie in der Vergangenheit damit gehadert habe, dass ihr Großvater mit dem Ermächtigungsgesetz »sein eigenes Todesurteil« unterschrieben habe. Häufig wurde in der Familie Rupf-Bolz erzählt, welche Schwierigkeiten der Großvater gehabt habe, als er unter Fraktionszwang stehend 1933 für das Ermächtigungsgesetz gestimmt habe. »Damals hat er meiner Großmutter Maria nach Stuttgart eine Postkarte geschrieben, auf der stand, dass das Ermächtigungsgesetz noch viel schlimmer sei, als er es sich habe vorstellen können.«

Im Elternhaus sei der Großvater von der Mutter wie ein Held verehrt worden. Der tragische Tod des Vaters habe das gesamte Leben der 1922 geborenen Mechthild Rupf-Bolz dominiert, meint die Tochter. »Meine Mutter hat in ihrer großen Trauer im Katholizismus Trost gefunden.« Seit 1946 findet in Rottenburg, dem Geburtsort von Eugen Bolz, zu seinem Todestag ein Gedenkgottesdienst mit Totenmesse statt. Wie viele der Hingerichteten besitzt auch Eugen Bolz kein Grab. Die Familie hatte deshalb kurz nach Kriegsende einen Gedenkstein mit der Inschrift: »Gestorben für Recht und Freiheit« setzen lassen. »Als Kind habe ich mich bei den strengen Feiern immer gefürchtet und nie verstanden, was für Recht und Freiheit eigentlich heißt«, erzählt die in Stuttgart Geborene im Rückblick. Außerdem schmückt eine Pietà die Gedenkstelle. Erst im Laufe der Jahre sei ihr deutlich geworden, wie der Tod des Großvaters von ihrer Familie überhöht, in gewisser Weise zum Opfertod Christi am Kreuz stilisiert wurde. Wahrscheinlich habe die Mutter, deren eigene Mutter bereits 1948 starb, keine andere Ausdrucksform für ihre tiefe Verzweiflung und ihren Schmerz gefunden, vermutet Maria-Theresia Rupf-Bolz, die heute keine besondere Beziehung zum Katholizismus mehr hat. Ihre ganze Kindheit und Jugendzeit sei von dem Thema Tod und Sterben bestimmt gewesen. Es dauerte lange, bis sie erkannte, dass sie damals als kleines Mädchen mit dem Tod ihres Großvaters und den Erzählungen völlig überfordert war.

In der Familie Rupf-Bolz zählte eigenes Wohlergehen wenig. Im Vergleich zum Leiden des Großvaters sei jedes eigene Problem nicht der Rede wert gewesen. Einmal – so erinnert sich die Stuttgarterin – habe ihre Lehrerin ihre Mutter wegen Schulschwierigkeiten der Tochter in die Schule gebeten. »Das war mir unglaublich unangenehm, denn wir hatten keine Probleme zu haben.« Jedes Schulproblem sei von den Eltern dramatisiert worden. Gleichzeitig bot die Familie wenig Raum, um eigene Gefühle oder Empfindungen zu zeigen. »In Stuttgart waren wir eine Vorzeigefamilie und so hatten wir vier Geschwister uns eben auch zu verhalten«, erzählt Maria-Theresia Rupf-Bolz.

»Ich hatte kein Anrecht darauf, traurig zu sein«, ergänzt die Medizinerin, schon weil die Mutter dieses Recht – trotz der melancholischen Grundstimmung in der Familie – nicht für sich in Anspruch nahm. Eigene Schwierigkeiten habe diese eher geleugnet und wenn überhaupt in einem kurzen Nebensatz erwähnt. In der Familie spielte die familiäre Herkunft der Mutter eine dominierende Rolle, was sich unter anderem daran zeigt, dass die Familie den Namen Rupf-Bolz annahm, damit der Familienname Bolz nicht ausstarb. Der Vater stammte aus einer Biberacher Familie, die während der Zeit des Nationalsozialismus nicht in der Partei gewesen war. Nach seiner Hochzeit mit Mechthild Bolz trug der als Maschinenbauingenieur Arbeitende die Idealisierung des Großvaters mit und war historisch bestens über das Dritte Reich informiert. »Mein Vater war als Lebensbegleiter für meine Mutter genau der Richtige«, sagt Maria-Theresia Rupf-Bolz.

Die Eltern hatten kurz nach dem Krieg geheiratet und bekamen innerhalb von vier Jahren ihre vier Kinder Eugen, Paul, Norbert und Maria-Theresia. »Nach den schrecklichen Erlebnissen wollte meine Mutter das Leben weitergeben.« Die Familie lebte großbürgerlich mit Säuglingsschwester und Kindermädchen, wie es die Mutter von zu Hause gewohnt war. Sie selbst war das einzige, langersehnte Kind, das Eugen Bolz mit seiner Frau Maria Höneß bekommen hatte. Beide hatten erst 1920 geheiratet. Maria Höneß war für die damalige Zeit eine ungewöhnlich emanzipierte Frau, die als Studienrätin in Düren arbeitete. »Meine Großmutter hatte zuvor auf dem zweiten Bildungsweg in Münster und an der Pariser Sorbonne studiert«, erzählt die Enkelin stolz. Nach ihrer Hochzeit mit dem Politiker Bolz musste sie ihren geliebten Beruf als Lehrerin aufgeben, was ihr, einem Brief nach zu urteilen, sehr schwer gefallen sein muss. So schrieb Eugen Bolz kurz vor der Eheschließung an seine spätere Frau: »Rede nicht davon, dass Deine Beschäftigung Dich nicht ausfülle. Freilich ist der Gegensatz stark. Aber das Neue steht dem Alten nicht nach. Und erst, wenn es uns vergönnt ist, Kinder zu bekommen, dann kannst Du Deine Erziehungsweisheiten ganz anders verwerten als zuvor. Betrachte die jetzigen Monate als Erholung von Deiner Vergangenheit mit ihren vielerlei Sorgen, als eine Zeit der Sammlung und der Vorbereitung für neue Aufgaben, die eine ganze Person fordern.«[9] Nach dem Krieg ließ sich die Großmutter bei den Gemeindewahlen für die CDU aufstellen und setzte sich bis zu ihrem frühen Tod im Jahre 1948 für die Bildungsrechte von Frauen ein.

Zwei Jahre nach der Hochzeit in der Klosterkirche der Erzabtei Beuron kam das einzige Kind zur Welt. Bolz, der aus einer großen Kaufmannsfamilie stammte und selbst lange Jahre unter seinem Junggesellendasein gelitten hatte, fühlte sich durch seine Familie endlich vollständig. So hatte er kurz vor seiner Heirat, im Frühjahr 1920 geschrieben: »Die Arbeit nimmt mich so in Anspruch, dass zur Arbeit an mir kaum mehr etwas übrig bleibt. Ich bin selbst damit unzufrieden. Aber tue ich mehr als meine Pflicht? Erfülle ich sie ganz? Es bleibt mir kaum eine freie Stunde für mich. Das gibt mir zu denken. Was denke ich? Noch ein paar Jahre, dann bist Du alt und verbraucht, dann wirft man Dich zum alten Eisen. Deine schönsten Jahre sind dahin. Auf das Schönste hast Du verzichtet. Liebe, Familie ist dahin. Stunden schweren inneren Drucks.«[10] Das Junggesellendasein – trotz großer Ministerwohnung – hatte Bolz umso mehr gestört, als er aus einer großen Familie stammte. Er selbst war das zwölfte von insgesamt dreizehn Geschwistern, von denen nur die Schwestern und ein Bruder überlebten. Über die Geburt des Stammhalters waren die Eltern von Eugen Bolz nach der Geburt zahlreicher Mädchen und der Trauer um die bald gestorbenen Söhne tief gerührt.

Eugen Bolz sollte zeit seines Lebens eine besonders intensive Beziehung zu seiner Mutter behalten, bei der er auch noch – selbst längst Minister – im Kinderzimmer im Elternhaus in Rottenburg lebte. Seine Vorfahren hatten es im Laufe von Jahrhunderten in dem schwäbischen Ort zu Ansehen und Reichtum als Küfer oder Metzger gebracht. Für die Familie wählte Eugen Bolz ebenso wie sein Vater, der ein weitverzweigtes Netz von Kolonialwarenhandlungen aufbaute, einen ungewöhnlichen Beruf, indem er zunächst Jura studierte, einer Burschenschaft beitrat und später als Politiker arbeitete.

Auf Grund der Tatsache, dass der Großvater und das Dritte Reich in der Familie Rupf-Bolz omnipräsent waren, wählte Maria-Theresia Rupf-Bolz ein Studium, das mit dem Dritten Reich nichts zu tun hatte: die Medizin. Schon ihre Mutter hatte, gegen ihren eigenen Willen, Medizin studiert. »Meine Mutter hat sich immer für Literatur und Geschichte interessiert«, erzählt die Psychotherapeutin. Doch ihr Vater wollte nicht, dass sie eines der nationalsozialistischen Gesinnungsfächer studiere, und habe sie in den Arztberuf gedrängt. Ein paar Semester studierte Mechthild Bolz in Wien, damit der Vater eine Besuchsadresse für seine Widerstandstätigkeit hatte, da ihm die Nationalsozialisten nach der Machtergreifung den Pass entzogen hatten. Auch wenn die Mutter nach Meinung ihrer Tochter als »verwöhntes Töchterchen« aufwuchs, bekam sie doch stellvertretend für den Vater in ihrer beruflichen Entwicklung Steine in den Weg gelegt. Zunächst wollten die Nationalsozialisten die einzige Tochter des früheren Staatspräsidenten nicht zum Abitur zulassen. Später fand sich nur mit Mühe ein Doktorvater, der bereit war, Mechthild Bolz zu promovieren.

»Meine Mutter hat ihren Vater abgöttisch geliebt«, erzählt die Wahlberlinerin und meint, dass sie über seinen Tod nur sehr schwer hinweggekommen sei. Nach wie vor stelle der Vater die moralische Instanz ihres Lebens dar, an dem sie auch die Leistungen ihrer Kinder messe. »Natürlich haben wir Kinder ihr es weder in der Wahl der Berufe noch in der Wahl der Lebenspartner Recht machen können«, sagt Marie-Theresia Rupf-Bolz, die mit einem Engländer verheiratet ist. Der Anspruch an die eigenen Kinder sei einfach zu hoch gewesen. »Im Grunde waren wir Kinder nichts anderes als die narzisstische Verlängerung der Wünsche unserer Eltern«, folgert die Ärztin und ergänzt, dass Glück für ihre Eltern ein Zustand gewesen sei, wonach sich die Kinder so entwickelten, wie die Eltern es gerne gehabt hätten.

Nach dem Abitur auf einem katholischen Mädchengymnasium in Stuttgart entschied sich Maria-Theresia Rupf-Bolz für ein Studium der Medizin, das sie 1971 in Ulm begann. Später wechselte sie nach Gießen, wo die psychosomatische Medizin stark ausgeprägt war. Von der Studentenbewegung hielt sich die Stuttgarterin fern. »Auch wenn ich viele der Ideen sehr richtig fand, waren mir doch die Demonstrationen und Massenaufläufe ein echtes Gräuel.« Die Enkelin Bolz' wählte als Fachrichtung Psychiatrie und wurde nach eigenen Aussagen zur »überzeugten« Psychiaterin. Während ihrer Facharztausbildung beschäftigte sie sich intensiv mit der Geschichte des Krankenhauses, in dem sie tätig war, und untersuchte die Rolle der Gießener Psychiater in Bezug auf die Euthanasieverbrechen im Dritten Reich. Irgendwann wurde ihr bewusst, dass die Auswahl dieses Themas mit ihrer eigenen Biographie zusammenhing, deren Entschlüsselung sie bis dahin gemieden hatte. Selbst eine Psychotherapie zu machen, war für sie jahrelang undenkbar gewesen. »Das Allerschlimmste und Allerverletzendste in meiner Familie wäre es, sich einzugestehen, dass man psychisch traumatisiert sei«, sagt Maria-Theresia Rupf-Bolz, die ihre Lehranalyse in Berlin als »lebensnotwendigen Ausweg aus einem familiären System« beschreibt. In ihrer Familie sei das Suchen nach psychotherapeutischer Hilfe so, »als wenn ein Kind eines reichen Großbauern zum Kinderarzt wegen Unterernährung käme«.

Ihre Mutter habe ihren Entschluss, Psychotherapeutin zu werden und eine dementsprechende Ausbildung zu machen, als einen Affront erlebt, der sich vor allem gegen den Katholizismus richtete und eine antireligiöse Grundtendenz verfolgte. Auch habe ihre Familie überhaupt nicht verstanden, wie sie 1987 nach Berlin habe umziehen können. Schließlich hätten in dieser »toten Stadt«, wie ihre Mutter Berlin bezeichnete, die Nationalsozialisten ihre großen Siege errungen und hier sei ihr Großvater ermordet worden. Schon dem Großvater sei Berlin zutiefst suspekt gewesen, habe er sich doch jedes Mal gefreut, Berlin zugunsten von Stuttgart verlassen zu können. So sind die drei älteren Brüder Rupf-Bolz ganz im Schwäbischen verwurzelt, nur die jüngste Tochter wagte den Sprung in die von der Familie missachtete Großstadt. Ob Zufall oder nicht, ist sie mit ihrer Mutter bei den alljährlichen Gedenkfeiern zum 20. Juli an den Orten gewesen, die mit diesem Datum auf das Engste verbunden sind. »Als wir am Anhalter Bahnhof oder dem Preußischen Kammergericht vorbeifuhren, hat meine Mutter auf einmal angefangen, von der Verhaftung und Hinrichtung meines Großvaters zu erzählen«, sagt Maria-Theresia Rupf-Bolz, die in ihrer Praxis viele Flüchtlinge aus dem Osten behandelt.

Mit den Gedenkfeiern am 20. Juli verbindet sie wenig. Früher habe sie ihre Mutter öfters dorthin begleitet und sie glaube, dass diese Art der Feiern für die unmittelbar Betroffenen eine wichtige Bedeutung habe. Für sie selbst sei dies schon anders, da sie dort kaum jemanden kenne und sich auch nicht zugehörig fühle. Zu anderen Familien habe sie nur sehr wenig Kontakt. Auch fehle ihr oft das historische Hintergrundwissen, während ihr Mann ein besonderer Kenner des Dritten Reiches ist. »Es ist wahrlich kein Zufall, dass wir geheiratet haben«, sagt Maria-Theresia Rupf-Bolz und lacht. »Ich bin am 20. Juli ganz oft mit meinem Mann in den Ferien«, erzählt die Ärztin, die dieses Datum auch schon oft einfach vergessen habe.

---

1 Über Eugen Bolz fehlt bislang eine wissenschaftlichen Standards entsprechende Biographie. Am ausführlichsten: Max Miller, Eugen Bolz. Staatsmann und Bekenner. Stuttgart 1951; Joachim Koehler, Christentum und Politik. Dokumente des Widerstandes. Zum 40. Jahrestag der Hinrichtung des Zentrumspolitikers und Staatspräsidenten Eugen Bolz am 23. Januar 1945. Sigmaringen 1985; Gerhard Müller, Eugen Bolz – Ein Mann des Widerstandes, sein Kampf und sein Ende. 28.9.1978. Feier zu 150 Jahre Eugen Bolz Gymnasium in der städtischen Festhalle zu Rottenburg am Neckar. Rudolph Morsey, Eugen Bolz (1881–1945). In: Jürgen Aretz, Rudolph Morsey, Anton Rausch (Hg.), Zeitgeschichte in Lebensbildern. Bd. 5, Mainz 1982.
2 Koehler, Christentum, S. 20.
3 Miller, Bolz, S. 512.
4 Koehler, Christentum, S. 31.
5 Miller, Bolz, S. 475.
6 Ebd., S. 465.

7 Joachim Scholtyseck, Robert Bosch und der liberale Widerstand gegen Hitler 1933 bis 1945. München 1999, S. 474 ff.
8 Miller, Bolz, S. 488.
9 Ebd., S. 535.
10 Ebd., S. 533.

Eine Ohrfeige als Befreiungsschlag > David Heinemann und der Sozialdemokrat Julius Leber

Der Protest kam von den Ehrenplätzen in der ersten Reihe. Kaum hatte der damalige Präsident des Bundesrates, Hans Filbinger, am 20. Juli 1974 seine Rede zum 30. Jahrestag des Hitler-Attentats 1944 beendet, stürmte ein junger Mann im Samtanzug mit offenen Haaren nach vorn – flankiert von einem Ende 40-Jährigen, der auf Grund der Ähnlichkeit ganz offensichtlich sein Vater war. Mit den Worten: »Ich bin der Enkel von Julius Leber und will eine Rede halten«, verschaffte sich der damals 20-Jährige Zugang zum Rednerpult im gut besuchten Reichstag. Im Gedränge bekam der damalige Ministerpräsident von Baden-Württemberg eine Papiermappe an den Kopf und strauchelte. Sofort stürzten Wächter herbei, die David Heinemann an Armen und Beinen aus dem Saal trugen. Draußen stießen Vater und Sohn Heinemann mit Sekt auf den gelungenen Coup, das künstlerische Happening, an und verteilten die Rede des Enkels von Julius Leber an die Presse. Aus Angst vor der Verbreitung des Skandals hatten das ZDF und die ARD ihre Direktübertragung unterbrochen. Andere Medien stellten Heinemanns Tat in den Mittelpunkt. Seine nicht gehaltene Rede stand am nächsten Tag ganzseitig in der *Neuen Züricher Zeitung*.
Die Tatsache, dass ausgerechnet Filbinger am 30. Jahrestag des 20. Juli als Hauptredner sprechen sollte, hatte schon im Vorfeld für Unruhe gesorgt, womit der Eklat vorprogrammiert war: So hatten die Berliner Jungdemokraten einen zwei Jahre alten *Spiegel*-Bericht hervorgeholt, in dem das »Feldurteil« Filbingers vom 29. Mai 1945 abgedruckt war, mit dem Filbinger einen jungen Wehrmachtssoldaten drei Wochen nach Kriegsende zu sechs Monaten Gefängnis wegen Aufsässigkeit und Ungehorsam verurteilt hatte. Der Berliner *Tagesspiegel* veröffentlichte das Feldgerichtsurteil einen Tag vor den Gedenkfeiern und fügte einen Kommentar des Herausgebers bei, der das Urteil kritisierte und befand: »Will er (Filbinger) etwa über den ›Ungehorsam‹ des Oberst Stauffen-

berg und seines Soldatenkreises, über ihr ›hohes Maß an Gesinnungsverfall‹, über die ›Zersetzung der Manneszucht‹ durch sie meditieren?«[1] »Meine Eltern haben diese Aktion voll und ganz unterstützt«, erzählt der inzwischen 51-Jährige, dem die Freude über die damalige Tat noch immer anzumerken ist. »Aber es war ganz alleine mein Vorhaben.« Ausgerechnet so jemanden wie Filbinger am 30. Jahrestag des Attentats auf Hitler sprechen zu lassen, sei für ihn reine Blasphemie, erzählt Heinemann, der in seiner damaligen Rede formuliert hatte: »Wir dürfen die Trauerfeier nicht den Ablegern von Roland Freisler überlassen.« Heinemanns Aktion stieß auf unterschiedliche Reaktionen. Einige Nachkommen aus konservativen Familien empfanden den Vorfall als eine Störung der Trauerfeier. Andere – unter ihnen immerhin der damalige Justiz- und Innensenator von Berlin – begrüßten die Tat des streitbaren Enkels. Ihm selbst flatterten zahlreiche Dankesschreiben ins Haus. Zugleich aber wurde er jahrelang vom Verfassungsschutz beobachtet, während er schon mit seiner Schwester Julia in der Nähe Münchens in einer Landkommune lebte.

»Für Filbinger war es der Anfang vom Ende«, sagt David Heinemann und ergänzt: »die Ohrfeige war ich meinem Großvater einfach schuldig«. Im Übrigen habe er mit Politik seither recht wenig am Hut, auch wenn ihn sein Vater in Berlin immer auf die Ostermärsche und Demonstrationen vor dem Springer-Hochhaus in Berlin mitgenommen hat. »Diese Managertypen von Politikern habe ich wirklich gefressen«, meint er abfällig. »Heute ist PR-Management wichtiger als Politik, Macht ist alles.«

Inzwischen ist er sich sicher, dass sich das Dritte Reich heute wiederholen könnte, und führt hierzu den überraschenden Erfolg der Hamburger Schillpartei an. Auch beobachtet er einen zunehmend salonfähiger werdenden Antisemitismus. »Früher wohnte ich in der Nähe einer Synagoge in der Reichenbachstraße«, erzählt er. Nur unter deutlicher Bewachung hätten die orthodoxen Juden dort ihren Sabbat feiern können. Sich politisch engagieren, wie sein Großvater Julius Leber, will der Enkel nicht. Für ihn sei die Politik zu einer reinen PR-Maschine verkommen, bei der es nicht mehr um soziale Ziele gehe. »Mein Großvater hatte noch wirkliche Ideale, für die er bis zum Ende bereit war zu kämpfen«, meint der Tontechniker und ergänzt: »Hut ab.« Er selbst setzt sich lieber im privaten Kreis und im sozialen Umfeld ein, beispielsweise in der Behindertenarbeit.

Seit 1974 hat David Heinemann auch an den Feiern zum 20. Juli kein Interesse mehr, bei denen ihn vor allem der militärische Charakter stört. »Was mich angeht, gibt es anzumerken, dass es nicht leicht war, im ›entnazifizierten Deutschland‹ als Enkel eines Widerstandskämpfers aufzuwachsen. Oft fühlte ich mich als ›vaterlandsloser Geselle‹, als Randerscheinung der Gesellschaft.« Dabei kamen David Heinemann die »ganzen Ehrenbezeugungen der Politiker und Honoratioren bei den vielen Feierlichkeiten oftmals wie Heuchelei, leere Lippenbekenntnisse, ja sogar Propaganda vor, sah die Realität in den sechziger und siebziger Jahren doch so viel anders aus.«

Nur einmal noch sei er zur Einweihung einer Julius-Leber-Kaserne und einmal zu einer Feier im Geburtsort seines Großvaters, im elsässischen Biesheim, gefahren. Dort hatte die ledige Katharina Schubetzer am 16. November 1891 im Hause ihrer Eltern ihren einzigen Sohn Julius, französisch Jules, zur Welt gebracht. Da die 23-Jährige von dem Vater ihres Kindes ein Haus und einen Weinberg quasi als Abfindung erhielt, munkelte die Dorfbevölkerung, ihr Sohn stamme von einem reichen Gutsbesitzer ab. »Inzwischen steht der wirkliche Vater fest: Xavier Stenz, aus dem Nachbarort Geißweiler, Bauer und Witwer mit sechs Kindern«, sagt David Heinemann. 1895 heiratete seine Großmutter den Tagelöhner Jean Baptiste Leber, der den kleinen Jules als seinen Sohn anerkannte. Zur entscheidenden Figur für Julius Leber wurde sein französischgesinnter Großvater, den ein altes Familienbild stolz im Sonntagsstaat mit Hut und Stock zeigt. Trotz des Großvaters, der zeitlebens auf die deutsche Verwaltung und das preußische Militär schimpfte, orientierte sich Leber nach Deutschland hin, auch wenn er zeit seines Lebens für die deutsch-französische Aussöhnung eintrat.

Der Ortsgeistliche erkannte seine außergewöhnliche Begabung und sorgte dafür, dass der junge Leber auf eine Höhere Bürgerschule in Breisach gehen konnte. An der Oberrealschule in Freiburg legte er dank eines Stipendiums sein Abitur ab. Nach einem dreisemestrigen Wirtschaftsstudium in Straßburg und Freiburg, das Leber selbst finanzieren musste, meldete er sich in der allgemeinen Kriegseuphorie 1914 als Freiwilliger. Wie viele andere seines Jahrgangs ließ er sich stolz mit Pickelhaube und Gewehr vor einer Fototapete ablichten. »Mein Großvater war gerne Militär«, erzählt David Heinemann, der sich selbst eher als Pazifist sieht. Ausgezeichnet mit mehreren Orden blieb Leutnant Leber zunächst nach dem Krieg Soldat, um die deutsche Ostgrenze zu schützen. In Belgrad trat Leber in die SPD ein. Zeit seines Lebens kämpfte Leber mit großer Wortgewalt für die Republik. »Ich bewundere meinen Großvater sehr, dass er sich trotz seines schwierigen Lebens nie hat unterkriegen lassen und stets für seine Überzeugung eingetreten ist«, sagt der Enkel.

Wie wenig die Republik als Staatsform während der Weimarer Phase gefestigt war, erlebte Julius Leber seit 1921 in Lübeck als »Dr. L.«, wie er als Redakteur seine gekonnt polemischen Artikel im *Lübecker Volksboten*, einer sozialdemokratischen Zeitung, unterschrieb. Leber hatte in Freiburg in Nationalökonomie promoviert. Mit dem ihm eigenen Kampfgeist legte sich Leber von Beginn an mit den dortigen Honoratioren an, was die Auflage des *Lübecker Volksboten* verdoppelte und Leber zur Symbolfigur der Lübecker Hafen- und Werftarbeiter werden ließ. Ob er das Bürgertum Lübecks im *Volksboten* als »ebenso denkfaul wie gefräßig«[2] karikierte, Ludendorff zur »lächerlichen Figur« stilisierte oder die politische Rechte als »rachgierig« und »sadistisch« bezeichnete – immer gelang es Leber mit wenigen Worten, Skizzen aus der Provinz zu liefern und gleichzeitig die deutsche Politik und die Sozialdemokratie im Reich zu kommentieren. Seit 1921 gehörte Leber als SPD-Mitglied der Lübecker Bürgerschaft an und musste erleben, wie die Partei 1924 elf Mandate gegenüber 1921 verlor. Im Rückblick bezeichnete Leber die ersten drei Lübecker Jahre als die »politisch (…) befriedigendsten«, weil »einheitlichsten und folgerichtigsten« seiner politischen Laufbahn im »unerbittlichen Kampf gegen die reaktionäre Indolenz bürgerlichen Durchschnittsgeistes und zugleich gegen die passive Mittelmäßigkeit der eigenen Partei«.[3]

Spätestens die Zeit als Reichstagsabgeordneter ließ aus dem ursprünglich marxistisch gesinnten Leber einen pragmatischen Realpolitiker werden, der nicht müde wurde, die Sozialdemokratie zu kritisieren, die weder als Regierungs- noch Oppositionspartei ihre Rolle im Reichstag angemessen wahrnehme. Als Reichstagsabgeordneter fand Leber 1927 sein Spezialgebiet, das ihn erneut unter den Genossen isolieren sollte: die Militärpolitik. Leber focht für den »Bürger in Uniform« und knüpfte an die Zeit der Befreiungskriege an und forderte, auch die Arbeiterschaft müsse in der Reichswehr vertreten sein. Der spätere Bundeskanzler Helmut Schmidt charakterisierte Leber als einen »der geistigen Wegbereiter für das Godesberger Programm der gegenwärtigen Sozialdemokratie«.[4]
Mit dieser Position machte sich Leber zum Außenseiter in seiner eigenen Partei, die zu großen Teilen pazifistisch gesinnt war. Verzweifelt über die Haltung der SPD, die die Notverordnungen von Reichskanzler Heinrich Brüning auf Grund des Stimmenzuwachses der NSDAP bei der Reichstagswahl von 1930 gezwungenermaßen mittrug, verglich Leber die Situation 1931 mit der des Heiligen Römischen Reiches Deutscher Nation 1806. In einem Brief an seine Frau heißt es: Damals habe sich der »alte Reichstag gerade damit beschäftigt, die Frage der Eutiner Gemeindeweiden nach allen Seiten hin zu prüfen und zu erklären«, obwohl wichtigere Dinge zur Entscheidung angestanden hätten.[5] Mit zunehmender Resignation beobachtete Leber, dass sich die SPD 1931 wegen der Panzerkreuzerfrage spaltete und eine neue Partei entstand, die junge Leute in ihren Bann zog. Als Schüler kämpfte der spätere Bundeskanzler Willy Brandt entschieden für die neue Linkspartei und damit gegen Leber, der ihm lange Jahre sowohl wegen seiner journalistischen Feder als auch wegen seines parteipolitischen Engagements als Vorbild gedient hatte. Spätestens im skandinavischen Exil relativierte Brandt seine Vorstellungen von dem zu »rechten Leber«, und zwischen Berlin und Stockholm entstand eine auf beiderseitigem Vertrauen basierende Bindung.
In seinen Berliner Jahren nach dem Krieg war Brandt ein gern gesehener Gast in der Familie Leber.
»Willy Brandt habe ich im Hause meiner Großmutter erlebt und ihn spontan gemocht«, erzählt David Heinemann, der in Berlin zeitweilig

wie seine Schwester Julia bei seiner Großmutter Annedore Leber groß wurde. In dem Vorwort zur ersten umfassenden Julius Leber-Biographie von Dorothea Beck fasst der ehemalige Bundeskanzler Willy Brandt Lebers Ideale zusammen: »Im ganzen will ich hier noch einmal bestätigen, dass in das Selbstverständnis nicht weniger meiner politischen Freunde (und in mein eigenes) manches von dem eingeflossen ist, was Julius Leber bewegte und umtrieb: Sein – im Sinne August Bebels und zugleich der bürgerlichen Revolution – Ja zum Vaterland der Liebe und der Gerechtigkeit. Zum gesunden Staatsgefühl, im Sinne kämpferischer Demokratie. Zu Europa und zur kooperativen Völkergemeinschaft.«[6]

Drei Jahre nachdem Leber in den Reichstag gewählt worden war, änderte sich sein bislang eher unstetes privates Leben: Im November 1927 heiratete Leber die Tochter eines Lübecker Oberstudiendirektors Annedore Rosenthal, die nach einem abgebrochenen Jurastudium in einem Modehaus volontiert hatte. Das Paar zog in ein Haus in der Lübecker Gertrudenstraße. Begeistert waren die Schwiegereltern von dem unehelich geborenen Elsässer Leber keineswegs, zumal der ehemalige Redakteur des *Lübecker Volksboten* im sittenstrengen Lübeck wegen seiner Frauengeschichten und seines zeitweiligen Hangs zum Alkohol kein unbeschriebenes Blatt war. Ein altes Foto zeigt das junge Ehepaar Leber; er, wie er mit aufgestützter Hand in einem Buch liest, sie, wie sie ihn dabei beobachtet, eine Nadelarbeit in der Hand. Das auf dem Foto stilisierte traute Eheglück und das konservative Rollenverständnis der Ehe sollte durch die politischen Ereignisse nach 1933 drastisch durcheinander gerüttelt werden. Während Julius Leber in verschiedenen Gefängnissen einsaß, brachte Annedore Leber sich und ihre beiden Kinder Katharina und Mathias mit ihrer Schneiderei durch. »Meine Großeltern hatten sicher keine ganz einfache Ehe«, erzählt David Heinemann und fügt ein Bonmot seiner Mutter bei, wonach die Gestapo die auf Grund ihrer unterschiedlichen Wesensart nicht unproblematische Ehe der Großeltern gerettet habe.

Während seiner Lübecker Zeit hatte der Republikaner Leber genügend unangenehme Erfahrungen mit Rechtsparteien gemacht, um die Radikalisierung des öffentlichen Lebens seit 1930 nicht äußerst sensibel zu verfolgen. Bereits am 27. Oktober 1930 hatte der Nationalsozialist Hoffmann in der Bürgerschaftssitzung an die Adresse Lebers folgenden Satz gerichtet: »Es kommt noch einmal die Stunde, wo wir an ihre Tür klopfen werden mit den Worten: Herr Dr. Leber, es ist soweit.« Außerhalb des Parlaments wurden die Nationalsozialisten deutlicher und erklärten: »Zwei Stunden nach unserem Sieg hängt Dr. Leber auf dem Marktplatz.«[7]

Leber beobachtete mit Abscheu die zunehmende Brutalität der Nationalsozialisten in der Bürgerschaft, bei Versammlungen und im Reichstag. Gleichzeitig spießte er mit der Feder in zahlreichen Leitartikeln die Mittelmäßigkeit der Nationalsozialisten auf. So schrieb er über die nationalsozialistischen Abgeordneten während einer Reichstagssitzung am 14. Oktober 1930 unter dem Titel: »Trillerpfeifen – die Posaune des Dritten Reichs! Und splitternde Fensterscheiben spielen Begleitung«: »Nur Goebbels fehlte noch. Da ein Haftbefehl gegen ihn läuft, wartet er seine Immunität ab, die um drei Uhr beginnt. Welche Gesellschaft hat sich da zusammengefunden! Neben dem bierdunstigen Schmissgesicht die Visage der Kanaille. Neben dem stolz vorgestreckten Stammtischbierbauch der hilflos verlegene Jüngling.«[8] Im Wahlkampf 1932 profilierte sich der als »Führer der Lübecker Sozialdemokratie« bezeichnete Leber bei zahlreichen Massenkundgebungen und Funktionärsversammlungen als geschickter Agitator, der die Massen für die Republik und gegen die Nationalsozialisten zu überzeugen versuchte. Damit avancierte der Intellektuelle Leber zum Feindbild Nummer 1 für die Nationalsozialisten. Wie in Berlin feierten die Nationalsozialisten in Lübeck die Machtübernahme Hitlers am 30. Januar 1933 mit einem Fackelzug. In dieser Nacht kam es zu gewalttätigen Auseinandersetzungen, die von der Polizei zusammengeschlagen wurden. Trotz Warnungen liefen Leber und zwei Begleiter in den frühen Morgenstunden durch das kalte Lübeck, als ihnen eine Gruppe von Nationalsozialisten auflauerte, die Leber in einen verbalen Schlagabtausch verwickelten. Es kam zu einer blutigen Schlägerei. »Ein blanker Gegenstand ritzte mein Augenlid und brachte mir eine Wunde am Nasenbein bei. Ich konnte vor Blut kaum noch sehen. Wäre

Rath nicht gewesen, hätte man mich sicher totgeschlagen.«[9] Ein Begleiter kam Leber zu Hilfe und brachte einem der Nationalsozialisten einen tödlichen Messerstich bei. Außer sich vor Wut demolierte Leber in der Nacht eine Polizeizelle. Kurz freigelassen, verhafteten ihn die Nationalsozialisten erneut unter dem Vorwand der Beihilfe zum Totschlag.

»Ganz offensichtlich hatten die Nationalsozialisten nicht mit dem Widerstand der Lübecker Arbeiterschaft gerechnet«, erzählt David Heinemann. Am 3. Februar 1933 legte die gesamte Arbeiterschaft der Hansestadt für einen Tag die Arbeit nieder. Als Leber fast vierzehn Tage später gegen Kaution freigelassen wurde, konnten die Wärter kaum die Gefängnistore öffnen angesichts der Menschentraube, die Leber im Triumphzug ins Krankenhaus begleiten wollte. Die Masse strömte zum Lübecker Burgfeld. Ein Bild zeigt den Schwerverletzten mit einer Augenklappe auf einer Massenversammlung der Eisernen Front auf dem Burgfeld in Lübeck, den Hut schwenkend. Auf Grund seiner Nasenverletzung brachte Leber nur ein Wort heraus, nämlich: »Freiheit«. Doch die Freiheit währte nur kurz: Am 23. März verhafteten die Nationalsozialisten den Reichstagsabgeordneten Leber beim Betreten des provisorischen Reichstagsgebäudes, der Kroll-Oper, und führten ihn in Ketten ab.

»Danach war meine Großmutter jahrelang nur damit beschäftigt, meinen Großvater wieder aus dem Gefängnis zu holen«, berichtet Heinemann, der seine Großmutter als eine »grande dame der alten Schule« beschreibt. Über vier Jahre verschwand der überzeugte Republikaner Leber in verschiedenen Gefängnissen und in verschiedenen Konzentrationslagern, bis er im Mai 1937 freigelassen wurde. Der Briefwechsel zwischen Leber und seiner Frau liest sich zwischen den Zeilen wie eine Einstimmung auf das Fegefeuer. Zunächst schrieb Leber 1933 aus dem Untersuchungsgefängnis Marstall noch recht hoffnungsfroh an seine Frau. Er bestellte Zeitungen, Sockenhalter und Romane, freute sich über Blumen und Zeichnungen seiner beiden Kinder, reflektierte sein bisheriges Leben, besonders den Ersten Weltkrieg. So schrieb er beispielsweise am 7. Juni 1933 an seine Frau: »Du weißt, dass mich die Haft nicht irgendwie bedrückt. Was sollte ich mit der Zeit draußen anfangen? Mit gedemütigtem Herzen und eingezogenen Schultern den traurigen Blick

der Lübecker Arbeiter achselzuckend standhalten und ihnen sagen, dass ich auch nichts ändern konnte? Da ist es schon besser, selbst äußerlich unfrei zu sein und innerlich mit ganzer Seele das Gesicht der Zukunft zuzuwenden. Für mein Ideal bin ich in vier Wänden meiner engen Zelle mehr, als ich draußen in voller Freiheit sein könnte.«[10]
Doch je mehr sich die Hoffnung auf eine baldige Freilassung verflüchtigte und die Nationalsozialisten ihre Demütigungen steigerten, umso resignierter zeigte sich Leber. Über die Misshandlungen der Nationalsozialisten schwieg Leber, der drei Monate im Konzentrationslager Esterwegen im Emsland in einer Dunkelzelle verbringen musste, ohne Ausgang, ohne Stuhl, Tisch, Pritsche, bei minus 18 Grad auf dem nackten Boden schlafend. »Er brachte ja sogar noch die Kraft auf, im Gefängnis seine Abhandlung über die Sozialdemokratie zu schreiben«, bemerkt der Enkel Heinemann anerkennend.
Zur bestimmenden Figur für die beiden Kinder Katharina und Mathias wurde in dieser Zeit die Mutter, die die Familie – inzwischen in Berlin lebend – mit Schneidereiarbeiten ernährte und die Abwesenheit des Vaters damit erklärte, dieser könne bei dem Kinderlärm kein Buch schreiben. »Meine Mutter war eine unglaublich charismatische Frau mit einer großen suggestiven Kraft«, beschrieb die Mutter von David Heinemann, Katharina Christiansen-Leber, ihre Mutter und fügt hinzu, dass sie ihr natürlich geglaubt habe. Dennoch blieben einzelne Irritationen, Widersprüchliches, wie der von Katharina Leber aufgeschnappte Ruf des Dienstmädchens: Man möge doch das Blut wegwischen, bevor die Kinder kämen. Leber wurde regelmäßig misshandelt und seiner Frau anschließend die blutige Wäsche zum Waschen nach Hause gegeben. Die Großmutter Rosenthal wurde unterdessen nicht müde ihrer Tochter zu erklären, dass ihr Vater nur wegen seines Schwiegersohnes aus dem Schuldienst entlassen worden wäre. Als Leber 1937 aus dem KZ kam, fragte ihn seine Tochter, warum er denn »abbe Haare« habe. Sein Freund Gustav Dahrendorf besuchte Leber im Eisvogelweg wenige Tage nach der Haftentlassung und resümierte: »Gewiss, die vier Jahre Konzentrationslager waren nicht spurlos an ihm vorübergegangen, aber er war ungebrochen, körperlich, geistig, seelisch.«[11]

Nach seiner Freilassung bemühte sich Leber ein nach außen hin bürgerliches Leben zu führen. »Mein Großvater übernahm die Teilhaberschaft an einer Kohlenhandlung in Schöneberg mit dem schönen Namen Bruno Meyer Nachfolger«, erzählt David Heinemann, der sich noch daran erinnern kann, dass seine Großmutter später dort ihren Mosaik-Verlag einrichtete. Wie viele sozialdemokratische Familien wohnten die Lebers in Berlin-Zehlendorf. Teilweise durch den Schneiderladen von Annedore Leber kamen sich die Familien näher. Vorsichtig geworden, suchte Leber den politischen Kontakt nur mit Männern, auf die er sich verlassen konnte. In dieser Zeit freundete sich Leber mit Gustav Dahrendorf, Ernst v. Harnack und Ludwig Schwamb an. Lebers Kohlenhandlung wurde zur Kontaktbörse. So erinnerte sich der spätere Bundespräsident Theodor Heuss an einen Besuch in Lebers Firma: »Die zwei kleinen Zimmer in dem fragwürdigen Häuschen nahe dem Bahnhof Schöneberg, zwischen Kohlebergen (...), waren eine rechte Verschwörerbude. Manchmal klingelte es an der äußeren Tür, und Leber musste dann wohl in den vorderen Raum, um einen Kunden zu vertrösten. Aber in der Hinterstube, auf verhockten Sesseln, hatte die politische Leidenschaft ihre Herberge.«[12]

»Meine Mutter war eine typische Vatertochter«, erzählt David Heinemann, die ihren Vater abgöttisch geliebt habe und sich ihm als elsässischen Bauernsohn mehr verbunden sah als ihrer eleganten, bildungsbürgerlichen Mutter. »Ich bin mehr so eine Bauerntochter, wie mein Vater ein Bauernsohn war«, sagte Katharina Christiansen-Heinemann in einem Interview. Sie habe an ihrem Vater vor allem seine pralle Lebensfreude, seine Respektlosigkeit geliebt, mit großen Ohren seinen spannenden Abenteuergeschichten gelauscht und von ihm »Schummeln« gelernt. So sehr die beiden Kinder auch die Berliner Jahre mit dem Vater genossen, bekamen sie doch mit, dass beide Eltern angesichts der Siege der Nationalsozialisten resignierter wurden. Um die Kinder nicht zu gefährden, schwiegen die Eltern über die Widerstandstätigkeit des Vaters, dessen ablehnende Haltung gegenüber dem Regime beiden bewusst war. Die Angst um die Eltern blieb in diesen Jahren ihr ständiger Begleiter.

1943 trafen die Eltern eine richtungweisende Entscheidung, indem sie ihre Kinder zu Verwandten auf einen Bauernhof in der Nähe von Magdeburg schickten. In dieser Zeit war Leber intensiv in die Vorbereitungen zum Staatsstreich eingebunden und kam sowohl in Kontakt mit der bürgerlich-konservativen Gruppe um Carl Goerdeler als auch mit dem Kreisauer Kreis. Als »Mann der Tat« – wie Dahrendorf ihn beschrieb – hatte der Sozialdemokrat mit den bisweilen nach langen Diskussionen entstandenen Grundsatzthesen für die Zeit nach dem Nationalsozialismus seine Schwierigkeiten. Hinzu kam, dass Leber, im Vergleich zu den Mitgliedern der beiden Gruppierungen, über jahrelange politische Erfahrung in Landtag und Reichstag verfügte und vieles mit dem Blick des Politikers realistischer einschätzte. Mit beiden Gruppen gab es deshalb immer wieder Meinungsverschiedenheiten, besonders mit Carl Goerdeler, obgleich dieser Leber als künftigen Innenminister vorgesehen hatte. In Stauffenberg lernte Leber im Dezember 1943 einen zur Tat drängenden Militär kennen, der nach seinem Geschmack war. Wie Annedore Leber kurz nach dem Krieg berichtete, entwickelte sich zwischen den beiden Männern eine tiefe Verbundenheit. Leber selbst sollte sein Kontakt zu den Kommunisten zum Verhängnis werden. Am 4. Juli fand in der Wohnung des Arztes von Adolf Reichwein ein Treffen mit kommunistischen Widerstandskämpfern statt. Doch statt der angekündigten zwei, kamen drei Männer – wahrscheinlich hatte ein Spitzel die Gruppe um Leber verraten. Leber hatte davon Kenntnis erhalten, konnte Reichwein aber nicht mehr warnen. Einen Tag später nahm die Gestapo Leber in seiner Kohlenhandlung fest und brachte ihn Anfang August in das Konzentrationslager Ravensbrück. Adam v. Trott zu Solz war nach der Verhaftung Lebers unverzüglich zu Willy Brandt gefahren, der sagte, dass der 20. Juli unbedingt stattfinden müsse, um Leber zu retten. Trott hatte noch am 19. Juli mit Stauffenberg gesprochen, der sich keine Regierung ohne Leber vorstellen konnte.

Diesmal zweifelte Leber nicht an seinem baldigen Tod. In den Briefen, die er bis zu seiner Hinrichtung am 5. Januar 1945 an seine Frau schrieb, nahm er auf eine sehr berührende Art Abschied vom Leben und löste sich langsam aus dem irdischen Dasein. »Oft denke ich an mittelalterliche Mönche, die aus der Welt ausschieden, um sich in den vier engen Wänden ihren Gedanken hinzugeben. Viele fanden darin höchstes Glück und tiefste Erfüllung«, schrieb Leber an seine Frau. Als am 20. Oktober die Verhandlung gegen Leber, Hermann Maaß, Gustav Dahrendorf und Adolf Reichwein begann, konnte Freisler Leber nichts mehr anhaben. Der Journalist Paul Sethe erinnerte sich wenige Jahre nach dem Prozess an die stoische Haltung Lebers: »Das Verhör dauerte vielleicht eine Stunde oder zwei, man weiß es nicht, die Zeit fliegt vorbei, man spürt das Herz klopfen, immer deutlicher senken sich die Schatten des Urteils, senken sich damit die Schatten des Todes über Julius Leber herab – aber die Stimme da vorn bleibt ruhig, gleichmäßig und gelassen wie am Anfang. Kein Zittern in den Worten, kein Zeichen, dass Julius Leber den Mann da vorne fürchtet. Man sieht sein Gesicht nicht, aber man kann den Ausdruck der Züge erraten. Er wirkt so gelassen und ruhig wie seine Stimme auch. Eine einzige Bewegung an dem starken Körper ist zu spüren: Immer wieder bewegt er die Fußspitzen auf und nieder – das einzige Zeichen, dass auch ihn dieses Verhör angreift.«[13] Am 5. Januar wurde Julius Leber in Plötzensee hingerichtet. In einem Brief am 28. November 1944 hatte Leber »Paulus« – so nannte er seine Frau auf Grund ihrer Wendung vom Großbürgertum zum Sozialismus – wissen lassen: »wie schön und beruhigend, dass die Kinder sorglos dahinleben und ohne Ahnung und Bedrückung sind von dem Schweren, was auf Dir lastet und auf mir. Mehr auf Dir, glaube ich.«[14] In diesem Punkt sollte sich der ehemalige Reichstagsabgeordnete jedoch irren. Seine Kinder bekamen mehr von den Ängsten, der Anspannung und der Verzweiflung der Eltern mit, als Leber sich selber eingestehen wollte. »Meine Mutter haben diese Jahre für ihr ganzes Leben gezeichnet«, erinnert sich David Heinemann. Katharina Christiansen-Leber beschrieb fast im Zeitlupentempo, wie sich ihr als 15-Jährige alles Verdrängte, alles Verschwiegene in der Familie wie ein Puzzle zusammenfügte, nachdem sie im Radio von dem Attentat des 20. Juli gehört hatte. Nach der Verhaftung des Vaters kam Annedore Leber zwei Monate in das Gefängnis in Moabit. Katharina Leber sollte nach Zwischenstationen in das Konzentrationslager Ravensbrück überstellt werden. Doch sie und ihr Bruder hatten Glück im Unglück: Ein SS-Mann nahm beide auf, hoffte auf Putzhilfe, da »sein Lieschen wieder ins KZ musste«. Im Dezember waren alle drei wieder frei. Als Annedore Leber im Januar im schwarzen Mantel und mit schwarzem Hut nach Hordorf zu ihren Kindern reiste, brach für Davids Mutter eine Welt zusammen: Der Schmerz indessen wurde unerträglich, als die Alliierten detailliert über die Hinrichtungsmethoden in Plötzensee berichteten. Die kaum 16-Jährige wurde schwer krank, verließ als Klassenbeste ohne Abitur die Schule, um im Paris der Nachkriegszeit eine Ausbildung in der Modebranche zu absolvieren. Danach studierte sie wenige Semester an der Berliner Kunsthochschule. »Auch ich kann die Haken in Plötzensee nicht ertragen«, sagt David Heinemann.

Die zurückgebliebene Familie ging nach dem Tod von Julius Leber sehr unterschiedlich mit der Erinnerung um. »Meine Großmutter Annedore erschien mir immer als eine Frau mit einer Träne im Knopfloch.« Auch sei sie nach dem Tod des Ehemannes zum Katholizismus konvertiert, in Schwarz gekleidet, ganz Witwe. »Meine Großmutter war eine Frau, die einen silbernen Serviettenring mit einer Damastserviette hatte«, charakterisiert sie David Heinemann. Auf der anderen Seite habe seine Großmutter nach dem Tode ihres Mannes ein völlig neues und eigenständiges Leben begonnen. Um finanziell zu überleben, führte Annedore Leber in der Nachkriegszeit die Kohlenhandlung weiter und gründete den Mosaik-Verlag. Außerdem hielt sie die Erinnerung an bekannte und unbekannte Widerständler, Arbeiter, Studenten, Schauspieler, Militärs, Ärzte und Gewerkschafter fest, in dem sie Porträts über sie schrieb.[15] In seinem Vorwort beschrieb der Historiker Karl Dietrich Bracher Annedore Lebers Engagement: »Es war die unvergessliche Leistung von Annedore Leber, dass sie durch unermüdliches Sammeln von Lebensdaten und Äußerungen aus den vielen sehr unterschiedlichen Kreisen und Familien des Widerstands schon früh die Grundlagen geschaffen hat, auf denen jene beiden Bände dann in gemeinsamer Arbeit gestaltet wurden.«[16]

Grundlage für ihre Porträts waren Artikel, die Annedore Leber als Journalistin im *Telegraph* veröffentlichte. Außerdem kümmerte sie sich im

Auftrag der Senatsverwaltung um ausländische Staatsgäste, wie um das junge Ehepaar Kennedy, das von den Berlinern mit frenetischem Beifall begrüßt wurde. Auch politisch engagierte sich die Witwe Leber als Abgeordnete der SPD im Bezirksparlament Zehlendorf. »Ich habe meine Großmutter immer beschäftigt gesehen und oft hatte ich als Kind den Eindruck, ich und meine Schwester würden sie nur stören.« So schien Annedore Leber in ihren vielfachen Betätigungen auch die Trauer um den Tod Julius Lebers ersticken zu wollen, der ihr Leben auch nach 1945 maßgeblich bestimmte. Auch ihr großer Freundes- und Bekanntenkreis setzte sich aus Angehörigen der Attentäter des 20. Juli zusammen, von denen viele in Zehlendorf wohnten. »Die beste Freundin meiner Großmutter war Freya von Moltke«, erinnert sich der Enkel. Mit ihren Schriften beeinflusste Annedore Leber das öffentliche Bild ihres Mannes entscheidend. Wie ein ferner Held erschien der Ehemann, fast als wäre er der Welt schon vor seinem Tod entrückt. »Meine Großmutter hat ihren Mann immer auf ein Podest gestellt«, sagt David Heinemann, der ein realistischeres Bild von seinem Großvater hat.

Für die beiden Kinder, Matthias und Katharina, war die Heldenverehrung des Vaters indessen sehr belastend; besonders der äußerst sensible Sohn von Julius Leber litt sehr stark darunter. Er erhängte sich mit Anfang dreißig im Hause seiner Mutter. David Heinemann hat eine lebendige Erinnerung an den jungen Arzt, der in England Medizin studiert hatte. Einmal seien sie beide in einem englischen Ford nach Italien gefahren. »Matthias Leber rauchte wie ein Schlot«, erzählt David, so dass dieser sogar seine *Bravo* als Zigarettenpapier opfern musste.

Auch die Mutter David Heinemanns kämpfte jahrelang mit dem von ihrer Mutter beschriebenen Übervater, den sie ganz anders, viel menschlicher erlebt hatte. Die unterschiedliche Sicht auf den Mann und Vater führte zu regelmäßigen Spannungen. Katharina Christiansen-Leber äußerte in einem Interview, sie habe den Eindruck, dass ihr durch die Schilderungen der Mutter ihr Vater das zweite Mal genommen worden sei. Noch zu Lebzeiten von Annedore Leber zog die Mutter mit ihren beiden Kindern 1962 von Berlin nach München, wo sie zunächst im Kindler Verlag, später für ein Lifestyle-Magazin arbeitete. »Ich musste immer in Berlin bei der Großmutter anrufen«, sagt David Heinemann, heute Vater eines Kindes, »und verstand nie, warum meine Großmutter so einsilbig war.«

Viel über die historische Bedeutung ihres Vaters habe die Mutter nicht gesprochen. Dies übernahm der inzwischen gestorbene Vater von David Heinemann, der aus einer preußischen Offiziersfamilie stammte und nach dem Krieg ebenfalls als Journalist tätig war. »Mit ihm habe ich oft über das Dritte Reich diskutiert«, sagt der Tontechniker, der selbstverständlich auch die »Bücher von Mummy«, seiner Großmutter Leber, gelesen hat. Die Mutter habe vielmehr die menschlichen Seiten, das Schillernde an ihrem Vater betont. Dabei habe es lange gedauert, sagte Katharina Christiansen-Leber, bis sie sich zu einer gewissen »Respektlosigkeit« gegenüber ihrem Vater durchgerungen habe und sie mehr Abstand zur »peinlich-kitschigen Heldenverehrung« hatte. Erleichtert haben könnte ihr dies auch ein längerer Auslandsaufenthalt in Kopenhagen, wo sie in zweiter Ehe mit einem dänischen Redakteur für drei Jahre lebte. Dennoch bleibt der Vater die zentrale Figur in Katharina Christiansen-Lebers Leben, hadert sie mit seinem Tod. Zum 50. Jahrestag des 20. Juli kritisierte sie in einem schonungslosen Artikel den Umgang der deutschen Gesellschaft mit dem 20. Juli: »Ich war damals sehr jung, sehr unglücklich, aber es war ein erhebendes Gefühl, einen Vater zu haben, der den Tyrannenmord angezettelt hat. Dafür hat man ihn an einem kalten Tag im Januar an einem Fleischerhaken in Berlin erhängt. Ein furchtbarer Preis für einen posthumen Ruhm. Mit den Jahren wurde ich der ganzen Sache gegenüber kritischer. Ich fand heraus, dass Vater am allerwenigsten für meinen Bruder und mich, sondern für die anderen Deutschen, die den Krieg überlebten, gestorben ist. Auch für Nazis und Mitläufer (…) Mein Bruder hat das schlecht verkraftet, er nahm sich später das Leben. Ich selbst hatte meine Last mit den Ansprüchen, die von allen Seiten an mich gestellt wurden. Nichts, was immer ich anfing, war eines Heldenvaters würdig, den ich nicht einmal zur Verantwortung ziehen konnte. Hat er doch die Ehre der Nation dem Glück seiner Familie vorgezogen. Eine Nation, die sich zwar heute mit seinem Namen schmückt, aber seine Ziele – Toleranz, Mut, Gleichheit, Brüderlichkeit – nur notgedrungen ernst nimmt. So gesehen, geliebter Vater, bist du umsonst so schrecklich gestorben.«[17]

David Heinemann kann den Artikel seiner Mutter völlig unterschreiben, wenn gleich er zu der ganzen Geschichte einen viel größeren Abstand hat. Ihn interessiert sein Großvater als eine historische Figur. Belastet fühlt er sich durch den Großvater nicht.

»Ich hatte bislang ein sehr buntes und abwechslungsreiches Leben«, erzählt David Heinemann, der nach einem abgebrochenen Studium der Tontechnik an der Technischen Universität als Schauspieler und im Musical auftrat. 1986 absolvierte er schließlich eine Ausbildung zum Tontechniker für Dokumentar- und Spielfilme. Diese Tätigkeit bringt ihn rund um den Globus. »Durch meinen Beruf habe ich Zugang zu den unterschiedlichsten Bereichen«, sagt er und erzählt, welche Filme er in den vergangenen Jahren besonders gern begleitet hat. Besonders am Herzen lagen ihm ein Film über die Tuareg und ein Film über Gefängnisse. Vor kurzem hat der Tontechniker von »Forsthaus Falkenau« einen Film über fettleibige Kinder gemacht. Auch ein Film über die »Weiße Rose« gehört zu Heinemanns breitem Repertoire. Die Filmemacher hätten ihn dabei als Enkel von Julius Leber vorgestellt, um einfacher drehen zu können. Er selbst wäre nicht auf diese Idee gekommen, sagt der Vielgereiste, der in Kürze eine Peruanerin in zweiter Ehe heiraten möchte. Ganz offensichtlich war die Ohrfeige für Filbinger ein Befreiungsschlag.

1 Wettbewerb in Instinktlosigkeit, Der Tagesspiegel, 19. Juli 1974.
2 Dorothea Beck, Julius Leber. Sozialdemokrat zwischen Reform und Widerstand. Berlin 1994, S. 37.
3 Beck, Sozialdemokrat, S. 47.
4 Beck, Sozialdemokrat, S. 87.
5 Ebd., S. 83.
6 Willy Brandt, Einleitung. In: Gustav Dahrendorf (Hg.), Ein Mann geht seinen Weg. Schriften, Reden und Briefe von Julius Leber. Berlin, Frankfurt a. M. 1992.
7 Beck, Sozialdemokrat, S. 122.
8 Dahrendorf, Leber, S. 143.
9 Beck, Sozialdemokrat, S. 130.
10 Leber am 7. Juni 1933 an seine Frau. In: Beck, Sozialdemokrat, S. 228.
11 Dahrendorf, Leber, S. 265.
12 Beck, Sozialdemokrat, S. 248.

13 Ebd., S. 202.
14 Julius Leber an Annedore Leber, 28. November 1944. Abgedruckt in: Dahrendorf, Leber, S. 334.
15 Annedore Leber, Das Gewissen steht auf. Lebensbilder aus dem deutschen Widerstand 1933–1945. Neu herausgegeben von Karl Dietrich Bracher. Mainz 1984.
16 Karl Dietrich Bracher, Vorwort. Ebd., S. XI.
17 Dertinger, Heldentöchter, S. 31 f.

Gegen die Republik der Blockwart-Enkel > Jens Jessen und der Volkswirt Jens Peter Jessen

Die Wende kam 1994. *Die Ehre. Der 20.Juli und seine Feinde*[1] hieß der Aufmacher-Artikel von Jens Jessen im Feuilleton der *FAZ*, der zum 50. Jahrestag des Hitler-Attentats 1944 erschien. Darin rechnet der Journalist Jessen mit der deutschen Linken ab, die den antifaschistischen Widerstand für sich hatten vereinnahmen wollen, um den bürgerlich-adligen Widerstand in Misskredit zu bringen. »Damals merkte ich, dass ich nicht in der Lage war, mich angesichts des Gezänks und der harten Kritik am 20. Juli ironisch heiter zu verhalten«, erzählt Jens Jessen. »Mir wurde vielmehr klar, dass die Attentäter schon deshalb in unserer Gesellschaft nicht akzeptiert werden, weil sie für die Mehrheit der Deutschen weiterhin volksfremde Elemente sind«, ergänzt Jessen, dessen Großvater, der Professor für Nationalökonomie Jens Peter Jessen,[2] am 30. November 1944 in Berlin-Plötzensee hingerichtet wurde.

Entzündet hatte sich der Streit 1994 an der Frage, welcher Widerständler gedacht werden sollte und welche Widerständler in der Ausstellung im Bendlerblock nicht vorkommen sollten. Dies betraf vor allem die Mitglieder der Roten Kapelle und des *Nationalkomitees Freies Deutschland*, denen vorgeworfen wurde, die kommunistische Diktatur vorbereitet zu haben. Mit einem hohen Maß an Häme spielten rechte und linke Politiker und Historiker den kommunistischen und den bürgerlich-adligen Widerstand gegeneinander aus. »Es war sozusagen ein Streit ums Erbe. Aber er ließ vom Erbe nichts mehr übrig, und zwar für beide Erben nichts. Die Rechte denunzierte den kommunistischen Widerstand als bloße Vorbereitung einer Diktatur der anderen Seite; die Linke erklärte, die konservativen Attentäter seien nur intelligentere Faschisten gewesen, die mit Hitler unzufrieden waren«,[3] resümiert der heutige Feuilleton-Chef der Wochenzeitung *DIE ZEIT* ein Jahr später den Streit. Natürlich hätten die Männer des 20. Juli nicht von der »zweiten deutschen Republik« geträumt, sagt Jessen sarkastisch und fügt hinzu, dass sich daran nichts anderes zeige als das »selbstgerechte Gesicht einer Gegenwart, die ihre politischen Verhältnisse zum Maßstab der Vergangenheit zu machen trachtet.«[4]

Seit dem Streit um den Widerstand 1994 besucht der heute 49-Jährige regelmäßig die Gedenkveranstaltungen zum Jahrestag des Attentats, um ein Zeichen zu setzen, auch wenn die Veranstaltungen mit ihren Festreden der Politiker inzwischen fast zu einem leeren Ritual verkommen seien. »Aber besser«, meint Jessen, »ein unglaubwürdiges Bekenntnis der Politiker zum Widerstand als gar keines.« Dann zitiert er einen seiner Lieblingssätze von La Rochefoucauld, nach dem »die Heuchelei die Verbeugung des Lasters vor der Tugend« sei. Früher sei er hauptsächlich zu den alljährlichen Gedenkveranstaltungen gegangen, um ältere Leute zu begleiten und um freundschaftliche Verbindungen zu pflegen. Ansonsten sei ihm die ganze Veranstaltung eher etwas peinlich und unangenehm, zumal es dort genug Familien gebe, die »einen wahnsinnigen Zauber um den Widerstand machen. Mein Vater hat uns drei Geschwistern immer wieder klargemacht, dass es höchst töricht sei, wenn sich Angehörige des 20. Juli moralisch aufspielten, als wären sie es gewesen, die den Widerstand geleistet hätten«, erzählt der studierte Germanist, der seit 1994 wieder in Berlin lebt und zwischenzeitlich als Feuilletonchef der *Berliner Zeitung* gearbeitet hatte. »Das wäre auch für mich das Letzte.«

In der Herkunftsfamilie von Jens Jessen wurde selten über den Großvater und seine Rolle im Widerstand gesprochen. Doch die gesellschaftlichen Kontakte, die der 1895 auf dem Gut Stoltelund bei Tinglev im heutigen Dänemark geborene Jessen und seine Frau Käthe Scheffer in Berlin in den dreißiger Jahren pflegten, gingen nach 1945 auf die in Berlin lebende Familie seines zweitältesten Sohnes Uwe Jessen über. Die Witwe von Peter Yorck v. Wartenburg hatte ihm in der Lichterfelder Hortensienstraße unweit ihrer eigenen Wohnung ein Haus vermittelt; wenige Nummern entfernt in derselben Straße wohnte Eugen Gerstenmaier.[5] In Lichterfelde West lebte auch die Tochter von Johannes Popitz,[6] und selbst die Wohnung der Großmutter Käthe am Breitenbachplatz war noch in fußläufiger Entfernung. »Ständig haben sich alle besucht, es war ein Kommen und Gehen, und wenn ich zu meiner Großmutter kam, saßen im Wintergarten immer schon ein paar Generalswitwen und spielten Bridge«, erinnert sich Jens Jessen an seine Kindheit in den sechziger Jahren. Instinktiv habe er einen großen Zusammenhalt zwischen den Familien gespürt, ohne dass ihm als Kind der Hintergrund klar geworden sei. »Meine Großmutter hat sich beispielsweise auch sehr um die Enkelin von Generaloberst Ludwig Beck gekümmert, übrigens das eleganteste weibliche Wesen, das ich in meiner Kindheit kannte. Sie wohnte lange bei meiner Großmutter und wurde von meinen Onkeln umschwärmt«, sagt Jessen belustigt, der sich gemeinsam mit seinen beiden Schwestern Christiane und Kerstin die familiären und freundschaftlichen Zusammenhänge erst zusammenreimen musste. Den Generalswitwen der Großmutter und den Besuchern seiner Eltern sei indessen eine »latente feindselige Einstellung gegenüber dem westdeutschen Nachkriegsstaat und der DDR gemeinsam gewesen«, erinnert sich der Feuilletonist, der nach dem Studium in München, beruflichen Etappen bei der Deutschen Verlags-Anstalt in Stuttgart und der *FAZ* in Frankfurt am Main erst zwanzig Jahre später wieder nach Berlin zurückgekommen ist. Besonders eindrücklich erinnert er sich an ein Bonmot der Witwe von Hellmuth James Graf v. Moltke, als die Diskussion um den unglaubwürdigen »staatlich verordneten Antifaschismus« der DDR ging, habe Freya Moltke barsch erklärt, es sei doch immerhin schon etwas, wenn in der DDR der Antifaschismus staatlich verordnet worden sei.

Auch die Großmutter Käthe erzählte wenig über ihren Mann Jens Peter Jessen, mit dem sie die vier Söhne Jens, Uwe, Hauke und Eike hatte. »Wenn sie über ihren Mann sprach, dann hauptsächlich in Form von Anekdoten«, sagt Jessen. Als sie in den fünfziger Jahren erfuhr, dass sie keine Rente erhalten sollte, da ihr Mann zunächst Nationalsozialist gewesen sei, meinte sie zu ihren drei Söhnen: »Jungs, Geld gibt es nicht.« Sie habe auch gerne den Dilettantismus der Verschwörung betont. So wird bis heute eine Geschichte in der Familie Jessen kolportiert, wonach die Haushälterin auf die Frage, wer denn geklingelt habe, antwortete: »Vor der Tür steht jemand, der sagt, er sei Landpastor – tatsächlich ist es aber nur Goerdeler.« Bei der Gelegenheit soll auch die Großmutter die bald geflügelten Worte gesprochen haben: »Ihr seid mir feine Verschwörer!« Wenn Jens Jessen sich an Erzählungen über seinen Großvater im Familienkreis erinnert, dann meist an heitere Geschichten, die das Professorale, Hypochondrische und Ungeduldige des Großvaters betonen. Er kalkulierte stets ein Minimum an Zeit für alle Tätigkeiten ein, auch für Reisevorbereitungen. Wenn er, trotz großer Hektik, den Zug verpasste und wieder heimkommen musste, begrüßte er die Familie, die erschöpft und erleichtert im Salon saß, mit den bitteren Worten: »Genauso habe ich mir das vorgestellt.« Durchs Universitätsinstitut pflegte er mit den Worten zu eilen: »Bei Licht besehen, gibt es nur wenige wirklich gute Nationalökonomen.« Jessen lacht: »Damit meinte mein Großvater natürlich sich selbst.« Fotos zeigen ihn in langen weißen Hosen beim Tennis oder im hellen Staubmantel vor dem neu gekauften Automobil. Als Kind, sagt Jessen, habe er einen eher unschuldig eitlen, hochfahrenden und cholerischen Eindruck von dem Charakter des Großvaters empfangen. »Bei uns in der Familie wurde mehr gewitzelt«, sagt Jessen und betont, dass er über die Rolle seines Großvaters im Widerstand eher zufällige Informationen von seinem Vater oder seiner Großmutter bekam. Als Märtyrer vielleicht, aber nicht als überlebensgroße Lichtgestalt habe er den Großvater gesehen, dafür sei ihm vor allem im Lauf späterer Lektüre die Figur viel zu schillernd erschienen, die der ehemalige Herausgeber der *FAZ*, Joachim Fest, in seinem Buch über den 20. Juli »als eine gebrochene Biographie«[7] bezeichnet hat.

»Anfangs war mein Großvater ein überzeugter Nationalsozialist.« Deshalb interessiere ihn vor allem, welche Wandlung sein Großvater durchmachte, dessen Vornamen er trägt und der 1933 das bekannte Institut für Weltwirtschaft und Seeverkehr an der Universität Kiel als Direktor von Prof. Dr. Bernhard Harms übernahm. Wie für viele seiner Generation bildete auch für Jens Peter Jessen die Fronterfahrung und dreifache Verwundung als Kriegsfreiwilliger im Ersten Weltkrieg den Hintergrund für sein späteres politisches Denken. »Millionen hatten ihr Leben, ihre Gesundheit, mindestens die besten Jahre ihres Lebens geopfert für andere Ziele, als sie sich offenbarten, mit denen sich, oft in der hässlichsten

Form, wenn auch nur gedankenlos, diejenigen gleichsetzten, die nicht aus der durch die Opfer der Jugend gesicherten Bahn des ›bürgerlichen Lebens‹ geworfen waren«,[8] schrieb Jens Peter Jessen 1931. Auch er lehnte die Weimarer Republik ab und fühlte sich der nationalrevolutionären Bewegung zugehörig, wie sie von dem Schriftsteller Ernst Jünger, dem Philosophen Oswald Spengler oder dem Wirtschaftswissenschaftler Werner Sombart vertreten wurde; namentlich mit Letzterem war er gut befreundet. Auch mit Carl Schmitt gab es engen Umgang; sein Sohn Uwe wurde von dem umstrittenen Staatsrechtler gerne zu Ausflügen mitgenommen. »Mein Vater hat immer erzählt«, erinnert sich der Enkel, »dass ihm die Vorträge, die Schmitt dabei hielt, weniger wissenschaftlich denn als besondere Form von Dichtung vorgekommen seien.«

Schon in den späten zwanziger Jahren stand Jens Peter Jessen der NSDAP nahe, ohne Parteimitglied zu sein. Es gehörte zu seinen politischen Grundüberzeugungen, dass nur die Nationalsozialisten der von Jessen gefürchteten allmählichen Bolschewisierung Europas entgegentreten könnten.[9] Gleichzeitig zitiert Joachim Fest Jessen mit dem Satz: »Kommen sie (die Nationalsozialisten) ans Ruder, bin ich in der Opposition, das weiß ich schon.«[10] In seiner Begeisterung für die Nationalsozialisten blieb Jessen von Beginn an ambivalent.

»Außerdem kommt bei meinem Großvater die besondere Mentalität der Auslandsdeutschen hinzu.« Als müsse er die im Krieg verlorene Zeit aufholen, hatte Jessen nach 1918 als Rekonvaleszent in Hamburg, Kiel und Heidelberg Staatswissenschaften und Nationalökonomie bei Bernhard Harms[11] und Max Weber studiert und zwei Jahre später mit einer Arbeit über den Handelskauf nach nordischem Recht promoviert. 1921 heiratete er Käthe Scheffer, die Tochter eines Justizrats und Anwalts aus Flensburg. Anschließend kaufte er eine Privatbank in Kopenhagen, die während der Weltwirtschaftskrise bankrott machte, und setzte sich als Direktor eines Außenhandelsbetriebs nach Argentinien ab.

»Meinen Großvater stelle ich mir in gewisser Hinsicht auch als einen hochbegabten Abenteurer vor«, sagt der Enkel und erzählt, der Großvater sei nach dem südamerikanischen Ausflug 1927 nach Deutschland

zurückgekehrt, wo er sich in Göttingen mit einer Arbeit über die Agrarprobleme in Argentinien habilitierte.[12] Sein Enkel vermutet, dass ihn auch »extremer persönlicher Ehrgeiz« seine Hoffnung auf die Nationalsozialisten setzen ließ. Kurz nach der Machtübernahme durch die Nationalsozialisten machte Jessen das Ministerium für Wissenschaft, Kultur und Volksbildung auf sich aufmerksam, um sich für den Direktorenposten an dem Institut für Weltwirtschaft in Kiel ins Gespräch zu bringen: »Ich halte es für dringend erforderlich, eine Stätte zu schaffen, an der die Sozial- und Wirtschaftslehre des Nationalsozialismus ein zentrales Studium findet. Da ich derjenige gewesen bin, der den Nationalsozialismus wissenschaftlich an den deutschen Hochschulen in die Literatur eingeführt hat und ihm im Unterricht als zeitlich weitaus erster die ihm gebührende Achtung verschafft hat, so glaube ich, dass die oben angedeutete Aufgabe mir übertragen werden sollte.«[13] Doch schon Anfang der dreißiger Jahre geriet der Querkopf Jessen, der sich für die Freiheit der Wissenschaft aussprach, zunehmend in Konflikt mit den Nationalsozialisten.[14] »Mein Großvater hat sich, glaube ich, unter dem Nationalsozialismus etwas anderes vorgestellt. Ich fürchte, er hat vor allem lange nicht verstanden, dass die Rassendiskriminierung zum Kern der NS-Ideologie gehörte, sondern sie für eine Art Torheit am Rande gehalten«, meint sein Enkel. Auch war der Nationalökonom zunehmend über die bedenkenlose Kreditabschöpfung und die Korruption der neuen Machthaber empört.
Als der Ökonom Prof. Dr. Franz Gutmann 1933 auf Grund seiner jüdischen Abstammung als Dekan in Göttingen zurücktreten musste, blieb Jessen ihm, wie anderen jüdischen Kollegen, weiterhin freundschaftlich verbunden[15] und begleitete ihn 1936 auf einem Dampfer in die Vereinigten Staaten, um den verehrten Lehrer, der sich gegen die Emigration sträubte, in Sicherheit zu bringen. Zu dieser Zeit war Jessens nationalsozialistisches Weltbild schon schwer erschüttert. In einen ernsten Konflikt mit der Partei geriet Jessen 1935, als diese sein Lehrbuch *Volk und Wirtschaft* scharf kritisierte, in dem er versucht hatte, die nationalsozialistische Bewegung wissenschaftlich zu erklären. Das Buch wurde aus dem Buchhandel entfernt und über Jessens Stellung zur Par-

tei Gutachten eingeholt.[16] Im Auftrag der Akademie für Deutsches Recht, deren Mitglied er war, sollte er später die faschistische Hochschulpolitik in Italien schildern. »Aber mein Großvater fand den gleichgeschalteten Wissenschaftsbetrieb unter Mussolini ganz schrecklich und schrieb in seinem Bericht, dass diese Zustände in Deutschland hoffentlich niemals Realität würden«, erzählt Jens Jessen. Ähnlich hat er immer wieder an der Akademie die Unabhängigkeit der Wissenschaft von der Politik eingeklagt.

Spätestens in Berlin entwickelte sich der ehemalige Anhänger der Nationalsozialisten zu einem der entschiedensten Gegner Hitlers, der schon vor Kriegsbeginn mit den Nationalsozialisten gebrochen hatte. In seinem Tagebuch schrieb der ehemalige römische Botschafter v. Hassel über Jessen, den er als *Nordmann* tarnt, »ganz früher Nazi, jetzt bitterer Feind«.[17]

Durch den preußischen Finanzminister Johannes Popitz wurde Jessen nach dem Tod von Bernhard Harms 1939 Mitglied der Mittwochsgesellschaft, eines Diskussionskreises in Berlin, der sich aus Gegnern des Nationalsozialismus zusammensetzte.[18] Hier machte Jessen die Bekanntschaft von Beck und v. Hassell und drängte seit 1939 darauf, Hitler durch ein Attentat zu stürzen. Die konservativ geprägte Honoratiorengruppe um Jessen, Beck, v. Hassell, Popitz und Erwin Planck dachte deutschnational und empfand nach dem Scheitern der Weimarer Republik tiefe Skepsis gegenüber dem pluralistischen Parteiensystem. Goerdeler dagegen erschien ihnen als unverbesserlicher Optimist und »Reaktionär«, weil er an eine Rückkehr zu parlamentarischer Demokratie und freier Marktwirtschaft glaubte, wie Hassell berichtet. Die Gruppe trat deshalb zumindest für eine Übergangszeit nach dem Sturz des Regimes zunächst nicht für eine konstitutionelle Monarchie, sondern für einen dreiköpfigen Regentschaftsrat ein, der die »Majestät des Rechts« wiederherstellen sollte. Welchen genauen Anteil Jens Peter Jessen an dem von Hassell und Popitz im Januar/Februar 1940 vorgelegten Verfassungsentwurf besaß, konnte die Forschung bislang nicht klären. Sicher ist aber, dass Jessen zumindest beratend beteiligt war.[19] Eng an die Hassellschen Pläne schlossen sich das Gesetz über die Wiederherstellung geordneter Verhältnisse im Staats- und Rechtsleben an, das die Beratungen der Berliner Honoratiorengruppe und damit die Gedanken Jens Peter Jessens widerspiegelt und ebenfalls ohne größere Mitwirkung des Volkes auskam.[20] Jessen vertrat darüber hinaus eine intervenierende Wirtschaftspolitik, die seiner Auffassung von einem autoritären Staat entsprach, andererseits aber mehr ordoliberale Grundsätze enthielt, als die Nazis wollten. Außerdem knüpfte er Kontakte zum Freiburger Kreis.[21] Als es im Januar 1943 endlich nach langen Vorbereitungen zu dem Treffen im Hause Yorck von Wartenburgs in der Berliner Hortensienstraße zwischen der Popitz-Beck-Goerdeler-Gruppe und dem Kreisauer Kreis kam, versuchte Jessen zwischen den unterschiedlichen Meinungen zu vermitteln[22] und die Meinungsverschiedenheiten zwischen den »Jungen« und den »Alten« zu überbrücken, was nicht von Erfolg gekrönt war.

»Als Hauptmann der Reserve wurde mein Großvater 1941 Abteilungsleiter im Passamt beim Generalquartiermeister des Heeres Eduard Wagner«,[23] erzählt Jens Jessen. Sein Großvater nutzte seine Stellung, um Passagierscheine für die besetzten Gebiete an Widerständler zu vergeben und den Kontakt zwischen den Verschwörern, der Front und dem Hauptquartier in Berlin sicherzustellen. Dabei organisierte er nicht nur die Reisen der Widerständler, sondern reiste selbst 1942 nach Paris, in die Ukraine und nach Osten zur Heeresgruppe Mitte, wo er vergeblich Generalfeldmarschall Günther v. Kluge zum Widerstand zu bewegen versuchte. »Ernst Jünger soll sich vor allem über die schlecht sitzende Uniform meines Großvaters mokiert haben«, erzählt der stets gut gekleidete Enkel. Durch seine wichtige Funktion in der Passstelle kam Jessen mit den entscheidenden Verschwörern des 20. Juli zusammen. Bis Werner v. Haeften[24] im Herbst 1943 Ordonnanzoffizier Claus Schenk Graf v. Stauffenberg wurde, war er als Mitarbeiter bei Jessen beschäftigt. Dieser machte Stauffenberg und dessen Chef Friedrich Olbricht[25] mit Hassell und Popitz bekannt. »Häufig stellten meine Großeltern ihr Haus in der Limonenstraße für konspirative Treffen zur Verfügung«, erzählt der Enkel Jessen. Auch eines der letzten Treffen der Widerständler vor dem Attentat habe auf dem Balkon des Hauses stattgefunden. An den Vorbereitungen des Attentats konnte Jessen auf Grund eines schweren

Autounfalls nicht mehr teilnehmen. Wie aus dem Tagebuch von Ulrich v. Hassell hervorgeht, führte Stauffenberg das Attentat so aus, wie es Jessen zuvor geplant hatte.[26] Nach dem misslungenen Attentat stießen die Nationalsozialisten auch auf den Namen von Jens Peter Jessen, den sie, wie Ilse v. Hassell berichtet, auf Grund seiner Verletzungen aus der Limonenstraße tragen mussten.[27] Auch unter schwerer Folter verriet Jessen keine Namen. Am 7. November 1944 musste sich Jessen vor dem Volksgerichtshof unter Roland Freisler verantworten, der wegen »des besonders schweren Falls der Nichtanzeige eines hochverräterischen Unternehmens die Todesstrafe« verhängte. Jessen hielt Freislers Vorwürfen indessen mutig entgegen, dass, »wenn die geführten Gespräche im Kreise Popitz, Beck und Goerdeler defaitistisch und hochverräterisch gewesen seien, (…) sich die gesamte Reichsregierung vor dem Volksgerichtshof«[28] verantworten müsse.

»Mein Vater hat sehr unter dem Tod seines Vaters gelitten«, erzählt Jens Jessen. Dennoch habe er im Krieg zunächst als Panzerfahrer großes Glück gehabt. Nach dem Attentat bestellte der Truppenkommandeur den 19-jährigen Uwe Jessen zu sich nach Flensburg, um ihm mitzuteilen, dass es in der Wehrmacht keine Sippenhaft gebe. Nachdem der älteste Bruder Jens kurz vor Kriegsende in Russland gefallen war, übernahm der spätere Jurist für seine beiden jüngeren Brüder Hauke und Eike die Vaterrolle. In Grundzügen hatte Jens Peter Jessen seinen zweitältesten Sohn Uwe in seine politischen Überzeugungen eingebunden. Anders als der an der Front gefallene Sohn Jens, der mit den Nationalsozialisten übereinstimmte, hatte Uwe Jessen früh eine Abneigung gegen die völkische Bewegung. »Mein Vater ist von seiner Schule aus, dem Schiller-Gymnasium, häufig zu der unmittelbar benachbarten Wohnung von Generaloberst Beck in der Goethestraße gegangen, um ihm irgendwelche Papiere seines Vaters zu überbringen«, erzählt Jens Jessen und fügt hinzu, dass dies von den Eltern natürlich sehr leichtsinnig gewesen war.

Die Witwe Käthe Jessen erhielt wie alle anderen Witwen keine staatliche Rente, kam aber im Gegensatz zu anderen Frauen nicht in das Gefängnis. »Dies lag wahrscheinlich daran, dass der frühere Schüler meines

Großvaters Otto Ohlendorf,[29] der im Reichssicherheitshauptamt arbeitete, aus schlechtem Gewissen seine schützende Hand über meine Großmutter hielt«, sagt Jessen. Der ehemalige Chef der berüchtigten Einsatzgruppe D an der Ostfront hatte nichts getan, um seinen ehemaligen Lehrer zu retten. Ohlendorf wurde im Juni 1951 im Gefängnis von Landsberg gehenkt, nachdem er als Mitverantwortlicher einer Massenexekution im Nürnberger Prozess verurteilt worden war.[30]

»Eine Lehre, die ich sicher aus den familiären Erfahrungen gezogen habe, ist, mich nie auf die Seite der Mehrheit zu stellen«, erläutert Jessen. Die Mehrheit habe Hitler an die Macht gebracht, die Mehrheit habe in den fünfziger Jahren und jetzt wieder den Widerstand verunglimpft. »Die Widerständler hatten, wie man aus vielen Berichten weiß, ein lebhaftes Gefühl von ihrer Volksferne. Sie waren isoliert, sie wussten das, und irgendwie, auf eine merkwürdige Weise, habe ich etwas von diesem Gefühl der gesellschaftlichen Isolation geerbt.« In der Pubertät habe sich ihm zur Gewissheit verdichtet, dass alle Meinungen, die sich im Kollektiv bilden, etwas Schreckliches seien. »Das ist vielleicht sogar ein Tick. Jedenfalls versuche ich seitdem den allgemeinen Konsens zu unterlaufen. Konsens macht mich unglücklich«, sagt Jessen, dessen Kollegen ihm bei Themen, die ihn persönlich betreffen, eine gewisse Gereiztheit unterstellen.

Einmal, erinnert sich Jessen, sei er im Sportunterricht von einem Lehrer mit den Worten getadelt worden, »seine Unsportlichkeit sei eine Schande für einen deutschen Jungen«. Er habe dies seinem Vater beim Abendessen erzählt, was zu Hassausbrüchen auf den Lehrer geführt habe. Am nächsten Tag habe der Vater einen »unglaublichen Zauber in der Schule aufgeführt«, was dem Sohn peinlich war, da niemand in der Schule von seiner Herkunft wusste. »Den Namen Jens Jessen kennen nur Leute, die sich mit dem Widerstand beschäftigen«, sagt er, weshalb er auch nie unter diesem Namen gelitten habe.

Für ein familiäres Erbe hält Jessen auch seine Einstellung gegenüber der 68er-Bewegung, die er sehr ambivalent beurteilt. Als Jessen in den siebziger Jahren sein Germanistikstudium in Berlin aufnahm, war er zunächst abgestoßen von dem Mitläufertum und dem Meinungsterror,

die er in der 68er-Bewegung wahrnahm. »Einerseits empfand ich dies in gewisser Weise wieder als totalitäre Volksbewegung, andererseits wusste ich auch von der fatalen Kontinuität in den fünfziger Jahren und dachte, dass die Studenten mit ihrer Auflehnung Recht hatten. So habe ich die Studentenbewegung als halb-totalitär und halb-demokratisch erlebt.« In seiner Einschätzung der Adenauer-Zeit habe ihn sein Vater sehr geprägt, der in den fünfziger Jahren gemeinsam mit Gräfin Yorck als Nebenkläger in dem Aufsehen erregenden Remer-Prozess gegen die Verunglimpfung der Widerständler kämpfte und damit auch gegen eine Justiz, die sich nur mühsam von dem Odium der NS-Ideologie befreite. In gewisser Hinsicht hat Jens Jessen mit seinen journalistischen Beiträgen zum Widerstand die juristische Auseinandersetzung des Vaters fortgesetzt, wobei er jedoch eher bedauert, ein Enkel zu sein, da man ihm deshalb immer eine gewisse Form der Betroffenheit vorwerfen könne. »Ich habe nie verstanden, warum sich nur so wenige Menschen im Widerstand engagiert haben, wo sich die Nationalsozialisten doch an Leute ab einer gewissen Prominenz, wie Ludwig Beck zum Beispiel, dessen regimekritische Haltung bekannt war, gar nicht herantrauten«, sagt Jessen nachdenklich. Inzwischen sei er zutiefst überzeugt, dass die deutsche Gesellschaft schon deshalb nicht mit dem Widerstand umgehen könne, weil er sie an ihre eigene Schuld erinnere. Schon die jüdische Philosophin Hannah Arendt habe kurz nach dem Krieg von der »tröstlichen Egalität der Schuld gesprochen. Für mich bleibt der ungemütliche Verdacht, dass sich die nachgeborenen Deutschen selbst noch in der Schuld der Volksgemeinschaft konstituieren wollen«, resümiert Jessen und ergänzt, dass anders kaum der Eifer zu erklären sei, mit dem Historiker nach belastendem Material über die einstigen Attentäter suchen. »Offiziere wie Tresckow oder Stauffenberg auf ihre großdeutschen Kriegsziele oder frühen Bekenntnisse zu Hitler festzulegen bedeutet in letzter Konsequenz nichts anders, als wolle man dem Apostel Paulus die Glaubwürdigkeit bestreiten, weil er zuvor Saulus gewesen sei.«
Schön gemütlich habe es sich die Republik der Blockwartenkel in der Gegenwart eingerichtet und die vormalige Kollektivschuldthese zu ihren Gunsten umgemünzt und zur individuellen Entlastung benützt. In

seiner Einschätzung des mehrheitlichen gesellschaftlichen Konsenses fühlt sich Jens Jessen sowohl seinem Vater als auch seinem Großvater eng verbunden, die beide der Masse nicht trauen beziehungsweise getraut hatten.»Wer die Vergangenheit allein nach den moralischen Vorgaben der Gegenwart beurteilt wissen will, wird jedes Eindringen in die Gedankenwelt der Epoche schon unter den Verdacht der Kollaboration stellen müssen«, schrieb Jens Jessen im Jahr 2000 in der *ZEIT*, indem er sich in den Streit um Lothar Fritzes Aufsatz über den Hitler-Attentäter Georg Elser einschaltete. Kurz und knapp enden Jessens Ausführungen mit dem Satz:»Die Verschwörer des 20. Juli endeten an den Fleischerhaken von Plötzensee.«

1 Jens Jessen, Die Ehre. Der 20. Juli und seine Feinde. In: FAZ, 20. Juli 1994, S. 27.
2 Zu Jens Peter Jessen vgl. u. a.: Fest, Staatsstreich, S. 153; Walter Braeuer, Jessen, Jens Peter. In: Neue Deutsche Biographie, Bd. 10, S. 424 f;. Regina Schlüter-Ahrens, Der Volkswirt Jens Jessen. Leben und Werk. Marburg 1999; Günter Schmölders, In memoriam Jens Jessen (1895–1944). In: Schmollers Jahrbuch 69 (1946), S. 3–14.
3 Jens Jessen, Das Tabu. Der 20. Juli und die Bundesrepublik. In: FAZ, 20. Juli 1995, S. 29.
4 Jens Jessen, Verfassungsfeinde. Die Widerständler gegen Hitler sind dem nachgeborenen Deutschen suspekt geworden. In: DIE ZEIT, 20. Januar 2000, S. 33.
5 Vgl. u. a. Eugen Gerstenmaier. Streit und Friede hat seine Zeit: Ein Lebensbericht. Frankfurt a. M., Berlin, Wien 1981.
6 Johannes Popitz (1884–1945) war noch von der Regierung Papen mit der Leitung des preußischen Finanzministeriums betraut worden, eine Stellung, die er bis 1944 innehatte. Der Jurist war Mitglied der Mittwochsgesellschaft und gehörte zu der Berliner Widerstandsgruppe um Beck, v. Hassell und Jessen. Nähere Angaben und Literatur: Gerhard Schulz, Johannes Popitz. In: Rudolf Lill, Heinrich Oberreuter (Hg.), 20. Juli. Portraits des Widerstands. Düsseldorf, Wien 1984.
7 Fest, Staatsstreich, S. 329.
8 Jens Peter Jessen zitiert nach Schlüter-Ahrens, Volkswirt, S. 22.
9 Fest, Staatsstreich, S. 388.
10 Ebd., S. 388.
11 Bernhard Harms etablierte die Weltwirtschaftslehre als eigenständige Disziplin in Kiel und gründete 1913 das Institut für Seeverkehr und Weltwirtschaft an der Universität Kiel. 1933 wurde er aller Ämter enthoben. Bis zu seinem Tod war er Mitglied der Mittwochsgesellschaft. Näheres: Schlüter-Ahrens, Volkswirt, S. 23 f.
12 Schlüter-Ahrens, Volkswirt, S. 26.
13 Ebd., S. 36.
14 Fest, Staatsstreich, S. 153 f.
15 Schlüter-Ahrens, Volkswirt, S. 35.
16 Schlüter-Ahrens, Volkswirt, S. 56 f.
17 Hassell, Tagebuch, 23.12.1940, S. 220.

18 Klaus Scholder (Hg.), Die Mittwochsgesellschaft. Protokolle aus dem geistigen Deutschland 1932–1944. Berlin 1982.
19 Schlüter-Ahrens, Volkswirt, S. 79f; Fest, Staatsstreich, S. 149ff. Hans Mommsen, Gesellschaftsbild und Verfassungspläne des deutschen Widerstands. In: Hans Mommsen, Alternativen zu Hitler. Studien zur Geschichte des deutschen Widerstands. München 2002, S. 53–154. Besonders Mommsen kritisiert den Verfassungsentwurf als Militärdiktatur im Stil der Illusionen von 1934. S. 107ff.
20 In diesem Punkt kam es mit Carl Goerdeler zu tiefen Meinungsverschiedenheiten, der für ein frühes Plebiszit eintrat. Fest, Staatsstreich, S. 152; Schlüter-Ahrens, Volkswirt, S. 80f.
21 Bei dem Freiburger Kreis handelt es sich um eine Gruppe Freiburger Professoren um Walter Eucken, Constantin von Dietze, Gerhard Ritter und Adolf Lampe. Christine Blumenberg-Lampe, Das wirtschaftliche Programm der ›Freiburger Kreise‹. Entwurf einer freiheitlich-sozialen Nachkriegswirtschaft. Nationalökonomie gegen Nationalsozialismus. Berlin 1973; Ludolf Herbst, Der totale Krieg und die Ordnung der Wirtschaft. Die Kriegswirtschaft im Spannungsfeld von Politik, Ideologie und Propaganda 1939–1945. München 1982.
22 Detlef Graf Schwerin, Der Weg der ›Jungen Generation‹ in den Widerstand. In: Schmädeke, Steinbach, Widerstand, S. 460ff, Schwerin, Köpfe, S. 271–273.
23 Elisabeth Wagner (Hg.), Der Generalquartiermeister. Briefe und Tagebuchaufzeichnungen des Generalquartiermeisters des Heeres General der Artillerie Eduard Wagner. München, Wien 1963.
24 Werner von Haeften (1908–1945). Adjutant von Claus Graf Stauffenberg. Haeften begleitete Stauffenberg am 20. Juli 1944 in das Führerhauptquartier in Ostpreußen und unterstützte ihn bei den letzten Vorbereitungen zum Attentat. Haeften wurde noch in der Nacht zum 21. Juli im Bendlerblock erschossen.
25 Friedrich Olbricht (1888–1944). Als Amtschef des Allgemeinen Heeresamtes im Oberkommando des Heeres in Berlin löste er nach dem Attentat am 20. Juli 1944 in Berlin den »Walküre-Befehl« aus. Der General der Infanterie wurde ebenfalls noch in der Nacht zum 21. Juli 1944 im Bendlerblock erschossen. Vgl. Günter Wollstein, Friedrich Olbricht. In: Lill, Oberreuter, 20. Juli, S. 301–323.
26 Hassell, Tagebücher, S. 363 und 589.
27 Ebd., S. 443.
28 Schlüter-Ahrens, Volkswirt, S. 89f.
29 Jessen soll über die politische Entwicklung Ohlendorfs sehr verzweifelt gewesen sein. Fest, Staatsstreich, S. 388.
30 Schlüter-Ahrens, Volkswirt, Anm. 318, S. 90.

Von der Wichtigkeit der Großmütter >
Clemens Schaeffer und Oberstleutnant Carl-Ernst Rahtgens

»Über meinen Großvater Carl-Ernst Rahtgens weiß man eigentlich sehr wenig«, erzählt der Enkel Clemens Schaeffer, als wir uns in der Cafeteria der Freien Universität Berlin treffen. In der Tat führt die Suche in einschlägigen Lexika des Widerstands nicht weiter. Ein Hinweis findet sich allerdings im Widerstands-Lexikon von Peter Steinbach und Johannes Tuchel, wo es heißt: »Rahtgens war zudem an den Vorbereitungen der Umsturzbewegung des 20. Juli beteiligt.«[1] Wie und in welcher Form, darüber schweigen bislang die Quellen. »Es ist merkwürdig, dass sich in meiner Familie noch niemand auf Spurensuche begeben hat, obgleich das Leben und Sterben des Großvaters innerhalb der Familie eine große Bedeutung besitzt«, meint der Geschichtsstudent und fährt fort, dass es deutliche Indizien gibt, die den Großvater zumindest zum Mitwisser des 20. Juli machen. So versah Carl-Ernst Rahtgens nach der Generalstabsausbildung in Berlin 1938 seinen Dienst als Oberstleutnant in der Wolfsschanze, wo er sich besonders gut mit Günther Smend, einem anderen Mitverschwörer verstanden hat. »Außerdem war der Onkel meines Großvaters Generalfeldmarschall Günther v. Kluge, der meinen Großvater wahrscheinlich über den Widerstand informiert hat«, sagt Clemens Schaeffer.

Die beste Quelle, etwas über den 1908 geborenen Carl-Ernst Rahtgens zu erfahren, sind jedoch keine Bücher, sondern die Witwe und Großmutter Johanna Helene Rahtgens, die im Leben ihrer Enkel eine zentrale Rolle spielt. Mit ihrer herzlichen Art hat sie es über die Jahrzehnte verstanden, die Erinnerung an den von ihr geliebten Mann wach zu halten, die Familie zusammenzuhalten und auf Lesereisen, Vorträgen und Memoiren den Geist des Widerstands zu vermitteln. »Meine Großmutter ist von einem nicht zu erschütternden Gottesglauben getragen«, erzählt ihr Enkel. Dieser tiefverwurzelte protestantische Glauben habe der Großmutter die heitere Gelassenheit gegeben, nach dem Krieg als junge Witwe sich mit ihren drei kleinen Kindern durchzuschlagen. In ihrer Gottesgewissheit wusste sich Johanna Rahtgens einig mit ihrem Mann, dessen anrührende Abschiedsbriefe ebenfalls von der Sicherheit und Zuversicht getragen sind, Gott würde ihn und seine Familie beschützen. »Dieses, sein Wissen in der Todesstunde, dass der Herr mich und die Kinder begleiten wird, hat sich tausendmal bewahrheitet, bis heute, auch oft unverdient. Es gab im Laufe des langen Lebens noch viele dunkle Täler zu durchschreiten. Aber Gottes liebender Schutzmantel hat mich bis heute eingehüllt. Und ich denke, die Kinder und Kindeskinder auch. Und ohne dieses feste Wissen und Spüren säße ich nicht hier. Und deswegen ist dieser Bericht einer Zeitzeugin überhaupt nicht traurig oder bedrückend, sondern ein großes Geschenk«,[2] erzählte die inzwischen über 80-Jährige auf einer der Tagungen der Forschungsgemeinschaft, die sie regelmäßig mit ihren Kindern und Enkeln besucht.

»Mit meiner Großmutter tausche ich mich regelmäßig über E-Mail aus. Das klappt sehr gut, außer dass die Schriftgröße manchmal sehr variiert«, erzählt Clemens Schaeffer. Zum Glück wohne die Großmutter inzwischen drei Minuten von seinen Eltern in Bergisch Gladbach. Letztlich führt Clemens Schaeffer auch seine Studienwahl der Geschichte und Betriebswirtschaftslehre auf die intensive Auseinandersetzung mit dem Widerstand in seiner Familie zurück. »In der Schule habe ich mich eigentlich nicht besonders für Geschichte interessiert, auch wenn ich Englisch und Gemeinschaftskunde als Leistungsfächer hatte«, sagt der 26-Jährige. Nach dem Abitur 1997 auf einer Privatschule »mit tollem Klassenverband« verpflichtete sich Clemens Schaeffer zunächst für zwei Jahre bei der Bundeswehr, wo er seine Neigung zum Journalismus entdeckte. »Ich bin der Einzige von den Enkeln meiner Großmutter, der gedient hat«, erzählt der Geschichtsstudent, alle anderen Enkel wären ausgemustert worden oder hätten verweigert. Ein bewegender Moment sei es für sie gewesen, als sie ihn das erste Mal in Uniform gesehen habe. Seine Entscheidung für die Bundeswehr war in erster Linie pragmatisch. Er wollte vor allem Sprachen lernen und nicht die Zeit mit sinnlosen

Wehrübungen verbringen. Das erste Jahr verbrachte Clemens Schaeffer auf einer Bundeswehrschule »für integrative Verwendung« und lernte Französisch. Doch die Unterordnung, das System von Befehl und Gehorsam behagten ihm nicht. Das zweite Jahr kam ihm schon mehr gelegen, als er in Andernach dem Radiosender der Bundeswehr zugeordnet war. »In Andernach schien die militärische Welt auf den Kopf gestellt«, erinnert sich Clemens Schaeffer, der das Jahr »ganz großartig« fand. Auch wenn die Vorgesetzten das Sagen hatten, blieb die Programmgestaltung doch weitgehend den Wehrdienstleistenden überlassen, von denen viele gelernte Journalisten waren. Auch bei militärischen Übungen sei das Radioprogramm für die Truppen außerhalb der Heimat vorgegangen, denn die Radio-Truppe sei für die Moral der auf den Balkan versetzten Soldaten ganz entscheidend gewesen. »Wir haben Grüße aus der Heimat, von der Freundin, der Mutter, dem Bruder oder dem Schwager überbracht und gleichzeitig die Musikwünsche unserer Hörer übermittelt«, erinnert sich Clemens Schaeffer, der noch einen Bruder hat. Gleichzeitig lernte Schaeffer in diesem Jahr die große Welt der Politik kennen, durfte bei dem G 7 + 1-Gipfel in Köln 1999 für die Truppe Bericht erstatten und bekannte Politiker interviewen. Auch die Berichterstattung der Bundeswehr über den 20. Juli 1999 lief über Clemens Schaeffer. Damals fand zum ersten Mal ein öffentliches Gelöbnis am 20. Juli statt, und es wurden die ersten deutschen Truppen in den Kosovo verlagert. »Wir haben sehr heftig und kontrovers darüber diskutiert, ob das feierliche Gelöbnis wirklich am 20. Juli sein sollte«, so Schaeffer. Er habe es sehr begrüßt und mutig gefunden, dass sich der Ex-Verteidigungsminister Rudolf Scharping mit dem Gelöbnis so deutlich dem »Geist des Widerstandes« verschrieben habe.

»Für mich war es schon komisch, einerseits als Angehöriger, andererseits als Soldat am 20. Juli 1999 die Berichterstattung zu gestalten.« An sich hätten in der Hinrichtungsstätte Plötzensee keine Interviews gegeben werden dürfen. Doch Clemens Schaeffer fehlte noch ein Originalton des neu gewählten Bundeskanzlers Gerhard Schröder. »Ich bin einfach auf den aufseufzenden Schröder zugegangen und habe ihn um ein paar Worte für die Soldaten im Einsatz gebeten«, erzählt Clemens

Schaeffer noch heute belustigt. Seine Halbschwester habe diesen Augenblick, wie Clemens Schaeffer dem Bundeskanzler den Schirm hält und ihn befragt, in einem Schnappschuss festgehalten.

Nach dem Wehrdienst zog es Clemens Schaeffer in die Praxis und nach Berlin, wo er zunächst ein Praktikum in einer Fernsehproduktionsgesellschaft machte, aus dem sich bald eine Ausbildung zum Kaufmann für audiovisuelle Medien entwickelte, die er eigentlich einstmals gar nicht machen wollte. Damals habe er die Chance zunächst gar nicht erkannt.»Heute bin ich sehr froh, dass ich damals diese Ausbildung gemacht habe«, sagt Clemens Schaeffer, denn so könne er sich erstens heute noch sein Studium mit finanzieren und habe auf der anderen Seite so viel Einblick in die Praxis, dass der Übergang vom Studium in den Beruf vermutlich einfacher werde. Zunächst hatte der in Köln Geborene Rechtswissenschaften studieren wollen und stieg dann auf ein Studium der Geschichte und der Betriebswirtschaftslehre um. Das Jurastudium und die anschließende Referendarzeit seien ihm auf der einen Seite zu lang, auf der anderen Seite auch zu trocken gewesen. In einer Filmproduktionsfirma entdeckte Clemens Schaeffer den Spaß an historischen Themen: Zunächst konnte er während seiner Zeit als Auszubildender an der Produktion der Tagebücher des Dresdner Romanisten Viktor Klemperer mitwirken; später den Verleih des Bonhoeffer-Films mit organisieren. Das war nicht einfach, da ein Film über einen Theologen im Widerstand nicht dem typischen deutschen Publikumsgeschmack entspräche. »Wir hatten fünf bis vierzehn Kopien und haben damit über 100 000 Zuschauer erreicht«, erzählt er voll Begeisterung und meint, das wäre damals für einen solchen Film ein großer Erfolg gewesen. Noch besser lief selbstverständlich der Film über den Kirchenreformator Martin Luther. »Das liegt vor allem an der ausgeklügelten Vermarktungsstrategie«, die sich stark auf die evangelische Kirche und auf Bildungsträger konzentrierte. Derzeit arbeitet Clemens Schaeffer als Rechercheur an einem Film über den Reichspropaganda-Minister Joseph Goebbels, der im Herbst 2004 im Fernsehen ausgestrahlt werden soll. Dafür sieht er zunächst das audiovisuelle Material aus dem Bundesarchiv durch, forscht nach aussagefähigen Zeitzeugen und recherchiert nach »atmosphärisch« brauchbaren Drehorten. Clemens Schaeffer interessiert vor allem der weniger inszenierte Dokumentarfilm. »Diese Arbeit ist hochinteressant und macht wirklich viel Spaß.« Im vergangenen Jahr sei er auf eigene Faust mit einem Freund als Dokumentarfilmer in den Irak gereist. »Wir haben den Berliner Journalisten Philipp Abresch in den Irak begleitet«, erzählt Clemens Schaeffer. Philipp Abresch habe Einwegkameras an junge amerikanische Soldaten und irakische Jugendliche verteilt und sie gebeten, damit das festzuhalten, was ihnen persönlich wichtig erscheine und was sie anderen Menschen gerne zeigen möchten. »Ziel meiner Arbeiten ist es, Kindern und Jugendlichen über die Fotografie eine Stimme zu geben und damit einen nachhaltigen interkulturellen Austausch zu fördern«, heißt es in einer Pressemitteilung von Philipp Abresch. »Derzeit läuft gerade eine Fotoausstellung im Kunsttempel in Kassel«, erzählt Clemens Schaeffer und fügt hinzu, dass das Publikum die selbstgedrehte Dokumentation gut aufgegriffen hätte.

Pate für die Berufswahl stand indessen nicht nur das Interesse an Geschichte in der Familie, sondern auch der väterliche Beruf. »Mein Vater ist zwar studierter Jurist, hat aber nie in einem rein juristischen Beruf gearbeitet.« Zunächst habe der Vater als promovierter Jurist für den Westdeutschen Rundfunk, später für die UNESCO gearbeitet, bis er schließlich Geschäftsführer von Transtel wurde, die deutsche Fernsehfilme ins Ausland verkaufte. »Von meinem Vater habe ich sicher das Interesse für Film und Geschichte geerbt.« Der Vater verfüge über ein sehr fundiertes Wissen in Geschichte, besonders in der Geschichte des Widerstandes, so dass er und sein Bruder sich mit dem Vater eher über historische Zusammenhänge unterhielten, während in den Gesprächen mit der Mutter und Großmutter mehr die persönliche Familiengeschichte thematisiert würde. »Mein Vater verschlingt Geschichtsliteratur geradezu«, meint der Sohn anerkennend und fährt fort, dass der Vater natürlich den unsentimentaleren und nüchterneren Blick auf den Widerstand habe als die mütterliche Familie. Interessanterweise gäbe es auch eine eindeutige Gewichtung in der Auseinandersetzung mit den beiden Familiengeschichten; die Herkunftsfamilie der Mutter hätte stets im Mittelpunkt gestanden. Von seinem Großvater Schaeffer wisse er fast gar nichts, nur, dass er bereits sehr früh gestorben sei.

Großmutter und Mutter betrachteten hingegen das Dritte Reich viel emotionaler, vielmehr aus der Perspektive des Widerstands heraus. »Sicher wurde in meiner Familie der Widerstand idealisiert«, meint Clemens Schaeffer, der sich im Laufe seines Geschichtsstudiums kritischer mit dem Widerstand auseinander zu setzen beginnt. Als älteste Tochter von Carl-Ernst Rahtgens habe seine 1940 geborene Mutter noch eine schemenhafte Erinnerung an ihren Vater, während die beiden jüngeren Söhne Albrecht und Manfred sich gar nicht an den Vater entsinnen können. »Für meine Mutter war der Verlust ihres Vaters mit Sicherheit ein ganz einschneidendes Erlebnis«, resümiert Clemens Schaeffer, aber sie sei ein derart lebensfroher Mensch, dass sie mit diesem Schicksal habe leben können. Trotz vierfacher schwerer Meningitis habe sich die Mutter nie unterkriegen lassen und habe vor ihrer Ehe eine Reihe von Ausbildungen gemacht und sehr viel in den USA gearbeitet.

Zur Zeit der Verhaftung des Großvaters in Belgrad lebte die Großmutter mit ihren drei Kindern in Schlesien. »Häufig hat uns die Großmutter erzählt, wie sie – vorgewarnt durch den NS-Bürgermeister des Ortes – am 8. September 1944 vier Männer, zwei von der SS und zwei vom Finanzamt, empfing.« Die vier Herren hätten seiner Großmutter nicht nur das am 30. August vollstreckte Todesurteil wegen Landes- und Hochverrats übergeben, sondern alles bis hin zu den Windeln der Kinder beschlagnahmt. Wieder habe der Großmutter nur ihr unerschütterlicher Glaube geholfen. So schildert die Großmutter die Beschlagnahmung folgendermaßen: »Als am nächsten Morgen pünktlich um acht Uhr die vier großen Kerle vor mir standen und mir eiskalt ihr Schreiben in die Hand drückten, war ich innerlich ganz ruhig. Und als sie das gesamte Inventar aufschrieben, bis zum letzten Hosenknopf, und alles Wertvolle im Esszimmer versiegelten, bin ich sogar am Abend noch zu ihnen gegangen und sagte: ›Sie haben noch meine Ringe und meine Uhr an meiner Hand vergessen. Bitte bedienen Sie sich.‹ Die waren plötzlich stumm. Aber sie konnten mir nichts anhaben. Gott hat mich wirklich in den Mantel seiner Liebe gehüllt.«³ Auf der anderen Seite habe ihm die Großmutter auch oft erzählt, wie ihr die Nachbarn in den schweren Tagen 1944 halfen, indem sie Brot, Obst und Gemüse heimlich vor die Haustür der jungen Witwe legten.

Zwar wurden der jungen Witwe die Konten gesperrt und alles beschlagnahmt, von der Sippenhaft aber blieben die Rahtgens verschont. Von Schlesien aus floh die Familie bei eisiger Kälte im Januar 1945 nach Sylt, wo die Mutter Rahtgens ein kleines Sommerhaus besaß. Später, in den sechziger Jahren, ließ sich die Familie Rahtgens in Berlin nieder. Die Großmutter führte ein offenes Haus, in dem sich die Freunde ihrer Kinder, Politiker, Journalisten, Freunde aus dem Widerstand und andere Bekannte vor allem aus Schlesien die Klinke in die Hand gaben. »Meine Großmutter organisierte Gesprächsrunden und politische Diskussionen«, erzählt Clemens Schaeffer und meint, dass die Großmutter an sich kein wirklich politischer Mensch sei. Unterstützung und Gleichgesinnte fand die Großmutter im *Hilfswerk 20. Juli* und der späteren *Forschungsgemeinschaft*. »Für mich war es völlig selbstverständlich, dass unsere ganze Familie stets gemeinsam mit der Großmutter zu den Veranstaltungen ging«, sagt Clemens Schaeffer, dessen Onkel Manfred Rahtgens seit kurzem neuer Vorsitzender der *Forschungsgemeinschaft* ist. Überhaupt habe der 20. Juli die Familie sehr verbunden und den Zusammenhalt gestärkt. Von den Tagungen der *Forschungsgemeinschaft* habe er als Geschichtsstudent sehr profitiert, meint Clemens Schaeffer und sagt, dass er es toll fände, dass dort über alle politischen Lager hinweg Forschung betrieben wird, es keine Veteranenveranstaltung sei, auch wenn die Enkelgeneration mit ihrer Meinung und ihren Ansichten in der *Forschungsgemeinschaft* zu kurz käme. Wie er die alljährlichen Gedenkveranstaltungen im Bendlerblock finde? Auch die sieht Clemens Schaeffer in erster Linie pragmatisch. Im Vordergrund stehe die Inszenierung der Politik, die Inhalte der Reden seien fast immer dieselben und als Nachkomme dürfe man sich nicht allzu viel erwarten. »In erster Linie gehe ich gerne dort hin, weil ich meine Großmutter begleiten kann und weil ich den Eindruck habe, dass der Widerstand gegen den Nationalsozialismus inzwischen in unserer Gesellschaft angekommen ist«, meint Clemens Schaeffer. Vor allem der morgendliche Gottesdienst in der Hinrichtungsstätte Plötzensee sei für ihn von zentraler Bedeutung. »Das ist ein ganz spezieller Ort, mit einer Atmosphäre, die mir unter die Haut geht. Für meine sehr christlich gesonnene Großmutter ist der Gottesdienst in Plötzensee wie der alljährliche Besuch auf dem Friedhof«, sagt der Geschichtsstudent, schließlich sei Plötzensee der Ort, an dem sein Großvater am 30. August 1944 hingerichtet worden sei.

Am bewundernswertesten an der Großmutter findet Clemens Schaeffer ihre Offenheit, Herzlichkeit und ihren Humor. »Mein Großvater ist mir ganz nah durch die warmen, herzlichen, ja immer noch verliebten Schilderungen meiner Großmutter«, meint Clemens Schaeffer, der den Großvater vor allem eher als einen liebenswerten Vater und Ehemann denn als politischen Kopf wahrnimmt. »Wir wissen einfach zu wenig über meinen Großvater«, wiederholt er immer wieder. Sicher erzähle die Großmutter, dass ihr Mann wusste, was an der Ostfront für Gräueltaten begangen wurde. Doch schon um sie zu schützen, habe er sie nicht in alles eingeweiht.

»Nach so langer Zeit hat sich bei meiner Großmutter natürlich ein festes Erzählschema eingeprägt«, meint der Enkel, der gerne die Geschichten der Großmutter mit den objektiven historischen Fakten vergleichen möchte. »Ich bin mir sicher, da würde meine Großmutter sofort mitmachen«, erzählt der Enkel. Zunächst wird ihn sein Weg deshalb zu den Akten der Wolfsschanze führen, wo er hofft, Unterlagen über seinen Großvater zu finden. »Mein Großvater war im Stab der Generäle Heusinger und Graf v. Kielmannsegg«, erzählt der Enkel, da müsse es doch Material über ihn geben. Dann möchte er unbedingt längere Interviews mit seiner inzwischen 86-jährigen Großmutter und Philipp v. Boeselager führen. »Irgendwer muss ja die harte Quellenrecherche machen«, meint Clemens Schaeffer und kommt gleich auf ein nächstes Thema, das ihn auch brennend interessiert, nämlich sein Urgroßonkel, der Generalfeldmarschall Günther v. Kluge, den die historische Literatur als den Ewigschwankenden begreift, der seine Zustimmung zum Staatsstreich davon abhängig machte, ob Hitler wirklich tot sei.[4]

»Sicher hätte er anders handeln können und vielleicht müssen«, meint Clemens Schaeffer, und sicher sei er wie ein Fähnchen im Wind gewesen. »Aber ihn deshalb gleich in Bausch und Bogen moralisch zu verurteilen«, da ist sich der Geschichtsstudent unsicher. »Es geht mir nicht darum, ihn rein zu waschen«, aber der umfangreiche verschollene Nachlass, der würde ihn schon sehr reizen. Vielleicht könne er ja darüber promovieren und wenn, dann gleich nachher einen guten Dokumentarfilm drehen.

1 Peter Steinbach, Johannes Tuchel, Lexikon des Widerstandes, S. 159.
2 Johanna Helene Rahtgens, Erinnerungen von Witwen des 20. Juli. In: Leichsenring, Frauen und Widerstand, S. 129.
3 Ebd., S. 128.
4 Zur Rolle Kluges vgl. u. a. Peter Steinbach, Kinder, Ihr habt mich. Zur Verstrickung des Generalfeldmarschalls von Kluge. In: Peter Steinbach (Hg.), Widerstand im Widerstreit, S. 318 ff.

Zwischen Kiez und Forschungsgemeinschaft >
Christian Lindemann und General Friedrich Lindemann

Die Rache der Nationalsozialisten war furchtbar. In einer Ansprache vor den NSDAP-Gauleitern am 3. August 1944 in Posen hatte Heinrich Himmler erklärt, das »Verräterblut bis zum letzten Glied in der ganzen Sippe« auszurotten. Besonders grausam gingen die Nationalsozialisten gegen die Familien Stauffenberg, Hoepner, Goerdeler vor – und gegen die Angehörigen und die Fluchthelfer des Generals der Artillerie Fritz Lindemann, dem es nach dem Attentat zunächst gelungen war, in Dresden, später in Berlin unterzutauchen. Bis Anfang der neunziger Jahre war das Schicksal Lindemanns und seiner Fluchthelfer in Vergessenheit geraten, bis ein Dokumentarfilm und ein Buch der Chronos-Filmemacher Bengt und Irmgard v. zur Mühlen das »relativ vergessene Kapitel des 20. Juli« näher behandelte.[1]

»Fünf Menschen, die meinen Großvater versteckt hielten, wurden von den Nationalsozialisten vor den Volksgerichtshof gestellt und hingerichtet«, erzählt der Enkel von General Lindemann, Christian, als wir uns in einem Café in der Berliner Akazienstraße treffen, und ergänzt: »Meine Großtante beging Selbstmord; mein Vater und mein Onkel kamen ebenfalls vor den Volksgerichtshof und wurden zu Zuchthausstrafen verurteilt, meine Tante Marie-Luise brachten die Nationalsozialisten in das Kinderheim nach Bad Sachsa und mein Großvater starb an der Folge lebensgefährlicher Verletzungen.« Als Bühnentechniker im Berliner Varieté »Wintergarten« versucht Christian Lindemann die Schwere seiner Familie durch Leichtigkeit zu ersetzen, was keine einfache Übung ist, sind doch die Auswirkungen bis auf den heutigen Tag in der Familie spürbar.

Lange Zeit habe sein Vater über die Hintergründe des Familienschicksals wenig erzählt, erinnert sich Christian Lindemann, erst im Alter könne er besser darüber sprechen. Als Grund vermutet Christian Lindemann, dass der Vater – nach eigenen schlechten Erfahrungen – die Familie in den fünfziger Jahren nicht dem Odium des »Landesverrats« aussetzen wollte. Durch das Verhalten des Vaters habe sich sein Sohn »alles über den Widerstand selbst erarbeiten müssen«.

Für den Außenstehenden mutet das Untertauchen des bekannten Generals Lindemann bei einer jüdischen Familie nach dem 20. Juli wie eine Abenteuergeschichte an. Auf Grund seiner journalistischen Erfahrung hatten die Verschwörer Lindemann dafür vorgesehen, eine von Generaloberst Ludwig Beck formulierte Ansprache im Rundfunk zu verlesen, dass der Staatsstreich gegen Adolf Hitler gelungen sei. Hierfür hielt sich Lindemann mit General Eduard Wagner bei seinem Stab in Wünsdorf bei Zossen bereit. Nach Beginn des Staatsstreichs sollte Lindemann nach Berlin fahren und sich dort unter Polizei- und Militärschutz in das Funkhaus begeben, um einen Teil der Ansprache zu verlesen. Da von Berlin keine klare Order kam, blieb General Lindemann bis abends in Wünsdorf und machte sich schließlich in Absprache mit Wagner nach Berlin auf, um »festzustellen, was in Berlin los sei«.[2] Lindemann fuhr in das Oberkommando des Heeres im Bendlerblock, beobachtete dort das Chaos jenes 20. Juli und kehrte gegen 21 Uhr – unbehelligt von der Gestapo – nach Wünsdorf zurück.

Zwei Tage später erfuhr Lindemann telefonisch durch Oberleutnant Günther Smend, dass er als Waffengeneral der Artillerie abgelöst und dafür in die Führerreserve des Wehrkreises X versetzt worden wäre. »Daraufhin beschloss mein Großvater unterzutauchen«, erzählt der 1953 in Hamburg geborene Enkel Christian. Lindemann reiste am 22. Juli nach Dresden, wo sein Onkel Max wohnte, dem er erzählte, er sei in die Führungsreserve versetzt worden und wolle deshalb erst einmal Urlaub machen. Während sein Onkel nichts von den Zusammenhängen mit dem 20. Juli wusste, ahnte seine Tante Elsa, die die Nationalsozialisten hasste, die wahren Hintergründe des überraschenden Verwandtenbesuches und schaltete den Vetter Hermann Lindemann ein, der 1932 sozialdemokratischer Bürgermeister in Senftenberg gewesen war und über genügend Kontakte verfügte. Hermann Lindemann wiederum wandte sich an seinen alten Parteigenossen und Geschäftsfreund Hans Sierks, der einen Freund in Berlin hatte, der untergetauchte Juden versteckte. Ein Geschäftsführer einer Dresdner Druckmaschinenfabrik, ebenfalls ein ehemaliges SPD-Mitglied, Carl Marks, begleitete Lindemann zurück nach Berlin, wo Lindemann schließlich nach weiteren kurzen Aufenthalten am 29. Juli in der Kastanienallee im Westend bei dem großbürgerlich situierten Ehepaar Gloeden unterkam, die zu der Familie der berühmten jüdischen Dynastie der Bronzegießerei Loevy gehörten.[3] Bekannt wurde die Familie Loevy durch den bronzenen Schriftzug »Dem Deutschen Volke«, der das Berliner Reichstagsgebäude schmückt. Die 1855 gegründete Bronzegießerei belieferte bis zu ihrer Arisierung 1939 repräsentative Staatsbauten, private Villen, Bank- und Hotelpaläste mit formvollendet geschlungenen Türgriffen, aufwendig gestalteten Portalen und Beschlägen. »In modernen Formen und nach historischen Originalen« lautete das Motto der Berliner Bronzegießerei S. A. Loevy, die ihr Handwerk bis zur Kunstfertigkeit verfeinert hatte: Einer der Höhepunkte der Firmengeschichte bildete die Fertigstellung der Dioskurengruppe für die Deutsche Botschaft in St. Petersburg. Trotz seines hohen Ansehens hatte der anschwellende Antisemitismus den Vater von Erich Gloeden, Siegfried Loevy, derart besorgt gemacht, dass er seine Kinder christlich taufen und später von einem Bekannten adoptieren ließ, damit sie frei von antisemitischen Vorurteilen aufwachsen konnten. Erich Gloeden studierte Architektur an der Technischen Hochschule in Dresden und promovierte 1915 noch unter dem Namen Erich Loevy mit einer Arbeit über Karl Friedrich Schinkel. Nach Aussagen seiner Nichte gewann Gloeden als freier Architekt in Berlin viele Ausschreibungen und Wettbewerbe, die selten realisiert wurden. »Er war aber immer zwanzig Jahre zu früh dran mit seinen Ideen. Mein Onkel hatte die Idee der Satellitenstädte schon zu einer Zeit, wo keiner daran gedacht hatte.«[4] 1938 hatte Erich Gloeden die Juristin Elisabeth Charlotte Kuznitzky geheiratet, die Tochter eines jüdischen Sanitätsrats. In Berlin lebten die Gloedens trotz ihrer Herkunft weitgehend unbeobachtet; noch im Dezember 1935 hatte Erich Gloeden zur Erinnerung an seine Verdienste im Ersten Weltkrieg das Ehrenkreuz für Frontkämpfer erhalten. In den folgenden Jahren lebte Erich Gloeden ein gefährliches

Doppelleben: Einerseits übernahm er formell die Erbschaft seines Vaters, um die Firma Loevy über den Krieg zu retten, auf der anderen Seite wurde er als Architekt zur Organisation Todt eingezogen und bereiste Osteuropa, um Neubauten zu planen und zu inspizieren.

»Durch seine Reisen und den dienstlichen Kontakt mit seinen NS-Auftraggebern erfuhr er frühzeitig, was ›mit meinen Stammesgenossen‹ geschah«,[5] schreibt Armin D. Steuer in dem Ausstellungskatalog des Jüdischen Museums in Berlin über Erich Gloeden. Das gastfreundliche Haus der Familie Gloeden im Berliner Westend wurde zur Anlaufstelle für viele Juden, die in die Illegalität abtauchen wollten und denen Erich Gloeden falsche Papiere besorgte. Als Ende Juli 1944 ein unbekannter Mann in Zivil vor der Tür der Kastanienallee stand und sich als »Herr Exner« vorstellte, glaubte die Familie zunächst, es handle sich um einen jüdischen Bekannten. In ihrem für die Frau Lindemanns geschriebenen Erinnerungen beschrieb die Familienfreundin Josepha v. Koskull ihr erstes Zusammentreffen mit dem neuen Gast der Familie Gloeden. »Herr Exner sah gut aus, ein Herr in den besten Jahren, er trug einen grauen Anzug und zu diesem Zeitpunkt, wo schon die meisten Männer an der Front standen, war es erstaunlich, einen Zivilisten von einigen vierzig Jahren zu sehen, denn mehr gab ich ihm nicht. Aber man konnte ja nie wissen, ob es nicht jemand sei, der eine wichtige Stellung in der Industrie oder sonst einer Stelle bekleidete, wo er ›unabkömmlich‹ war und nicht zum Militärdienst eingezogen wurde. Es wunderte mich, dass ich, die ich doch die meisten Bekannten von Gloedens persönlich oder dem Namen nach kannte, noch nie von einem Herrn Exner gehört hatte.«[6] Doch das Rätsel sollte sich bald klären: General Lindemann gab sich seinen Rettern zu erkennen; von da an spielte man zwischen den schlimmer werdenden Bombenangriffen Bridge, teilte Apfelkuchen und Kartoffeln miteinander, trank Rheinwein, las den *Erfolg* von Lion Feuchtwanger. Da Lindemann die Absicht hatte, an der Ostfront zu General der Artillerie Walther v. Seydlitz-Kurzbach überzulaufen, brachte ihm Josepha v. Koskull Russisch bei. Zehn Tage nachdem eine Denunziantin Carl Goerdeler verraten hatte, erschien am 20. August 1944 ein Steckbrief gegen den »Deserteur Lindemann«, auf dessen Ergreifen

500 000 Reichsmark angesetzt waren. »Beim Morgenkaffee las ich es mit einem leichten Grausen, denn nun war klar, dass die Gestapo den General noch in Deutschland vermutete. Wir hatten gedacht, wir würden ihn so lange verstecken können, bis der Krieg zu Ende sei. General Lindemann war in dieser Beziehung sehr optimistisch«,[7] erinnerte sich Josepha v. Koskull.

Am 3. September – man hatte sich bei den Gloedens gerade nach einem Mittagessen mit Pute und Apfelspeise zum Mittagsschlaf gelegt – klingelten sechs Gestapobeamte an der Tür und brüllten Erich Gloeden an: »Du Schwein, wo ist Lindemann?«[8] In Sekundenschnelle durchsuchte die Gestapo die weitläufige Wohnung. »Als mein Großvater die Gestapo hörte, versuchte er aus dem Fenster zu springen«, erzählt Christian Lindemann, doch ein Beamter habe ihm lebensgefährliche Verletzungen beigebracht. Schwer verletzt schafften die Gestapobeamten General Lindemann in das Berliner Staatskrankenhaus in der Scharnhorststraße, wo er Tag und Nacht gefesselt und bewacht von Gestapobeamten mit dem Tod rang. Lindemann hatte einen Oberbauchdurchschuss und mehrere Einschüsse im Oberschenkel erlitten, die eine Notoperation erforderlich machten. Bevor er die Narkose bekam, erklärte er: »Sie sollen es alle wissen, ich bin der General der Artillerie Lindemann vom Oberkommando des Heeres. Grüßen Sie meine Frau, denn mein Schicksal ist mir gewiss. Niemand hat ein reineres Gewissen als ich. Ich habe aus reinem Gewissen gehandelt, ich sterbe für Deutschland.«[9]

Alle geforderten lebensverlängernden Maßnahmen halfen nichts. Am 22. September starb Fritz Lindemann, ohne der Gestapo Wesentliches über den 20. Juli gesagt zu haben, die ihn zu vernehmen versuchte. In ihrem Arztbericht an die Witwe Lindemann über die letzten Tage des Generals schrieb die Ärztin Charlotte Pommer: »Die bleibenden Werte sind in keine ihrer Größe entsprechende äußere Form zu bringen: Der unermessliche Grad der Selbstbeherrschung Ihres Gatten, die Überlegenheit und der Stolz seiner Persönlichkeit, seine innere Freiheit, seine Würde.«[10]

Wenige Tage nach dem Tod des Vaters nahm die Gestapo den Vater von Christian Lindemann, Georg, am 25. August in Hamburg fest; seinen

Bruder Friedrich Lindemann hatte am 18. August schon ein Kamerad verraten, so dass er sich im Gestapo-Gefängnis in der Lehrter Straße wiederfand. Beide Söhne Lindemanns, damals 21 und 20 Jahre alt, mussten sich vor dem Volksgerichtshof wegen des nicht angezeigten Hochverrats ihres Vaters verantworten. Auf mehreren Manuskriptseiten fasste Georg Lindemann 1984 seine Erlebnisse von der Verhaftung bis zur Freilassung zusammen, die dem Leser auf Grund der nüchternen Analyse kleinster Grausamkeiten den Atem stocken lassen. »Aus dem Bericht meines Vaters habe ich 1984 erstmals vieles erfahren, was ich nicht wusste«, erinnert sich Christian Lindemann, der lange Jahre mit dem 20. Juli nicht viel anfangen konnte. Georg Lindemann, der damals auf der Kriegsschule in Glücksburg war, erhielt im September 1943 erstmals Besuch von seinem Vater, der damals schon aktiv im Widerstand gegen Hitler arbeitete und Verbindungen zum General der Infanterie, Friedrich Olbricht, Generalmajor Helmuth Stieff und Generaloberst Ludwig Beck unterhielt und wegen seiner ausgeprägten Reisetätigkeit zum wichtigen Informationsträger für den Widerstand wurde. Während eines langen Gesprächs über die militärische Lage Deutschlands – die beide für verloren hielten – erzählte General Lindemann seinem Sohn: »Er teilte mir schließlich mit, dass es eine Gruppe von Offizieren und anderen Männern in Deutschland gebe, die an einem Umsturz arbeiteten. Es komme ihnen darauf an, Hitler, Göring und Himmler zu beseitigen, die Macht zu übernehmen und den Einfluss der SS, Gestapo, der NSDAP zu eliminieren und zu versuchen, mit den Gegnern in diesem Krieg zu einem einigermaßen tragbaren Übereinkommen zu gelangen.«[11] Zu der negativen Einsicht des Generals trugen vor allem seine Erlebnisse als Kommandant bei verschiedenen Vorausabteilungen der Heeresgruppe Süd beim Überfall auf die Sowjetunion 1941 bei, die ihn zu einem entschiedenen Gegner Hitlers machten. Gänzlich am Sieg zu zweifeln begann Lindemann ein Jahr später, als er die 132. Infanterie-Division bei der Eroberung von Sewastopol auf der Krim zu kommandieren hatte. »Mein Großvater hat schon nach dem Röhmputsch 1934 im Geiste Hitler verurteilt, erinnert sich mein Vater«, sagt Christian Lindemann.

Wegen seiner hervorragenden Leistungen hatte Fritz Lindemann eine beeindruckende militärische Karriere gemacht, kurz nach dem Besuch bei seinem Sohn hatte er am 1. Oktober 1943 die Führung des Stabs der Artillerie beim Oberkommando des Heeres übernommen, wodurch Lindemann Kontakte zu Henning v. Tresckow und Claus Graf v. Stauffenberg knüpfen konnte und zu einem wichtigen Verbindungsmann wurde. »Mein Vater hat dann noch zweimal Besuch von seinem Vater bekommen«, erzählt der 51-jährige Enkel. Beide Male habe sich das Gespräch um die militärische Opposition gedreht. Das letzte Mal sahen sich beide Ende Juni 1944, als der Vater von Christian Lindemann in Swinemünde an einem Flaklehrgang teilnahm. Georg Lindemann erlebte einen offenen, mitteilsamen Vater, was ihn zu dem Schluss veranlasste, dass das Attentat nun unmittelbar bevorstehen müsste. »Es war ein warmer Tag, als wir uns verabschiedeten. Es war ein Abschied, der auch die Möglichkeit einschloss, dass wir uns nicht mehr wiedersehen würden«,[12] notierte Georg Lindemann vierzig Jahre später.

Er sollte Recht behalten. Unter dem 20. Juli verzeichnete Georg Lindemann: »An diesem Tag habe ich nach langer Zeit das erste Mal wieder gebetet. Bald zeichnete sich ab, dass das Attentat nicht gelungen und der Versuch, den Verderber Deutschlands auszulöschen, gescheitert war.«[13] Als die Zeitungen seinen Vater im August als »fahnenflüchtig« melden, beschloss der Sohn, um eine Versetzung zu einem Frontkommando zu ersuchen. Doch dort kam er nicht an, da die Gestapo ihn am 25. August 1944 bei einer Übernachtung in der elterlichen Wohnung in Hamburg festnahm. Wie viele andere Häftlinge des 20. Juli saß Georg Lindemann im Gefängnis in Berlin-Tegel ein, wo inzwischen auch sein Bruder inhaftiert worden war. Beide erlebten, wie täglich Widerstandskämpfer aus ihrer Gefängniszelle abgeholt wurden. »Es war eine Zeit des ganz intensiven Erlebens. Täglich wurden die Mithäftlinge zur Gerichtsverhandlung abgeholt. Die meisten wurden zum Tode verurteilt und direkt nach Plötzensee zur Hinrichtung gebracht. Andere warteten in den Zellen in gefasster und beispielhafter Haltung auf die Vollstreckung des Urteils. Langsam lichteten sich die Zellen. Mir half das Gemeinsame mit diesen Männern und die Nähe meines Bruders«,[14] schrieb Georg

Lindemann. Im Oktober schließlich erhielt Georg Lindemann seinen Haftbefehl, der bezeichnenderweise an den »ehemaligen« Oberfähnrich zur See gerichtet war, da der Ehrenhof der Deutschen Wehrmacht ihn zuvor ausgeschlossen hatte.
Der intensive Wunsch, das Dritte Reich zu überleben, gepaart mit einem messerscharfen Gedächtnis, ließen Georg Lindemann am 14. November 1944 bei seiner Verhandlung vor dem Volksgerichtshof unter Roland Freisler gut vorbereitet sein. »Es gelang ihm, vor Freisler den unwissenden, vatergläubigen Jungen zu spielen«, erinnert sich Christian Lindemann an die Erzählungen seines Vaters. Dieser notierte: »Ich hatte dieses Theater, das etwa zweieinhalb Stunden dauerte, so erwartet und mich völlig auf ihn eingestellt, spielte mit, wie ich glaubte, dass es für den Verlauf der Verhandlungen in seinem Sinne richtig war, ohne irgend ein Jota von meiner Position abzugehen. Ich erinnere mich genau, was ich als mein Geständnis diktiert hatte, was ich auch in der zweiten Vernehmung bei der Gestapo wiederholt und nicht mehr verändert hatte.«[15] Diese Einstellung rettete Georg Lindemann das Leben, der zu fünf Jahren Zuchthaus und fünf Jahren Ehrverlust verurteilt wurde. »Das Verfahren wegen Hochverrats hätte meinen Vater gut den Kopf kosten können«, erzählt der Wahl-Berliner Christian Lindemann. Von Dezember bis Mai 1945 arbeitete Georg Lindemann zunächst als Industriearbeiter der Firma Busch im Zuchthaus Brandenburg. Seit Januar assistierte er im zuchthauseigenen Operationssaal und wirkte als Krankenpfleger. Rückblickend erinnert sich der damals 20-Jährige: »In diesen vier Monaten im Zuchthaus ist mir alles zwischen menschlich Wertvollem und menschlich Hässlichem begegnet, was man sich nur denken kann. Man soll nicht glauben, dass es in einer solchen Gemeinschaft nicht Hass wie auch Freundschaft gibt, die bestimmend sein können fürs Leben und auch für den Tod von Menschen. Auch hier gab es noch Anzeigen wegen defaitistischer Äußerungen, die mit dem Todesurteil endeten. Die Guillotine in Brandenburg war bis Mitte April in Aktion.«[16] Am 24. April 1945 eroberten die Russen die Umgebung des Brandenburger Zuchthauses; wer konnte, setzte sich aus dem Zuchthaus in Richtung Berlin ab. Georg Lindemann zog es in seine Heimat-

stadt Hamburg, wo er Monate später endlich ankam und, wie er schrieb, »zumindest einer Zukunft entgegen« blickte.

»Mein Großvater hatte meinem Vater aufgetragen, für die Familie zu sorgen«, erzählt Christian Lindemann. Nach Kriegsende absolvierte Georg Lindemann deshalb in kürzester Zeit eine kaufmännische Lehre, heiratete, wurde Vater von drei Kindern. Beruflich engagierte er sich aus eigenem Anspruch sehr stark, um das Fortkommen seiner eigenen Familie zu sichern. Das führte dazu, dass die Erziehung in der Hauptsache bei der Mutter lag, die Familie aber am Wochenende gemeinsam Ausflüge unternahm, die die Kinder sehr genossen. »In meiner Familie existieren sehr viele Brüche und viele Geheimnisse«, erzählt Christian Lindemann und führt darauf auch den schwierigen Umgang mit Gefühlen, mit der eigenen Emotionalität zurück. So habe in seinem Elternhaus eine vom Vater ausgehende, auf Leistung bezogene Erziehung geherrscht, in der Gefühle wenig Raum hatten. »Ich denke, diese Erziehung stammte einfach aus dem Elternhaus meines Großvaters, wo es auch sehr militärisch zugegangen sein muss, um den Kindern das ›nötige Rüstzeug für das Leben‹ zu geben. In der Familie gelte der geheime Grundsatz, Gefühle eher mit sich selbst abzumachen, nach dem Motto, ein Soldat kennt keine Emotionen.« Schon der Urgroßvater Friedrich Lindemann war Artillerieoffizier gewesen und hatte sich die hohe Auszeichnung erworben, die preußischen Prinzen auf die Offiziersprüfung vorzubereiten. Stolz zeigt ein Foto den Urgroßvater in Hauptmannsuniform des Potsdamer Garde-Feldartillerie-Regiments und mit hoch gezwirbeltem Schnurrbart. Nur sieben Jahre später posierte der Fähnrich Fritz Lindemann, stolz an einen Baumstamm gelehnt, mit der obligaten Pickelhaube. Nach dem Abitur trat Lindemann auf Grund der Stellung seines Vaters beim preußischen Königshaus in das traditionsreiche 4. Garde-Feldartillerie-Regiment in Potsdam ein; im Ersten Weltkrieg kämpfte er an der Westfront und erhielt wegen seines strategischen Könnens und seiner Tapferkeit das Eiserne Kreuz I.

1919 begleitete Lindemann mit fünf weiteren Offizieren die deutsche Delegation nach Paris zur Friedenskonferenz. Der Aufenthalt in der Weltstadt, der Kontakt mit der Diplomatie öffnete dem 25-Jährigen neue Horizonte. Sein Biograph Wolfgang Welkering beschreibt Lindemann in dieser Phase seines Lebens: »Wie sein Tagebuch dokumentiert, begriff er bei dieser ersten intensiven Begegnung mit Politik die Untauglichkeit des Versuches, sich auf das rein Militärische zurückzuziehen. Das und das Erleben, wie Sieger mit Verlierern umzugehen pflegten, war später eine wichtige Triebkraft für sein Handeln im Widerstand. Zunehmend lernte er neben den militärischen die politischen Kräfteverhältnisse und deren wirtschaftliche Hintergründe in Rechnung zu stellen.«[17] Gleichzeitig beweisen andere Stellen in dem Tagebuch, welch schwermütiger, sensibler Charakter der Großvater war. So heißt es in seinem Tagebuch: »Das Wort ›genüge dir selbst‹ bedeutet mir, dass ich nicht in allem und jedem vom Urteil, von der Sympathie anderer abhänge, dass ich meinen Stolz und mein Gleichmaß in mir trage, aus mir selbst heraus lebe und im Streite der anderen ruhig und sicher bleibe. Dies habe ich teilweise erreicht, und wenn ich mir noch nicht ganz das unvornehme Verraten meines brennenden Interesses an all zu vielem abgewöhnt habe, so bin ich doch auf dem Wege, es in die genau entsprechenden Schranken zurückzuweisen.« Stellen später hingegen haderte Fritz Lindemann mit der eigenen Anspruchshaltung: »Ich habe die Kläglichkeit meines eigenen Willens kennen gelernt. Ich bedarf der Stütze durch das ... Gute, sonst schaffe ich es nicht.«[18]

Die Offenheit für andere Kulturen, Politik und Wirtschaft hatte Fritz Lindemann bereits in seinem Elternhaus kennen gelernt. Bei allem Wert auf Tradition und Militär hatte die Familie Lindemann besonderen Wert auf eine gute, das hieß humanistische Ausbildung gelegt. Auch Fritz Lindemann hatte deshalb das Victoria-Gymnasium in Potsdam besucht, wo er als Bester seines Jahrgangs 1912 das Abitur abgelegt hatte. Nach dem Ersten Weltkrieg entschied sich Lindemann, der ein begeisterter Reiter war, für das Militär und wurde in die 100 000 Mann starke Reichswehr übernommen, wo er seit 1923 die Generalstabs-Ausbildung in Berlin durchlief und später nebenbei an der Berliner Universität Wirtschaftswissenschaften studierte. »Mein Großvater war ein Berufssoldat, der Krieg als Handwerk begriff«, resümiert Christian Lindemann die Erzählungen über den Großvater in seinem Elternhaus.

»Von dieser Seite habe ich wirklich kaum etwas geerbt«, erzählt der Enkel belustigt. »Ich hatte das große Glück, dass ich ausgemustert wurde.« Nach dem Abitur 1972 in Hamburg beschloss er, die Familientradition hinter sich zu lassen und Städteplaner zu werden. »Im Grunde habe ich eine andere Tradition damit fortgesetzt«, meint Christian, denn sein Großvater sei noch General gewesen, sein Vater Soldat und er habe sich für den militärischen Bereich nicht interessiert. Später suchte er sich ein neues Studienfach, da er mit »soviel Statistik und Mathematik« nicht gerechnet hatte. Er wechselte auf die Fachhochschule Braunschweig, die er als diplomierter Sozialarbeiter verließ. »Ich wollte einfach einen Beruf haben, der sinnvoll ist und in dem ich helfen kann«, erläutert er seine damalige Entscheidung. Während seiner Studienzeit war er in verschiedenen Gruppen des linken Spektrums aktiv, engagierte sich in der Anti-Atom-Bewegung und arbeitete später für drei Jahre in der selbstorganisierten Kleinkinderbetreuung »Babyhaus Koppel«, wo er in der Aufbauphase das pädagogische Konzept mit entwickelte. »Damals war ich noch unheimlich idealistisch«, resümiert er seine Erfahrungen und ergänzt, wie viele Stunden er in dieser Zeit in verschiedenen Gremien zerredet hätte.

In den siebziger Jahren sortierte er sein Leben neu. Christian Lindemann hatte sein »coming out«, sang im Braunschweiger Tuntenchor mit, der durch die Republik reiste. Da kam ihm zugute, dass er in Hamburg in den siebziger Jahren öfters Folk- und Kulturfestivals mit organisiert hatte. 1983 wagte er den entscheidenden Schritt und beschloss, seinen Job im Babyhaus an den Nagel zu hängen und etwas zu machen, von dem er bislang nur geträumt hatte. »Meine Eltern waren davon überhaupt nicht begeistert«, erzählt Christian Lindemann, »die hätten gerne gehabt, dass aus mir etwas Anständiges wird.« Für neun Jahre lebte der Bühnentechniker im Wohnwagen und reiste mit dem Zelttheater Salomé kreuz und quer durch Europa, bis ihm die Wanderschaft und das unstete Leben zuviel wurden.

Der Ort, an dem sich Christian Lindemann am wohlsten fühlte, war rasch ausgemacht: Berlin, vor allem das Berlin nach der Wende, dem Umbruch. »Ich war sehr gerne seit 1987 in Ost-Berlin und der DDR und habe dadurch die Wendezeit sehr intensiv in direktem Kontakt miterleben können«, sagt der heute 51-Jährige, wo er sehr nette Freunde und Bekannte hatte. Nach dem 9. November 1989 habe er beschlossen, in die DDR zu ziehen, da er hoffte, »dort noch etwas zu bewegen, was in der restaurativen Bundesrepublik gar nicht mehr möglich war«. 1992 bekam er eine Anstellung im Berliner Varieté »Wintergarten«, wo er seitdem als Bühnentechniker arbeitet. Als Kiez hatte es ihm der damals noch kaum entdeckte Stadtteil Friedrichshain angetan, wo er bald intensiv in die Stadtteilarbeit und die Betroffenenvertretung im Sanierungsgebiet einstieg und sich in der Nachbarschaftshilfe engagierte und gegen eine Autobahn kämpfte. »Da kam mir meine Zeit in Braunschweig und Hamburg als Atomkraftgegner recht gelegen«, meint er amüsiert. Inzwischen ist er in dem Kiez bekannt wie ein bunter Hund und setzt sich für ein besseres Konzept der Verkehrsplanung ein. »Auf dem Gebiet bin ich inzwischen super fit«, sagt er und fügt hinzu, dass er keinen Abend alleine zu Hause sei, was nicht nur an seiner anstrengenden Arbeit im »Wintergarten« liegt. Sein großes Engagement für das Gemeinwohl führt er zum Teil auch auf den 20. Juli zurück. »Ich finde, ich habe als Enkel die Pflicht, mich gesellschaftspolitisch zu engagieren. Das finde ich gerade vor dem Hintergrund eines wachsenden Rechtsradikalismus und der Neonazis wichtig.«

»Im Grunde interessiert mich der 20. Juli vor allem seit ich in Berlin lebe brennend«, wo auch schon die Großeltern väterlicherseits wohnten. Überall in Berlin sei die Geschichte des Dritten Reiches präsent wie in keiner anderen deutschen Stadt. Schon immer habe er aber sehr viel historische Literatur verschlungen, wozu ihn auch ein sehr »phantastischer Geschichtsunterricht« gebracht habe. Auf dem Bonhoeffer-Gymnasium habe er einen sehr engagierten, jungen Geschichtslehrer gehabt, der mit seinem Leistungskurs Geschichte das Ermächtigungsgesetz analysiert habe. »In der 13. Klasse hatten wir einen wirklich guten Geschichtsunterricht zur NS-Zeit«, erinnert sich Christian Lindemann, der zu Hause »reihenweise historische Bücher über die NS-Zeit gesammelt hat«. Damit glich er auch das familiäre Defizit aus, da weder der Vater noch die Großmutter sehr viel über die Familiengeschichte erzählt hätten.

»Meine Großmutter habe ich, so lange sie lebte, nichts gefragt«, erinnert sich Christian Lindemann. »Bevor sie starb, 1982, war ich einfach zu jung und zu sehr mit eigenen Problemen beschäftigt.« Wenn die Großmutter über ihren Mann gesprochen habe, dann meist in Form von liebevollen Anekdoten. Der 20. Juli als Thema blieb weitgehend ausgespart. »Mir ist auch nicht klar, wieviel meine Großmutter wirklich gewusst hat«, meint Lindemann nachdenklich, schließlich hätten die Großeltern oft durch den Krieg getrennt voneinander gelebt, die Großmutter habe die traditionelle Rolle als Ehefrau und Mutter erfüllt und ihrem Mann den Rücken freigehalten. »Als mich meine Eltern 1969 das erste Mal nach Berlin zu einer Gedenkfeier mitgenommen haben, war ich innerlich noch meilenweit vom 20. Juli entfernt. Meine Schwester Aja und ich fühlten uns aber sofort von der anwesenden Kindergeneration aufgenommen.«

Selbstverständlich traf auch die Ehefrau Lindemanns, Lina v. Friedeburg, die Sippenhaft. Am Tag des Attentats hatte sich Lina Lindemann um die Familie ihrer Schwester Ilse-Margot v. Hohenzollern-Sigmaringen im Schloss Namedy bei Andernach gekümmert. Dort erschien am 28. Juli die Gestapo und nahm sie in das Koblenzer Gefängnis mit, wo sie stundenlangen Verhören über das Verbleiben ihres Mannes ausgesetzt war. Während andere Frauen im Oktober aus der Sippenhaft entlassen wurden, entlud sich der Hass der Nationalsozialisten nach dem Tod von General Lindemann auf seine Familie. So schrieb der SS-Obergruppenführer Kaltenbrunner am 14. Dezember 1944: »Mit einer längeren Inhaftnahme ist im Wesentlichen bei den Frauen des ehemaligen Quartiermeisters Eduard Wagner, des ehemaligen Generaloberst Hoepner und des ehemaligen Generals der Artillerie Lindemann zu rechnen. Sie sind wegen ihrer reaktionären Einstellung in einem Konzentrationslager untergebracht und haben ein Verfahren wegen Mitwisserschaft und Beihilfe vor dem Volksgerichtshof zu erwarten.«[19]

Nach Zwischenstationen in verschiedenen Gefängnissen brachte die Gestapo Lina Lindemann schließlich am 13. Januar 1945 in das KZ Ravensbrück. Wenige Tage später kam sie in das KZ Stutthof in der Nähe von Danzig, wo sie auf die anderen Sippenhäftlinge Himmlers traf, deren

Schicksal sie bis zum Aufenthalt nach Capri teilte. Am 28. Juli 1945 kehrte die als sehr bescheiden beschriebene Lina Lindemann nach Deutschland zurück und machte sich als Erstes auf die Suche nach ihrer damals zehnjährigen Tochter Marie-Luise, die von den Nationalsozialisten in das Kinderheim nach Bad Sachsa gebracht worden war, ohne dass die Familie den Aufenthaltsort des Kindes wusste. Marie-Luise Lindemann blieb bis zur Auflösung in Bad Sachsa, wo sie Anfang Juli gemeinsam mit anderen Kindern nach Süddeutschland gelangte und schließlich ebenfalls nach einem Jahr ohne Eltern auf Schloss Namedy abgesetzt wurde. Doch was war aus den Helfern von General Lindemann geworden?[20]
Nachdem der Fahndungsaufruf am 19. August 1944 in allen Zeitungen gestanden hatte, begann die Gestapo systematisch nach den Helfern des Generals zu fahnden. In der Zeit zwischen Ende August und Mitte September nahm die Gestapo die Geschäftsfreunde Hermann Lindemanns, Carl Marks, Hans Sierks und schließlich den Verwandten des Generals Hermann Lindemann fest; auch die Sekretärin Frida Pilat wurde inhaftiert. Schließlich verhaftete die Gestapo das Ehepaar Gloeden und die Mutter von Lilo Gloeden. In Dresden wurden ferner die Fluchthelfer Wilhelm Senzky und Horst v. Peterdorff inhaftiert sowie der Onkel und die Tante General Lindemanns. Die Verfahren gegen die Familie Gloeden und Kuzintzky wurden vom Hauptverfahren abgekoppelt, da sie auf Grund ihrer »Rasse« bereits als schwerstverdächtig galten; alle drei ließ die Gestapo nach dem Todesurteil am 30. November in Plötzensee enthaupten. Während der Major a. D. Max Lindemann, die Sekretärin Frida Pilat und Horst v. Petersdorff freigesprochen wurden, verurteilte der Volksgerichtshof Marks und Sierks zum Tode, gegen Hermann Lindemann und Wilhelm Szenky, der Lindemann in Berlin Quartier geboten hatte, wurden Zuchthausstrafen und Ehrverlust verhängt. Die Frau von Max Lindemann, Elsa, hatte sich während der Haft das Leben genommen.
Verantwortlich für diese menschliche Katastrophe war – wie im Falle von Carl Goerdeler – ein Denunziant, den das Kopfgeld reizte. Verraten hatten General Lindemann und seine Helfer der damals 40-jährige Elektroingenieur Ernst Schäffer. Ihm hatte sich Carl Marks anvertraut,

der Lindemann zunächst ins Ausland hatte bringen sollen. Gemeinsam mit seiner Frau beschloss Schäffer, Anzeige bei der Gestapo in Dresden zu machen. »Ich war mir der Tragweite meines Entschlusses bewusst. Konnte aber als Deutscher nicht anders handeln, da ich nicht als Mitwisser eines Tages selbst angeklagt werden wollte«,[21] erklärte Schäffer in dem Gestapoprotokoll. Nach seiner Denunziation tauchte Schäffer nicht mehr in Dresden auf, sondern hatte sich nach Süddeutschland zunächst zu seinen Eltern, später zu seinem Schwager abgesetzt. Bereits am 18. September 1945 erstattete der Dresdner Sozialdemokrat Max Neumann Anzeige gegen Schäffer. Seit Januar 1947 saß der Elektroingenieur in Landshut in Untersuchungshaft. Das Dresdner Schwurgericht verurteilte ihn 1947 zu zwölf Jahren Zuchthausstrafe, 1956 wurde Schäffer aus der Haft nach Dresden entlassen.

»Mich hat diese Geschichte um meinen Großvater schon sehr mitgenommen«, erzählt Christian Lindemann, der sich sehr für den Chronos-Film und das Buch über seinen Großvater Lindemann engagiert hat. »Ich habe überhaupt keine Schwierigkeiten, dass mein Großvater ein hoher Militär war«, berichtet Christian Lindemann.

Es sei für ihn aber schon die Frage, wie die Enkel mit dem Erbe des Dritten Reiches umgingen. Für sich selbst hat der quirlige Enkel eine Lösung gefunden: Neben seinem großen Engagement für den Stadtteil Friedrichshain ist er seit 1992 in der *Forschungsgemeinschaft 20. Juli* aktiv, fährt zu allen Treffen nach Kreisau und Königswinter, wie überhaupt der 20. Juli ein festes Datum in seinem Kalender ist. »Die Gedenkfeiern in Berlin sind in jedem Falle sehr gut«, meint Christian Lindemann, der mit seinem historischen Interesse auch sehr vom Rahmenprogramm dieser Tage profitiert. Ein bisschen stört ihn allerdings das »Brimborium um die gleichzeitig stattfindende Vereidigung«; dadurch sei die »ganze Berichterstattung in den Medien gekippt«. Aber er hätte auch kein wirkliches Gegenprogramm, wie man den 20. Juli anders gestalten könnte. Immerhin werde die Bevölkerung alljährlich an das Datum erinnert, auch wenn die meisten seiner Meinung nach nur wenig über das Attentat wüssten. Besonders wichtig sind Christian Lindemann die vielen freundschaftlichen Kontakte mit anderen Nachkommen, die ihm zum

Teil wie eine Familie vorkommen. Unter einer kleinen Gruppe von Enkeln habe sich inzwischen eine spezifische Verbindung ergeben. Wie es mit der *Forschungsgemeinschaft* in den kommenden Jahren weitergehe, könne er noch nicht sagen. Er wolle sich aber dafür einsetzen, dass künftig mehr Feldforschung betrieben wird, die Themen tagesaktuellere Bezüge hätten. »Vor allem finde ich es entscheidend, dass wir die mit den Tagungen auf dem ehemaligen Moltke-Gut begonnene Auseinandersetzung mit der Widerstandskultur in anderen europäischen Staaten fortsetzen.« Sowohl regelmäßige Mails mit polnischen Teilnehmern wie eine langjährige intensive Freundschaft mit einem Referenten empfindet Christian Lindemann als weiteren Gewinn seines Engagements für die *Forschungsgemeinschaft*. Gefragt, was es ihm persönlich bedeute, sowohl einen Großvater als auch einen Vater zu haben, der im Widerstand mitarbeitete beziehungsweise von ihm wusste, meint Christian Lindemann: »Ich bin glücklich, dass ich es einfach habe, Stellung zum Dritten Reich zu beziehen; was Besseres hätte mir gar nicht passieren können.«

1 Bengt v. zur Mühlen (Hg.), Sie gaben ihr Leben. Unbekannte Opfer des 20. Juli. General Fritz Lindemann und seine Fluchthelfer, Berlin-Kleinmachnow 1995.
2 Peter Hoffmann, Widerstand. Staatsstreich. Attentat. Der Kampf der Opposition gegen Hitler. München, Zürich (4. neu überarbeitete und ergänzte Ausgabe) 1985, S. 533.
3 Helmuth F. Braun, Michael Dorrmann, »Dem Deutschen Volke«. Die Geschichte der Berliner Bronzegießerei Loevy, Köln 2003.
4 Inge-Ilse Schroeter in: Wolfgang Welkerling, Der General. In: v. zur Mühlen, Sie gaben ihr Leben, S. 68.
5 Armin D. Steuer, Ein deutsches Schicksal. Die Geschichte der Familie Loevy. In: Braun, Dorrmann, »Dem Deutschen Volke«, S. 44.
6 Josi v. Koskull, »Ein Körnchen Sand ...« In: v. zur Mühlen, Sie gaben ihr Leben, S. 366.
7 Ebd., S. 371.
8 Ebd., S. 375.
9 Irmgard v. zur Mühlen, General Fritz Lindemann und seine Helfer. In: Die Angeklagten des 20. Juli, S. 118.
10 Bericht Charlotte Pommer, 31. Dezember 1945. In: v. zur Mühlen, Sie gaben ihr Leben, S. 338.
11 Georg Lindemann, Vierzig Jahre danach. In: v. zur Mühlen, Sie gaben ihr Leben, S. 394.
12 Ebd., S. 395.
13 Ebd., S. 396.
14 Ebd., S. 399.

15 Ebd., S. 401.
16 Ebd, S. 401.
17 Wolfgang Welkerling, Der General. In: v. zur Mühlen, Sie gaben ihr Leben, S. 18.
18 Ebd., S. 21.
19 Wolfgang Welkerling, Bürgermut. In: v. zur Mühlen, Sie gaben ihr Leben, S. 87.
20 Irmgard v. zur Mühlen, General Fritz Lindemann und seine Helfer. In: Die Angeklagten des 20. Juli, S. 116-121.
21 Welkerling, Der General. In: v. zur Mühlen, Sie gaben ihr Leben, S. 81.

Der 20. Juli – ein Randthema > Hermann Pünder und der CDU-Mitbegründer Hermann Pünder

Hermann Pünder ist ein echter Rheinländer. Lächelnd kommt er mir mit ausgestreckten Armen entgegen und fragt, ob ich gut in die Hamburger Bucerius-Law-School gefunden habe. Durch ein geschwungenes Treppenhaus geht es in dem 1908 – als Institut für Allgemeine und Angewandte Botanik – erbauten Gebäude rasch zu Pünders Büro. Seit Oktober 2000 bildet die erste private Hochschule für Rechtswissenschaft in Deutschland jährlich rund 100 Studenten aus, die – so heißt es im Leitbild – »in einem mehrstufigen Verfahren nach persönlicher Eignung, analytischer Intelligenz, sozialer und kommunikativer Kompetenz ausgewählt werden«. An der weltoffenen Law School lehrt Pünder Öffentliches Recht, inklusive Europa- und Verwaltungswissenschaften und Rechtsvergleichung. Aus der gestylten Espressomaschine in der Teeküche kommt der dampfende Kaffee. »Mein Großvater war in die Pläne der Putschisten eingeweiht, aber er gehörte nicht zum Kernkreis«, wiegelt Pünder ab, der mit seinem blaugestreiften Hemd, der grünen Krawatte und der runden Brille mehr wie ein Intellektueller denn ein Jurist erscheint. Eines aber hat er anderen Enkeln voraus: Hermann Pünder hat seinen Großvater gleichen Namens noch kennen gelernt. Als Hermann Pünder senior in Fulda, wo sein Sohn Tilman Bürgermeister war, am 3. Oktober 1976 starb, lag eine lange und erfolgreiche politische Karriere im Nachkriegsdeutschland hinter ihm: 1945 gründete er die Christlich-Demokratische Union (CDU) in Westfalen und löste als Oberbürgermeister von Köln Konrad Adenauer ab, der wenige Jahre später erster Bundeskanzler der Bundesrepublik Deutschland wurde. Ein Jahr später saß der Gründer des Deutschen Städtetags im Landtag von Nordrhein-Westfalen. Als »höchster deutscher Beamter« ernannten ihn die Amerikaner und Briten 1947 zum Oberdirektor der Bizone. Nach zwei Jahren harter Verwaltungsarbeit übergab Pünder sein Werk in die Hände der nun zuständigen Bundesinstanzen. Da waren die Lebensmittelkarten abgeschafft, die Währungsreform durchgeführt, die soziale Marktwirtschaft in Gang gesetzt, der Wohnungsbau angeleiert und der Lastenausgleich einer Lösung zugeführt. Von 1948 bis 1957 saß Pünder als Abgeordneter im Deutschen Bundestag. In den fünfziger Jahren engagierte sich der überzeugte Demokrat im europäischen Rahmen und wurde 1952 zum Vizepräsidenten des Montan-Parlaments der Europäischen Gemeinschaft für Kohle und Stahl (EGKS) gewählt. »Das können Sie aber alles ganz einfach nachlesen«, meint der Enkel und fügt hinzu: »In meiner Familie schreibt jeder seine Memoiren.« Die Erinnerungen des Großvaters *Von Preußen nach Europa*[1] lesen sich launig, sind im Erzählton geschrieben und schildern den politischen Lebensweg Pünders, der 1888 im Rheinland als Sohn eines Juristen geboren wurde.

»Mein Großvater hat die Weimarer Republik aktiv unterstützt«, erzählt Hermann Pünder junior, dem man einen gewissen Stolz auf seine demokratisch gesonnene Familie anmerkt. Seit 1926 sei sein Großvater Staatssekretär der Reichskanzlei gewesen, die er unter drei Reichskanzlern, Wilhelm Marx, Hermann Müller und Heinrich Brüning, leitete. Als Franz von Papen 1932 Reichskanzler wurde, verließ Pünder wegen unüberbrückbarer politischer Gegensätze seinen Posten und wurde bald darauf zum Regierungspräsident in Münster ernannt. »Das ging allerdings unter den Nationalsozialisten nicht lange gut«, meint sein Enkel. Pünder, der sein Amt – wie er selbst schrieb – »in klarer Konsequenz als Exponent des alten preußischen Staates weiterführt«,[2] geriet bald mit Berlin in Schwierigkeiten, da er sich weigerte, auf seinem Dienstgebäude am Domplatz die Hakenkreuz-Fahne wehen zu lassen, und nicht gewillt war, in die NSDAP einzutreten. Schon im Sommer 1933 hielt Pünder die erwartete Entlassungsurkunde in der Hand, kaufte am Stadtrand von Münster einen heruntergewirtschafteten Bauernhof, wo der ehemalige Regierungspräsident mit seiner Frau hochwertiges Gemüse anbaute und schon im vierten Jahr Spargel züchtete, den es in der Gegend um Münster bislang nicht gab. Pünder führte bis zum Sturz der Nationalsozialisten das Leben eines Landwirts, der im Münsterland nach Erdöl suchte. »Ohne eigenen finanziellen Gewinn wandte ich mich daher einer noch brachliegenden Aufgabe von allgemeinem Interesse zu, nämlich dem münsterländischen Erdölproblem. Da ich im Münsterland eine neue Heimat gefunden hatte, gedachte ich von mir aus etwas beizutragen, dass dieses Problem, über das ich schon mancherlei Sachverständige gehört hatte, nunmehr in Fluss kam.« Pünders Engagement eröffnete ihm häufige Fahrten zu »Erdölbesprechungen« nach Berlin, wo er nicht nur seine Mutter besuchte, sondern Johannes Popitz im Preußischen Finanzministerium sah und mit den Generalobersten Friedrich Fromm und Franz Halder zu ausführlichen Gesprächen zusammentraf. Zum Verhängnis wurde Pünder allerdings nicht seine Berliner Tätigkeit, sondern ein Besuch von Carl Goerdeler, der auf dem Bauernhof Pünders, »Eichenhof« genannt, übernachtete. »Bis in die tiefe Nacht erörterten wir alles, alles bis zu den letzten Dingen, auch das damals noch in Umrissen schon fertige Arbeitsprogramm. Ich stehe dafür ein, dass es völlig unrichtig und beleidigend für Goerdeler ist, er habe ›ohne Konzeption‹ den Umsturz gewagt.« Der 20. Juli kam demnach für Pünder nicht wirklich überraschend. Bereits in der Nacht zum 21. Juli stand die Gestapo vor der Tür des Eichenhofes. Pünder wurde über Münster, Hamm, Hannover nach Berlin in die Lehrter Straße gebracht. Über eine fast täglich ausgetauschte Feldflasche entwickelte Hermann Pünder vom Gefängnis aus einen regen Briefverkehr mit seiner in Berlin lebenden Schwester Marianne Pünder, die ihn über den Fortgang der Untersuchungen und der inzwischen erfolgten Verhaftungen informierte. Gleichzeitig schickte ihm die Schwester Nachrichten von seiner Familie im Münsterland.

Wie wichtig in den dunklen Herbsttagen 1944 der Austausch für den inhaftierten Pünder war, mag man nur anhand seiner Aufzeichnungen erahnen: »Mit Freuden ging sie auf meinen Vorschlag ein, und von jetzt ab war die harmlose Feldflasche mit warmem Tee für fast 5 Monate unser täglicher Depeschenbote! Wer heute in unserer behüteten Rechtsordnung diese scheinbar so schlichte Begebenheit liest, wird sich bei aller Phantasie kaum vorstellen können, was sie für mich in dieser teuflischen Umwelt von Terror und Todesangst bedeutete.«[3] Die Schwester ersann schließlich eine Taktik, die dem Mitbegründer der CDU das Leben rettete: Sie sprach mit dem Generalintendanten der Berliner Staatsoper, Heinz Tietjen, der mit Pünder gut bekannt war. Dieser setzte sich unmittelbar vor der Gerichtsverhandlung am 20. Dezember 1944 vor dem Volksgerichtshof bei Freisler für Pünder ein, da er wusste, dass Freisler gerne mit Freikarten ausgestattet in die Oper ging. Die gegen Pünder erhobene Anschuldigung wegen Hochverrats wurde fallen gelassen. »So verdankte ich diesem Husarenritt meines Freundes Tietjen mein Leben, allerdings nur an diesem 20. Dezember 1944 vor dem Volksgerichtshof Freislers.«[4] Von Freiheit konnte bei Pünder allerdings zunächst keine Rede sein. Gemeinsam mit anderen »Ehrenhäftlingen« Himmlers wurde auch Pünder von den Nationalsozialisten in verschiedene Konzentrationslager und Gefängnisse verschleppt, da das Reichssicherheitshauptamt eine Wiederaufnahme des Verfahrens gegen Pünder verlangte. Gemeinsam mit anderen prominenten Häftlingen befreiten die amerikanischen Truppen Pünder schließlich im Mai 1945 in Südtirol, wo die Gefangenen als Ehrengäste der amerikanischen Armee behandelt wurden. »Nach alledem, was man bis vor ganz wenigen Tagen schon im zweiten Jahr Tag und Nacht an Rohheit und Niedertracht seitens eigener Landsleute hatte ertragen müssen, wurde mir in diesem Augenblick wie noch nie zuvor schlagartig klar, was wirklich, aber auch wirklich wahre Freiheit und Achtung vor der Menschenwürde bedeuten.«[5]

»Mein Vater war das einzige Kind, das nach 1945 noch im Elternhaus lebte«, erzählt Hermann Pünder, von daher habe der Vater die Zeit der Verhaftung häufig sehr eindrucksvoll geschildert. In der Familie herrschte ein reger Austausch über die Zeit der Nationalsozialisten. An inhaltliche Diskussionen kann sich der Enkel kaum noch erinnern, da der Großvater starb, als sein Enkel Hermann erst zehn Jahre alt war. Deutlich sind dem Hamburger Juristen Szenen in Erinnerung, wo der Großvater mit lauter Stimme die Gestapo-Leute nachahmte, was regelmäßig zu Streit mit Hermann Pünders Großmutter führte. »Meine Großmutter Magda Pünder war eine fröhliche Frau, die gerne und viel dichtete«, erzählt der 1966 in Köln geborene Jurist. Mit der Zeit des Nationalsozialismus aber habe sie nach 1945 nichts mehr zu tun haben wollen.

»Inzwischen glaube ich, dass meine Großmutter sehr viel mehr traumatisiert war als ihr Mann.« So hatte die Großmutter ihren sehr geliebten Bruder Leo Statz durch die Nazis verloren. Statz war Präsident des 1936 gegründeten Karnevalsausschusses der Stadt Düsseldorf. Ein Bild aus jenen Tagen zeigt ihn mit Narrenkappe im Arm Prinzessin Venetia Doris bei einer närrischen Parade. »Mein Großonkel hat die Nationalsozialisten nicht ernst genommen und musste das mit dem Leben bezahlen«, erzählt der Vater eines Sohnes. Der überzeugte Katholik hatte aus seiner Abneigung gegen die Nationalsozialisten keinen Hehl gemacht. Schon Karnevalsschlager »Duze, Duze, Duze mich«, in dem die örtlichen Nazigrößen eine Verhöhnung Mussolinis sahen, machte Leo Statz verdächtig. Auch sein 1934 gedichteter Schlager: »Ja, ja die kleinen Mädchen« kam bei den Nationalsozialisten nicht besonders gut an, da Statz – trotz aufkommenden Rassenwahns – empfahl, alle Frauen zu lieben, »egal, ob blond, ob schwarz, ob dünn, ob kugelrund, ob klein, ob groß, ob massig.«

»Treibt Opposition gegen Kreisleitung und Gauleitung. Ist als Präsident der Düsseldorfer Karnevalsvereine nicht mehr zu dulden«, hieß es in seiner Gestapo-Akte. Die Düsseldorfer scherte dies wenig. Sie wählten den 1898 in Köln Geborenen, der sich im Ersten Weltkrieg als Offizier hohe Verdienste erworben hatte, dennoch. »Mein Großonkel soll englische Bomberflieger als seine Freunde begrüßt haben«, erzählt Hermann Pünder. Ein Gestapo-Spitzel verriet Leo Statz, der in einer Kantine einer Wehrmachtskaserne Zweifel an Hitlers »Endsieg« äußerte. »Außerdem soll er zwei verletzte Feldwebel gefragt haben, warum sie sich die Beine hätten abschießen lassen, wo der Krieg doch sowieso verloren sei«, erklärt Hermann Pünder. Nach seiner Verhaftung wurde Leo Statz wegen Wehrkraftzersetzung von Freisler zum Tode verurteilt. Weder die Gnadengesuche seiner Frau noch seines Unternehmens – Statz war Direktor der Birresborner Mineralbrunnengesellschaft – noch der »Düsseldorfer Jonges« fruchteten. Am Allerheiligentag 1943 wurde Leo Statz, der bis zuletzt seine Unschuld beteuerte, hingerichtet. »Im Gefängnis hat sich seine Frömmigkeit vertieft«, berichtet Hermann Pünder über die Erzählungen in seiner Familie. Als die Großmutter starb und Hermann Pünder gemeinsam mit seinem Vater ihren Keller leer räumte, fanden sich dort die letzten Kassiberzettel von Leo Statz kurz vor der Hinrichtung. »Jetzt kommen sie mich holen«, stand auf dem letzten Zettel. »Das hat mich als kleinen Jungen nachhaltig erschüttert«, meint der Großneffe. Schon als Kind fühlte sich Hermann Pünder von dem fröhlichen Düsseldorfer Statz angezogen. »Das war eine traurige, aber auch eine schaurige Geschichte, die fast spannender war, als wenn ich Karl May gelesen hätte.« Sogar seinen Sohn, dessen Foto im Silberrahmen an prominenter Stelle in Pünders Büro zu sehen ist, hätte er fast nach dem Großonkel Leo genannt. »Über meinen Großonkel gibt es eine Biographie, die ich natürlich verschlungen habe«, erzählt Hermann Pünder. In Düsseldorf ist Leo Statz indessen nicht vergessen. Eine Straße, ein Platz und sogar eine Schule sind nach dem »Märtyrer des Brauchtums« benannt und natürlich die karnevalistische Verdienstplakette, die alljährlich durch die »Funken-Artillerie« verliehen wird. »Ein Denkmal ehrt ihn gemeinsam mit seinem Vetter Erich Klausener«, erzählt Hermann Pünder, der ebenfalls mit Klausener verwandt ist. »Meinen Großonkel Leo Statz hat das Schicksal Klauseners sehr geprägt«, meint Hermann Pünder, beide seien gemeinsam aufgewachsen. Bereits im Zuge des so genannten Röhm-Putsches 1934 hatte die SS den Ministerialdirektor und Vorsitzenden der Katholischen Aktion in seinem Berliner Dienstzimmer ermordet.

»In meiner Familie hatte man schon auf Grund der frühen Ermordung meines Großonkels Erich Klausener und des sehr ausgeprägten Katholizismus keine Chance, nationalsozialistisch zu denken«, meint Pünder und hebt hervor, dass seine Familie im Gegensatz zu Widerstandskämpfern aus den Reihen der Militärs die Weimarer Republik von Anfang an unterstützt habe. Aus dieser positiven Familientradition bezieht der scharfzüngige Jurist ein Stück weit seine eigene Identität. Als Enkel und Verwandter verschiedener Gegner des NS-Regimes sei er doch besser gestellt als so mancher Nazienkel, so Pünder und erzählt eine Geschichte, wie ihn in Genf ein jüdischer Freund zu sich nach Hause eingeladen habe und dessen Mutter ihn erst empfangen wollte, nachdem er seine Familiengeschichte berichtete. »Als ich erzählte, aus was für einer Familie ich stamme, hat mich die Mutter meines Freundes unter Tränen umarmt und gesagt, ich sei der erste Deutsche, den sie in ihrem Haus begrüße.«

»Ich wollte einen Beruf wählen, der die Chance bietet, mich für das Gemeinwohl einzusetzen«, erzählt Pünder, der Rechts- und Politikwissenschaften an den Universitäten Freiburg, Genf und Münster als Stipendiat des Cusanuswerks und des Deutschen Akademischen Austauschdienstes studierte. Schon während seines breit gefächerten Studiums interessierten Pünder ethische Fragen. Seine besondere Neigung galt deshalb dem Öffentlichen Recht und der Staatslehre. 1995 promovierte er nach einem einjährigen USA-Aufenthalt mit einem rechtsvergleichenden Thema aus dem Staatsrecht, legte das zweite Staatsexamen ab und entschied sich dann endgültig für eine wissenschaftliche Laufbahn. Im Juni 2002 habilitierte sich Pünder, zu dieser Zeit Leiter des Freiherr-vom-Stein-Instituts, mit einer Arbeit über »Kommunales Haushaltsrecht im Umbruch« bei Prof. Dr. Dirk Ehlers, an dessen Institut für Öffentliches Wirtschaftsrecht der Universität Münster er als Assistent gearbeitet hatte.

Als Enkel eines Mitwissers des 20. Juli sieht Pünder sich in keiner Weise traumatisiert. »Ich habe mich wissenschaftlich mit der Zeit des Nationalsozialismus auseinander gesetzt«, erzählt Pünder. Neulich erst habe er einen Aufsatz über Carl Schmitt verfasst, während seiner Freiburger Jahre als Fachschaftssprecher habe er dafür gesorgt, dass eine Veranstaltung zum Thema: »Furchtbare Juristen« organisiert wurde. Und in seiner jetzigen Tätigkeit bietet er Seminare zu »vergessenen Juristen« an, im Übergang von Freiheit und Diktatur.

Ob es ihn störe, wie sein Großvater zu heißen? »Im Gegenteil«, ist die spontane Antwort, der ein Lachen folgt. »Zunächst hieß ich in der Familie ›Armin‹, weil eine Freundin meiner Eltern meinte, Hermann könne man sein Kind nicht nennen.« Heute sei er sehr stolz auf seinen Namen. Pünder, der sich über seine katholische Konfession und die Familientradition der CDU verbunden fühlt, hofft, dass es bei den alljährlichen Gedenkfeiern am 20. Juli bleibt. »Wir Nachfahren müssen dafür sorgen, das Gedenken wissenschaftlich und politisch-aktuell wach zu halten«, meint Pünder und fügt hinzu: »Für die Enkel sollte der ›20. Juli‹ allerdings kein Lebensthema sein. Das wäre auch den Opfern gegenüber unangemessen. Jedenfalls ist für mich persönlich das Datum eher ein Randthema.«

1 Hermann Pünder, Von Preußen nach Europa. Lebenserinnerungen. Stuttgart 1968.
2 Ebd., S. 138.
3 Ebd., S. 156.
4 Ebd., S. 167.
5 Ebd., S. 182.

Wüste, Weite, Einsamkeit und der 20. Juli als Kraftquelle > Sascha Hendrikoff, Michael v. Hofacker und Oberstleutnant Cäsar v. Hofacker

Am westlichen Stadtrand von München gelegen befindet sich – fast ein wenig versteckt – das Künstleratelier von Alexandra Gräfin Hendrikoff, die sich selbst nur Sascha G. Hendrikoff nennt. Die Handwerks- und Künstlerkolonie hat eine spannende Geschichte, die Teile der deutschen Geschichte widerspiegelt. Während des Zweiten Weltkriegs gab es hier ein NS-Arbeitslager für die Dornierwerke. »Nach dem Krieg wurde das Gelände an die Bundesbahn übergeben«, erzählt Sascha Hendrikoff, während wir von der Bahn zu ihrem Atelier laufen. In den fünfziger und sechziger Jahren nutzte die Bundesbahn das Gelände als Heim für ihre Lehrlinge. Später wurden die kleinen Baracken vor allem von ausländischen Gastarbeitern und ihren Familien bewohnt. »Seit Beginn der achtziger Jahre haben sich hier vor allem Künstler und Kleinhandwerker angesiedelt«, erzählt Sascha Hendrikoff, die gemeinsam mit ihrem Freund eine Terrasse an die Baracke angebaut hat.

Mit Stoff, Kissen und Kerzen hat die 38-Jährige die überdachte Terrasse in einen Ort der Kontemplation verwandelt. Schon wer das schlichte Atelier mit den knarzenden Holzbalken betritt, spürt die besondere Ruhe und Arbeitsatmosphäre, die beide Räume ausstrahlen. »Ich sehe es unter anderem als meine Aufgabe, für andere Menschen ein friedliches und kommunikatives Umfeld zu schaffen«, meint Sascha Hendrikoff, als wir auf ihrer Terrasse auf Kissen sitzen und Tee trinken. Fast täglich kämen ihre Nachbarn bei ihr vorbei, um Tee oder Kaffee zu trinken oder eine gemeinsame Portion Nudeln zu essen.

An die mit Blumen geschmückte Terrasse schließt sich ein wilder Garten an, in dem die plastische Skizze eines anfangs blutigen, inzwischen gebleichten Pferdegerippes steht. Gemeinsam mit ihrem Lebensgefährten – ebenfalls einem Bildhauer – teilt sich Sascha Hendrikoff eine kleine Wohnung in München-Haidhausen, wo sie seit zwanzig Jahren lebt, und das Atelier, in das sie sich für Tage zurückzieht, um in Ruhe zu arbeiten oder im Sommer unter dem Sternenhimmel einzuschlafen. Zur Zeit arbeitet Sascha Hendrikoff mit Holz und deutet auf einen ausgehöhlten Baumstamm hin, den sie mit Papier kaschiert, das von Kunsttransporten übrig blieb – im Hintergrund befindet sich eine weibliche Figur, in Nachdenken versunken. Ihrem Ebenbild hat Sascha Hendrikoff einen Umhang aus Wolle um die Schultern gelegt. Das Ebenbild sei nur der modellierte Körper aus Ton. Anschließend werde der Körper mehrfach mit Papier und Gaze, die mit Leim bestrichen sind, abgeformt. »Die entstandenen festen Hüllen bearbeite ich mit verschiedenen pflanzlichen Materien und gebe ihnen dadurch unabhängig voneinander eine andere Farblichkeit und Struktur.« Mit ihren »noetischen handarbeiten« – so der Titel der ersten Einzelausstellung im Jahr 2000 – zeichnete sie mit fünf abnehmbaren Hüllen, die gemeinsam in einem großen Raum standen, ihre eigene persönliche Entwicklung nach, bis hin zum Idealbild des eigenen Körpers als eines »offenen Seelenwohnraums, der im Leben verwurzelt ist, ohne festzuhalten. Immer mehr verlagerte sich meine Intention vom klassischen, bildhauerischen Ansatz, die Materie zu formen, hin zum Prozess des Zuhörens und Wahrnehmens des Wesenhaften und seines Rhythmus, die der Materie innewohnen«, erläutert sie.

»Zum Glück sind mein Freund und ich uns in unserer freien Lebensweise einig«, sagt sie und meint, dass sie sich durch Ausstellungsauf- und -abbauten und die Mitarbeit in Museen gut über Wasser halten können. »Ich will in erster Linie so arbeiten und leben, wie ich will.« In den künstlerischen Arbeiten spielt die Vergangenheitsbewältigung nur am Rande eine Rolle, die eigene Entwicklung, der eigene Weg aber dafür umso mehr. »Ich bin sehr stolz auf meinen eigenen Weg«, meint sie und sagt, dass ihr Leben viel zu fordernd verlaufen sei, als dass sie sich ständig mit der Vergangenheit und ihrem Großvater Cäsar v. Hofacker hätte auseinander setzen können. Im Moment läuft gerade im Hamburger Museum für Kunst und Gewerbe eine Gemeinschaftsausstellung zum Thema »Natur ganz Kunst – Positionen zeitgenössischer Gestaltung«. Dort ist unter dem Titel »Knospe« eine Skulptur aus Papier, transparenter Gaze und Pflanzensamen zu sehen, bei dem sich im Trocknungsprozess die Grundform wellt und immer mehr einer Knospe annähert, deren Falten – und damit deren Verwelken – mit blauem Holundersaft angezeigt werden. »Durch die genaue Wahrnehmung von Naturformen und ihren Grundstrukturen versuche ich die Sprache zu erkennen, aus der das Textgewebe der Vitalität gewachsen ist.«[1]

In ihrer Familie sei der 20. Juli aber ein »zentrales« Thema, das ihre Mutter, Lieselotte v. Hofacker, zeit ihres Lebens beschäftigt hat. Der mütterliche Umgang mit dem Trauma habe das Leben ihrer drei Töchter geprägt. »Für meine Mutter bedeutet der 20. Juli und der Verlust des geliebten Vaters einen tiefen Schmerz«, erzählt Sascha Hendrikoff, die ihre Haare in einen Turban eingeflochten hat. »Meine Mutter hat sich ohnmächtig gefühlt, als die Gestapo sie im Sommer 1944 gemeinsam mit ihren zwei älteren Geschwistern nach Bad Sachsa brachte.« Dort wurde sie von ihrer älteren Schwester Christa und ihrem Bruder Alfred getrennt. Zunächst habe sich ihre Mutter in dem Kinderheim wütend gegen alles gewehrt, später resigniert den inneren Rückzug angetreten, erinnert sich Sascha Hendrikoff an die mütterlichen Erzählungen. Den Schock der Trennung von ihren Eltern und Geschwistern habe die Mutter lange nicht verwinden können. Auf Grund der Ohnmacht der Mutter habe sie selbst stets das Bedürfnis gehabt, eigenständig zu sein, von niemandem abhängig. Besonders habe es die Mutter gekränkt, dass sie von den älteren Geschwistern und ihrer Mutter nicht an den Gesprächen über die Zeit nach dem 20. Juli beteiligt wurde, vermutet sie.

»In den fünfziger Jahren hat meine Mutter die Flucht nach vorne angetreten«, meint die jüngste Tochter anerkennend, und nach dem Abitur in München mit einem Geschichts- und Germanistikstudium begonnen. Dort lernte sie ihren späteren Mann, einen Medizinstudenten, kennen, dessen Familie vor der Oktoberrevolution aus Russland geflohen war. Zwar waren die Großmutter Hofacker und die Geschwister von dem russischen Grafen nicht angetan. Doch die Eltern heirateten rasch. Ihrem Mann zuliebe sattelte die Mutter von Geschichte auf Krankengymnastik um. Gemeinsam machte das junge Ehepaar mit drei Töchtern eine Praxis auf dem Lande auf, in der die Mutter als Arzthelferin arbeitete. In der eher konservativen Familie v. Hofacker galten die Eltern mit ihren politischen Ideen und sozialen Idealen nahezu als »ausgeflippt«. »Ich weiß noch, dass, als Che Guevara starb, wir wochenlang zu Hause keine Witze machen durften«, erinnert sich die Künstlerin belustigt. Seit den siebziger Jahren kandidierte ihr Vater mit dem einprägsamen Namen »Graf Hendrikoff« in Bayern zunächst für die SPD, später in den siebziger Jahren für die Grünen. »Ich kann mich gut erinnern, wie mein Vater davon sprach, Franz-Joseph Strauss müsse in Deutschland durch eine Revolution verschwinden«, erinnert sich Sascha Hendrikoff an die politischen Phantasien ihres Vaters. »Ich stand damals als Sechsjährige neben ihm und sagte, es wäre toll, wenn der Großvater Hofacker noch leben würde, dann könnten sie gemeinsam Revolution machen.« Der Vater habe damals nur den Kopf geschüttelt und gemeint, er hätte sich wahrscheinlich mit seinem Schwiegervater gestritten. Da seien für sie die Helden ins Wanken geraten, bei ihrem Großvater, weil es offensichtlich Seiten von ihm gab, die dem eigenen Vater nicht gefielen, und bei ihrem Vater, weil er es wagte, einen Helden zu kritisieren.

Anders als sein Schwiegersohn war der 1896 als Sohn eines württembergischen Generals geborene Cäsar v. Hofacker[2] – nach der Fronterfahrung im Ersten Weltkrieg und den Aufbaujahren der Weimarer Republik – einem völkisch-neokonservativen Denken verhaftet. Er entstammte einer angesehenen württembergischen Familie, aus der zahlreiche Beamte, Gelehrte und Geistliche hervorgegangen waren. Am bekanntesten wurde der Erweckungsprediger Ludwig Hofacker, der das geistige Leben in Württemberg über mehrere Generationen mit prägte. Über seine Mutter Albertine Gräfin Üxküll-Gyllenband war Cäsar v. Hofacker ein Vetter der Brüder Stauffenberg. Gesellschaftlich verkehrte die gebildete Familie v. Hofacker in den ersten Hofkreisen in Stuttgart.

Im Ersten Weltkrieg hatte v. Hofacker zunächst in einem Ulanenregiment gedient, bevor er – hochdekoriert – eine türkische Jagdstaffel leitete. Der als »Schande« empfundene Zusammenbruch Deutschlands prägte v. Hofackers politisches Denken und machte den national Gesonnenen zu einem erbitterten Feind des Versailler Vertrags. Wie viele seiner Alters- und Standesgenossen lehnte Hofacker die Weimarer Republik ab, »die einen lebendigen Wert unseres Volkstums nach dem anderen verachtet«. In Tübingen und Göttingen zog v. Hofacker rasch ein Jurastudium durch, schrieb eine Dissertation über ein beamtenrechtliches Thema und gründete mit Ilse Pastor eine Familie, aus der fünf Kinder hervorgingen. Sein Traum, eine Arbeitsmöglichkeit im Auswärtigen Amt zu finden, scheiterte. Stattdessen arbeitete v. Hofacker als Jurist und Handlungsbevollmächtigter in verschiedenen Industriebetrieben und leitete ab 1936 als Prokurist die Vereinigten Stahlwerke in Berlin. Sein eigentliches Interesse aber galt der Politik: Schon in den zwanziger Jahren hatte Hofacker den Nationalen Studentenbund in Tübingen gegründet, der sich dem national-großdeutsch orientierten Hochschulring Deutscher Art anschloss. 1931 trat Hofacker – nicht frei von antisemitischen Ressentiments – dem »Stahlhelm« bei, engagierte sich in der Bündischen Reichsschaft, einem rechtsorientierten Gesprächszirkel, in der auch sein Freund Fritz-Dietlof Graf v. der Schulenburg mitwirkte. 1933 begrüßte v. Hofacker die Machtergreifung Hitlers, von dem er sich eine Revision des Versailler Vertrags versprach, und trat 1937 in die NSDAP ein, in der er jedoch nie eine Rolle spielte. »Wie sein enger Freund und Mitverschwörer zählte er – wie Ulrich v. Hassell schrieb – mehr zu den ›Saulussen‹ im Deutschen Widerstand«,[3] urteilt Hofackers Biograph Ulrich Heinemann.

»Über die politischen Vorstellungen meines Großvaters haben wir in der Familie sehr wenig gesprochen«, meint Sascha Hendrikoff. Dieses Thema sei im Geschwisterkreis der Mutter sehr kontrovers diskutiert worden und habe zu genügend Unstimmigkeiten geführt. Für ihre Mutter sei ihr Vater für seine Ideale und Überzeugungen in den Tod gegangen sei. Dafür habe ihn die Mutter tief verehrt und geliebt. »Für uns Kinder war der Großvater wie ein untadliger Held auf einem Podest«, erinnert sich Sascha Hendrikoff. Durch den Krieg und die Ereignisse des 20. Juli habe ihre Mutter früh die »Tragik der Welt« kennen gelernt, was es verständlich mache, dass beide Eltern ihren Töchtern kaum vermitteln konnten, dass das Leben auch leicht und freudig sein könne.

Wenn die Mutter ihre Töchter tadeln wollte, warf sie ihnen einen traurigen Blick zu und kritisierte sie mit den Worten: »Das habe ich nicht von euch erwartet«, erinnert sich die gelernte Schreinerin. Es habe Jahre gedauert, bis sie an dem Großvater auch Schattenseiten hätte wahrnehmen können. Für Sascha Hendrikoff und ihre beiden älteren Schwestern standen jedoch nicht die sich wandelnden politischen Überzeugungen des Großvaters im Vordergrund, sondern die psychischen Auswirkungen für die Familie. »Als Kind spürte ich, dass ich meine Mutter wegen ihrer schwierigen Kindheit mit meinem Frust nicht belasten durfte.« Vielmehr erlebte Sascha Hendrikoff in ihrer Kindheit die Mutter wie in einem gläsernen Haus. »Lange Jahre habe ich geträumt, dass sie sterben könnte«, so Sascha Hendrikoff, die vor allem das nonverbale Vermitteln von Ohnmacht und Hilflosigkeit bei der Mutter spürte. Die Verletzungen der Mutter, der Schmerz hätten etwas Unwirkliches, für sie als Kind nicht Einschätzbares gehabt. »Auch mein Großvater war lange für mich kein realer Mensch, sondern blieb ominös«, erläutert Sascha Hendrikoff. Gleichzeitig stünde er in der Familie für ein hohes Maß an Gerechtigkeitsgefühl und Zivilcourage. »Ich habe ein sehr feines Empfinden für Ungerechtigkeiten«, meint Sascha Hendrikoff nachdenklich und fügt hinzu, dass sie sich grundsätzlich verantwortlich fühle, wenn jemand »Ausländer in der Trambahn schlecht behandelt oder Kinder herumschubst«.

Politisch aktiv ist Sascha Hendrikoff indessen schon längere Zeit nicht mehr. In den achtziger Jahren habe sie sich noch gegen Atomkraftwerke engagiert. »Da hab ich inzwischen ein Stück weit resigniert und kümmere mich lieber um mein privates Umfeld.« Ein Stück zur Politikmüdigkeit habe auch ihr Vater beigetragen, der seine politischen Vorstellungen vom Sozialismus im Privaten kaum realisiert habe. Die Auseinandersetzungen der Eltern, die schließlich in der Scheidung mündeten, ließen die überzeugte Münchnerin früh ihren eigenen Weg einschlagen. Als die schwierige Situation zu Hause zu eskalieren drohte, besuchte sie bis zur zehnten Klasse die Odenwald-Schule mit angeschlossenem Internat. »Dort war vor allem mein Geschichtslehrer völlig verzweifelt über mich, weil ich mir keine Fakten über den Zweiten Weltkrieg merken konnte«, sagt sie und fügt hinzu, lange Zeit habe sie nicht sachlich mit Widerstandsthemen umgehen können. »Ich war sehr schnell persönlich betroffen.« Auch hätte sie – vor allem im Ausland – ein großes Schuldgefühl, Deutsche zu sein, geplagt. »Ich war nie stolz auf Deutschland und habe mich immer wieder gefragt, warum der Widerstand gegen Hitler so spät kam, als erst alles in Trümmern lag und Tausende von Juden umgebracht worden waren.«

Cäsar v. Hofackers anfängliche Begeisterung für den Nationalsozialismus wandelte sich im Laufe der Jahre radikal, bis aus dem ehemaligen Anhänger Hitlers ein überzeugter Gegner des Diktators wurde, der ein Attentat für die einzige Möglichkeit hielt, Deutschland vor Hitler zu retten. In einem Brief an seinen Freund Fritz-Dietlof Graf v. d. Schulenburg hatte Hofacker 1935 formuliert: »Wir, das Volk Weimars und Potsdams, wir, die tiefsten Reformatoren der Weltgeschichte und gleichzeitig die besten Organisatoren, wir, das Land mit den fortgeschrittensten sozialen Einrichtungen und der Tradition des so ganz und gar unkapitalistischen preußischen Staatsgedankens, wir müssen doch aus dem Dritten Reich etwas anderes, universelleres, umstürzenderes, weltbewegenderes, moderneres machen können als der Faschismus aus Italien oder der tatarische Bolschewismus.«[4] Doch die rücksichtslose Kriegspolitik Hitlers, die jedem Völkerrecht spottete und die Hofacker als gefährliches »Vabanquespiel«[5] geißelte, entfremdete Hofacker den Nationalsozialisten mehr und mehr. Hierzu trugen maßgeblich Hofackers Erfahrungen im besetzten Frankreich bei, wo Hofacker seit 1940 als Leiter des Referats »Eisenschaffende Industrie und Gießereien« beim dortigen deutschen Militärbefehlshaber arbeitete. Während Hofacker sich für eine »bündnisähnliche« Politik mit dem geschlagenen Gegner einsetzte, um »in den äußeren Attributen seiner scheinbaren Unabhängigkeit und Unversehrtheit einen Trost für die verlorene Führerrolle zu finden und sich so innerlich unserer tatsächlichen Führung Europas anzupassen«, setzten die Nationalsozialisten auf kalkulierte Ausbeutung. Hofacker geißelte deshalb die deutsche Besatzungspolitik in Frankreich als »zwiespältig-doppelzüngig«.[6] Außerdem verurteilte er die Erschießung französischer Geiseln und wandte sich gegen die Judenverfolgung. In einem

Brief im Dezember 1941 an seine Frau heißt es: »Wenn es so weitergeht, werden wir hier bald ähnliche Verhältnisse wie in Prag haben. Morgen werden wieder 100 Geiseln erschossen und 1500 Juden nach dem Osten deportiert. Darunter Ritter der Ehrenlegion. Es ist zum Verzweifeln. Zum ersten Mal in meinem Leben muss ich mich zwingen, nicht Stimmungen tiefster Depression nachzugeben.«[7]
Ende 1942, angesichts der heraufziehenden Katastrophe der deutschen Armee in Stalingrad, gab Hofacker nach langen Gesprächen mit seinem Freund Schulenburg die Hoffnung auf eine Reform des nationalsozialistischen Regimes auf. Der 1896 Geborene wollte sich nicht mehr »zum Handlanger einer falschen Politik erniedrigen, ... nur um Schlimmeres zu verhüten«.[8] Im Sommer 1943 ließ sich Hofacker von seinen Aufgaben entbinden und trat seinen Dienst an als »rechte Hand« des neuen Militärbefehlshabers in Frankreich, General der Infanterie Karl-Heinrich v. Stülpnagel, den er maßgeblich für die Widerstands- und Staatsstreichsaktion gewann. Stülpnagel benannte Hofacker als seinen Vertrauensmann für die Kontakte der Widerstandsgruppen in Paris und Berlin, wo Hofacker bald mit seinem Vetter Stauffenberg eine »gemeinsame politische Verschworenheit« verband. In Berlin führte Hofacker wiederholt Gespräche mit Carl Goerdeler, Generaloberst a. D. Ludwig Beck, Adam v. Trott zu Solz, Albrecht Ritter Mertz v. Quirnheim und anderen Verschwörern um Stauffenberg. Am 20. Juli informierte Stauffenberg seinen Vetter als einen der Ersten über das vermeintlich geglückte Attentat. Daraufhin ließ Hofacker in Paris rund 1200 SD- und SS-Angehörige verhaften. Nachdem klar wurde, dass der Staatsstreich missglückt war, bemühten sich Hofacker und Stülpnagel verzweifelt darum, den Oberbefehlshaber West Kluge dazu zu bewegen, mit den Westalliierten Verhandlungen aufzunehmen, um die Kapitulation einzuleiten. Doch Kluge verweigerte sich dem Komplott, womit Stülpnagel den Befehl wieder aufheben musste. Anstatt zu fliehen oder unterzutauchen, blieb Hofacker in Paris, wo er am 25. Juli in der Pariser Wohnung eines Freundes verhaftet wurde. »Ein gefährlicher Staatsfeind, aber ein ganzer Kerl!«, stellte SS-Obergruppenführer Oberg nach der ersten Vernehmung Hofackers in Paris fest. Am 29. August wurde Hofacker ge-

meinsam mit dem erblindeten Stülpnagel vor dem Volksgerichtshof der Prozess gemacht. Dabei erwies sich der bis zuletzt national eingestellte Hofacker als ein entschiedener Feind Freislers. »Jetzt rede ich, Herr Präsident«, rief Hofacker Freisler entgegen und fuhr trotz mehrfacher Unterbrechung fort: »jetzt geht es um mein Leben, in einem Jahr geht es um ihr Leben.« Natürlich könne sie diese Sätze auswendig, sagt Sascha Hendrikoff.

»Ich bewundere meinen Großvater vor allem wegen seines Mutes, seiner Überzeugung zu folgen und die Konsequenzen seines Handelns auf sich zu nehmen«, sagt die Bildhauerin, »In der Pubertät war es für mich näher liegend, mich mit Sophie Scholl zu identifizieren – auch wenn ich mich immer wieder fragte, ob ich so mutig gewesen wäre – als mit einem erwachsenen Mann und seinen für mich nicht nachvollziehbaren Idealen.« Auch sei ihr als einer überzeugten Pazifistin Krieg als legitimes politisches Mittel fremd. Da sie ohnehin mit dem »Konservativen, Militärischen und Adligen« nur wenig verbinde, sei sie auch nie zu den Treffen am 20. Juli nach Berlin gefahren. Es habe sie zudem befremdet, dass andere Widerstandsgruppen, wie beispielsweise die Kommunisten, ausgeschlossen wurden. Außerdem habe sie wohl bis jetzt dem Tabu entsprochen, dass sie die Widerstandsfeiern nicht zu interessieren haben, da es nicht ihre Lorbeeren seien.

Der Mut zum eigenen Weg, zum eigenen Denken sei für sie ein wichtiges Erbe. Eigenständigkeit hat die Münchnerin früh bewiesen. »Mit 15 Jahren habe ich auf der Odenwald-Schule beschlossen, Bildhauerin zu werden und mich mit 17 Jahren selbst finanziert«, meint Sascha Hendrikoff. Das sei für sie eine Freikarte gewesen; die Familie habe ihr seit dem Zeitpunkt nur wenig sagen können und sei damals sehr mit sich selbst beschäftigt gewesen. Emotionalen Rückhalt habe ihr damals die Großmutter väterlicherseits gegeben, die gemeinsam mit dem sehr geliebten Stiefgroßvater seit den siebziger Jahren auch am Samerberg in einem Nachbardorf der Familie Hendrikoff lebte und die von ihrer Enkelin als »erdige und herzliche Frau« beschrieben wird. »Ihr Mann, mein leiblicher Großvater, ist schon mit 28 Jahren auf der »Winkelmoosalm« im Oberbayerischen an Tuberkulose gestorben«, dadurch seien ihre beiden Eltern vaterlos aufgewachsen. Ihr damals erst vier Jahre alter Vater habe neben seinem sterbenden Vater gesessen, während die Großmutter durch den tiefen Schnee gestapft sei, um aus Reit am Winkel einen Arzt zu holen.

Die Augsburgerin und der russische Graf hatten sich in den zwanziger Jahren auf einem Akademiefest in Berlin kennen und lieben gelernt. »Das ist die einzige Verbindung meiner Familie zur Akademie«, erzählt sie lachend. Aus der Ehe sei ein Sohn hervorgegangen, Saschas Vater, dem die Verfolgungsgeschichte seiner eigenen Familie sehr nahe gegangen sei. Auf Grund der politischen Radikalität des Vaters und seiner Revolutionsphantasien habe sie sich als Kind des Öfteren gefürchtet, auch vor dem Gefühl des Unbehaustseins, das der Vater für sie immer vermittelt habe.

»Ich glaube, ich habe das große Glück gehabt, kein Sohn zu sein«, meint die Künstlerin und fügt hinzu, dass sie annimmt, sonst mit all diesen Geschichten noch mehr belastet worden zu sein. So hätte sie als jüngste von drei Schwestern in der Familie relativ viele Freiräume und damit größere Entwicklungsmöglichkeiten erhalten. Inzwischen habe sie sowohl zu ihrer Mutter als auch zu ihren beiden Schwestern einen ausgesprochen herzlichen und sich gegenseitig fördernden Kontakt. Nach der mittleren Reife und einem sozialen Jahr im Kindergarten machte Sascha Hendrikoff zunächst eine Schreinerlehre, obgleich ihr die Ärzte wegen ihrer starken Neurodermitis davon dringend abgeraten hätten. Doch die Lehre bekam ihr »super«. Eigenständigkeit schien indessen die Lösung. Sobald Sascha Hendrikoff seit 1995 unabhängig in einer eigenen Werkstatt arbeitete, beruhigte sich die Haut. »Es kommt für mich sehr darauf an, die eigene Grenze zu wahren.«

Nach der Schreinerlehre wollte sie ursprünglich Holzbildhauerin werden und machte dazu ein Praktikum bei ihrem Freund. Weil die Holzbildhauer-Schulen sie nicht angenommen hatten, entschied sie sich für ein Studium an der Akademie der Bildenden Künste in München. Seit dem Jahr 2002 arbeitet sie gemeinsam mit ihrem Freund in einem Atelier. »Kunst ist für mich gesellschaftliche Arbeit«, meint sie und fügt hinzu, dass es ihr wichtiger sei, ausreichend Zeit zu haben, als luxuriös zu leben. Einen Luxus erlaubt sich hingegen das Künstler-Paar. Es besitzt zwei Kamele, auf denen es mindestens einmal im Jahr für einige Wochen durch die Wüste reitet. »Der Sternenhimmel, die Einsamkeit, Stille und Weite ist durch nichts zu ersetzen«, sagt Sascha Hendrikoff.

»Für mich ist der 20. Juli eine große Kraftquelle«, erzählt der Zimmermeister und Landwirt Michael v. Hofacker, als wir in größerer Runde in seiner Küche im oberbayerischen Perelsham sitzen. Die älteste Tochter Racheli hat einen großen Topf Nudeln auf den Tisch gestellt, auf dem schon zwei verschiedene Nudelsaucen stehen. Über den selbstgezogenen Salat werden rasch noch Kürbis-Kerne gestreut. »Ich empfinde eine große Liebe zu meinem Großvater Cäsar v. Hofacker«, meint der siebenfache Vater, dessen Hände von harter, körperlicher Arbeit zeugen. Seine Tat hätte für meine Familie den »Grundstein für ein freies und unabhängiges Leben« frei von Schuld und in Gottes Liebe gelegt. Wir können ein Leben des guten Gewissens führen.

So positiv konnte der gelernte Zimmermann seine Familiengeschichte nicht immer sehen. »Doch als ich vierzig Jahre wurde, habe ich innegehalten und mir überlegt, wo ich im Leben noch hin möchte«, erzählt er. Bei seiner Suche sei er auf die Familienaufstellungen nach Bernd Hellinger gekommen, bei denen der Klient – wie früher im Psychodrama – so genannte »Stellvertreter« für seine eigentlichen Familienmitglieder in einer Therapiegruppe aussucht, deren Mitglieder er nicht näher kennt. Der Klient »verteilt« die Stellvertreter im Raum. Diese kennen weder die Familiengeschichte noch die besonderen, den Klienten belastenden Probleme. Dennoch können sie – quasi stellvertretend für Tochter, Mutter, Vater, Großvater und Tante – ihre Eindrücke und Empfindungen schildern, wie sie ihre Rolle in der Familie wahrnehmen. Das sei für ihn sehr beeindruckend gewesen, meint Michael v. Hofacker, der bei dem Münchner Psychotherapeut Jakob Schneider mehrere Kurse belegte. Bei seiner eigenen Aufstellung habe sein »Stellvertreter«, gestützt von seiner großen Familie, stets in das offene Halbrund gesehen und sei versucht gewesen, dem Großvater in das Nichts hinterherzugehen. Erst während der Familienaufstellungen sei ihm bewusst geworden, dass er seinem Großvater lange Jahre in den Tod habe folgen wollen.

»Früher war ein großer Teil von mir nicht im Hier und Jetzt«, resümiert er die ersten vierzig Jahre seines Lebens; dies sei sicher für seine erste und seine jetzige Frau nicht immer einfach gewesen. Häufig habe er in dieser Zeit das lebensgefährliche Abenteuer gesucht. »Im Grunde wollte ich lange Zeit auch gehen«, meint er. Doch seit den Familienaufstellungen sei ihm bewusst geworden, dass seine Rolle im Hier und Jetzt spiele und er es seiner großen Familie nicht antun dürfe, sich vorzeitig von seinem Platz in der Welt zu entfernen. »Meine vielen Kinder haben mich sehr geerdet«, meint Hofacker, der auch in dieser Beziehung Ähnlichkeiten mit seinem Großvater besitzt. Ein Teil der Kinder lebt bei ihm und seiner zweiten Frau. Da seine erste Frau Petra nur wenige Kilometer entfernt (inzwischen ebenfalls wieder verheiratet) wohne – und ein Teil der Kinder bei ihr lebe –, herrsche ein reger und freundschaftlicher Kontakt zwischen beiden Haushalten.

In diese Zeit der Suche fiel Hofackers Entschluss, neben dem eigenständigen Zimmermeisterbetrieb sich in der ökologisch betriebenen Landwirtschaft zu engagieren, die ihn zeit seines Lebens interessierte. Schon vor Jahren hatte er sich einen Hof in der Nähe von Ampfing gekauft, den er jetzt selbst bewirtschaftet, berichtet er stolz, was eine große Doppelbelastung darstellt, da er außerdem noch individuell gestaltete Häuser baut. Er habe rund hundert Milchschafe und einen großen Garten, in dem die Familie verschiedene Gemüsesorten und Obst selbst anbaut.

Auf Dauer möchte er sich vermehrt aus dem Zimmermannsberuf zurückziehen und seiner eigentlichen Neigung, der Landwirtschaft, widmen. »Im Grunde erfülle ich damit sogar den Traum meines Großvaters, der immer wollte, dass sein ältester Sohn Landwirt wird«, erzählt Michael, doch sein Vater Alfred v. Hofacker und sein inzwischen verstorbener Bruder Eberhard hätten sich beruflich beide am Großvater orientiert und Rechtswissenschaft studiert. Lange Zeit hätte er von dem Wunsch seines Großvaters nichts gewusst und zunächst den Weg als Zimmermann eingeschlagen und Häuser gebaut, bis er in einem Brief von dem Wunsch des Großvaters gelesen habe.

Der Großvater hat Michael v. Hofacker zeit seines Lebens begleitet. »Als 14-Jähriger hat mich seine Fliegerei im Ersten Weltkrieg beeindruckt«, so Hofacker. Immer wieder habe er den Zeitungsbericht des Großvaters gelesen, wie dieser sich auf abenteuerliche Weise aus der französischen Kriegsgefangenschaft befreit habe. Für ihn sei der gut aussehende Großvater ein Abenteurer gewesen.

Seit seiner Jugend habe Michael dem lebenslustigen Großvater nachgestrebt. Dabei stand für ihn von vorneherein fest, dass er selbst nie zum Militär gehen würde. »Der Tod meines Großvaters hat als Schicksal für meine Familie gereicht«, erinnert sich der 44-Jährige, der von sich sagt, dass er sich nur schlecht unterordnen könne. Dreimal habe er deshalb ein Auswahlverfahren bei der Bundeswehr gehabt und sei jedesmal durchgefallen, bis er sich schließlich für den Ersatzdienst entschied und sich dafür ein Land heraussuchte, das für ihn mit zu den »intensivsten Ländern der Welt« zählte: Israel. Dort habe er anderthalb Jahre im Rahmen der »Aktion Sühnezeichen« gearbeitet, Iwrit gelernt, im Kibbuz gelebt und gearbeitet. Ursprünglich war es sein Ziel, sich in der Sozialarbeit zu engagieren, bis er schließlich in einem landwirtschaftlichen Projekt in der Negev-Wüste seine Bestimmung fand. Ein aus Deutschland ausgewanderter jüdischer Botaniker versuchte damals, die Wüste nach biblischen Methoden wieder fruchtbar zu machen. »Ich habe mir den Sternenhimmel über der Wüste angesehen und gewusst, hier will ich bleiben.« Die Gastfreundschaft und die Herzlichkeit der in der Wüste lebenden Beduinen machten auf den jungen Deutschen einen so großen Eindruck, dass er sich überlegte, dort zu bleiben.

Im Kibbuz änderte sich auch sein persönliches Leben, er lernte seine erste Frau Petra kennen, die bald mit einer Tochter von ihm schwanger wurde. Nach seinem Zivildienst entschloss er sich, ein Handwerk zu erlernen, um sich und seine Familie möglichst schnell ernähren zu können. Er wollte auch einen Ausgleich zu seiner sehr akademischen Erziehung schaffen, um sich in jeder Lebenssituation helfen zu können. 1984 machte v. Hofacker seine Gesellenprüfung, gründete neben der schnell anwachsenden Familie einen eigenen Zimmermannsbetrieb und zog aufs Land nach Niederbayern, eine gute Stunde östlich von

München. Seine erste Frau schenkte ihm vier Kinder, die bis auf eine Tochter alle alttestamentarische Namen tragen.

Entscheidend für seinen verhältnismäßig unbelasteten Umgang mit dem 20. Juli und dem Großvater Hofacker wurde seine Herkunftsfamilie. Sein Vater, der als Rechtsanwalt in München arbeitete und täglich aufs Land pendelte, habe ihm den 20. Juli nie aufgedrängt. Dabei zähle der Vater sowohl im *Hilfswerk 20. Juli* als auch in der *Forschungsgemeinschaft* zu den aktivsten Mitgliedern und habe die *Forschungsgemeinschaft* mit gegründet. »Wenn ich und meine Schwester etwas über das Dritte Reich wissen wollten, hat er uns immer alles erklärt.« In der Aufarbeitung habe es der Vater einfacher als die älteren Geschwister gehabt, meint sein Sohn.

Denn des Vaters Rolle als jüngster Sohn habe ihm erlaubt, unangenehme Fragen zu stellen, den Großvater vom Podest zu holen und damit ein Stück weit menschlicher werden zu lassen. »Mein Vater hat sich sehr intensiv mit dem angeblichen Antisemitismus meines Großvaters auseinander gesetzt und vor allem den politischen Wandel des eigenen Vaters bewundert.«

Auch hatte Michael als ältester Enkel ein ausgesprochen gutes Verhältnis zu seiner Großmutter Ilselotte, die in Tutzing lebte. Mit seiner Großmutter habe er allerdings nur sehr wenig über den Großvater gesprochen. Überhaupt habe sie nach 1945 vor allem Geschichten erzählt, die den Großvater als einen liebevollen Gatten und Vater charakterisierten. Wie sehr sie in die Attentatspläne des Großvaters eingeweiht war, sei schwierig zu beurteilen. Wahrscheinlich habe sie relativ wenig gewusst, aber auf den Großvater nach 1944 »nie etwas kommen lassen«. Nach ihrem Tode habe sie verfügt, dass alle Briefe, die sie mit ihrem Mann gewechselt hätte, verbrannt worden seien, was die älteren Geschwister seines Vaters befolgt hätten. »Dadurch ist natürlich eine große Quelle verloren gegangen«, meint Michael, der hinzufügt, er könne verstehen, dass sich seine Tanten an den letzten Wunsch ihrer Mutter gehalten hätten. Inzwischen verwaltet seine Tante, die älteste Tochter Cäsar v. Hofackers, Ann v. Rosen, das Familienarchiv. Wenn einer der 17 Enkel des Großvaters eine Anfrage habe, kopiere die Tante für jeden Enkel das entsprechenden Schriftstück aus dem Archiv, meint Michael v. Hofacker anerkennend und erzählt, dass er bereits eine ganze rote Schatztruhe von Briefen hätte.

»Mit ihr konnte ich lange über meinen Großvater sprechen, da sie eine sehr gute Erinnerung an ihren Vater hat.« Auch habe er lange Gespräche mit der Tochter Nikolaus v. Üxküll-Gyllenbrand geführt, die am Chiemsee lebt und ebenfalls ein paar Geschichten über den Großvater berichten kann. Erst durch diese Gespräche sei ihm der weite Verwandtschafts- und Freundschaftskreis der Großeltern bewusst geworden, die mit vielen Widerstandsfamilien wie den Stauffenbergs, Üxküll-Gyllenbrands und Schulenburgs entweder verwandt oder befreundet waren.

An dem neu gedrehten Film über Stauffenberg, den er ansonsten als nicht sehr gelungen bezeichnet, gefalle ihm die Szene der Eheauseinandersetzungen. »Ich finde die Auseinandersetzung zwischen Claus Graf Stauffenberg und seiner Frau Nina gut getroffen«, meint er und fügt hinzu, »das sei die beste Stelle in dem ganzen Dokudrama überhaupt«. Der Ehestreit sei realistisch, da sich Nina Gräfin v. Stauffenberg auf die Seite des Lebens gestellt hätte.

Verglichen mit seinem eigenen Vater definiert Michael v. Hofacker seine Rolle als Enkel vollständig anders. Sein Vater habe sich während seines ganzen Lebens politisch bei den Sozialdemokraten für eine bessere Zukunft eingesetzt und so das Erbe des Vaters angenommen. In der Vergangenheit sei Michaels geringes Engagement an politischen Fragen beim Vater auf Unverständnis gestoßen, inzwischen hätten sie aber ihren Frieden miteinander gemacht. »Ich habe mich ganz bewusst bislang nicht politisch engagiert, da ich die Politik in der momentanen Form für ein Auslaufmodell halte«, meint Michael v. Hofacker. Für ihn sei es wichtiger, sich im Kreise seiner Familie, in der Gemeinde und im Bezirk einzubringen. Er würde lieber den Bürgermeister wählen, als einen unbekannten Kandidaten für den Bundestag. Das wäre für ihn beeinflussbar und übersichtlicher. Sein Lebensziel sei es, etwas wirklich Eigenes, Bleibendes zu schaffen und sich nicht in Machthändel und Intrigen zu verstricken. Michael v. Hofacker möchte viele Wurzeln schlagen und meint, mit dem Hof sei er jetzt sehr »bei sich angekommen«.

»Ganz entscheidend für meine Balance im Leben war, dass ich ja nicht nur von der Familie Hofacker abstamme«, sagt Michael, weshalb er auch nur mehr das Lebensbejahende des Widerstands sehen könne. So habe er beobachtet, dass Widerstandsfamilien als »Schicksalsgemeinschaften« häufig die Familie des Partners oder der Partnerin in den Schatten stellen. »Meine in den USA geborene Mutter hat oft gesagt: ›Könnt ihr nicht mal endlich aufhören, euch mit dem 20. Juli zu beschäftigen.‹« Inzwischen hat sich Michael deshalb mehr seinem zweiten Großvater zugewandt, den er zu seinem Bedauern ebenfalls nicht wirklich kennen gelernt hat. Die ursprünglich aus Deutschland stammende Familie Freuderberg sei in den dreißiger Jahren in die Vereinigten Staaten ausgewandert, da Großvater Freuderberg als Chemiker unter den Nationalsozialisten keine beruflichen Chancen sah. »Mein Großvater war ein sehr sensibler, musikalischer Mensch, mit großem Humor«, erinnert sich Michael. Für seine Mutter sei es entscheidend gewesen, dass ihr künftiger Mann aus einer Widerstandsfamilie stamme, sonst »hätte sie ihn wahrscheinlich als Deutschen in den fünfziger Jahren nicht geheiratet«. Inzwischen sei die Mutter sehr froh, Deutsche zu sein, und engagiere sich in der amerikanischen Friedensbewegung gegen den jetzigen amerikanischen Präsidenten George W. Bush.

Durch das Familienaufstellen habe Michael für sich gelernt, dass Täter und Opfer sich in einem ewigen Kreislauf bedingen und zusammengehören. Erst in der Enkelgeneration werden diese Gegensätze aufgehoben«, meint er, vor allem wenn es gemeinsame Kinder gebe. Er habe die Beobachtung gemacht, dass es zu einer Versöhnung von Täter- und Opferfamilien komme, da nur selten Ehen zwischen den Enkeln geschlossen wurden, ohne dass diese das wüssten. Er hoffe, dass seine zwischen 1982 und 2000 geborenen sieben Kinder von diesen Geschichten freier seien, da er sich so intensiv mit seiner Herkunft auseinander gesetzt hätte, und dies nicht nur durch das Lesen von Standardwerken, sondern vor allem emotional.

»In den einzelnen Phasen meines Lebens sind mir unterschiedliche Perioden im Leben meines Großvaters wichtig gewesen.« Im Moment beschäftigt ihn, welche schrecklichen Monate der Großvater nach seiner Verhaftung bis zu seiner Hinrichtung durchlebt haben muss. Im Gefängnis sei er gefoltert worden und ohne Kontakt zu seiner Familie gewesen. »Ich versuche mich in diese endlose Einsamkeit eines Menschen zu versetzen, der für seine Ideale und Vorstellungen bereit ist zu sterben«, und erzählt, dass er neulich die Erinnerungen des Gefängnispfarrers Poelchau gelesen habe, in denen sehr eindrucksvoll die Umstände der letzten Monate seines Großvaters geschildert werden. Da überkomme ihn eine »traurige Verbundenheit«.

Durch den Tod des Großvaters würden die Geschwister seines Vaters trotz unterschiedlicher politischer Auffassung wie »Pech und Schwefel« zusammenhängen, obgleich eine Schwester mit ihrer Familie in den Vereinigten Staaten lebt. Bei der Enkelgeneration sei dies hingegen schon etwas anders. Selbst die Münchner Vettern und Cousinen sehe er eher selten. Auch seine Schwester, die mit ihrem Mann und drei Kindern in Norwegen lebt, sieht er auf Grund der großen räumlichen Entfernung sehr selten. Deshalb wird Michael v. Hofacker in diesem Sommer eine alte Familientradition seiner Großmutter wieder aufleben lassen und bittet alle Nachkommen von Cäsar v. Hofacker zu einem Sommerfest. »Sogar eine Cousine aus den USA will anreisen«, meint er stolz und sagt, dass er mit solchen Festen die beste Erfahrung gemacht habe. »Ich kenne nicht einmal alle meine Nichten und Neffen, das finde ich schade«, meint der Familienmensch. Deshalb werde es bei seinem Fest erst einmal ein Kennenlern-Spiel geben. Außerdem möchte Michael v. Hofacker die ältere Generation animieren, etwas über ihre Eltern und Großeltern zu erzählen. »Das ist doch die einmalige Gelegenheit, dass meine Kinder erfahren, wie ihre Ur- und Urururgroßeltern waren«, sagt der Gastgeber. Seine Kinder im Alter von vier bis 22 Jahren seien in seiner Familie die erste Generation in Deutschland seit rund hundert Jahren, die überhaupt wieder Großeltern hätten. »Als meine Tochter Racheli Miriam neulich Abitur machte, waren meine Eltern selbstverständlich bei der Abschlussfeier dabei«, erzählt Michael v. Hofacker und erinnert sich an seine eigene Jugend, wo er sich des Öfteren Großväter gewünscht habe. »Eine Begleitung durch Großeltern und Eltern bettet einen ganz anders in das Leben ein.« Für sich selbst hat er mit der Geschichte – vor allem mit Hilfe der Familienaufstellungen – im Guten abgeschlossen. So hofft er, dass am 24. Juli Petrus mitspielt und es für das große Familienfest gutes Wetter gibt, damit sich alle im Hof um ein großes Feuer versammeln können.

1 Martin Faass (Hg.), Natur ganz Kunst. Positionen zeitgenössischer Kunst, Museum für Kunst und Gewerbe Hamburg 2004, S. 42.
2 Zu Hofacker: Gerd R. Ueberschär, Cäsar v. Hofacker und der Deutsche Widerstand gegen Hitler in Paris. In: Stefan Martens (Hg.), Frankreich und Deutschland im Krieg, Bonn 2000, S. 621–631; Friedrich Frhr. Hiller v. Gaertingen, Cäsar v. Hofacker. In: Joachim Mehlhausen (Hg.), Zeugen des Widerstands, Tübingen, 1996, S. 65–90; Ulrich Heinemann, Caesar v. Hofacker – Stauffenbergs Mann in Paris. In: Klemens v. Klemperer; Enrico Syring, Rainer Zitelmann (Hg.), »Für Deutschland«. Die Männer des 20. Juli, Frankfurt a.M. 1994, S. 108–137.
3 Ebd., S. 108.
4 Heinemann, Caesar von Hofacker. In: Klemperer, »Für Deutschland«, S. 112.
5 Hiller v. Gaertringen, Cäsar v. Hofacker. In: Mehlhausen, Zeugen des Widerstands, S. 78.
6 Ueberschär, Cäsar v. Hofacker, S. 623.
7 Heinemann, Caesar von Hofacker. In: Klemperer, »Für Deutschland«, S. 115.
8 Ebd., S. 118.

Dank

Dieses Buch hat viele Paten. Die Idee entstand vor rund 15 Jahren gemeinsam mit Caroline v. Steinrück, einer Enkelin Fritz-Dietlof Graf v. d. Schulenburg. In meinem historischen Denken prägten mich meine Eltern, Karl-Otmar Frhr. v. Aretin und Uta Frfr. v. Aretin, geborene v. Tresckow, durch die ich ferner lernte, wie eindrücklich sich historische Ereignisse im Familiengedächtnis festsetzen und schmerzen können. Ganz ausdrücklich möchte ich dem Vorstand der *Stiftung 20. Juli 1944* danken, der mich in vielfacher Weise unterstützte. Besonders sei hier Dr. Axel Smend gedankt, der mein Manuskript kritisch und eingehend gegenlas. Dr. Christine Blumenberg-Lampe ließ mich Einblicke in die Geschichte des *Hilfswerks 20. Juli 1944*, der *Stiftung 20. Juli 1944* und der *Forschungsgemeinschaft 20. Juli 1944* nehmen. Sie begleitete nicht nur meinen Archiv-Aufenthalt in St. Augustin, sondern beriet mich während der Fertigstellung der Arbeit engagiert und kompetent. Ferner sei ganz ausdrücklich dem Leiter der *Gedenkstätte Deutscher Widerstand*, Dr. Johannes Tuchel, gedankt, der nicht nur zuließ, dass ich Bücher aus der Bibliothek zu lange behielt, sondern mir ebenfalls mit Rat und Tat und wertvollen Anregungen beiseite stand. Auch er hat meine Arbeit mit großer Sachkenntnis gelesen und redigiert. Mit Prof. Dr. Peter Steinbach habe ich in unserer gemeinsamen Zeit an der *Freien Universität Berlin* viele wertvolle Gespräche über das Thema geführt. Ebenso anregend waren die langjährigen Diskussionen mit Dr. Daniel Ewert. Ohne die Recherchierkunst von Florian Hertel und Manfred Warneke, dem Bibliothekar der *Gedenkstätte Deutscher Widerstand*, wäre manch wertvolles Detail nicht in meine Arbeit gewandert. Ich danke ferner Dr. Levin v. Trott zu Solz, meinem Bruder Dr. Cajetan v. Aretin und Stephanie v. Ow für das hilfreiche Gegenlesen in der Endphase meines Buches. Viele meiner Arbeitsschritte begleiteten Michaela Habelitz, Felicitas Wlodyga, Angela Heuser, Eberhard Bommarius, Richard Holmes und

Prof. Eberhard Görner, Dr. Luzie Roser und Dr. Norbert Mönter. Ihnen sei allen für Ihr Zuhören und Ihre Geduld gedankt.

Der *Fritz-Straßmann-Stiftung* und der *Stiftung 20. Juli 1944* gilt ebenfalls mein besonderer Dank für die finanzielle Unterstützung meines Projekts, die mir Reisen und Interviews erst ermöglichte.

Von unschätzbarer Hilfe waren die vielen Enkel und Enkelinnen, die sich Zeit für meine Fragen nahmen, mir vertrauensvoll über ihr Leben und ihre Probleme erzählten, meine Texte lasen und mit denen ich zahlreiche fruchtbare Gespräche führte. Besonders sei hier Bettina Gräfin zu Lynar genannt, die das Buch während einer entscheidenden Phase mit ihrem psychologischen Sachverstand und ihrer Menschenkenntnis begleitete, bis wir merkten, dass wir zwei Bücher und nicht eines schrieben.

Ohne die Bereitschaft von Elmar und Michael Faber, dieses Projekt in ihr Verlagsprogramm aufzunehmen, und ihre Geduld, immer wieder Zeitverzögerungen hinzunehmen, hätte dieses Buch nicht erscheinen können. Ihnen beiden danke ich sehr herzlich für das entgegengebrachte Vertrauen, mich als »unbeschriebenes Blatt« schreiben zu lassen und in meinem Werk zu unterstützen. Frau Beate Klemm sei gedankt, dass sie sich klaglos meiner Arbeit als Lektorin annahm.

Mein Kollege Dr. Klaus Grabowski koordinierte nicht nur die Medienarbeit und nahm mir damit einen wesentlichen Teil der begleitenden Arbeit ab, er hat auch seine umfassende, mitunter aufopfernde Redaktionstätigkeit mit einer feinen Menschlichkeit verbunden, mit der er mir durch manches Tal half und mich stets ermutigte, das Buch zu vollenden.

Gewidmet ist das Buch meinen Eltern, ohne die dieses Buch nicht entstanden wäre.

Felicitas von Aretin

geboren 1962 in Göttingen. Abitur in Mainz. 1982–1988 Studium Mittelalterliche und Neuere Geschichte, öffentliches Recht und Kunstgeschichte in Frankfurt/Main, Heidelberg und München. 1988–1992 DAAD-Promotionsstipendium am Europäischen Hochschulinstitut, Florenz.
Nach Volontariat beim B*erliner Tagesspiegel* und der *Frankfurter Allgemeinen Zeitung* journalistische Tätigkeit in verschiedenen Ressorts bei der Tageszeitung *Die Welt*. Seit 1997 Leiterin der Pressestelle der Freien Universität.
Herausgeberin (gemeinsam mit Bernd Wannenmacher) von: *Weltlage. Der 11. September, die Politik und die Kulturen.* Opladen 2002

Copyright 2004 by Verlag Faber & Faber Leipzig
Alle Rechte vorbehalten
Gestaltung: Frank Eilenberger, Leipzig
Layout und Herstellung: Atelier für grafische Gestaltung, Leipzig
Druck: Jütte-Messedruck, Leipzig
Bindung: Kunst- und Verlagsbuchbinderei, Leipzig
Printed in Germany
ISBN 3-936618-40-2

Dieses und weitere Bücher des Verlages
finden Sie auch im Internet unter
www.faberundfaber.de